D1719467

Kohlhammer

Die Verfassung des Landes Nordrhein-Westfalen

Kommentar

von

Christian Dästner

2., überarbeitete und erweiterte Auflage

Verlag W. Kohlhammer

Die Deutsche Bibliothek – CIP-Einheitsaufnahme

Dästner, Christian:
Die Verfassung des Landes Nordrhein-Westfalen : Kommentar / Christian
Dästner. - 2., überarb. und erw. Aufl.. - Stuttgart : Kohlhammer, 2002
    ISBN 3–17–016850–9

Ausgeschieden von
Landtagsbibliothek
Magdeburg

am ...20.3.2024

Landtag von Sachsen-Anhalt
Bibliothek
Magdeburg

02 - 1240

Alle Rechte vorbehalten
© 1996/2002 W. Kohlhammer GmbH Stuttgart
Umschlag: Data Images GmbH
Gesamtherstellung: Druckerei W. Kohlhammer GmbH + Co. Stuttgart
Printed in Germany

Vorwort

Die Landesverfassungen haben nach Wiederherstellung der deutschen Einheit mehr Aufmerksamkeit gefunden als zuvor, dies auch als Folge des selbstbewussten Umgangs der Bürgerinnen und Bürger in den neuen und jungen Ländern der Bundesrepublik Deutschland mit ihrer neu gewonnenen Freiheit. Auch die Verfassung des bevölkerungsreichsten deutschen Landes, die „Verfassung für das Land Nordrhein-Westfalen", ist verstärkt ins öffentliche Bewusstsein gedrungen. Entstehungsgeschichtlich besonders eng mit der Verabschiedung des Bonner Grundgesetzes verknüpft, hielt sich die nordrhein-westfälische Verfassung im Jahre 1952 bewusst präzise an die Vorgaben der gesamtstaatlichen Grundordnung und verzichtete auf Überschneidungen und Doppelregelungen. Landesspezifische Akzente enthielt von Beginn an freilich auch sie, so etwa in der Anerkennung des sozialen Grundrechts auf Arbeit und in der konfliktträchtigen Regelung des Spannungsverhältnisses zwischen staatlichem Erziehungsauftrag und dem Elternrecht. In der Folgezeit hat die Landesverfassung Nordrhein-Westfalens gesellschaftliche Wandlungen mehrfach früher aufgegriffen als die Bundesverfassung (Datenschutz, Umweltschutz) und damit die innovative Funktion von Landesverfassungen für den Gesamtstaat unter Beweis gestellt. Es hat den Anschein, als ob das Zusammenwachsen Europas und die damit einhergehende Einbuße an übersichtlichen Entscheidungsstrukturen dazu beiträgt, dass sich immer mehr Bürgerinnen und Bürger – viele von ihnen Entscheidungsträger in den Gebietskörperschaften des Landes und in den Verbänden, davon viele ehrenamtlich tätig – vermehrt Sicherheit über die Rechtsgrundlagen verschaffen wollen, die ihr politisches Wirken als Aktivbürger im Lande regeln.

Einen Beleg für das gewachsene Interesse an der Landesverfassung stellt auch das Erscheinen der vorliegenden Kommentierung in 2. Auflage dar. Das Echo auf die vor fünf Jahren herausgegebene Erstauflage ist unverhofft günstig ausgefallen. Mit dazu beigetragen mag haben, dass es an einer geschlossenen Darstellung der nordrhein-westfälischen Landesverfassung seit längerem gefehlt hatte. Der ursprünglichen Konzeption folgend beschränkt auch die Neuauflage sich auf die Herausarbeitung der wesentlichen Grundzüge der Landesverfassung. Sie verzichtet – schon weil sie sich an den breiten Kreis von Aktivbürgern und nicht an den Fachjuristen wendet – auf eine umfassende wissenschaftliche Aufarbeitung des Schrifttums und der Rechtsprechung. Allerdings ist die Rechtsprechung des nordrhein-westfälischen Verfassungsgerichtshofs weitestgehend eingearbeitet worden. Auch bedeutet die Beschränkung auf die Grundzüge nicht, dass die Behandlung von verfassungsrechtlichen Streitfragen grundsätzlich ausgeklammert und auf eine eigene Stellungnahme, wo sie angezeigt erschien, verzichtet worden wäre. Der aufmerksame Leser wird dies an den einschlägigen Stellen rasch feststellen. Selbstverständlich sind auch die jüngsten Änderungen der Verfassung aus den Jahren 2001 und 2002 (Tierschutz, Kinderrechte, Bürgerbeteiligung) berücksichtigt.

Auch diesmal habe ich für zahlreiche hilfreiche Hinweise und Anregungen zu danken. Besonders verpflichtet fühle ich mich ein weiteres Mal meinem früheren Kollegen Dr. Klaus-Jürgen Hartung, Referatsleiter in der Staatskanzlei, der sich die Mühe gemacht hat, die das Verhältnis von Land und Kirche betreffenden Verfassungsbestimmungen und ihre Kommentierung kritisch durchzusehen. Die sorgsame Begleitung des Projekts durch die Landeszentrale für politische Bildung, vertreten durch Frau Ulrike Sommer, habe ich als außerordentlich hilfreich empfunden.

Bonn, im Juli 2002   Christian Dästner

Inhaltsverzeichnis

Abkürzungsverzeichnis

Abs.	Absatz
BGBl.	Bundesgesetzblatt
BGH	Bundesgerichtshof
BVerfG	Bundesverfassungsgericht
BVerfGE	Entscheidungen des Bundesverfassungsgerichts (Amtliche Sammlung)
CDU	Christlich-Demokratische Union
DÖV	Die öffentliche Verwaltung
DVBl.	Deutsches Verwaltungsblatt
FDP	Freie Demokratische Partei
GG	Grundgesetz
GO	Geschäftsordnung
GO LReg.	Geschäftsordnung der Landesregierung
GO LT	Geschäftsordnung des Landtages
GVBl.	Gesetz- und Verordnungsblatt Nordrhein-Westfalen
JZ	Juristenzeitung
KPD	Kommunistische Partei Deutschlands
LHO	Landeshaushaltsordnung
LV	Landesverfassung Nordrhein-Westfalen
NJW	Neue Juristische Wochenschrift
NRW	Nordrhein-Westfalen
NStZ	Neue Zeitschrift für Strafrecht
NVwZ	Neue Zeitschrift für Verwaltungsrecht
NVwZ-RR	Neue Zeitschrift für Verwaltungsrecht – Rechtsprechungsteil
NWVBl.	Nordrhein-westfälische Verwaltungsblätter
OVG	Oberverwaltungsgericht
OVGE	Entscheidungen der Oberverwaltungsgerichte Münster und Lüneburg (Amtliche Sammlung)
Rn.	Randnummer
SPD	Sozialdemokratische Partei Deutschlands
VerfGH	Verfassungsgerichtshof Nordrhein-Westfalen

Einleitung

I. Die Bildung des Landes Nordrhein-Westfalen

Am 8. Mai 1945, dem Tag der deutschen Kapitulation, mit der der 2. Weltkrieg **1** in Europa endete, war der nordwestdeutsche Raum von britischen Streitkräften besetzt. Neben den früheren Ländern Oldenburg, Schaumburg-Lippe, Braunschweig und Lippe-Detmold unterstand mit den Provinzen Westfalen, Hannover und Schleswig-Holstein auch ein beträchtlicher Teil des ehemaligen preußischen Staatsgebietes der britischen Besatzungsgewalt. Auch die Nordrheinprovinz, die nach Abtrennung der unter französische Oberhoheit gekommenen Regierungsbezirke Trier und Koblenz von der Rheinprovinz entstanden war, wurde von den Engländern verwaltet.

Den von ihr ab Mai 1945 eingesetzten Provinzregierungen stellte die britische **2** Militärregierung bis zu Beginn des Jahres 1946 „Beratende Versammlungen" zur Seite. In ihnen waren neben Gewerkschaften, Kirchen und verschiedenen Interessenverbänden auch bereits Vertreter einzelner Parteien vertreten. Souveräne Parlamente waren diese Versammlungen freilich nicht, denn sie waren weder durch Wahlen legitimiert noch hatten sie das Recht, Gesetze zu beschließen und die Regierung wirksam zu kontrollieren. Die Versammlungen waren auf die Beratung der Oberpräsidenten der Provinzen und der Militärregierung beschränkt. Der Neuaufbau der Verwaltung begann in den Gemeinden und Städten und setzte sich dann auf der Provinzebene fort. Die Redemokratisierung verlief von unten nach oben.

1946 beschloss die englische Regierung eine Neugliederung ihrer Besat- **3** zungszone, wobei sie den Bestrebungen Frankreichs und der Sowjetunion nach einer Internationalisierung des Ruhrgebiets entgegentrat. Mit dem auch von den Amerikanern unterstützten Ziel, starke Länder zu bilden, die ein Gegengewicht gegen eine eventuell kommunistisch beeinflusste Zentralregierung darstellen konnten, und entgegen den lokal- und regionalpatriotischen Hoffnungen mancher deutschen Politiker, die sich für die einzelnen Provinzen den Rang selbständiger Länder erhofften, entschied Großbritannien sich für die Bildung eines einheitlichen Flächenstaates Nordrhein-Westfalen aus der Nordrheinprovinz und aus der ehemaligen preußischen Provinz Westfalen. Der Plan zur Gründung des neuen Landes wurde am 19. Juli 1946 unter dem Codenamen „operation marriage" in Berlin veröffentlicht. Das Land Lippe gehörte noch nicht dazu; die Verordnung Nr. 46 (s. Rn. 4) wies es noch der Provinz Hannover zu. Nachdem der lippische Landespräsident der Weimarer Jahre, Heinrich Drake, jedoch mit den Oberpräsidenten von Nordrhein und Westfalen die

Zusicherung weitgehender Rechte für Lippe im Falle seiner Eingliederung in das neu entstandene Land Nordrhein-Westfalen ausgehandelt hatte, die in die vom lippischen Landtag gebilligten sog. Punktationen mündeten, vollzog die britische Militärregierung am 21. Januar 1947 durch die Verordnung Nr. 77 den Anschluss von Lippe an das Land Nordrhein-Westfalen.

4 Mit der Verordnung Nr. 46 vom 23. August 1946 erhielt das neu gebildete Land Nordrhein-Westfalen seine rechtliche Grundlage; gleichzeitig erklärte die Militärregierung die preußischen Provinzen für aufgelöst. Erster Ministerpräsident des Landes wurde am 24. Juli 1946 der Oberpräsident Westfalens Rudolf Amelunxen. Die Militärregierung erhoffte sich von der Ernennung eines Westfalen u. a. die Überwindung des Widerstandes politischer Kreise in Westfalen, die der Landesgründung bis dahin reserviert gegenüber gestanden hatten. Nachdem Amelunxen am 29. August sein erstes Kabinett gebildet hatte, ernannte die Militärregierung Ende August 1946 einen ersten Landtag, der am 2. Oktober 1946 zur konstituierenden Sitzung im Düsseldorfer Opernhaus zusammentrat.

II. Die Entstehung der Landesverfassung

5 Der Verfassungsgebungsprozess verlief in Nordrhein-Westfalen langsamer als in den süddeutschen Ländern. Während Bayern als erstes Land nach dem Zusammenbruch von 1945 bereits am 2. Dezember 1946 eine demokratische Verfassung erhalten hatte und auch die übrigen Länder der amerikanischen und der französischen Zone rasch folgten, kam es in Nordrhein-Westfalen erst am 10. Juli 1950 zur Verkündung der Landesverfassung. Ausschlaggebend für diese auffallende Zurückhaltung war die Ungewissheit über den bleibenden Bestand der neugeschaffenen Länder, deren künstliche Schöpfung kein echtes Staatsbewusstsein auf breiter Basis und damit einhergehend zunächst auch keinen Willen der deutschen politischen Instanzen zur Verfassungsgebung entstehen ließ. Hinzu kam, dass die Rechtsunsicherheit gegenüber der britischen Besatzungsmacht der Schaffung einer auf Dauer und Beständigkeit gerichteten Verfassungsordnung nicht günstig war. Schließlich entsprach es der mehrheitlichen Auffassung der Landespolitiker, dass es angesichts der Mitte 1948 beginnenden Vorbereitungen für eine Bundesverfassung zweckdienlich und notwendig sei, die Verfassungsentwicklung oberhalb der Landesebene abzuwarten.

6 Im Zeitpunkt der Bildung des Landes am 23. August 1946 verfügte Nordrhein-Westfalen noch nicht über eine rechtsstaatlich-demokratische Ordnung. Der erste Landtag, dem je 100 von der britischen Militärregierung auf Vorschlag der Parteien berufene Abgeordnete aus den beiden Provinzen Nordrhein und Westfalen – den Mitgliedern der beiden „Beratenden Versammlungen" und Persönlichkeiten aus den inzwischen zugelassenen politischen Parteien – angehörten, konnte der Militärregierung lediglich Gesetze vorschlagen, sie aber nicht selbst erlassen. Die Landesregierung übte ihre Exekutivgewalt im Rahmen der Anordnungen der Militärregierung aus.

Ein grundlegender Wandel trat mit dem Erlass der Verordnung Nr. 57 vom **7**
1. Dezember 1946 und den dazu ergangenen Änderungsverordnungen Nr. 81
und 162 ein. Diese Verordnungen bildeten bis zu ihrer Aufhebung am 21. September 1949 die verfassungsrechtliche Grundlage des politischen Lebens in
Nordrhein-Westfalen. Dem Landtag wurde die ausschließliche Gesetzgebungsgewalt übertragen, deren Reichweite allerdings durch einen Katalog von
Zuständigkeiten eingeschränkt blieb, die sich die Militärregierung vorbehielt.
Zudem konnte ein vom Landtag beschlossenes Gesetz erst mit Zustimmung des
Gebietsbeauftragten der Militärregierung in Kraft treten. Einen recht großen
Spielraum erhielt die Landesregierung für die Ausübung der Exekutivgewalt.
Daneben enthielten auch andere Gesetze wichtige Bestimmungen verfassungsrechtlichen Charakters, so das Landeswahlgesetz, das Gesetz über Volksbegehren
und Volksentscheid und die Gemeindeordnung. Auch in der Geschäftsordnung
des Landtags waren Regelungen enthalten, die sonst üblicherweise einer Verfassung vorbehalten bleiben.

Die ersten Bemühungen um die Schaffung einer eigenen nordrhein-westfäli- **8**
schen Verfassungsordnung begannen im Winter 1946/47. Die Landesregierung
– das zweite Kabinett Amelunxen – legte dem Landtag im Januar 1947 den
Entwurf eines vorläufigen Landesgrundgesetzes vor, einer „Rumpfverfassung",
mit deren Hilfe die wesentlichen Aufgaben des Landes und das Zusammenspiel
der obersten Landesorgane geregelt werden sollten. Dieser Entwurf, der von
dem sozialdemokratischen Innenminister Dr. Walter Menzel in einer Rede am
23. Januar 1947 vor dem Landtag vorgestellt und begründet wurde, konnte bis
zur ersten Landtagswahl am 20. April 1947 nicht mehr verabschiedet werden. Er
enthielt in sechs Abschnitten 28 Artikel über die Aufgaben und Arbeitsweise des
Landtags, der Landesregierung, über die Gesetzgebung, das Finanzwesen und
über die Kommunalverbände. Für die späteren Beratungen spielte dieser erste
Entwurf keine Rolle mehr.

Die Verfassungsdiskussion während der Wahlperiode des am 20. April 1947 **9**
erstmals *gewählten* Landtags begann mit zwei Referentenentwürfen aus dem
Innenministerium, die bis Ende Mai 1947 an die britische Militärregierung zur
Begutachtung weitergeleitet wurden. Die Briten intervenierten und schlugen
Änderungen in den Bestimmungen über das Schulwesen und über die Grund-
und Menschenrechte vor. Im Juni 1947 legte Innenminister Menzel daraufhin
einen neuen Entwurf vor, den das Kabinett am 15. November 1947 an den
Landtag weiterleitete. Dieser Entwurf stellte keine Regierungsvorlage dar (die
Regierung hatte ihn nicht „beschlossen", sondern ohne abschließende inhaltliche Beratung lediglich weitergeleitet), bildete aber die Grundlage für die erste
Lesung der nordrhein-westfälischen Landesverfassung im Landtag am 27. November 1947. Daneben stellte die KPD dem Landtag am 14. September 1947
ihren sehr stark die Rechte des Parlaments betonenden Verfassungsentwurf mit
dem Titel „Das Volk bestimmt sein Recht" vor. Auch die FDP legte einen
eigenen Entwurf vor, der die Rechte und die Stabilität der Regierung heraus-

stellte und den sie ausdrücklich als Gegenvorschlag zum Entwurf des Innenministers verstanden wissen wollte.

10 Der Landtag wählte am 20. Mai 1947 einen aus 14 Mitgliedern bestehenden *Verfassungsausschuss,* in dem die CDU sechs Sitze und die SPD vier Sitze erhielt; die KPD schickte zwei Abgeordnete in den Ausschuss, während FDP und Zentrum je einen Abgeordneten entsandten. Den Vorsitz stellten die Sozialdemokraten. Die Beratungen des Verfassungsausschusses gestalteten sich anfangs ausgesprochen schwierig. Das beruhte vor allem darauf, dass der Bestand des Landes noch keineswegs als gesichert angesehen wurde. Der Ausschuss setzte seine Beratungen des Menzel'schen Verfassungsentwurfes schließlich vollends aus, als sich in Bonn die Gründung der Bundesrepublik Deutschland und die Ausarbeitung des Grundgesetzes abzeichneten. Man entschied sich dafür, die sich aus dem Grundgesetz ergebenden Auswirkungen auf die Verfassungsarbeiten im Land abzuwarten.

11 Nachdem das Bonner Grundgesetz (GG) am 23. Mai 1949 in Kraft getreten war, trat der Prozess der Verfassungsgebung in seine *zweite Phase.* Der Landtag forderte die Landesregierung am 4. Juli auf, bis zum 1. Oktober 1949 eine Regierungsvorlage vorzulegen, die der durch das Grundgesetz geschaffenen verfassungsrechtlichen Lage gerecht werde.
Am 29. November 1949 beschloss die Landesregierung nach 13-stündiger kontroverser Erörterung die Vorlage eines Entwurfs, der die zunehmenden Differenzen im Koalitionskabinett widerspiegelte, in dem – nach dem Austritt der beiden kommunistischen Minister im Frühjahr 1948 – CDU, SPD und Zentrum vertreten waren. Dieser Entwurf beruhte neben den Vorarbeiten des Innenministers Dr. Walter Menzel auf einem eigenen Entwurf, den Ministerpräsident Karl Arnold ausgearbeitet hatte. Der Arnold'sche Entwurf war unter dem Eindruck der „Grundsätzlichen Darlegungen und Forderungen zur Verfassung des Landes Nordrhein-Westfalen" entstanden, die die Erzbischöfe von Köln und Paderborn, der Bischof von Aachen und der Domkapitular von Münster vorgelegt hatten. Er betonte die christlichen Erziehungsziele, die Verankerung des Elternrechts und die Gewährleistung der Bekenntnisschule. Die dem Landtag zugeleitete Vorlage enthielt auf der linken Seite die *Mehrheitsbeschlüsse* des Kabinetts, auf der rechten Seite die *Minderheitsvariante* und in der Mitte die einstimmigen Beschlüsse. Die Mehrheitsbeschlüsse entsprachen dem von Ministerpräsident Arnold vorgelegten Entwurf, die Formulierungen der Minderheitsartikel gingen auf den Entwurf Menzels zurück. Der damalige FDP-Fraktionsvorsitzende Friedrich Middelhauve bezeichnete den Entwurf spöttisch als „siamesischen Zwilling". Die erste Lesung im Landtag, die durch eine Rede des Innenministers Dr. Menzel eingeleitet wurde, fand am 14. Dezember 1949 statt. In 23 Sitzungen bereitete der Verfassungsausschuss die Vorlage zur zweiten Lesung vor, wobei zahlreiche Kernfragen wegen des Stärkeverhältnisses der Parteien im Ausschuss im Stimmenverhältnis 7 : 7 unerledigt blieben und erst in der zweiten Lesung durch den Landtag entschieden wurden.

Die zweite Lesung fand in den Landtagssitzungen vom 24./25. April und vom 2. **12**
bis 5. Mai 1950 statt. In weiteren sieben Sitzungen bereitete der Verfassungsausschuss das Verfassungswerk zur dritten Lesung vor, die sodann am 5. und
6. Juni 1950 stattfand.
In der Schlussabstimmung am 6. Juni 1950 nahm der Landtag die Landesverfassung mit der recht knappen Mehrheit von 110 Stimmen der CDU und des
Zentrums gegen 97 Stimmen der SPD, FDP und der KPD an. Gleichzeitig
beschloss er, die Landesverfassung am 18. Juni 1950 zum Volksentscheid zu
stellen. In diesem Volksentscheid wurde die Verfassung mit 3 627 054 Stimmen
gegen 2 240 674 Stimmen bei 496 555 ungültigen Stimmen von den Bürgerinnen und Bürgern des Landes Nordrhein-Westfalen gebilligt. Am 10. Juli 1950
wurde sie (mit dem Ausfertigungsdatum vom 28. Juni 1950) im Gesetz- und
Verordnungsblatt des Landes verkündet.
Damit trat die Landesverfassung am 11. Juli 1950 in Kraft.

III. Kontroverse Positionen während der Verfassungsgebung

Wie schon das knappe Abstimmungsverhältnis von 110 gegen 97 Stimmen im **13**
Landtag zeigt, war der Inhalt der Landesverfassung keineswegs in allen Punkten
unumstritten. Zu einem breiten Verfassungskonsens kam es nicht. SPD, FDP
und KPD stimmten gegen den Verfassungsentwurf, weil sie mit den Bestimmungen über das Schulwesen, über die Wirtschaftsverfassung und über die
Eigenstaatlichkeit Nordrhein-Westfalens und zum Teil auch mit den Artikeln
über das Regierungssystem nicht einverstanden waren.

In die Verfassungsdiskussion schaltete sich zudem auch die britische Militärre- **14**
gierung ein. Ihr ging es in Verfolgung ihres Konzepts der „re-education" um die
verfassungsrechtliche Garantie der sozialen und materiellen Chancengleichheit
und die Teilhabe der Bevölkerung an der Verwaltung des Schulwesens. Zudem
wünschte Ernest Bevin, der britische Außenminister, die Aufnahme der wichtigsten Grund- und Menschenrechte in die Landesverfassung. Kontroversen
ergaben sich während der Beratungen über den Verfassungsentwurf der Landesregierung vom November 1949 vor allem zu folgenden Fragen:

Eine unterschiedliche Beurteilung fand die Berücksichtigung *plebiszitärer Ele-* **15**
mente in der Landesverfassung. Während die Mehrheit im Verfassungsausschuss
lediglich festschreiben wollte, dass alle Staatsgewalt vom Volke auszugehen habe,
wünschte die Minderheit den Zusatz, dass außer in Wahlen das Volk seinen
politischen Willen auch durch Volksbegehren und Volksentscheid kundtun
könne. Der Landtag folgte im Ergebnis der letztgenannten Auffassung.

Strittig verlief die Diskussion auch zur Frage der *Sozialisierung,* der Überführung **16**
der Großbetriebe der Grundstoffindustrie und der Monopolbetriebe in Gemeineigentum. Während die eine Seite sie zwingend vorschreiben wollte, trat
die andere für eine bloße „Kann-Bestimmung" ein.

17 Bei den Bestimmungen über das *Schulwesen* konnte sich die Landesregierung im Regierungsentwurf vom November 1949 weder über die Reichweite des Elternrechts noch über die Regelform der öffentlichen Schulen auf eine gemeinsame Position verständigen. Die SPD-Minderheit trat für das eingeschränkte Elternrecht ein, das seine Grenze dort finden solle, wo eine mindestens achtklassige Schule nicht mehr gewährleistet sei. Die CDU-Mehrheit wünschte demgegenüber das volle Elternrecht und damit die Möglichkeit zur Errichtung von Bekenntnisschulen mit konfessionellem Lehrpersonal, auch wenn Zwergschulen entstehen würden. Nach heftigen Auseinandersetzungen im Landtag setzten sich schließlich CDU und Zentrum durch; auch die einklassige oder wenig gegliederte Schule galt als ordnungsgemäße Schulform. Die Einrichtung von Bekenntnisschulen auf Elternwunsch war jederzeit möglich. Der Schulstreit, der in der Entstehungsphase der Landesverfassung mit einer nur geringen Mehrheit entschieden wurde, hat auch in der späteren Verfassungsentwicklung des Landes eine große Rolle gespielt. Erst Ende der sechziger Jahre kam es unter inzwischen veränderten Mehrheitsverhältnissen zu einer Revision (vgl. die Kommentierung zu Artikel 12).

18 Auch über das *Wahlrecht* gab es unterschiedliche Auffassungen. In der Landesregierung wünschte die Mehrheit um Arnold die Verankerung des Mehrheitswahlrechts in der Verfassung, während die Minderheit die Frage einem besonderen Wahlgesetz überlassen wollte. Im letzteren Sinne wurde die Frage schließlich vom Landtag entschieden.

19 Die Minderheit wollte zudem die *Bestellung des Landeskabinetts* von der Zustimmung des Landtags abhängig machen. Streitig war ferner der Vorschlag Arnolds, einen „Staatsrat" als *Vertretungsorgan der Gemeinden* zu schaffen, mithin eine „zweite Kammer" als Gesetzgebungsorgan einzurichten. Diesen Vorschlag, der von Teilen der CDU und der FDP unterstützt wurde, verwarf schließlich der Landtag.

20 Nicht unumstritten war auch die Einrichtung eines eigenen nordrhein-westfälischen *Verfassungsgerichts*. Innenminister Menzel sprach sich, von seinem unitarischen Staatsverständnis ausgehend, zunächst dafür aus, auf ein eigenes Landesverfassungsgericht zu verzichten und die Entscheidung von Verfassungsstreitigkeiten dem Bundesverfassungsgericht zu überlassen. Allerdings bildete sich dann doch eine breite Mehrheit unter Einschluss der SPD für die Einrichtung eines eigenen Verfassungsgerichts, nachdem sich bei den Beratungen des Bundestages zum Gesetz über das Bundesverfassungsgericht abzeichnete, dass dieses nicht zu allen Arten von Verfassungsstreitigkeiten würde angerufen werden können, die sich aus der Landesverfassung ergeben können.

21 Auch über das *Verfahren zur Annahme der Verfassung* gab es keine Einigkeit. Die Minderheit um Innenminister Menzel war – dies im Gegensatz zu ihrer positiven Grundeinstellung zur plebiszitären Demokratie – der Auffassung, dass die neue Verfassung ausreichend legitimiert sei, wenn sie durch den Landtag als verfassungsgebende Versammlung verabschiedet werde. Die Mehrheit wünschte – dies in Übereinstimmung mit der britischen Militärregierung – einen Volksentscheid. Sie setzte sich mit diesem Anliegen durch.

Schließlich stellte das *Verhältnis des Landes Nordrhein-Westfalen zum deutschen* **22** *Gesamtstaat* einen Kernpunkt der Verfassungsdiskussion dar. Innenminister Menzel, ein überzeugte Befürworter eines unitarischen Bundesstaates, war der Auffassung, die Länder hätten sich dem Aufbau der neuen deutschen Republik unterzuordnen. Er verfolgte ein *zentralistisches Konzept* für die Gesetzgebung und für die staatlichen Planungs- und Lenkungsaufgaben. Nur die Exekutive sollte dezentralisiert werden. Seine Vorstellungen trafen im Düsseldorfer Landtag auf massive Kritik der CDU. Sie trat für einen *föderalistischen Staatsaufbau* mit möglichst starken Ländern ein. Dabei stützte sie sich auf das Subsidiaritätsprinzip, nach dem jede gesellschaftliche oder staatliche Einheit zunächst für ihre eigenen Angelegenheiten zuständig ist, bevor sich die nächst höhere um sie kümmert. Zudem schaffe der Föderalismus übersichtliche Politikfelder und wirke dem Kollektivismus entgegen. Bei der Abstimmung im Landtag setzte sich die von Arnold für Artikel 1 Abs. 1 LV vorgeschlagene Formulierung durch, die Nordrhein-Westfalen als „Gliedstaat" bezeichnet und dem Land damit die Eigenstaatlichkeit zuerkennt.

IV. Die Bedeutung der Landesverfassung im Bundesstaat

Die sog. „*Homogenitätsklausel*" des Artikel 28 Abs. 1 GG schreibt vor, dass die **23** verfassungsmäßige Ordnung in den Ländern den Grundsätzen des republikanischen, demokratischen und sozialen Rechtsstaates im Sinne des Grundgesetzes entsprechen muss. Das Grundgesetz eröffnet damit einen Rahmen, den die Landesverfassung nicht überschreiten darf. Darüber hinaus bewirkt der in Artikel 31 GG enthaltene Grundsatz „Bundesrecht bricht Landesrecht", dass die Verfassungs- und Gesetzgebungsautonomie des Landes überall dort auf Grenzen stößt, wo das Grundgesetz das Recht auf Gesetzgebung dem Bund vorbehält. Diese Bestimmungen dienen der Wahrung der gesamtstaatlichen Einheit und sichern den Vorrang des Bundes- vor dem Landesrecht, wo dies im Hinblick auf die im Grundgesetz vorgeschriebene Aufgabenverteilung zwischen dem Bund und den Ländern geboten erscheint.

Die nordrhein-westfälische Verfassung konnte, da der Landtag seine Verfas- **24** sungsberatungen bis zum Abschluss der Verfassungsgebung im Bund unterbrochen hatte, die Vorgaben des Bonner Grundgesetzes von Beginn an berücksichtigen. Die Landesverfassung vermeidet daher, anders als die frühen Landesverfassungen aus den Jahren 1946/47, Überschneidungen mit dem Grundgesetz und verzichtet auf die gleichlautende Wiederholung von bundesverfassungsrechtlichen Bestimmungen für die Landesebene. Sie regelt nur das, was in die Kompetenz des Landes fällt. Hieraus erklärt sich der Verzicht der nordrhein-westfälischen Landesverfassung auf eine eigenständige Vollregelung der Grund- und Menschenrechte, denn hierzu lagen mit dem Grundrechtekatalog des Grundgesetzes allgemeingültige Aussagen vor, die auf einem breiten Konsens beruhten. Ihre Wiederholung in der Landesverfassung wäre von vielen eher als Verwässerung ihres Gehalts denn als Bekräftigung ihres Geltungsanspruchs verstanden worden. Der Eingangsteil der Landesverfassung ist ganz bewusst sachlich und nüchtern gehalten.

25 Andererseits erschöpft sich die Landesverfassung nicht in einem schlichten Organisationsstatut über das Zusammenwirken der Verfassungsorgane des Landes. Sie erfasst mit ihren Regelungen die Thematik von Staat und Gesellschaft, die Lebenskreise der Arbeit und des Sozialen, des Schulwesens und der Wissenschaft, der Kultur und der Kirchen. Die nordrhein-westfälische Landesverfassung ist keine bloße „Rumpfverfassung", sondern füllt den ihr im Grundgesetz zugestandenen Gestaltungsspielraum durch eigenständige Regelungen aus. Bundes- und Landesverfassung stehen zueinander nicht im Verhältnis der Über- und Unterordnung; es handelt sich vielmehr um zwei selbständig nebeneinander stehende Grundordnungen mit unterschiedlichem Geltungsanspruch. Das Grundgesetz überlässt dem Landesverfassungsgeber dabei trotz der oben erwähnten „Homogenitätsklausel" einen weiten Spielraum. „Die Länder sind, soweit nicht das Grundgesetz in Artikel 28 Abs. 1 und 2 oder in anderen Vorschriften für bestimmte Tatbestände etwas anderes vorschreibt, frei in der Ausgestaltung ihrer Verfassung. . . . Bundesverfassungsrecht bricht inhaltsgleiches Landesrecht nicht." Mit diesen Leitsätzen hat das Bundesverfassungsgericht in seinem Beschluss vom 19. 1. 1974 (BVerfGE 36, 342 ff.) die *Verfassungsautonomie der Länder* im Rahmen der gesamtstaatlichen Verfassung hervorgehoben. Und auch dort, wo es zu nicht völlig übereinstimmenden Parallelregelungen auf Bundes- und Landesebene kommt, kann Artikel 31 GG nach der verbindlichen Ansicht des Bundesverfassungsgerichts nicht die Kraft haben, die landesverfassungsrechtliche Vorschrift „zu brechen". In diesem Falle sind die über das Grundgesetz hinausgehenden Bestimmungen, die sich im Rahmen der Mindestanforderungen der Homogenitätsklausel des Artikel 28 GG halten, in ihrem historischen Kontext auszulegen und zu würdigen und nicht von vornherein wegen ihrer Überschneidung mit Bundesverfassungsrecht gegenstandslos.

26 Die nordrhein-westfälische Landesverfassung hat diesen Spielraum trotz ihrer ausgeprägten Rücksichtnahme auf die Vorgaben des Grundgesetzes selbstbewusst genutzt. Zu zahlreichen Einzelfragen ist die nordrhein-westfälische Landesverfassung von dem Willen zur eigenständigen Gestaltung der Lebensverhältnisse im Lande geprägt. Und auch dort, wo die Landesverfassung in Artikel 4 die Grundrechte des Grundgesetzes ohne eigene Formulierungen zum Bestandteil der Landesverfassung erhoben hat, ist diese Aussage keine inhaltsleere Wiederholung der Bundesverfassung. Denn mit der Rezeption der Grundrechte durch die Landesverfassung unterliegt ihr Schutz neben dem Bundesverfassungsgericht auch dem Verfassungsgerichtshof des Landes. Die *Verdoppelung der Verfassungsgerichtsbarkeit* dient dem Wohle der Bürgerinnen und

Bürger, indem die Herrschaft des Rechts, auf den zwei staatlichen Ebenen von Bund und Land organisiert, an Wirksamkeit gewinnt.

V. Die Gliederung der Landesverfassung

Die nordrhein-westfälische Landesverfassung ist in eine *Präambel* und *drei Teile* **27** untergliedert. In der *Präambel* und im *ersten Teil* (Artikel 1 bis 3) sind die Grundlagen des Landes festgelegt. Hier finden sich die Kernaussagen zur Eigenstaatlichkeit des Landes innerhalb des deutschen Bundesstaates, zur Gliederung des Landes in Gemeinden und Gemeindeverbände, zum Demokratieprinzip und zur Dreiteilung der staatlichen Gewalten.

Teil 2 (Artikel 4 bis 29 a) legt die Grundrechte und die Grundsätze der Ordnung des Gemeinschaftslebens fest. Seine *vier Abschnitte* behandeln die Grundrechte (1. Abschnitt), die Familie (2. Abschnitt), Schule, Kunst und Wissenschaft, Sport, Religion und Religionsgemeinschaften (3. Abschnitt) und die Bereiche Arbeit, Wirtschaft und Umwelt (4. Abschnitt).

Der *dritte und umfänglichste Teil* der Landesverfassung (Artikel 30 bis 88) fasst die Bestimmungen über die Organe und Aufgaben des Landes zusammen und ist in *sieben Abschnitte* untergliedert. Der 1. Abschnitt enthält die Verfassungsbestimmungen über den Landtag. Ihm folgen die Regelungen über die Landesregierung (2. Abschnitt), über die Gesetzgebung (3. Abschnitt), über die Rechtspflege (4. Abschnitt), über den Verfassungsgerichtshof (5. Abschnitt), über die Verwaltung (6. Abschnitt) und über das Finanzwesen (7. Abschnitt). Die Artikel 89 bis 92 enthalten Übergangs- und Schlussbestimmungen.

VI. Änderungen der Landesverfassung

Seit ihrem Inkrafttreten ist die nordrhein-westfälische Landesverfassung 18mal **28** geändert worden. Die Änderungen betrafen die Artikel 5 Abs. 2, Artikel 6, Artikel 7 Abs. 2, Artikel 12, 15, 18, 29 a, 31 Abs. 2, Artikel 34, 37, 41, 41 a, 45 Abs. 3, Artikel 46 Abs. 3 und 4, Artikel 67a, 68 und 69, Artikel 77 a, 81 Abs. 2 und 3, Artikel 82, 83, 85, 86, 87 und 92. Wegen der Einzelheiten der Änderungen wird auf die Erläuterungen der genannten Bestimmungen und auf die Zusammenstellung in Anmerkung 5 zu Artikel 69 verwiesen. Eine materialreiche Darstellung der Verfassungsänderungen bis 1990 gibt *Wolfgang Gärtner,* Verfassung im Wandel. Die Verfassung für das Land Nordrhein-Westfalen und ihre Änderungen, in: Landtag Nordrhein-Westfalen (Hrsg.), Kontinuität und Wandel, Düsseldorf 1990, S. 141–188. Lesenswert ist ferner der Beitrag von *Michael Sachs* über „Die Änderung der Landesverfassung – Kompetenz, Verfahren und Grenzen" in der Festschrift zum 50jährigen Bestehen des Verfassungsgerichtshofs NRW (2002).

Verfassung des Landes Nordrhein-Westfalen

Vom 28. Juni 1950
zuletzt geändert durch Gesetz vom 5. März 2002 (GVBl. S. 108)

Der Landtag Nordrhein-Westfalen hat am 6. Juni 1950 folgendes Gesetz beschlossen, das gemäß Artikel 90 am 18. Juni 1950 durch Volksentscheid von der Mehrheit der Abstimmenden bejaht worden ist:

Präambel

In Verantwortung vor Gott und den Menschen, verbunden mit allen Deutschen, erfüllt von dem Willen, die Not der Gegenwart in gemeinschaftlicher Arbeit zu überwinden, dem inneren und äußeren Frieden zu dienen, Freiheit, Gerechtigkeit und Wohlstand für alle zu schaffen, haben sich die Männer und Frauen des Landes Nordrhein-Westfalen diese Verfassung gegeben.

ERSTER TEIL
Von den Grundlagen des Landes

Artikel 1
[Staatsverfassung]

(1) Nordrhein-Westfalen ist ein Gliedstaat der Bundesrepublik Deutschland. Das Land gliedert sich in Gemeinden und Gemeindeverbände.

(2) Die Landesfarben und das Landeswappen werden durch Gesetz bestimmt.

Artikel 2
[Volkswille]

Das Volk bekundet seinen Willen durch Wahl, Volksbegehren und Volksentscheid.

Artikel 3
[Dreiteilung der Gewalten]

(1) Die Gesetzgebung steht dem Volk und der Volksvertretung zu.

(2) Die Verwaltung liegt in den Händen der Landesregierung, der Gemeinden und der Gemeindeverbände.

(3) Die Rechtsprechung wird durch unabhängige Richter ausgeübt.

ZWEITER TEIL
Von den Grundrechten und der Ordnung des Gemeinschaftslebens

Erster Abschnitt
Von den Grundrechten

Artikel 4
[Grundrechte und Datenschutz]

(1) Die im Grundgesetz für die Bundesrepublik Deutschland in der Fassung vom 23. Mai 1949 festgelegten Grundrechte und staatsbürgerlichen Rechte sind Bestandteil dieser Verfassung und unmittelbar geltendes Landesrecht.

(2) Jeder hat Anspruch auf Schutz seiner personenbezogenen Daten. Eingriffe sind nur in überwiegendem Interesse der Allgemeinheit auf Grund eines Gesetzes zulässig.

Zweiter Abschnitt
Die Familie

Artikel 5
[Schutz der Familie]

(1) Ehe und Familie werden als die Grundlagen der menschlichen Gesellschaft anerkannt. Sie stehen unter dem besonderen Schutz des Landes. Die Mutterschaft und die kinderreiche Familie haben Anspruch auf besondere Fürsorge.

(2) Familien- und Erwerbsarbeit sind gleichwertig. Frauen und Männer sind entsprechend ihrer Entscheidung an Familien- und Erwerbsarbeit gleichberechtigt beteiligt.

Artikel 6
[Kinder und Jugendliche]

(1) Jedes Kind hat ein Recht auf Achtung seiner Würde als eigenständige Persönlichkeit und auf besonderen Schutz von Staat und Gesellschaft.

(2) Kinder und Jugendliche haben ein Recht auf Entwicklung und Entfaltung ihrer Persönlichkeit, auf gewaltfreie Erziehung und den Schutz vor Gewalt, Vernachlässigung und Ausbeutung. Staat und Gesellschaft schützen sie vor Gefahren für ihr körperliches, geistiges und seelisches Wohl. Sie achten und sichern ihre Rechte, tragen für altersgerechte Lebensbedingungen Sorge und fördern sie nach ihren Anlagen und Fähigkeiten.

(3) Allen Jugendlichen ist die umfassende Möglichkeit zur Berufsausbildung und Berufsausübung zu sichern.

(4) Das Mitwirkungsrecht der Kirchen und Religionsgemeinschaften sowie der Verbände der freien Wohlfahrtspflege in den Angelegenheiten der Familienförderung, der Kinder- und Jugendhilfe bleibt gewährleistet und ist zu fördern.

Dritter Abschnitt
Schule, Kunst und Wissenschaft, Sport,
Religion und Religionsgemeinschaften

Artikel 7
[Grundsätze der Erziehung]

(1) Ehrfurcht vor Gott, Achtung vor der Würde des Menschen und Bereitschaft zum sozialen Handeln zu wecken, ist vornehmstes Ziel der Erziehung.

(2) Die Jugend soll erzogen werden im Geiste der Menschlichkeit, der Demokratie und der Freiheit, zur Duldsamkeit und zur Achtung vor der Überzeugung des anderen, zur Verantwortung für Tiere und die Erhaltung der natürlichen Lebensgrundlagen, in Liebe zu Volk und Heimat, zur Völkergemeinschaft und Friedensgesinnung.

Artikel 8
[Elternrecht und Schulpflicht]

(1) Jedes Kind hat Anspruch auf Erziehung und Bildung. Das natürliche Recht der Eltern, die Erziehung und Bildung ihrer Kinder zu bestimmen, bildet die Grundlage des Erziehungs- und Schulwesens.

Die staatliche Gemeinschaft hat Sorge zu tragen, dass das Schulwesen den kulturellen und sozialen Bedürfnissen des Landes entspricht.

(2) Es besteht allgemeine Schulpflicht; ihrer Erfüllung dienen grundsätzlich die Volksschule und die Berufsschule.

(3) Land und Gemeinden haben die Pflicht, Schulen zu errichten und zu fördern. Das gesamte Schulwesen steht unter der Aufsicht des Landes. Die Schulaufsicht wird durch hauptamtlich tätige, fachlich vorgebildete Beamte ausgeübt.

(4) Für die Privatschulen gelten die Bestimmungen des Artikels 7 Abs. 4 und 5 des Grundgesetzes der Bundesrepublik Deutschland vom 23. Mai 1949 zugleich als Bestandteil dieser Verfassung. Die hiernach genehmigten Privatschulen haben die gleichen Berechtigungen wie die entsprechenden öffentlichen Schulen. Sie haben Anspruch auf die zur Durchführung ihrer Aufgaben und zur Erfüllung ihrer Pflichten erforderlichen öffentlichen Zuschüsse.

Artikel 9
[Schulgeldfreiheit]

(1) Der Unterricht in den Volks- und Berufsschulen ist unentgeltlich.

(2) Einführung und Durchführung der Schulgeldfreiheit für die weiterführenden Schulen sowie der Lehr- und Lernmittelfreiheit für alle Schulen sind gesetzlich zu regeln. Zum Zwecke des Studiums sind im Bedarfsfalle besondere Unterhaltsbeihilfen zu gewähren. Soweit der Staat für die öffentlichen Schulen Schulgeldfreiheit gewährt, sind auch die in Artikel 8 Abs. 4 genannten Privatschulen berechtigt, zu Lasten des Staates auf die Erhebung von Schulgeld zu verzichten; soweit er Lehr- und Lernmittelfreiheit gewährt, sind Lehr- und Lernmittel in gleicher Weise für diese Privatschulen zur Verfügung zu stellen wie für die öffentlichen Schulen.

Artikel 10
[Schulverfassung]

(1) Das Schulwesen des Landes baut sich auf einer für alle Kinder verbindlichen Grundschule auf, die Teil der Volksschule ist. Die Gliederung des Schulwesens wird durch die Mannigfaltigkeit der Lebens- und Berufsaufgaben bestimmt. Für die Aufnahme in eine Schule sind Anlage und Neigung des Kindes maßgebend, nicht die wirtschaftliche Lage und die gesellschaftliche Stellung der Eltern.

(2) Die Erziehungsberechtigten wirken durch Elternvertretungen an der Gestaltung des Schulwesens mit.

Artikel 11
[Staatsbürgerkunde]

In allen Schulen ist Staatsbürgerkunde Lehrgegenstand und staatsbürgerliche Erziehung verpflichtende Aufgabe.

Artikel 12
[Schularten]

(1) Die Volksschule umfasst die Grundschule als Unterstufe des Schulwesens und die Hauptschule als weiterführende Schule.

(2) Grundschule und Hauptschule müssen entsprechend ihren Bildungszielen nach Organisation und Ausstattung die Voraussetzungen eines geordneten Schulbetriebes erfüllen.

(3) Grundschulen sind Gemeinschaftsschulen, Bekenntnisschulen oder Weltanschauungsschulen. Auf Antrag der Erziehungsberechtigten sind, soweit ein geordneter Schulbetrieb gewährleistet ist, Grundschulen einzurichten.

(4) Hauptschulen sind von Amts wegen als Gemeinschaftsschulen zu errichten. Auf Antrag der Erziehungsberechtigten sind Bekenntnisschulen oder Weltanschauungsschulen zu errichten, soweit ein geordneter Schulbetrieb bei der beantragten Hauptschule und der Besuch einer Gemeinschaftsschule in zumutbarer Weise gewährleistet sind.

(5) Hauptschulen sind in Gemeinschaftsschulen umzuwandeln, wenn Erziehungsberechtigte, die ein Drittel der Schüler vertreten, dieses beantragen.

(6) In Gemeinschaftsschulen werden Kinder auf der Grundlage christlicher Bildungs- und Kulturwerte in Offenheit für die christlichen Bekenntnisse und für andere religiöse und weltanschaulichen Überzeugungen gemeinsam unterrichtet und erzogen.

In Bekenntnisschulen werden Kinder des katholischen oder des evangelischen Glaubens oder einer anderen Religionsgemeinschaft nach den Grundsätzen des betreffenden Bekenntnisses unterrichtet und erzogen. In Weltanschauungsschulen, zu denen auch die bekenntnisfreien Schulen gehören, werden die Kinder nach den Grundsätzen der betreffenden Weltanschauung unterrichtet und erzogen.

(7) Das Nähere bestimmt ein Gesetz.

Artikel 13
[Schultoleranz]

Wegen des religiösen Bekenntnisses darf im Einzelfall keinem Kinde die Aufnahme in eine öffentliche Schule verweigert werden, falls keine entsprechende Schule vorhanden ist.

Artikel 14
[Religionsunterricht]

(1) Der Religionsunterricht ist ordentliches Lehrfach an allen Schulen, mit Ausnahme der Weltanschauungsschulen (bekenntnisfreien Schulen). Für die religiöse Unterweisung bedarf der Lehrer der Bevollmächtigung durch die Kirche oder durch die Religionsgemeinschaft. Kein Lehrer darf gezwungen werden, Religionsunterricht zu erteilen.

(2) Lehrpläne und Lehrbücher für den Religionsunterricht sind im Einvernehmen mit der Kirche oder Religionsgemeinschaft zu bestimmen.

(3) Unbeschadet des staatlichen Aufsichtsrechtes haben die Kirchen oder die Religionsgemeinschaften das Recht, nach einem mit der Unterrichtsverwaltung vereinbarten Verfahren sich durch Einsichtnahme zu vergewissern, dass der Religionsunterricht in Übereinstimmung mit ihren Lehren und Anforderungen erteilt wird.

(4) Die Befreiung vom Religionsunterricht ist abhängig von einer schriftlichen Willenserklärung der Erziehungsberechtigten oder des religionsmündigen Schülers.

Artikel 15
[Lehrerbildung]

Die Ausbildung der Lehrer erfolgt in der Regel an wissenschaftlichen Hochschulen. Sie berücksichtigt die Bedürfnisse der Schulen; es ist ein Lehrangebot zu gewährleisten, das diesem Erfordernis gerecht wird. Es ist sicherzustellen, dass die Befähigung zur Erteilung des Religionsunterrichts erworben werden kann.

Artikel 16
[Universitäten und Hochschulen]

(1) Die Universitäten und diejenigen Hochschulen, die ihnen als Stätten der Forschung und der Lehre gleichstehen, haben, unbeschadet der staatlichen Aufsicht, das Recht auf eine ihrem besonderen Charakter entsprechende Selbstverwaltung im Rahmen der Gesetze und der staatlich anerkannten Satzungen.

(2) Zur Ausbildung ihrer Geistlichen haben die Kirchen und zur Ausbildung ihrer Religionsdiener die Religionsgemeinschaften das Recht, eigene Anstalten mit Hochschulcharakter zu errichten und zu unterhalten.

Artikel 17
[Erwachsenenbildung]

Die Erwachsenenbildung ist zu fördern. Als Träger von Einrichtungen der Erwachsenenbildung werden neben Staat, Gemeinden und Gemeindeverbänden auch andere Träger, wie Kirchen und freie Vereinigungen, anerkannt.

Artikel 18
[Kultur, Kunst und Wissenschaft, Sport]

(1) Kultur, Kunst und Wissenschaft sind durch Land und Gemeinden zu pflegen und zu fördern.

(2) Die Denkmäler der Kunst, der Geschichte und der Kultur, die Landschaft und Naturdenkmale stehen unter dem Schutz des Landes, der Gemeinden und Gemeindeverbände.

(3) Sport ist durch Land und Gemeinden zu pflegen und zu fördern.

Artikel 19
[Freie Religionsausübung]

(1) Die Freiheit der Vereinigung zu Kirchen oder Religionsgemeinschaften wird gewährleistet. Der Zusammenschluss von Kirchen oder Religionsgemeinschaften innerhalb des Landes unterliegt keinen Beschränkungen.

(2) Die Kirchen und die Religionsgemeinschaften ordnen und verwalten ihre Angelegenheiten selbständig innerhalb der Schranken des für alle geltenden Gesetzes. Sie haben das Recht, ihre Ämter ohne Mitwirkung des Staates und der politischen Gemeinden zu verleihen oder zu entziehen.

Artikel 20
[Anstaltsseelsorge]

Die Kirchen und die Religionsgemeinschaften haben das Recht, in Erziehungs-, Kranken-, Straf- und ähnlichen öffentlichen Anstalten gottesdienstliche Handlungen vorzunehmen und eine geordnete Seelsorge auszuüben, wobei jeder Zwang fernzuhalten ist.

Artikel 21
[Leistungen an die Kirchen]

Die den Kirchen oder den Religionsgemeinschaften gemäß Gesetz, Vertrag oder anderen Rechtstiteln zustehenden Leistungen des Staates, der politischen Gemeinden oder Gemeindeverbände können nur durch Vereinbarungen abgelöst werden; soweit solche Vereinbarungen das Land betreffen, bedürfen sie der Bestätigung durch Landesgesetz.

Artikel 22
[Weimarer Verfassung als Landesrecht]

Im übrigen gilt für die Ordnung zwischen Land und Kirchen oder Religionsgemeinschaften Artikel 140 des Bonner Grundgesetzes für die Bundesrepublik Deutschland vom 23. Mai 1949 als Bestandteil dieser Verfassung und unmittelbar geltendes Landesrecht.

Artikel 23
[Kirchenverträge]

(1) Die Bestimmungen der Verträge mit der Katholischen Kirche und der Evangelischen Kirche der Altpreußischen Union, die im früheren Freistaat Preußen Geltung hatten, werden für die Gebiete des Landes Nordrhein-Westfalen, die zum ehemaligen Preußen gehörten, als geltendes Recht anerkannt.

(2) Zur Änderung dieser Kirchenverträge und zum Abschluss neuer Verträge ist außer der Zustimmung der Vertragspartner ein Landesgesetz erforderlich.

Vierter Abschnitt
Arbeit, Wirtschaft, Umwelt

Artikel 24
[Arbeit, Lohn, Urlaub]

(1) Im Mittelpunkt des Wirtschaftslebens steht das Wohl des Menschen. Der Schutz seiner Arbeitskraft hat den Vorrang vor dem Schutz materiellen Besitzes. Jedermann hat ein Recht auf Arbeit.

(2) Der Lohn muss der Leistung entsprechen und den angemessenen Lebensbedarf des Arbeitenden und seiner Familie decken. Für gleiche Tätigkeit und gleiche Leistung besteht Anspruch auf gleichen Lohn. Das gilt auch für Frauen und Jugendliche.

(3) Das Recht auf einen ausreichenden, bezahlten Urlaub ist gesetzlich festzulegen.

Artikel 25
[Sonn- und Feiertage]

(1) Der Sonntag und die staatlich anerkannten Feiertage werden als Tage der Gottesverehrung, der seelischen Erhebung, der körperlichen Erholung und der Arbeitsruhe anerkannt und gesetzlich geschützt.

(2) Der 1. Mai als Tag des Bekenntnisses zu Freiheit und Frieden, sozialer Gerechtigkeit, Völkerversöhnung und Menschenwürde ist gesetzlicher Feiertag.

Artikel 26
[Mitbestimmungsrecht]

Entsprechend der gemeinsamen Verantwortung und Leistung der Unternehmer und Arbeitnehmer für die Wirtschaft wird das Recht der Arbeitnehmer auf gleichberechtigte Mitbestimmung bei der Gestaltung der wirtschaftlichen und sozialen Ordnung anerkannt und gewährleistet.

Artikel 27
[Monopolbetriebe und Kartelle]

(1) Großbetriebe der Grundstoffindustrie und Unternehmen, die wegen ihrer monopolartigen Stellung besondere Bedeutung haben, sollen in Gemeineigentum überführt werden.

(2) Zusammenschlüsse, die ihre wirtschaftliche Macht missbrauchen, sind zu verbieten.

Artikel 28
[Förderung des Mittelstandes]

Die Klein- und Mittelbetriebe in Landwirtschaft, Handwerk, Handel und Gewerbe und die freien Berufe sind zu fördern. Die genossenschaftliche Selbsthilfe ist zu unterstützen.

Artikel 29
[Siedlungswesen]

(1) Die Verbindung weiter Volksschichten mit dem Grund und Boden ist anzustreben.

(2) Das Land hat die Aufgabe, nach Maßgabe der Gesetze neue Wohn- und Wirtschaftsheimstätten zu schaffen und den klein- und mittelbäuerlichen Besitz zu stärken.

(3) Die Kleinsiedlung und das Kleingartenwesen sind zu fördern.

Artikel 29 a
[Umweltschutz]

(1) Die natürlichen Lebensgrundlagen und die Tiere stehen unter dem Schutz des Landes, der Gemeinden und Gemeindeverbände.

(2) Die notwendigen Bindungen und Pflichten bestimmen sich unter Ausgleich der betroffenen öffentlichen und privaten Belange. Das Nähere regelt das Gesetz.

DRITTER TEIL
Von den Organen und Aufgaben des Landes

Erster Abschnitt
Der Landtag

Artikel 30
[Volksvertreter]

(1) Der Landtag besteht aus den vom Volk gewählten Abgeordneten.

(2) Die Abgeordneten stimmen nach ihrer freien, nur durch die Rücksicht auf das Volkswohl bestimmten Überzeugung; sie sind an Aufträge nicht gebunden.

Artikel 31
[Wahl]

(1) Die Abgeordneten werden in allgemeiner, gleicher, unmittelbarer, geheimer und freier Wahl gewählt.

(2) Wahlberechtigt ist, wer das 18. Lebensjahr vollendet hat. Wählbar ist, wer das Alter erreicht hat, mit dem die Volljährigkeit eintritt.

(3) Die Wahl findet an einem Sonntag oder einem gesetzliche Feiertag statt.

(4) Das Nähere wird durch Gesetz geregelt.

Artikel 32
[Wahlverbot für Umstürzler]

(1) Vereinigungen und Personen, die es unternehmen, die staatsbürgerlichen Freiheiten zu unterdrücken oder gegen Volk, Land oder Verfassung Gewalt anzuwenden, dürfen sich an Wahlen und Abstimmungen nicht beteiligen.

(2) Die Entscheidung darüber, ob diese Voraussetzungen vorliegen, trifft auf Antrag der Landesregierung oder von mindestens fünfzig Abgeordneten des Landtags der Verfassungsgerichtshof.

Artikel 33
[Wahlprüfung]

(1) Die Wahlprüfung ist Sache des Landtags.

(2) Ihm obliegt auch die Feststellung, ob ein Abgeordneter des Landtags die Mitgliedschaft verloren hat.

(3) Die Entscheidung kann durch Beschwerde beim Verfassungsgerichtshof angefochten werden.

(4) Das Nähere wird durch Gesetz geregelt.

Artikel 34
[Wahlperiode]

Der Landtag wird auf fünf Jahre gewählt. Die Neuwahl findet im letzten Vierteljahr der Wahlperiode statt.

Artikel 35
[Auflösung des Landtags]

(1) Der Landtag kann sich durch eigenen Beschluss auflösen. Hierzu bedarf es der Zustimmung der Mehrheit der gesetzlichen Mitgliederzahl.

(2) Der Landtag kann auch gemäß Artikel 68 Abs. 3 aufgelöst werden.

(3) Nach der Auflösung des Landtags muss die Neuwahl binnen sechzig Tagen stattfinden.

Artikel 36
[Beginn der Legislaturperiode]

Die Wahlperiode des neuen Landtags beginnt mit seiner ersten Tagung.

Artikel 37
[Zusammentritt des Landtags]

Der Landtag tritt spätestens am zwanzigsten Tage nach der Wahl, jedoch nicht vor dem Ende der Wahlperiode des letzten Landtags zusammen.

Artikel 38
[Präsidium, Geschäftsordnung, Einberufung]

(1) Der Landtag wählt den Präsidenten, dessen Stellvertreter und die übrigen Mitglieder des Präsidiums. Er gibt sich seine Geschäftsordnung.

(2) Bis zur Wahl des neuen Präsidiums führt das bisherige Präsidium die Geschäfte weiter.

(3) Der Landtag wird jeweils durch den Präsidenten einberufen.

(4) Auf Antrag der Landesregierung oder eines Viertels seiner Mitglieder muss der Landtag unverzüglich einberufen werden.

Artikel 39
[Landtagsverwaltung]

(1) In Rechtsgeschäften und Rechtsstreitigkeiten der Landtagsverwaltung vertritt der Präsident das Land. Er verfügt über die Einnahmen und Ausgaben der Landtagsverwaltung nach Maßgabe des Haushalts.

(2) Dem Präsidenten steht die Annahme und Entlassung der Angestellten und Arbeiter sowie im Benehmen mit dem Präsidium die Ernennung der Beamten des Landtags zu. Er hat die Dienstaufsicht und Dienststrafgewalt über die Beamten, Angestellten und Arbeiter des Landtags. Er übt das Hausrecht und die Polizeigewalt im Landtagsgebäude aus.

(3) Im übrigen werden die Rechte und Pflichten des Präsidenten durch die Geschäftsordnung bestimmt.

Artikel 40
[Ständiger Ausschuss]

Der Landtag bestellt einen ständigen Ausschuss (Hauptausschuss). Dieser Ausschuss hat die Rechte der Volksvertretung gegenüber der Regierung zu wahren, solange der Landtag nicht versammelt ist. Die gleichen Rechte stehen ihm zwischen dem Ende einer Wahlperiode oder der Auflösung des Landtags und dem Zusammentritt des neuen Landtags zu. Er hat in dieser Zeit die Rechte eines Untersuchungsausschusses. Seine Zusammensetzung wird durch die Geschäftsordnung geregelt. Seine Mitglieder genießen die in den Artikeln 47 bis 50 festgelegten Rechte.

Artikel 41
[Untersuchungsausschüsse]

(1) Der Landtag hat das Recht und auf Antrag von einem Fünftel der gesetzlichen Zahl seiner Mitglieder die Pflicht, Untersuchungsausschüsse einzusetzen. Diese Ausschüsse erheben in öffentlicher Verhandlung die Beweise, die sie oder die Antragsteller für erforderlich erachten. Sie können mit Zweidrittelmehrheit die Öffentlichkeit ausschließen. Die Zahl der Mitglieder bestimmt der Landtag. Die Mitglieder wählt der Landtag im Wege der Verhältniswahl. Das Nähere über die Einsetzung, die Befugnisse und das Verfahren wird durch Gesetz geregelt.

(2) Die Gerichte und Verwaltungsbehörden sind zur Rechts- und Amtshilfe verpflichtet. Sie sind insbesondere verpflichtet, dem Ersuchen dieser Ausschüsse um Beweiserhebungen nachzukommen. Die Akten der Behörden und öffentlichen Körperschaften sind ihnen auf Verlangen vorzulegen.

(3) Das Brief-, Post- und Fernmeldegeheimnis bleiben unberührt.

(4) Die Beschlüsse der Untersuchungsausschüsse sind der richterlichen Erörterung entzogen. In der Feststellung und in der rechtlichen Beurteilung des der Untersuchung zugrunde liegenden Sachverhalts sind die Gerichte frei.

Artikel 41 a
[Befugnisse des Petitionsausschusses]

(1) Zur Vorbereitung der Beschlüsse über Petitionen gemäß Artikel 17 des Grundgesetzes sind die Landesregierung und die Körperschaften, Anstalten und Stiftungen des öffentlichen Rechts sowie Behörden und sonstige Verwaltungseinrichtungen, soweit sie unter der Aufsicht des Landes stehen, verpflichtet, dem Petitionsausschuss des Landtags auf sein Verlangen jederzeit Zutritt zu ihren Einrichtungen zu gestatten.

(2) Die in Absatz 1 genannten Stellen sind verpflichtet, dem Petitionsausschuss auf sein Verlangen alle erforderlichen Auskünfte zu erteilen und Akten zugängig zu machen. Der Petitionsausschuss ist berechtigt, den Petenten und beteiligte Personen anzuhören. Nach näherer Bestimmung der Geschäftsordnung kann der Petitionsausschuss Beweise durch Vernehmung von Zeugen und Sachverständigen erheben. Die Vorschriften der Strafprozessordnung finden sinngemäß Anwendung. Das Brief-, Post- und Fernmeldegeheimnis bleibt unberührt.

(3) Nach Maßgabe der Geschäftsordnung kann der Petitionsausschuss die ihm gemäß Absatz 1 und 2 zustehenden Befugnisse mit Ausnahme der eidlichen Vernehmung auf einzelne Mitglieder des Ausschusses übertragen; auf Antrag des Petitionsausschusses beauftragt der Präsident des Landtags Beamte der Landtagsverwaltung mit der Wahrnehmung dieser Befugnisse. Artikel 45 Abs. 1 und 2 findet sinngemäß Anwendung.

Artikel 42
[Öffentlichkeit]

Die Sitzungen des Landtags sind öffentlich. Auf Antrag der Landesregierung oder von zehn Abgeordneten kann der Landtag mit Zweidrittelmehrheit der Anwesenden die Öffentlichkeit für einzelne Gegenstände der Tagesordnung ausschließen. Über den Antrag wird in geheimer Sitzung verhandelt.

Artikel 43
[Parlamentsberichterstattung]

Wegen wahrheitsgetreuer Berichte über öffentliche Sitzungen des Landtags und seiner Ausschüsse kann niemand zur Verantwortung gezogen werden.

Artikel 44
[Beschlussfassung]

(1) Der Landtag ist beschlussfähig, wenn mehr als die Hälfte der gesetzlichen Mitgliederzahl anwesend ist.

(2) Der Landtag fasst seine Beschlüsse mit Stimmenmehrheit.

Artikel 45
[Rechte und Pflichten der Landesregierung]

(1) Die Mitglieder der Landesregierung und die von ihnen Beauftragten können den Sitzungen des Landtags und seiner Ausschüsse beiwohnen. Sie unterstehen der Ordnungsgewalt des Vorsitzenden. Den Mitgliedern der Landesregierung ist jederzeit, auch außerhalb der Tagesordnung, das Wort zu erteilen.

(2) Der Landtag und seine Ausschüsse können die Anwesenheit jedes Mitgliedes der Landesregierung verlangen.

(3) Die Vorschrift des Absatzes 1, Satz 1 und 3 gilt nicht für Sitzungen der Untersuchungsausschüsse.

Artikel 46
[Ansprüche der Abgeordneten]

(1) Abgeordnete dürfen an der Übernahme und Ausübung ihres Mandats nicht gehindert oder hierdurch in ihrem Amt oder Arbeitsverhältnis benachteiligt werden. Insbesondere ist unzulässig, sie aus diesem Grunde zu entlassen oder ihnen zu kündigen.

(2) Beamte, Angestellte und Arbeiter bedürfen zu der mit den Obliegenheiten ihres Mandats als Mitglieder des Landtags verbundenen Tätigkeit keines

Urlaubs. Bewerben sie sich um einen Sitz im Landtag, so ist ihnen der zur Vorbereitung ihrer Wahl erforderliche Urlaub zu gewähren.

(3) Die Wählbarkeit von Beamten, Angestellten des öffentlichen Dienstes und Richtern im Lande Nordrhein-Westfalen kann gesetzlich beschränkt werden.

Artikel 47
[Indemnität]

Kein Abgeordneter darf zu irgendeiner Zeit wegen seiner Abstimmung oder wegen Äußerungen in Ausübung seines Mandats gerichtlich oder dienstlich verfolgt oder sonst außerhalb der Versammlung zur Verantwortung gezogen werden. Dies gilt nicht für verleumderische Beleidigungen.

Artikel 48
[Immunität]

(1) Kein Abgeordneter kann ohne Genehmigung des Landtags während der Wahlperiode wegen einer mit Strafe bedrohten Handlung zur Untersuchung gezogen, festgenommen oder verhaftet werden, es sei denn, dass er bei der Ausübung der Tat oder spätestens im Laufe des nächstfolgenden Tages ergriffen wird oder ein Fall der Ehrverletzung nach Artikel 47 vorliegt.

(2) Die gleiche Genehmigung ist bei jeder anderen Beschränkung der persönlichen Freiheit erforderlich, die die Ausübung des Abgeordnetenmandats beeinträchtigt.

(3) Jedes Strafverfahren gegen einen Abgeordneten und jede Haft oder sonstige Beschränkung seiner persönlichen Freiheit wird auf Verlangen des Landtags entweder für die gesamte Dauer oder bestimmte Zeitabschnitte der Wahlperiode ausgesetzt.

(4) Diese Bestimmungen gelten auch in der Zeit zwischen zwei Wahlperioden. Die Rechte des Landtags werden durch den Hauptausschuss ausgeübt.

Artikel 49
[Zeugnisverweigerungsrecht]

(1) Die Abgeordneten sind berechtigt, über Personen, die ihnen in ihrer Eigenschaft als Abgeordnete oder denen sie in dieser Eigenschaft Tatsachen anvertraut haben sowie über diese Tatsachen selbst das Zeugnis zu verweigern. Soweit dieses Zeugnisverweigerungsrecht reicht, ist die Beschlagnahme von Schriftstücken unzulässig.

(2) Eine Durchsuchung oder Beschlagnahme darf in den Räumen des Landtags nur mit Genehmigung des Präsidenten vorgenommen werden.

Artikel 50
[Freie Fahrt und Entschädigung]

Die Mitglieder des Landtags erhalten das Recht zur freien Fahrt auf allen Eisenbahnen und sonstigen Beförderungsmitteln der Deutschen *Bundes*bahn im Lande Nordrhein-Westfalen sowie Entschädigung nach Maßgabe eines Gesetzes. Ein Verzicht auf diese Rechte ist unzulässig.

Zweiter Abschnitt
Die Landesregierung

Artikel 51
[Zusammensetzung]

Die Landesregierung besteht aus dem Ministerpräsidenten und den Landesministern.

Artikel 52
[Regierungsbildung]

(1) Der Landtag wählt aus seiner Mitte in geheimer Wahl ohne Aussprache den Ministerpräsidenten mit mehr als der Hälfte der gesetzlichen Zahl seiner Mitglieder.

(2) Kommt eine Wahl gemäß Absatz 1 nicht zustande, so findet innerhalb von 14 Tagen ein zweiter, gegebenenfalls ein dritter Wahlgang statt, in dem der gewählt ist, der mehr als die Hälfte der abgegebenen Stimmen erhält. Ergibt sich keine solche Mehrheit, so findet eine Stichwahl zwischen den beiden Vorgeschlagenen statt, die die höchste Stimmenzahl erhalten haben.

(3) Der Ministerpräsident ernennt und entlässt die Minister. Er beauftragt ein Mitglied der Landesregierung mit seiner Vertretung und zeigt seine Entscheidungen unverzüglich dem Landtag an.

Artikel 53
[Amtseid]

Die Mitglieder der Landesregierung leisten beim Amtsantritt vor dem Landtag folgenden Amtseid:

„Ich schwöre, dass ich meine ganze Kraft dem Wohle des deutschen Volkes widmen, seinen Nutzen mehren, Schaden von ihm wenden, das mir übertragene Amt nach bestem Wissen und Können unparteiisch verwalten, Verfassung und Gesetz wahren und verteidigen, meine Pflichten gewissenhaft erfüllen und Gerechtigkeit gegen jedermann üben werde. So wahr mir Gott helfe."

Der Eid kann auch ohne religiöse Beteuerung geleistet werden.

Artikel 54
[Vorsitz im Kabinett]

(1) Der Ministerpräsident führt den Vorsitz in der Landesregierung. Bei Stimmengleichheit entscheidet seine Stimme.

(2) Er leitet die Geschäfte nach einer von der Landesregierung beschlossenen Geschäftsordnung.

Artikel 55
[Verantwortung]

(1) Der Ministerpräsident bestimmt die Richtlinien der Politik und trägt dafür die Verantwortung.

(2) Innerhalb dieser Richtlinien leitet jeder Minister seinen Geschäftsbereich selbständig und unter eigener Verantwortung.

(3) Bei Meinungsverschiedenheiten über Fragen, die den Geschäftsbereich mehrerer Mitglieder der Landesregierung berühren, entscheidet die Landesregierung.

Artikel 56
[Gesetzesvorlagen]

(1) Die Landesregierung beschließt über Gesetzesvorlagen, die beim Landtag einzubringen sind.

(2) Die Landesregierung erlässt die zur Ausführung eines Gesetzes erforderlichen Verwaltungsverordnungen, soweit das Gesetz diese Aufgaben nicht einzelnen Ministern zuweist.

Artikel 57
[Vertretungsbefugnis]

Die Landesregierung vertritt das Land Nordrhein-Westfalen nach außen. Sie kann diese Befugnis auf den Ministerpräsidenten, auf ein anderes Mitglied der Landesregierung oder auf nachgeordnete Stellen übertragen.

Artikel 58
[Beamtenernennung]

Die Landesregierung ernennt die Landesbeamten. Sie kann die Befugnis auf andere Stellen übertragen.

Artikel 59
[Recht der Begnadigung]

(1) Der Ministerpräsident übt das Recht der Begnadigung aus. Er kann die Befugnis auf andere Stellen übertragen. Zugunsten eines Mitglieds der Landesregierung wird das Recht der Begnadigung durch den Landtag ausgeübt.

(2) Allgemeine Straferlasse und die Niederschlagung einer bestimmten Art anhängiger Strafsachen dürfen nur auf Grund eines Gesetzes ausgesprochen werden.

Artikel 60
[Gesetzgebungsnotstand]

(1) Ist der Landtag durch höhere Gewalt gehindert, sich frei zu versammeln, und wird dies durch einen mit Mehrheit gefassten Beschluss des Landtagspräsidenten und seiner Stellvertreter festgestellt, so kann die Landesregierung zur Aufrechterhaltung der öffentlichen Ruhe und Ordnung oder zur Beseitigung eines Notstandes Verordnungen mit Gesetzeskraft, die der Verfassung nicht widersprechen, erlassen.

(2) Diese Verordnungen bedürfen der Zustimmung des Hauptausschusses, es sei denn, dass auch dieser nach einer entsprechend Absatz 1 zu treffenden Feststellung am Zusammentritt verhindert ist.

(3) Verordnungen ohne Beteiligung des Hauptausschusses sind nur mit Gegenzeichnung des Landtagspräsidenten rechtswirksam. Die Gegenzeichnung erfolgt oder gilt als erfolgt, sofern der Landtagspräsident und seine Stellvertreter dies mit Mehrheit beschließen.

(4) Die Feststellung des Landtagspräsidenten und seiner Stellvertreter ist jeweils nur für einen Monat wirksam und, wenn die Voraussetzungen des Notstandes fortdauern, zu wiederholen.

(5) Die Verordnungen sind dem Landtage bei seinem nächsten Zusammentritt zur Genehmigung vorzulegen. Wird die Genehmigung versagt, so sind die Verordnungen durch Bekanntmachung im Gesetz- und Verordnungsblatt unverzüglich außer Kraft zu setzen.

Artikel 61
[Konstruktives Misstrauensvotum]

(1) Der Landtag kann dem Ministerpräsidenten das Misstrauen nur dadurch aussprechen, dass er mit der Mehrheit der abgegebenen Stimmen einen Nachfolger wählt.

(2) Zwischen dem Antrag auf Abberufung und der Wahl müssen mindestens achtundvierzig Stunden liegen.

Artikel 62
[Beendigung des Ministeramtes]

(1) Der Ministerpräsident und die Minister können jederzeit zurücktreten.

(2) Das Amt des Ministerpräsidenten und der Minister endet in jedem Falle mit dem Zusammentritt eines neuen Landtags, das Amt eines Ministers auch mit jeder anderen Erledigung des Amtes des Ministerpräsidenten.

(3) Im Falle des Rücktritts oder einer sonstigen Beendigung des Amtes haben die Mitglieder der Landesregierung bis zur Amtsübernahme des Nachfolgers ihr Amt weiterzuführen.

Artikel 63
[Ministeranklage]

(1) Der Ministerpräsident und die Landesminister können wegen vorsätzlicher oder grobfahrlässiger Verletzung der Verfassung oder eines anderen Gesetzes vor dem Verfassungsgerichtshof angeklagt werden. Der Antrag auf Erhebung der Anklage muss von mindestens einem Viertel der Mitglieder des Landtags gestellt werden. Der Beschluss auf Erhebung der Anklage bedarf der Mehrheit von zwei Dritteln der anwesenden Mitglieder des Landtags. Die Anklage wird von einem Beauftragten des Landtags vertreten.

(2) Stellt der Verfassungsgerichtshof fest, dass der angeklagte Ministerpräsident oder Minister einer vorsätzlichen oder grobfahrlässigen Verletzung der Verfassung oder eines anderen Gesetzes schuldig ist, so kann er ihn des Amtes für verlustig erklären. Durch einstweilige Anordnung kann er nach Erhebung der Anklage bestimmen, dass der Ministerpräsident oder Minister an der Ausübung seines Amtes verhindert ist.

Artikel 64
[Rechtsverhältnisse der Minister]

(1) Besoldung, Ruhegehalt und Hinterbliebenenversorgung der Mitglieder der Landesregierung werden durch Gesetz geregelt.

(2) Mit dem Amte eines Mitgliedes der Landesregierung ist die Ausübung eines anderen öffentlichen Amtes oder einer anderen Berufstätigkeit in der

Regel unvereinbar. Die Landesregierung kann Mitgliedern der Landesregierung die Beibehaltung ihrer Berufstätigkeit gestatten.

(3) Die Wahl in den Vorstand, Verwaltungsrat oder Aufsichtsrat industrieller oder ähnlicher den Gelderwerb bezweckender Unternehmungen dürfen Mitglieder der Landesregierung nur mit besonderer Genehmigung des Hauptausschusses annehmen. Der Genehmigung durch die Landesregierung bedarf es, wenn sie nach ihrem Eintritt in die Landesregierung in dem Vorstand, Verwaltungsrat oder Aufsichtsrat einer der erwähnten Unternehmungen tätig bleiben wollen. Die erteilte Genehmigung ist dem Landtagspräsidenten anzuzeigen.

(4) Ein Mitglied der Landesregierung kann nicht gleichzeitig Mitglied des Bundestages oder der Bundesregierung sein.

Dritter Abschnitt
Die Gesetzgebung

Artikel 65
[Gesetzgebungsinitiative]

Gesetzentwürfe werden von der Landesregierung oder aus der Mitte des Landtags eingebracht.

Artikel 66
[Beschlussfassung]

Die Gesetze werden vom Landtag beschlossen. Staatsverträge bedürfen der Zustimmung des Landtags.

Artikel 67
[Bedenken der Landesregierung]

Gegen ein vom Landtag beschlossenes Gesetz kann die Landesregierung innerhalb von zwei Wochen Bedenken erheben. Der Landtag entscheidet sodann, ob er den Bedenken Rechnung tragen will.

Artikel 67a
[Volksinitiative]

(1) Volksinitiativen können darauf gerichtet sein, den Landtag im Rahmen seiner Entscheidungszuständigkeit mit bestimmten Gegenständen der politischen Willensbildung zu befassen. Einer Initiative kann auch ein mit Gründen versehener Gesetzentwurf zu Grunde liegen.

(2) Volksinitiativen müssen von mindestens 0,5 vom Hundert der Stimmberechtigten unterzeichnet sein. Artikel 31 Abs. 1 und Abs. 2 Satz 1 über das Wahlrecht findet auf das Stimmrecht entsprechende Anwendung.

(3) Das Nähere wird durch Gesetz geregelt.

Artikel 68
[Volksbegehren und Volksentscheid]

(1) Volksbegehren können darauf gerichtet werden, Gesetze zu erlassen, zu ändern oder aufzuheben. Dem Volksbegehren muss ein ausgearbeiteter und mit Gründen versehener Gesetzentwurf zugrunde liegen. Ein Volksbegehren ist nur auf Gebieten zulässig, die der Gesetzgebungsgewalt des Landes unterliegen. Über Finanzfragen, Abgabengesetze und Besoldungsordnungen ist ein Volksbegehren nicht zulässig. Über die Zulässigkeit entscheidet die Landesregierung. Gegen die Entscheidung ist die Anrufung des Verfassungsgerichtshofes zulässig.

Das Volksbegehren ist nur rechtswirksam, wenn es von mindestens 8 vom Hundert der Stimmberechtigten gestellt ist.

(2) Das Volksbegehren ist von der Landesregierung unter Darlegung ihres Standpunktes unverzüglich dem Landtag zu unterbreiten. Entspricht der Landtag dem Volksbegehren nicht, so ist binnen zehn Wochen ein Volksentscheid herbeizuführen. Entspricht der Landtag dem Volksbegehren, so unterbleibt der Volksentscheid.

(3) Auch die Landesregierung hat das Recht, ein von ihr eingebrachtes, vom Landtag jedoch abgelehntes Gesetz zum Volksentscheid zu stellen. Wird das Gesetz durch den Volksentscheid angenommen, so kann die Landesregierung den Landtag auflösen; wird es durch den Volksentscheid abgelehnt, so muss die Landesregierung zurücktreten.

(4) Die Abstimmung kann nur bejahend oder verneinend sein. Es entscheidet die Mehrheit der abgegebenen Stimmen, sofern diese Mehrheit mindestens 15 vom Hundert der Stimmberechtigten beträgt.

(5) Die Vorschriften des Artikels 31 Abs. 1 bis 3 über das Wahlrecht und Wahlverfahren finden auf das Stimmrecht und das Abstimmungsverfahren entsprechende Anwendung. Weitere Einzelheiten regelt ein Gesetz über das Verfahren bei Volksbegehren und Volksentscheid.

Artikel 69
[Verfassungsänderung]

(1) Die Verfassung kann nur durch ein Gesetz geändert werden, das den Wortlaut der Verfassung ausdrücklich ändert oder ergänzt. Änderungen der Verfassung, die den Grundsätzen des republikanischen, demokratischen und sozialen Rechtsstaates im Sinne des Grundgesetzes für die Bundesrepublik Deutschland widersprechen, sind unzulässig.

(2) Für eine Verfassungsänderung bedarf es der Zustimmung einer Mehrheit von zwei Dritteln der gesetzlichen Mitgliederzahl des Landtags.

(3) Kommt die Mehrheit gemäß Absatz 2 nicht zustande, so kann sowohl der Landtag als auch die Regierung die Zustimmung zu der begehrten Änderung der Verfassung durch Volksentscheid einholen.

Die Verfassung kann auch durch Volksentscheid aufgrund eines Volksbegehrens nach Artikel 68 geändert werden. Das Gesetz ist angenommen, wenn mindestens die Hälfte der Stimmberechtigten sich an dem Volksentscheid beteiligt und mindestens zwei Drittel der Abstimmenden dem Gesetzentwurf zustimmen.

Artikel 70
[Rechtsverordnungen]

Die Ermächtigung zum Erlass einer Rechtsverordnung kann nur durch Gesetz erteilt werden. Das Gesetz muss Inhalt, Zweck und Ausmaß der erteilten Ermächtigung bestimmen. In der Verordnung ist die Rechtsgrundlage anzugeben. Ist durch Gesetz vorgesehen, dass eine Ermächtigung weiterübertragen werden kann, so bedarf es zu ihrer Übertragung einer Rechtsverordnung.

Artikel 71
[Verkündung der Gesetze]

(1) Die Gesetze werden von der Landesregierung unverzüglich ausgefertigt und im Gesetz- und Verordnungsblatt verkündet. Sie werden vom Ministerpräsidenten und den beteiligten Ministern unterzeichnet.

(2) Rechtsverordnungen werden von der Stelle, die sie erlässt, ausgefertigt und im Gesetz- und Verordnungsblatt verkündet.

(3) Gesetze und Rechtsverordnungen treten, wenn nichts anderes bestimmt ist, mit dem vierzehnten Tage nach der Ausgabe der die Verkündigung enthaltenden Nummer des Gesetz- und Verordnungsblattes in Kraft.

Vierter Abschnitt
Die Rechtspflege

Artikel 72
[Rechtsprechung]

(1) Die Gerichte urteilen im Namen des Deutschen Volkes.

(2) An der Rechtsprechung sind Männer und Frauen aus dem Volke nach Maßgabe der Gesetze zu beteiligen.

Artikel 73
[Richteranklage]

Wenn ein Richter im Amte oder außerhalb des Amtes gegen die Grundsätze des Grundgesetzes oder gegen die verfassungsmäßige Ordnung des Landes verstößt, so kann das Bundesverfassungsgericht mit Zweidrittelmehrheit auf Antrag der Mehrheit der gesetzlichen Mitgliederzahl des Landtags anordnen, dass der Richter in ein anderes Amt oder in den Ruhestand zu versetzen ist. Im Falle eines vorsätzlichen Verstoßes kann auf Entlassung erkannt werden.

Artikel 74
[Verwaltungsgerichte]

(1) Gegen die Anordnungen, Verfügungen und Unterlassungen der Verwaltungsbehörden kann der Betroffene die Entscheidung der Verwaltungsgerichte anrufen. Die Verwaltungsgerichte haben zu prüfen, ob die beanstandete Maßnahme dem Gesetz entspricht und die Grenze des pflichtgemäßen Ermessens nicht überschreitet.

(2) Die Verwaltungsgerichtsbarkeit wird durch selbständige Gerichte in mindestens zwei Stufen ausgeübt.

Fünfter Abschnitt
Der Verfassungsgerichtshof

Artikel 75
[Klagearten]

Der Verfassungsgerichtshof entscheidet:

1. in den Fällen der Artikel 32, 33, 63,

2. über die Auslegung der Verfassung aus Anlass von Streitigkeiten über den Umfang der Rechte und Pflichten eines obersten Landesorgans oder anderer Beteiligter, die durch diese Verfassung oder in der Geschäftsordnung eines obersten Landesorgans mit eigenen Rechten ausgestattet sind,

3. bei Meinungsverschiedenheiten oder Zweifeln über die Vereinbarkeit von Landesrecht mit dieser Verfassung auf Antrag der Landesregierung oder eines Drittels der Mitglieder des Landtags,

4. in sonstigen durch Gesetz zugewiesenen Fällen.

Artikel 76
[Zusammensetzung]

(1) Der Verfassungsgerichtshof setzt sich zusammen aus dem Präsidenten des Oberverwaltungsgerichts, den beiden lebensältesten Oberlandesgerichtspräsidenten des Landes und vier vom Landtag auf die Dauer von sechs Jahren gewählten Mitgliedern, von denen die Hälfte die Befähigung zum Richteramt oder zum höheren Verwaltungsdienst haben muss.

(2) Im Verhinderungsfalle treten an die Stelle der Gerichtspräsidenten deren Stellvertreter; für die übrigen Mitglieder sind vier Vertreter zu wählen.

(3) Das Nähere bestimmt das Gesetz.

Sechster Abschnitt
Die Verwaltung

Artikel 77
[Verwaltungsorganisation]

Die Organisation der allgemeinen Landesverwaltung und die Regelung der Zuständigkeiten erfolgt durch Gesetz. Die Einrichtung der Behörden im einzelnen obliegt der Landesregierung und auf Grund der von ihr erteilten Ermächtigung den einzelnen Landesministern.

Artikel 77 a
[Datenschutzbeauftragter]

(1) Der Landtag wählt auf Vorschlag der Landesregierung einen Landesbeauftragten für den Datenschutz mit mehr als der Hälfte der gesetzlichen Zahl seiner Mitglieder; Artikel 58 bleibt im übrigen unberührt.

(2) Der Landesbeauftragte für den Datenschutz ist in Ausübung seines Amtes unabhängig und nur dem Gesetz unterworfen. Er kann sich jederzeit an den Landtag wenden.

(3) Das Nähere wird durch Gesetz geregelt.

Artikel 78
[Kommunale Selbstverwaltung]

(1) Die Gemeinden und Gemeindeverbände sind Gebietskörperschaften mit dem Recht der Selbstverwaltung durch ihre gewählten Organe.

(2) Die Gemeinden und Gemeindeverbände sind in ihrem Gebiet die alleinigen Träger der öffentlichen Verwaltung, soweit die Gesetze nichts anderes vorschreiben.

(3) Das Land kann die Gemeinden und Gemeindeverbände durch gesetzliche Vorschriften zur Übernahme und Durchführung bestimmter öffentlicher Aufgaben verpflichten, wenn gleichzeitig Bestimmungen über die Deckung der Kosten getroffen werden.

(4) Das Land überwacht die Gesetzmäßigkeit der Verwaltung der Gemeinden und Gemeindeverbände. Das Land kann sich bei Pflichtaufgaben ein Weisungs- und Aufsichtsrecht nach näherer gesetzlicher Vorschrift vorbehalten.

Artikel 79
[Gemeindesteuern]

Die Gemeinden haben zur Erfüllung ihrer Aufgaben das Recht auf Erschließung eigener Steuerquellen. Das Land ist verpflichtet, diesem Anspruch bei der Gesetzgebung Rechnung zu tragen und im Rahmen seiner finanziellen Leistungsfähigkeit einen übergemeindlichen Finanzausgleich zu gewährleisten.

Artikel 80
[Beamteneid]

Die Beamten und sonstigen Verwaltungsangehörigen sind Diener des ganzen Volkes, nicht einer Partei oder sonstigen Gruppe. Sie haben ihr Amt und ihre Aufgaben unparteiisch und ohne Rücksicht auf die Person nur nach sachlichen Gesichtspunkten wahrzunehmen.

Jeder Beamte leistet folgenden Amtseid:

„Ich schwöre, dass ich das mir übertragene Amt nach bestem Wissen und Können verwalten, Verfassung und Gesetze befolgen und verteidigen, meine Pflichten gewissenhaft erfüllen und Gerechtigkeit gegen jedermann üben werde. So wahr mir Gott helfe."

Der Eid kann auch ohne religiöse Beteuerung geleistet werden.

Siebter Abschnitt
Das Finanzwesen

Artikel 81
[Haushaltsplan]

(1) Der Landtag sorgt durch Bewilligung der erforderlichen laufenden Mittel für die Deckung des Landesbedarfs.

(2) Alle Einnahmen und Ausgaben des Landes sind in den Haushaltsplan einzustellen, bei Landesbetrieben und bei Sondervermögen brauchen nur die Zuführungen oder Ablieferungen eingestellt zu werden. Ein Nachtragshaushaltsplan kann sich auf einzelne Einnahmen und Ausgaben beschränken. Der Haushaltsplan und der Nachtragshaushaltsplan sollen in Einnahmen und Ausgaben ausgeglichen sein.

(3) Der Haushaltsplan wird für ein oder mehrere Haushaltsjahre, nach Jahren getrennt, vor Beginn des ersten Haushaltsjahres durch das Haushaltsgesetz festgestellt. Für Teile des Haushaltsplanes kann vorgesehen werden, dass sie für unterschiedliche Zeiträume, nach Haushaltsjahren getrennt, gelten.

Artikel 82
[Übergangsermächtigung]

Ist bis zum Schluss eines Haushaltsjahres der Haushaltsplan für das folgende Jahr nicht festgestellt, so ist bis zu seinem Inkrafttreten die Landesregierung ermächtigt,

1. alle Ausgaben zu leisten, die nötig sind,

   a) um gesetzlich bestehende Einrichtungen zu erhalten und gesetzlich beschlossene Maßnahmen durchzuführen,

   b) um die rechtlich begründeten Verpflichtungen des Landes zu erfüllen,

   c) um Bauten, Beschaffungen und sonstige Leistungen fortzusetzen, für die durch den Haushaltsplan des Vorjahres bereits Beträge bewilligt worden sind;

2. Schatzanweisungen für je drei Monate auszugeben, soweit nicht Einnahmen aus Steuern und Abgaben und Einnahmen aus sonstigen Quellen die Ausgaben unter Ziffrer 1 decken.

Artikel 83
[Kreditgesetze]

Die Aufnahme von Krediten sowie die Übernahme von Bürgschaften, Garantien oder sonstigen Gewährleistungen, die zu Ausgaben in künftigen Haushaltsjahren führen können, bedürfen einer der Höhe nach bestimmten oder bestimmbaren Ermächtigung durch Gesetz. Die Einnahmen aus Krediten dürfen entsprechend den Erfordernissen des gesamtwirtschaftlichen Gleichgewichts in der Regel nur bis zur Höhe der Summe der im Haushaltsplan veranschlagten Ausgaben für Investitionen in den Haushaltsplan eingestellt werden; das Nähere wird durch Gesetz geregelt.

Artikel 84
[Ausgabendeckung]

Beschlüsse des Landtags, welche Ausgaben mit sich bringen, müssen bestimmen, wie diese Ausgaben gedeckt werden.

Artikel 85
[Haushaltsüberschreitungen]

(1) Überplanmäßige und außerplanmäßige Ausgaben bedürfen der Zustimmung des Finanzministers. Sie darf nur im Falle eines unvorhergesehenen und unabweisbaren Bedürfnisses erteilt werden.

(2) Zu überplanmäßigen und außerplanmäßigen Ausgaben hat der Finanzminister die Genehmigung des Landtags einzuholen.

Artikel 86
[Rechnungsprüfung]

(1) Der Finanzminister hat dem Landtag über alle Einnahmen und Ausgaben im Laufe des nächsten Haushaltsjahres zur Entlastung der Landesregierung Rechnung zu legen. Der Haushaltsrechnung sind Übersichten über das Vermögen und die Schulden des Landes beizufügen.

(2) Der Landesrechnungshof prüft die Rechnung sowie die Ordnungsmäßigkeit und Wirtschaftlichkeit der Haushalts- und Wirtschaftsführung. Er fasst das Ergebnis seiner Prüfung jährlich in einem Bericht für den Landtag zusammen, den er auch der Landesregierung zuleitet.

Artikel 87
[Landesrechnungshof]

(1) Der Landesrechnungshof ist eine selbständige, nur dem Gesetz unterworfene oberste Landesbehörde. Seine Mitglieder genießen den Schutz richterlicher Unabhängigkeit.

(2) Der Präsident, der Vizepräsident und die anderen Mitglieder des Landesrechnungshofes werden vom Landtag ohne Aussprache gewählt und sind von der Landesregierung zu ernennen.

(3) Das Nähere wird durch Gesetz geregelt.

Artikel 88
[Fiskalische Betriebe]

Das Finanzwesen der ertragswirtschaftlichen Unternehmungen des Landes kann durch Gesetz abweichend von den Vorschriften der Artikel 81 bis 86 geregelt werden.

ÜBERGANGS-UND SCHLUSSBESTIMMUNGEN

Artikel 89
[Schulwesen in Lippe]

Auf dem Gebiete des Schulwesens gelten in dem ehemaligen Lande Lippe die Rechtsvorschriften vom 1. Januar 1933 bis zur endgültigen Entscheidung über die staatsrechtliche Eingliederung Lippes in das Land Nordrhein-Westfalen.

Artikel 90
[Volksentscheid]

(1) Die Verfassung ist dem Volke zur Billigung zu unterbreiten. Die Abstimmung erfolgt nach Maßgabe eines Landtagsbeschlusses. Die Verfassung gilt als angenommen, wenn die Mehrheit der Abstimmenden sie bejaht hat.

(2) Die Verfassung ist nach ihrer Annahme durch das Volk im Gesetz- und Verordnungsblatt zu verkünden. Sie tritt mit dem auf ihre Verkündung folgenden Tage in Kraft.

Artikel 91
[Übergangsregelung]

(1) Der am 18. Juni 1950 gewählte Landtag gilt als erster Landtag im Sinne dieser Verfassung.

(2) Die bestehenden Organe des Landes nehmen bis zur Bildung der durch diese Verfassung vorgesehenen Organe deren Aufgaben wahr. Eine nach den Bestimmungen dieser Verfassung bereits vor ihrem Inkrafttreten gebildete Landesregierung gilt als Landesregierung im Sinne der Artikel 51 ff.

Artikel 92
[Landtag von 1970]

Die Wahlperiode des im Jahre 1970 zu wählenden Landtags beträgt vier Jahre zehn Monate.

Kommentarteil

Verfassung des Landes Nordrhein-Westfalen

Vom 28. Juni 1950,
zuletzt geändert durch Gesetz vom 5. März 2002 (GVBl. S. 108)

Der Landtag Nordrhein-Westfalen hat am 6. Juni 1950 folgendes Gesetz beschlossen, das gemäß Artikel 90 am 18. Juni 1950 durch Volksentscheid von der Mehrheit der Abstimmenden bejaht worden ist:

Präambel

In Verantwortung vor Gott und den Menschen, verbunden mit allen Deutschen, erfüllt von dem Willen, die Not der Gegenwart in gemeinschaftlicher Arbeit zu überwinden, dem inneren und äußeren Frieden zu dienen, Freiheit, Gerechtigkeit und Wohlstand für alle zu schaffen, haben sich die Männer und Frauen des Landes Nordrhein-Westfalen diese Verfassung gegeben:

Der *Vorspruch* einer Verfassung erläutert die entstehungsgeschichtliche Lage **1** während des verfassungsgebenden Prozesses, die Beweggründe und Ziele der verfassungsgebenden Organe und die Bedeutung und den Zweck der Verfassung. Die Präambel ist die herausgehobene Stelle, an der Staatswerte und Staatsziele niedergelegt werden. Sie ist zugleich ein Appell an alle Bürgerinnen und Bürger und eine Orientierung für die Auslegung ihrer Einzelbestimmungen. Den Charakter einer rechtsverbindlichen Vorschrift hat sie allerdings nicht.

Mit den Eingangsworten *„In Verantwortung vor Gott und den Menschen"* greift die **2** Landesverfassung die nahezu wortgleiche einleitende Passage des Grundgesetzes auf. Die Präambel hebt damit das ethische Fundament hervor, auf dem die Landesverfassung beruht und das eine besondere Verantwortung aller Staatsgewalt begründet. In dem Menzel'schen Entwurf vom Juni 1947 war der Bezug auf Gott als ordnungsbegründende Instanz noch nicht enthalten; er fand sich erstmals als Bestandteil der einstimmig gebilligten Empfehlungen in dem Entwurf der Landesregierung vom November 1949.

3 Die Worte *„verbunden mit allen Deutschen"* sind Ausdruck des Wunsches nach Wiederherstellung der staatlichen Einheit Deutschlands; zugleich greifen sie den Gedanken der Bundesstaatlichkeit auf.

4 Die historische Situation des Wiederaufbaus wird in der anschließenden Formulierung angesprochen; sie enthält den Appell zur Überwindung der Not der Gegenwart *„in gemeinschaftlicher Arbeit"* und damit den Aufruf zu gesellschaftlicher Solidarität.

5 Die *Friedenspflicht* findet ihre Entsprechung in der Präambel des Grundgesetzes, wobei der im Grundgesetz nicht enthaltene besondere Aufruf zum Frieden im inneren auf die großen gesellschaftlichen und politischen Spannungen verweist, die die Nachkriegsphase in Nordrhein-Westfalen prägten.

6 Die Aufnahme der Worte *„Freiheit, Gerechtigkeit und Wohlstand für alle zu schaffen"* geht auf den ehemaligen sozialdemokratischen Reichsinnenminister Carl Severing zurück, der bemängelte, dass die Vorlage der Landesregierung zu wenig zukunftsgerichtet sei und zu wenige Staatsziele enthalte; er wurde hierin von der FDP unterstützt.

7 Vergleichsweise modern mutet es an, wenn die Präambel als Handelnde der Verfassungsgebung *„die Männer und Frauen"* des Landes Nordrhein-Westfalen (und nicht, wie das Grundgesetz und andere Landesverfassungen, „das Deutsche Volk" oder „das Volk von ...") bezeichnet. Anders als das Grundgesetz, das ohne Mitwirkung der Bürgerinnen und Bürger erlassen worden ist, ist die nordrhein-westfälische Landesverfassung von der Mehrheit der Bürgerinnen und Bürger in einem Volksentscheid gebilligt worden.

ERSTER TEIL
Von den Grundlagen des Landes

Artikel 1
[Staatsverfassung][1]

(1) Nordrhein-Westfalen ist ein Gliedstaat der Bundesrepublik Deutschland. Das Land gliedert sich in Gemeinden und Gemeindeverbände.

(2) Die Landesfarben und das Landeswappen werden durch Gesetz bestimmt.

I. Eigenstaatlichkeit des Landes Nordrhein-Westfalen

Die Bezeichnung Nordrhein-Westfalens als *„Gliedstaat der Bundesrepublik* **1** *Deutschland"* macht deutlich, dass das Land ein Staat mit eigener, nicht vom Bund abgeleiteter, sondern von ihm nur anerkannter staatlicher Hoheitsmacht ist. Der zweigliedrige, föderale Aufbau der Bundesrepublik weist die Länder, wie das Bundesverfassungsgericht bestätigt hat (BVerfGE 1, 14 ff., 34), als Glieder des Gesamtstaates mit originärer Hoheitsgewalt aus. Die Staatsgewalt ist damit zwischen dem Bund und den Ländern aufgeteilt.

Die Verwendung des Begriffs *„Gliedstaat"* war in der Entstehungsphase heftig **2** umstritten. Innenminister Menzel (SPD) trat für einen unitarischen Staat ein, in dem die Länder hinter den Rechten des Gesamtstaates deutlich zurückstehen sollten. Er wollte deshalb Nordrhein-Westfalen nur als „Glied der Bundesrepublik Deutschland" und nicht als „Glied*staat*" bezeichnen. Adenauer und mit ihm die CDU forderten demgegenüber einen ausgeprägt föderalistischen Staatsaufbau mit möglichst starken Ländern. Bei der Abstimmung im Landtag setzten sich CDU und Zentrum gegen SPD, FDP und KPD durch. Heute ist im Grundsatz nicht mehr streitig, dass das Neben- und Miteinander von Bund und Ländern im deutschen Bundesstaat eine der wesentlichen Stärken unseres Verfassungssystems darstellt, auch wenn die nähere Ausgestaltung der bundesstaatlichen Ordnung in vielen Einzelheiten kontrovers diskutiert wird (z. B. Finanzausgleich zwischen „starken" und „schwachen" Ländern; Reformhemmnisse durch Aufsplitterung der Zuständigkeiten; Bürokratisierung des Verfassungslebens; Unübersichtlichkeit der Verantwortungsbereiche).

II. Das Staatsgebiet

Das *Staatsgebiet* des 1946 neugebildeten Landes wird – anders als es einige andere **3** Landesverfassungen für ihr Land tun – in der Verfassung des Landes Nordrhein-Westfalen nicht umschrieben. Es ergibt sich aus der Verordnung der britischen

---

[1] Die Überschriften der einzelnen Artikel gehören nicht zum amtlichen Text und sind deshalb in eckige Klammern gesetzt.

Mitlitärregierung Nr. 46 vom 23. 8. 1946, durch die die Provinzen Nordrhein und Westfalen zusammengefügt wurden, und aus der Verordnung Nr. 77 vom 21. 1. 1947, durch die Lippe in das Land Nordrhein-Westfalen eingegliedert wurde. Die in der Präambel der Verordnung Nr. 77 vorbehaltene Möglichkeit einer Neugliederung aufgrund eines Volksentscheids innerhalb von fünf Jahren nach Inkrafttreten der Verordnung ist ungenutzt geblieben. Die territoriale Identität des Landes ist allerdings nur in den Grenzen von Artikel 29 GG vor Veränderungen geschützt. Diese Bestimmung macht Gebietsänderungen durch Bundesgesetz oder durch Staatsvertrag unter den Ländern von einem Volksentscheid abhängig. Nordrhein-Westfalen ist von der wiederholt aufgekommenen Diskussion über eine Neugliederung der Länder angesichts seiner Bevölkerungstärke und Verwaltungs- und Wirtschaftskraft seit der Bildung des Landes nicht betroffen gewesen.

III. Die Stellung Nordrhein-Westfalens im Bundesstaat

4 In der Bundesrepublik Deutschland ist die Staatsgewalt zwischen dem Gesamtstaat und den Gliedstaaten, die das Grundgesetz „Länder" nennt, so verteilt, dass keine der beiden Ebenen sie ingsgesamt innehat. Bei einer solchen Aufteilung der Staatsgewalt spricht man vom *Föderalismus* oder einer *föderalistischen Staatsstruktur.* Die Festlegung, welche Hoheitsrechte welcher staatlichen Ebene zustehen, also die Aufteilung der *Kompetenzen,* ist im Grundgesetz erfolgt. Artikel 30 GG lautet:
Die Ausübung der staatlichen Befugnisse und die Erfüllung der staatlichen Aufgaben ist Sache der Länder, soweit dieses Grundgesetz keine andere Regelung trifft oder zulässt.
Aus dieser Bestimmung, die eine Zuständigkeitsvermutung für die Länder enthält, darf allerdings nicht gefolgert werden, den Ländern sei das Übergewicht bei den staatlichen Aufgaben zugedacht worden. Verallgemeinernd kann man sagen:

5 Für die *Gesetzgebung* ist auf den meisten Gebieten der *Bund* zuständig. Den *Ländern* steht die Gesetzgebung vor allem für folgende Bereiche zu:
- das Schulwesen und alle kulturellen Angelegenheiten einschließlich des Rundfunks und des Fernsehens,
- das Organisationsrecht für die Städte, Gemeinden und Landkreise (Kommunalverfassung),
- das Polizeirecht einschließlich der Teile der Verwaltung, die Gefahren abzuwehren haben (Bauaufsicht, Gewerbeaufsicht, Gesundheits- und Veterinärwesen usw.).

In den Bereichen der Landesplanung, des Naturschutzes, der Landschaftspflege und des Wasserrechts sind die Länder für die Gesetzgebung innerhalb bundesrechtlicher Rahmenbestimmungen zuständig. Nach dem 1994 an Artikel 80 GG angefügten neuen Absatz 4 wird ein Gesetzgebungsrecht des Landes auch durch eine in einem Bundesgesetz enthaltene Ermächtigung der Landesregierung zum Erlass einer Rechtsverordnung begründet. Der Landtag kann also in diesem Fall die in erster Linie der Landesregierung übertragene Regelungsbefugnis an sich ziehen. Überschreitet der Landtag seine Gesetzgebungskompetenz, so liegt darin nicht nur ein Verstoß gegen die Zuständigkeitsbestimmungen des Grundgesetzes, sondern auch ein Verstoß gegen Artikel 1 Abs. 1 Satz 1 der Landesverfassung. Einen derartigen Verstoß gegen die Gesetzgebungsbefugnis kann deshalb nicht nur das Bundesverfassungsgericht, sondern auch der nordrhein-westfälische Verfassungsgerichtshof feststellen (VerfGH, DVBl. 1992, 1290).

Die *Verwaltung* ist grundsätzlich *Ländersache;* der Bund verfügt nur in wenigen **6** Aufgabenbereichen über eine eigene Verwaltung (z. B. Bundeswehr und Bundesgrenzschutz, Zoll, Auswärtiger Dienst). Die Verwaltungsbehörden der Länder führen auch die meisten Bundesgesetze aus. Sie tun es entweder als „eigene Angelegenheit" oder – für einen begrenzten Kreis von Verwaltungsaufgaben – „im Auftrag des Bundes" (Artikel 85 GG; sog. Bundesauftragsverwaltung).

Bei der *Rechtsprechung* sind *Bund und Länder* eng miteinander verzahnt. Innerhalb **7** des Instanzenzuges beginnen Prozesse in der Regel bei Gerichten der Länder. Falls Rechtsmittel zulässig sind und eingelegt werden, entscheiden als oberste Instanz regelmäßig (freilich nicht ausnahmslos) Bundesgerichte (s. zur Rechtspflege in Nordrhein-Westfalen die Erläuterungen zu Artikel 72).

Mit der Zugehörigkeit zur Bundesrepublik Deutschland beschränken sich die **8** staatlichen Aufgaben des Landes Nordrhein-Westfalen allerdings nicht auf die eigenständige Wahrnehmung der Staatsgewalt im Lande. Als Gliedstaat wirkt das Land vielmehr gemäß Artikel 50 GG im *Bundesrat,* dem föderativen Bundesorgan, auch an der *Gesetzgebung und Verwaltung des Bundes* mit. Im Bundesrat wird das Land durch die Landesregierung vertreten (Artikel 51 Absatz 1 Satz 1 GG). Dort hat Nordrhein-Westfalen – wie Bayern, Baden-Württemberg und Niedersachsen – sechs der seit Februar 1996 insgesamt 69 Stimmen.

Auch an den *Angelegenheiten der Europäischen Union* wirkt das Land über den **9** Bundesrat mit. Im Rahmen von Artikel 23 GG kann die Wahrnehmung von Rechten der Bundesrepublik Deutschland als Mitgliedstaat der Europäischen Union auch auf einen vom Bundesrat benannten Vertreter der Länder übertragen werden. Als europäische „Region" ist Nordrhein-Westfalen (mit zwei von insgesamt 222 Sitzen) auch im Ausschuss der Regionen der Europäischen Union vertreten. Nach dem im Zusammenhang mit dem Maastrichter Vertrag im Jahre 1992 in das Grundgesetz eingefügten neuen Absatz 1a in Artikel 24 können die Länder mit Zustimmung des Bundes nun auch Hoheitsrechte auf *grenznachbarschaftliche Einrichtungen* übertragen. Träger solcher Einrichtungen können beispielsweise die Gemeinden und Gemeindeverbände bzw. von ihnen gemeinsam getragene Zweckverbände (z. B. Wasserverbände, Abfallbeseitigungsverbände) auf beiden Seiten der nordrhein-westfälischen Grenzen mit Belgien und den Niederlanden sein, denen so auch das Recht zur Gebührenerhebung eingeräumt werden kann.

10 Im Bundesstaat sind Bund und Länder zur *Bundestreue* verpflichtet. Sie sind gehalten, dem Wesen des Bündnisses entsprechend zusammenzuwirken und zu seiner Festigung und zur Wahrung der wohlverstandenen Belange des Bundes und der Länder beizutragen (BVerfGE 1, 299, 315). Die Rechtspflicht zum *„bundesfreundlichen Verhalten"* trifft sowohl den Bund als auch die Länder, und die Länder auch im Verhältnis untereinander. So begründet sie eine Pflicht der finanzstärkeren Länder (zu denen Nordrhein-Westfalen in den letzten Jahren gehört hat), den schwächeren Ländern in gewissen Grenzen Hilfe zu leisten. Ebenso sind die Länder nach der Rechtsprechung des Bundesverfassungsgerichts dem Bund gegenüber etwa verpflichtet, die Abhaltung amtlicher Volksbefragungen durch die Gemeinden über Atomwaffen zu unterbinden, da diese damit in den Bereich der Bundeskompetenz eingreifen und der Bund die Gemeinden selbst nicht an der Abhaltung derartiger Befragungen hindern kann (BVerfGE 8, 122, 138). Die auch den Bund treffende Pflicht, auf die Belange der Länder Rücksicht zu nehmen, geht allerdings nicht so weit, dass sie ihn daran hinderte, von seinen im Grundgesetz festgelegten Kompetenzen auch bei Meinungsverschiedenheiten mit einem Land Gebrauch zu machen. So hat das Bundesverfassungsgericht im Streit um die atomrechtliche Weisungsbefugnis der Bundesregierung gegenüber dem Land Nordrhein-Westfalen im Rahmen der Bundesauftragsverwaltung nach Artikel 85 Abs. 3 GG entschieden, dass das Land selbst dann nicht in seinen Rechten verletzt ist, wenn die Weisung des Bundes an das Land wegen einer Grundrechtsverletzung rechtswidrig ist (BVerfGE 81, 310, 333 f.; die Entscheidung betraf den inzwischen stillgelegten Schnellen Brüter SNR-300 in Kalkar). Das Land kann die Grundrechte seiner Bürgerinnen und Bürger gegenüber dem Bund nicht stellvertretend für diese unter Berufung auf den Grundsatz der Bundestreue geltend machen.

IV. Demokratischer und sozialer Rechtsstaat

11 Die nordrhein-westfälische Landesverfassung enthält, anders als das Grundgesetz in Artikel 20, keine ausdrückliche Bestimmung über die *Staatsform*. Diese ergibt sich aus dem Gesamtbild der Landesverfassung, das die Wesensmerkmale einer *rechtsstaatlichen, sozialen und repräsentativen Demokratie* bietet. Die Landesverfassung entspricht damit dem *Homogenitätsgrundsatz* in Artikel 28 GG (s. dazu Abschnitt IV der Einleitung).

12 Nordrhein-Westfalen ist ein *demokratischer* Staat. Primärer Träger der Staatsgewalt ist das Volk, die Bürgerinnen und Bürger des Landes. Jede Art der staatlichen Betätigung muss auf einen Willensentschluss des Volkes zurückführbar und durch ihn legitimiert sein (BVerfGE 43, 253 ff.; VerfGH, DVBl. 1986, 1196 ff. und NWVBl. 1992, 275 ff.). Dieser Gedanke findet in den Artikeln 2, 3 Abs. 1 und in Artikel 31 der Landesverfassung Ausdruck. In erster Linie bilden die Wahlen zum Landtag (Artikel 31) den allem staatlichen Handeln zugrunde liegenden Legitimationsakt, jedoch sieht die Landesverfassung daneben mit der Volksinitiative, dem Volksbegehren und dem Volksentscheid auch Formen unmittelbarer demokratischer Willensbildung durch die Bevölkerung vor (Artikel

2, 67a und 68). Zum Wesen der Demokratie gehört die Herrschaft der Mehrheit (s. Artikel 44 Abs. 2), wobei die Minderheit die rechtliche Chance haben muss, einmal die Mehrheit zu werden. Deshalb gehört zu ihr auch die Möglichkeit zur Bildung und effektiven Ausübung einer Opposition. Die Demokratie gibt den einzelnen Bürgern einen Anspruch auf Mitwirkung am Staate („Aktivbürgerschaft"), so das Recht, in die Volksvertretung gewählt zu werden (Artikel 31 Abs. 2 Satz 2). Es ist jedoch zulässig, für die Ausübung staatlicher Funktionen Mindestvoraussetzungen zu verlangen, wie es beispielsweise Artikel 31 Abs. 2 Satz 2 für die Wählbarkeit zum Landtag tut, die an das Erreichen der Volljährigkeit (18 Jahre) geknüpft ist. Zur Frage der Wahlkampfkosten s. Anm. 12 zu Artikel 31.

Im *Sozialstaat* ist die Forderung nach *sozialer Gerechtigkeit* leitendes Prinzip aller **13** staatlichen Maßnahmen. Sie erstrebt die annähernd gleichmäßige Förderung des Wohles aller Bürgerinnen und Bürger und die annähernd gleichmäßige Verteilung der Lasten (BVerfGE 5, 85, 198). Zwischen dem ebenfalls verfassungsrechtlich geforderten Schutz der persönlichen Freiheit des einzelnen und der Forderung nach einer sozialstaatlichen Ordnung besteht allerdings eine unaufhebbare und grundsätzliche Spannungslage (BVerfGE 10, 354, 370). Der Gesetzgeber hat deshalb bei Entscheidungen zwischen diesen beiden verfassungsrechtlichen Grundsätzen einen gewissen Spielraum (BVerfGE 18, 257, 267). In der nordrheinwestfälischen Landesverfassung, die das Sozialstaatsprinzip nicht ausdrücklich nennt, findet der Gedanke der sozialen Gerechtigkeit an mehreren Stellen Ausdruck, so in Artikel 5 Abs. 1 Satz 3 (Anspruch der Mutterschaft und kinderreicher Familien auf besondere Fürsorge), Artikel 6 (Pflege und Förderung der Jugend), Artikel 7 Abs. 1 (Bereitschaft zum sozialen Handeln als Erziehungsziel), Artikel 9 (Schulgeldfreiheit), Artikel 24 Abs. 1 Satz 3 (Recht auf Arbeit), Artikel 26 (Gewährleistung der Mitbestimmung) und Artikel 29 (Förderung des Siedlungswesens).

Nordrhein-Westfalen ist ein *Rechtsstaat*. Die drei staatlichen Gewalten Gesetz- **14** gebung, Verwaltung und Rechtsprechung sind an die Verfassung sowie an Gesetz und Recht gebunden. Die Rechtsprechung wird durch unabhängige Richter ausgeübt (Artikel 3 Abs. 1). Eine besondere Ausprägung findet das Rechtsstaatsprinzip in Artikel 74 der LV, der allen betroffenen Bürgerinnen und Bürgern das Recht einräumt, gegen die Anordnungen, Verfügungen und Unterlassungen der Verwaltungsbehörden die Entscheidungen der Verwaltungsgerichte anzurufen. Auch die während der Verfassungsberatungen umstrittene Einrichtung eines eigenen Verfassungsgerichtshofs durch Artikel 75 ist Ausdruck des Willens des Landes, der Rechtsstaatlichkeit einen hohen Stellenwert einzuräumen.

V. Gliederung des Landes in Gemeinden und Gemeindeverbände

Die Bedeutung der Bestimmung des Artikels 1 Abs. 1 Satz 2, der die Gliederung **15** des Landes in Gemeinden und Gemeindeverbände vorsieht, liegt in der institutionellen Garantie der *dezentralisierten Gebietsgliederung*. Die Landesverfassung lässt einen zentralistischen Aufbau des Landes nicht zu. Jeder Teil seines Gebietes gehört zwangsläufig zu einer kommunalen Selbstverwaltungskörperschaft. Die nähere Ausgestaltung der von den Gemeinden wahrzunehmenden Aufgaben und die Garantie des schon in Artikel 28 Abs. 2 GG verbürgten *Rechts der kommunalen Selbstverwaltung* ist in Artikel 78 LV enthalten (vgl. die Anmerkungen zu dieser Vorschrift). Die Gemeinden und Gemeindeverbände stellen jedoch keine dritte staatliche Ebene neben Bund und Ländern dar; sie sind Teile der Länderstaatlichkeit mit einem auf die Erfüllung von Aufgaben der örtlichen Gemeinschaft beschränkten Zuständigkeitsbereich. Im übrigen ist die Landesverwaltung auch in sich gegliedert, und zwar in oberste Landesbehörden (das sind die Landesregierung, der Ministerpräsident und die Landesministerien), Landesoberbehörden (z. B. Landeskriminalamt, Landesumweltamt), Landesmittelbehörden (z. B. die Bezirksregierungen) und untere Landesbehörden (z. B. Bergämter und Finanzämter). Ihnen fehlt aber die den Gemeinden zustehende Selbstverwaltungsbefugnis. Die Einzelheiten sind im Landesorganisationsgesetz geregelt, das zu Artikel 77 ergangen ist (s. dort).

VI. Landesfarben und Landeswappen

16 Die Bestimmung der Landesfarben und des Landeswappens überlässt die Landesverfassung in Absatz 2 einem besonderen Gesetz. Nach diesem, dem Gesetz über die Landesfarben, das Landeswappen und die Landesflagge vom 10. März 1953 (GVBl. S. 219), sind die Landesfarben Grün-Weiß-Rot. Rhein, Ross und Rose symbolisieren die Landesteile Rheinland, Westfalen und Lippe und finden sich als Wappenfiguren im Wappenschild des Landes Nordrhein-Westfalen. Der silberne Rheinstrom im grünen Feld befand sich schon 1817 im Herzschild des Wappens des preußischen Großherzogtums Niederrhein, seit 1824 auch in dem der Rheinprovinz. Nach der Angliederung Westfalens an Preußen stand seit 1817 für die Provinz Westfalen das weiße Ross in der Gestalt, in der es auch in das Landeswappen einging; in der Vorstellungswelt des Mittelalters repräsentierte es das alte Stammesherzogtum Sachsen. Die lippische Rose, rot mit goldenen Butzen und Kelchblättern im silbernen Feld, ist das älteste Wappenbild im Landeswappen. Die Grafschaft, das Fürstentum und der Freistaat Lippe führten es – allerdings in anderer Stellung – seit mindestens 1218 ununterbrochen bis zur Vereinigung Lippes mit Nordrhein-Westfalen im Jahre 1947.

· Artikel 2
[Volkswille]

Das Volk bekundet seinen Willen durch Wahl, Volksbegehren und Volksentscheid.

1 Artikel 2 ist Ausdruck des *demokratischen Grundprinzips*. Nach dem Mehrheitsvorschlag in der Regierungsvorlage vom November 1949 sollte Artikel 2 –

ähnlich wie Artikel 20 Abs. 2 Satz 1 GG – lauten: „Die Staatsgewalt geht vom Volke aus." Hiergegen wurden Bedenken erhoben: von der einen (christlichen) Seite, weil der „Urgrund der Staatsgewalt" Gott selber sei und das Volk seine Gewalt nur von Gott ableite, von der anderen (liberalen) Seite, weil sie das Wort „Staatsgewalt" als zu umfassend und autoritär empfand. Der sachliche Gehalt von Artikel 2 wird von diesem Streit jedoch letztlich nicht berührt. Jede Staatsgewalt muss auf die Legitimation auf den Volkswillen zurückführbar sein (s. schon Anm. 12 zu Artikel 1).

Unter *„Volk"* ist die Gesamtheit der im Staatsgebiet Nordrhein-Westfalens **2** sesshaften deutschen Staatsbürger zu verstehen. Der Begriff des Volkes ist durch Bundesverfassungsrecht vorgegeben (Artikel 20 Abs. 2 GG) und kann nach der Entscheidung des Bundesverfassungsgerichts vom 31. 10. 1990 zu dem in Schleswig-Holstein eingeführten Kommunalwahlrecht für Ausländer von den Ländern nicht anders definiert werden, so etwa, um den im Lande lebenden Ausländern das Wahlrecht auf der kommunalen Ebene einzuräumen (BVerfGE 83, 37 ff., 58). Das gilt allerdings seit der Grundgesetzänderung vom 21. Dezember 1992 mit der Einschränkung, dass auch Ausländer aus den Mitgliedstaaten der Europäischen Union „nach Maßgabe von Recht der Europäischen Gemeinschaft" wahlberechtigt und wählbar sind (Artikel 28 Abs. 1 Satz 3 GG); die nordrhein-westfälische Gemeindeordnung ist im Dezember 1995 dieser Vorgabe entsprechend angepasst worden. Diese Entscheidung des Verfassungsgebers macht deutlich, dass sich der Volksbegriff im Zuge der europäischen Integration im Wandel befindet. Im Übrigen sind Land und Kommunen nicht daran gehindert, im Interesse ihrer politischen Integration Formen der Beteiligung von Ausländern an der Willensbildung der Volksvertretungen vorzusehen, solange diese sich unterhalb der Schwelle der Verleihung des vollen Wahlrechts halten. Nordrhein-Westfalen hat diesen Spielraum genutzt, um in der Kommunalreform von 1994 die Bildung von Ausländerbeiräten und die Beteiligung von Ausländern an Einwohneranträgen vorzusehen (s. dazu Anm. 12 und 14 zu Artikel 78).

Die Landesverfassung enthält in den Artikeln 30, 31, 67a und 68 *Elemente der* **3** *unmittelbaren (plebiszitären) und der mittelbaren (repräsentativen) Demokratie.* In erster Linie bilden die Wahlen zum Landtag die demokratische Willensbekundung des Volkes: Nordrhein-Westfalen ist eine parlamentarische Demokratie. Daneben kennt die Landesverfassung in Artikel 68 aber auch Volksbegehren und Volksentscheid als Formen der unmittelbaren Willensbildung durch die Bürgerinnen und Bürger des Landes selbst (s. zu den Einzelheiten die Erläuterungen zu den vorgenannten Bestimmungen). Zu ihnen ist – ohne Änderung des Artikel 2 – mit dem Gesetz zur Änderung der Landesverfassung vom 5. 3. 2002 das Instrument der *Volksinitiative* (Artikel 67a) gekommen, das eine bessere und häufigere Beteiligung der Bürgerinnen und Bürger an der politischen Willensbildung während einer laufenden Legislaturperiode ermöglichen soll.

4 Das Demokratieprinzip gilt auch für die *Gemeinden und Gemeindeverbände*. Der nordrhein-westfälische Verfassungsgerichtshof hat dazu entschieden, dass auch die von den Gemeinden und Gemeindeverbänden errichteten Sparkassen öffentliche Verwaltungsaufgaben wahrnehmen und damit nach dem demokratischen Prinzip organisiert sein müssen. Der Verwaltungsrat einer Sparkasse muss deshalb von der Vertretung der Gemeinden und Gemeindeverbände (Rat, Landkreistag) berufen werden; die Personalversammlung einer Sparkasse kann ihm nicht die notwendige demokratische Legitimation vermitteln, weil sie weder Gemeinde- noch Kreisvolk noch deren Vertretung ist (VerfGH, DVBl. 1986, 1196 ff.). Das in Artikel 26 LV garantierte Mitbestimmungsrecht findet demnach seine Grenzen im Demokratieprinzip. Im Jahre 1978 hat das Bundesverfassungsgericht wegen Verstoßes gegen das Demokratieprinzip die bis dahin geltenden Vorschriften der nordrhein-westfälischen Gemeindeordnung über die Wahl und Zusammensetzung der kommunalen Bezirksvertretungen beanstandet, u. a. weil sie keine Bestimmung über eine demokratische Kandidatenaufstellung enthielten (BVerfGE 43, 253 ff.). S. dazu auch die Erläuterungen zur Kommunalverfassung in Anmerkung 11 zu Artikel 78.

Artikel 3
[Dreiteilung der Gewalten]

(1) Die Gesetzgebung steht dem Volk und der Volksvertretung zu.

(2) Die Verwaltung liegt in den Händen der Landesregierung, der Gemeinden und der Gemeindeverbände.

(3) Die Rechtsprechung wird durch unabhängige Richter ausgeübt.

1 Die in Artikel 3 verankerte *Teilung der Gewalten* zwischen verschiedenen Staatsorganen hat zum Ziel, die Ausübung staatlicher Gewalt organisatorisch und personell zu trennen und in ein System gegenseitiger Kontrolle und Hemmung zu bringen („checks and balances"). Grundgedanke ist die Abwehr des Missbrauchs staatlicher Gewalt durch ihre Teilung. Die Dreiteilung der Staatsgewalt in *Legislative* (gesetzgebende Gewalt), *Exekutive* (Regierung und Verwaltung) und *rechtsprechende Gewalt* (Gerichte und Staatsanwaltschaften), zum ersten Male in der Verfassung des Staates *Pennsylvania* von 1776 enthalten, wird allgemein mit dem Namen des französischen Staatstheoretikers *Montesquieu* verbunden.

2 Während der Entstehungsphase der Landesverfassung traten CDU, SPD und Zentrumspartei gemeinsam für das System einer parlamentarischen repräsentativen Demokratie ein. Allerdings wünschte die CDU zusätzlich die Einrichtung eines „*Staatsrates*" als Vertretungsorgan der Gemeinden, das sie als zweite Gesetzgebungskammer neben den Landtag stellen wollte. Dies lehnte die SPD, die eine Schwächung des direkt gewählten Parlaments befürchtete, ab. Die FDP setzte sich für eine größere Unabhängigkeit der Regierung vom Landtag ein; insbesondere sprach sie sich gegen die Möglichkeit einer Abberufung durch

Misstrauensvotum des Landtags aus. Die KPD andererseits forderte einen Regierungstyp nach dem Prinzip der ungeteilten Staatsgewalt mit dem Landtag als dem dominierenden Verfassungsorgan.

Nach Absatz 1 ist *Gesetzgeber das Volk* und die von ihm gewählte Vertretung *der* **3** *Landtag.* Beide stehen gleichberechtigt nebeneinander; ein im Wege des Volksentscheids nach Artikel 68 Abs. 2 Satz 2 beschlossenes Gesetz hat keine stärkere oder geringere Kraft als die nach Artikel 66 Satz 1 beschlossenen Gesetze des Landtags. Die Gesetzgebungsbefugnis von Landesvolk und Landtag ist ein originäres, nicht vom Bunde entlehntes oder delegiertes Recht, das dieser zurücknehmen könnte. Jedoch ist der Umfang der Kompetenz zur Landesgesetzgebung durch die *bundesverfassungsrechtliche Ordnung* eingeschränkt. Der dem Landtag verbliebene Bestand an Gesetzgebungszuständigkeiten ist durch mehrfache Kompetenzverschiebungen im Grundgesetz (die allerdings ohne Zustimmung des die Länderinteressen wahrnehmenden Bundesrates nicht möglich gewesen wären), durch die Verlagerung weiterer Zuständigkeiten auf die Europäische Union und durch eine sehr rege Gesetzgebungstätigkeit des Bundes im Bereich der sog. konkurrierenden Gesetzgebung seit Gründung des Landes ganz erheblich geschrumpft (s. dazu schon oben Anm. 5 zu Artikel 1).
Vielfach wird deshalb von einer Krise der Landesparlamente gesprochen. Mit ihr verbunden ist eine Gefährdung des Gleichgewichts der Gewalten in den Ländern, weil die Kompensation der Länder für den Verlust von Zuständigkeiten im Zuge der europäischen Integration allein den Landesregierungen zugutekommt, denen auf Grund des im Jahre 1993 in das Grundgesetz eingefügten Artikel 23 über den Bundesrat ein weitgehendes Mitwirkungsrecht in europäischen Angelegenheiten eingeräumt worden ist. Die Landtage haben daran jedoch keinen unmittelbaren Anteil. Die während der Beratungen der Gemeinsamen Verfassungskommission von Bundestag und Bundesrat im Jahre 1993 unternommenen Bemühungen, den Landtagen ein eigenes Mitentscheidungsrecht an weiteren Kompetenzverschiebungen auf die Bundesebene einzuräumen, sind erfolglos geblieben. S. zum Landtag im übrigen die Anmerkungen zu den Artikeln 30 und 66.

Absatz 2 handelt von der *Exekutive.* Sie, die ausführende Gewalt, liegt in den **4** Händen der *Landesregierung,* der *Gemeinden* und der *Gemeindeverbände.* Diese werden vom Landtag und den gewählten Gemeindevertretungen kontrolliert und unterliegen durch ihre Bindung an Recht und Gesetz sowie durch das sog. Budgetrecht der Volksvertretungen (d. h. das Recht zur Bereitstellung der für die Verwaltung erforderlichen Haushaltsmittel), das ihren Handlungsspielraum begrenzt, vielfältigen Einwirkungen der Legislative. Das Gewaltenteilungsprinzip ist also nicht konsequent bis zur völligen Unabhängigkeit der Exekutive von der gesetzgebenden Gewalt durchgeführt. Innerhalb ihres Wirkungskreises erfüllen Landesregierung und Gemeindeverwaltung ihre Aufgaben aber in eigener Verantwortung. Nach der Rechtsprechung des Bundesverfassungsgerichts steht ihnen ein „Kernbereich exekutiver Eigenverantwortung" zu, in den die Volksvertretungen nicht eingreifen dürfen (BVerfGE 34, 52, 59;

VerfGH, NWVBl. 1994, 10 ff.). Der Landtag kann die Erfüllung von Regierungsaufgaben also nicht völlig an sich ziehen, auch wenn es in den modernen parlamentarischen Demokratien zunehmend zu Verschränkungen zwischen Parlament und Regierung kommt. Die Tendenz zum „Mitregieren" wird durch den Verlust der Landtage an Kompetenzen im Bereich der Gesetzgebung (s. Anm. 3) begünstigt. Ein Beispiel für diese Tendenz ist in Nordrhein-Westfalen etwa die Beteiligung von Landtagsausschüssen am Erlass von Rechtsverordnungen der Landesregierung.

Auch die in Artikel 80 Abs. 4 GG eröffnete Möglichkeit, von einer den Landesregierungen eröffneten Ermächtigung des Bundes zum Erlass einer Rechtsverordnung statt durch Verordnung durch Landesgesetz Gebrauch zu machen, leistet der Vermischung der Gewalten Vorschub. Auf dem Hintergrund des Gewaltenteilungsgrundsatzes spielt sich ferner die anhaltende Diskussion über das Recht des nordrhein-westfälischen Landtags zum unmittelbaren Zugriff auf die Datenbestände der Landesregierung ab.

5 Nach Absatz 3 wird die *Rechtsprechung* durch unabhängige Richter ausgeübt. Die rechtsprechende Gewalt ist am deutlichsten von den beiden anderen Staatsgewalten abgegrenzt. Überschneidungen mit der gesetzgebenden Gewalt ergeben sich allerdings dort, wo die Rechtsprechung durch unvollständige Gesetze zur Lückenfüllung gezwungen ist und im Wege der Rechtsfortbildung an die Stelle des Gesetzgebers tritt. Mit dem Begriff der „Unabhängigkeit" ist die Freiheit der Richter von Weisungen für ihre richterliche Tätigkeit, die Selbständigkeit gegenüber der vollziehenden Gewalt, aber auch gegenüber Willensbekundungen des Landtags gemeint, soweit diese nicht in Form von bindenden Gesetzesbeschlüssen erfolgen. Wie alle Staatsgewalt ist die Rechtsprechung aber, was Artikel 97 GG ausdrücklich ausspricht, dem Gesetz unterworfen. Die Garantie der richterlichen Unabhängigkeit gilt für ehrenamtliche Richter (Schöffen, Handelsrichter, Arbeitsrichter usw.) ebenso wie für die Berufsrichter aller Gerichtsbarkeiten und, soweit ihnen Aufgaben der Rechtsprechung übertragen sind, auch für die Rechtspfleger an den Gerichten. Zu dem geschützten Bereich richterlicher Aufgabenwahrnehmung gehört neben der Entscheidungstätigkeit auch die autonome Verteilung von Rechtsprechungsaufgaben innerhalb eines Gerichts durch die Richtervertretungen, nicht dagegen die allgemeine Gerichtsverwaltung. Auch Richter unterliegen hinsichtlich der Erfüllung ihrer Dienstpflichten als Angehörige des öffentlichen Dienstes des Landes einer Dienstaufsicht, die jedoch in ihre Rechtsprechungstätigkeit nicht eingreifen darf. Die Angelegenheiten der Justizverwaltung (z. B. die Berufung in ein Richteramt, Sicherstellung der Arbeitsbedingungen der Justiz, Haushaltsbewirtschaftung) gehören jedoch zur Exekutive. Hinsichtlich ihrer Wahrnehmung unterliegt die Landesregierung der vollen Kontrolle durch den Landtag. S. zu weiteren Einzelheiten die Erläuterungen zu Artikeln 72 ff.

ZWEITER TEIL
Von den Grundrechten und der Ordnung des Gemeinschaftslebens

Erster Abschnitt
Von den Grundrechten

Artikel 4
[Grundrechte und Datenschutz]

(1) Die im Grundgesetz für die Bundesrepublik Deutschland in der Fassung vom 23. Mai 1949 festgelegten Grundrechte und staatsbürgerlichen Rechte sind Bestandteil dieser Verfassung und unmittelbar geltendes Landesrecht.

(2) Jeder hat Anspruch auf Schutz seiner personenbezogenen Daten. Eingriffe sind nur in überwiegendem Interesse der Allgemeinheit auf Grund eines Gesetzes zulässig.

I. Übernahme der Grundrechte des Grundgesetzes

Die nordrhein-westfälische Landesverfassung, erst nach Inkrafttreten des Bonner Grundgesetzes verabschiedet, vermeidet weitgehend Überschneidungen mit dem Grundgesetz und verzichtet bewusst auf Parallelregelungen zum Verfassungsrecht des Bundes. Das erklärt das Fehlen eines ausführlichen Grundrechtsteils in der Landesverfassung. Diese beschränkt sich in Artikel 4 Abs. 1 statt dessen darauf, die im Bonner Grundgesetz festgelegten Grundrechte und staatsbürgerlichen Rechte zu Bestandteilen der Landesverfassung und unmittelbar geltendem Landesrecht zu erklären. **1**

Diese Lösung war in der Entstehungsphase der Landesverfassung überaus umstritten. Nach dem Willen der britischen Militärregierung sollten die Grund- und Menschenrechte in der Landesverfassung selbst berücksichtigt werden. Die Positionen der Parteien waren nicht einheitlich. Die Landesregierung sprach sich nach der Verabschiedung des Grundgesetzes dafür aus, keinen eigenen Grundrechtskatalog zu formulieren. Sie befürchtete Rechtsunsicherheiten bei unterschiedlichen Formulierungen in den Verfassungen auf Bundes- und Landesebene. Im Verfassungsausschuss wurde auch die Notwendigkeit eines Hinweises auf die Grundrechte des Grundgesetzes in Frage gestellt, da das Landesrecht in diesem Fall eindeutig dem Bundesrecht untergeordnet sei und dessen Grundrechtsgarantien daher im Lande automatisch Gültigkeit hätten. Für die Lösung des Artikel 4 Abs. 1 sprachen sich schließlich CDU, FDP und Zentrumspartei mit der Erwägung aus, dass die staatliche Zukunft beider deutschen **2**

Staaten und deren rechtliche Absicherung bis zu einer möglichen Wiedervereinigung zu unsicher sei. Es bedürfe deshalb einer Bremse gegen einen drohenden zeitweiligen Verlust der Grundrechte, der eintreten könne, wenn das Bonner Grundgesetz einmal außer Kraft gesetzt und die Verfassung für einen neuen Gesamtstaat noch nicht gültig sei. Ein Antrag der SPD, die Grundrechte in der Landesverfassung nicht zu erwähnen, wurde ebenso abgelehnt wie der Antrag der KPD nach Aufnahme eines ausführlichen eigenen Grundrechtskatalogs in die Landesverfassung.

3 Die Landesverfassung enthält allerdings neben den in Artikel 4 Abs. 1 aus dem Grundgesetz übernommenen Grundrechten auch eigene ausformulierte Bestimmungen mit Grundrechtscharakter. Das Recht der Länder zum Erlass eigener Landesgrundrechte erkennt das Grundgesetz in Artikel 142 ausdrücklich an, der nicht nur für die vor Inkrafttreten des Grundgesetzes erlassenen Landesverfassungen gilt. Angesichts der demnach auch insoweit gegebenen Verfassungsautonomie der Länder haben die besonderen nordrhein-westfälischen Grundrechtsbestimmungen die gleiche Geltungskraft wie die aus dem Grundgesetz übernommenen. Das trifft auch insoweit zu, als die landesrechtlichen Formulierungen von denen des Grundgesetzes abweichen, da der Grundrechtsschutz des Grundgesetzes nur einen Mindeststandard darstellt, der von den nordrhein-westfälischen Regelungen nicht unterschritten wird. Bei ihnen handelt es sich um:

– das im Jahre 1978 in Artikel 4 Abs. 2 eingefügte *Grundrecht auf Datenschutz,* für das das Grundgesetz keine spezielle Regelung enthält (dort wird dieses Grundrecht aus Artikel 2 Abs. 1 in Verbindung mit Artikel 1 Abs. 1 hergeleitet),

– den in Artikel 5 enthaltenen *Schutz von Ehe und Familie* und die in dessen Absatz 2 aufgenommene *Gleichstellungsklausel,*

– Artikel 7 Abs. 1 Satz 2. Er enthält eine besondere Regelung über das *Elternrecht* (im Grundgesetz wird es in Artikel 6 Abs. 2 geschützt),

– Artikel 8 Abs. 1 Satz 1, der ein *soziales Grundrecht auf Erziehung und Bildung* formuliert,

– Artikel 8 Abs. 4. Die Bestimmung enthält eine spezielle Übernahmeklausel für das *Grundrecht zur Errichtung von Privatschulen,* die neben Artikel 4 Abs. 1 an sich überflüssig wäre,

– spezielle in Artikel 14 enthaltene Grundrechtsverbürgungen an die Kirchen, an die Erziehungsberechtigten und an die Schülerinnen und Schüler im Zusammenhang mit der Gestaltung des *Religionsunterrichts,*

– die in Artikel 16 enthaltene besondere Ausprägung der *Wissenschaftsfreiheit* in Form des Rechts der Universitäten und Hochschulen zur Selbstverwaltung,

– die in Artikel 19 gewährleistete *Freiheit der Vereinigung zu Kirchen oder Religionsgemeinschaften* und

– das in Artikel 24 Abs. 1 Satz 3 jedermann garantierte *Recht auf Arbeit,* dem nach Absatz 3 das *Recht auf einen ausreichenden, bezahlten Urlaub* entspricht.

Demgegenüber ist der *Schutz der natürlichen Lebensgrundlagen,* im Jahre 1985 als Artikel 29 a eingefügt, nicht als Grundrecht ausgestaltet. Wegen der Einzelheiten der aufgeführten besonderen Landesgrundrechte wird auf die Erläuterung der genannten Bestimmungen verwiesen.

II. Reichweite der Übernahme

Das Nebeneinander von Grundrechten im Grundgesetz und in der Landesverfassung wirft im Hinblick auf Überschneidungen und eigenständige Ergänzungen durch die Landesverfassung einige Fragen nach der Reichweite des Geltungsanspruchs und der Wirkungen der Bundes- und Landesnormen auf. **4**

Die Grundrechte des Grundgesetzes binden nach seinem Artikel 1 Abs. 3 alle **5** Staatsgewalt, also auch die Gesetzgebung, die vollziehende Gewalt und die Rechtsprechung im Lande. Um den Bürgerinnen und Bürgern des Landes Nordrhein-Westfalen einen wirksamen Grundrechtsschutz gegenüber der staatlichen Gewalt in Bund, Land und Gemeinden zu gewährleisten, hätte es deshalb keiner Aufnahme der Grundrechte in die Landesverfassung bedurft, zumal ihnen Artikel 93 Abs. 1 Nr. 4a des Grundgesetzes die Verfassungsbeschwerde zum Bundesverfassungsgericht auch gegen staatliche Maßnahmen der Landes- und Kommunalebene eröffnet. Aus diesem Grunde wird Artikel 4 Abs. 1 der Landesverfassung teilweise als juristisch bedeutungsloses, wenn auch feierliches Bekenntnis des Verfassungsgebers zum Rechtsstaat verstanden.

Entgegen dieser Auffassung hat die Übernahmeklausel in Artikel 4 Abs. 1 jedoch **6** einen über ein bloßes Bekenntnis hinausgehenden Sinn. Sie wertet die Landesverfassung zur Vollverfassung auf. Im Zusammenwirken mit den grundrechtsgleichen Rechten (s. die Aufstellung in Anm. 3) kann sie die Grundrechtsauslegung des Bundesverfassungsgerichts und die Verfassunggebung auf Bundesebene beeinflussen. Indem sie die Grundrechte zum Bestandteil von Landesverfassungsrecht macht, erhebt sie sie auch zum Prüfmaßstab des Verfassungsgerichtshofes des Landes. Ohne die Rezeption der bundesrechtlichen Grundrechte durch das Land könnten Grundrechtsverstöße allein vom Bundesverfassungsgericht festgestellt und gerügt werden, weil es dem Landesverfassungsgericht verwehrt wäre, die Einhaltung von Bundesgrundrechten zu kontrollieren. Artikel 4 Abs. 1 führt also zu einer gewissen Verdoppelung der Verfassungsgerichtsbarkeit im Grundrechtsbereich und damit zu einer Verdichtung des Grundrechtsschutzes. Das gilt unabhängig davon, dass Artikel 75 der Landesverfassung die Einrichtung einer Verfassungsbeschwerde zum nordrheinwestfälischen Verfassungsgerichtshof nicht kennt, denn die Einhaltung der Grundrechte kann auch Gegenstand von Normenkontrollverfahren sein, die Artikel 75 vorsieht; sie wird darüber hinaus in jedem Verfahren vor dem Verfassungsgericht automatisch ("inzidenter") mit geprüft (zu Einzelheiten s. dort).

Die Übernahmeklausel in Artikel 4 Abs. 1 umfasst auch sämtliche seit seinem **7** Inkrafttreten vorgenommenen Änderungen im Grundrechtsteil des Grundgesetzes; man spricht von einer dynamischen Verweisung. Mit ihrem Inkrafttreten werden daher Änderungen von Grundrechtsbestimmungen des Grundgesetzes automatisch und ohne Mitwirkung des Landesgesetzgebers Bestandteil des Landesverfassungsrechts. Andererseits reicht die Wirkung der Übernahme nur so weit, wie die Landesverfassung für einzelne Grundrechte (z. B. für das Grundrecht auf Datenschutz in Artikel 4 Abs. 2) nicht eigenständige Regelungen getroffen hat. Darüber hinaus umfasst die Übernahme nicht die in Artikel 18 vorgesehene Grundrechtsverwirkung. Das Gesetz über den Verfassungsgerichtshof sieht hierfür in seinem § 12 auch keine Zuständigkeit vor.

III. Die Wirkungen der Grundrechte

8 Die in der Landesverfassung garantierten Grundrechte bilden den eigentlichen Kern der freiheitlich-demokratischen Ordnung des Landes. Sie sind diejenigen Bestimmungen, die den Alltag der Menschen am meisten betreffen. Von ihrer historischen Entwicklung her sind sie in erster Linie dazu bestimmt, die Freiheitssphäre des und der Einzelnen vor Eingriffen der öffentlichen Gewalt zu schützen; sie sind *Abwehrrechte gegen den Staat.* Darüber hinaus verpflichten sie aber auch alle staatlichen Organe, die Verwirklichung dieser Rechte aktiv zu schützen und zu fördern. Die Verbindlichkeit der im Wesentlichen bundeseinheitlich ausgestalteten Grundrechte für alle staatlichen Organe, auch diejenigen der Länder, macht allerdings auch ihre zentralisierende Wirkung im bundesstaatlichen Verfassungssystem aus. Das hat sich etwa in der Diskussion um die Ausstattung von Schulräumen mit Kruzifixen gezeigt: Kann diese Frage in katholischen Gegenden wirklich nicht anders beurteilt werden als in protestantischen oder in einem der neuen Länder mit gänzlich anderer weltanschaulicher Tradition (s. dazu näher Anm. 3 zu Artikel 14 und Anm. 7 zu Artikel 19)? Zu den Unterschieden in den Ländern bei der Beratung über einen Schwangerschaftsabbruch s. Anm. 27 zu diesem Artikel. Wie die Behandlung der Gleichstellungsproblematik im Arbeitsleben (dazu Anm. 30 zu diesem Artikel und Anm. 7 zu Artikel 5) und die Zulassung von Frauen zu den Streitkräften (dazu Anm. 62 zu diesem Artikel) beweisen, geht die gleiche zentralisierende Wirkung auch von den Regelungen der Europäischen Union mit Grundrechtscharakter aus, die sich gegenüber dem nationalen Recht der Mitgliedstaaten durchzusetzen scheinen, selbst wenn diesem Grundrechtsqualität zukommt.

9 Die Grundrechte verkörpern auch eine *objektive Wertordnung,* die für alle Bereiche des Rechts gilt. Alle Normen des Landesrechts sind deshalb im Lichte der Grundrechte auszugestalten und zu interpretieren. Einige Grundrechte enthalten auch sog. *institutionelle Garantien,* durch die bestimmte Verfassungsstrukturen vor der freien Verfügung des Gesetzgebers geschützt sind. Beispiele sind die Institution der freien Presse, die der freien Wissenschaft wie auch die Institute von Ehe und Familie und des privaten Eigentums. Der Gesetzgeber kann also beispielsweise nicht als höchste Form der freien Verfügung über Grund und

Boden ein bloßes Nutzungsrecht nach dem Vorbild der DDR einführen und auch die Vererblichkeit von Eigentum nicht gänzlich abschaffen.

Die Grundrechte können auch als *Leistungs- und Teilhaberechte* wirken. Je stärker **10** der moderne Staat sich nämlich der sozialen Sicherung und kulturellen Förderung der Bürgerinnen und Bürger zuwendet, desto mehr tritt neben den Abwehrcharakter der Grundrechte die Forderung nach grundrechtlicher Verbürgung der Teilhabe an staatlichen Leistungen (BVerfGE 33, 303, 330 f.). Aus Grundrechten abgeleitet hat die Rechtsprechung etwa den Anspruch auf Sicherung des Existenzminimums (Grundlage ist das Grundrecht auf Menschenwürde, Artikel 1 Abs. 1 GG) und ein Recht auf Hochschulzulassung (Grundlage ist das Recht auf freie Berufswahl, Artikel 12 Abs. 1 GG).

Das Grundgesetz enthält *keine sozialen Grundrechte,* die dem Staat mit rechtlich **11** bindender Wirkung die fortdauernde Beachtung oder Erfüllung bestimmter Aufgaben vorschreiben und auf die sich der und die Einzelne unmittelbar berufen könnten. Auch die Beratungen der Gemeinsamen Verfassungskommission von Bundestag und Bundesrat, die sich 1992 entsprechend dem Auftrag des Einigungsvertrages mit der Frage der Einfügung von sozialen Grundrechten (oder zumindest sozialer Staatszielbestimmungen) befasst hat, haben nicht zu einer entsprechenden Ergänzung des Grundgesetzes geführt. Die Vorschläge für ein Recht auf Arbeit, ein Recht auf Wohnung, ein Recht auf soziale Sicherheit und ein Recht auf Bildung fanden in der Kommission nicht die notwendige Zweidrittelmehrheit.

Als Kernargument gegen die Einräumung sozialer Grundrechte wurde und wird **12** geltend gemacht, dass sie in einer freiheitlichen Verfassung nicht in einer Weise ausgestaltet werden könnten, die ihre gerichtliche Durchsetzbarkeit ermögliche. Die Erfüllung solcher Rechte wäre nur durch dirigistische Eingriffe in Arbeitsvertragsfreiheit und Tarifautonomie oder etwa durch eine konsequente Wohnraumbewirtschaftung durch den Staat denkbar. Das bedeute aber für die Bürger einen Verlust an Freiheit. Bleibe es aber bei bloßen Programmsätzen, so werde das Auseinanderklaffen von Programm und Wirklichkeit zur Politikverdrossenheit beitragen.

Die Befürworter sozialer Grundrechte verweisen demgegenüber darauf, dass **13** eine Verfassung auch über das Ethos eines Staates Auskunft und inhaltliche Orientierung für die nächsten Jahrzehnte geben müsse. Dazu gehörten Aussagen über die grundsätzlichen Staatsziele und Zwecke, also darüber, wofür der Staat da ist und welche elementaren Ziele er zugunsten seiner Bürger verfolge. Bürger, die in der Verfassung erkennen könnten, dass der Staat ihre existentiellen Bedürfnisse ernst nehme, könnten sich stärker mit ihrer Verfassung identifizieren.

Anders als das Grundgesetz enthält die nordrhein-westfälische Landesverfassung **14** mit dem Recht auf Erziehung und Bildung, dem Recht auf Arbeit und auf einen ausreichenden, bezahlten Urlaub (Artikel 8 Abs. 1 Satz 1, Artikel 24 Abs. 1 Satz 3 und Abs. 3) einige soziale Grundrechte. Zu deren Bedeutung wird auf die Anmerkungen zu den genannten Artikeln verwiesen.

15 Sehr lange umstritten gewesen ist die Frage, ob sich die Bürgerinnen und Bürger auch in den Rechtsbeziehungen untereinander unmittelbar auf die Grundrechte berufen können, oder ob diese nur im Verhältnis Staat-Bürger gelten. Durchgesetzt hat sich die Auffassung, dass sich in den Rechtsbeziehungen der Bürger untereinander niemand unmittelbar auf die Grundrechte berufen kann *(keine unmittelbare Drittwirkung der Grundrechte)*. Die Grundrechte beeinflussen aber die Interpretation auch der zivilrechtlichen Vorschriften, die im Geiste der Grundrechte ausgelegt werden müssen. Das gilt insbesondere bei der Interpretation unbestimmter Rechtsbegriffe und von allgemein gehaltenen Formulierungen (sog. Generalklauseln). Im Verhältnis der staatlichen Gewalten und Ebenen untereinander gelten die Grundrechte nicht. So kann sich das Land dem Bund gegenüber nicht auf eigene Grundrechte berufen (BVerfGE 81, 310, 333 ff. – Kalkar-Entscheidung).

16 Unmittelbar anwendbar sind die Grundrechte allerdings auch dann, wenn der Staat bei der Erfüllung öffentlicher Aufgaben in den Formen des Privatrechts handelt, z. B. durch Abschluss eines zivilrechtlichen Vertrages. Staatliche Organe können sich nicht durch die „Flucht in das Privatrecht" der Grundrechtsbindung entziehen.

17 Hinsichtlich der Grundrechtsfähigkeit, d. h. der Fähigkeit, Träger von Grundrechten zu sein, unterscheidet das Grundgesetz zwischen Menschenrechten, die jedermann zustehen (z. B. die Menschenwürde, das Recht auf freie Entfaltung der Persönlichkeit), und staatsbürgerlichen Rechten, die nur Deutschen im Sinne von Artikel 116 Abs. 1 Grundgesetz gewährt sind (z. B. das in Artikel 9 Abs. 1 garantierte Recht, Vereine und Gesellschaften zu bilden). Vom Alter ist der Grundrechtsschutz im Prinzip unabhängig; auch Kinder haben Grundrechte. Die selbständige Ausübung kann jedoch bei Minderjährigen und Betreuten begrenzt sein durch natürliche Fähigkeiten, das Erziehungsrecht der Eltern und sonstige rechtliche Regelungen (z. B. „Religionsmündigkeit" erst ab dem 14. Lebensjahr).

18 Der Schutz der Grundrechte unterliegt Schranken. Für die meisten von ihnen gilt ein Gesetzesvorbehalt. Dem Gesetzgeber steht dabei aber kein unbeschränkter Freiraum zu einschränkenden Gesetzen zur Verfügung. Artikel 19 Abs. 1 und 2 des Grundgesetzes verbietet Einzelfallgesetze. Auch der Wesensgehalt eines Grundrechts darf nicht angetastet werden. Darüber hinaus ist stets der Verhältnismäßigkeitsgrundsatz zu beachten: Die gesetzliche Grundrechtseinschränkung muss in einem angemessenen Verhältnis zu dem Rang des zu schützenden rechtlichen Interesses und dem des Grundrechts stehen.

In Rechtsverhältnissen, in denen sich der oder die Betroffene in besonders enger **19** Abhängigkeit zu einem staatlichen Hoheitsträger befindet (wie Schüler, Studenten, Soldaten, Beamte, Strafgefangene, sog. „besondere Gewaltverhältnisse") ist der Grundrechtsschutz nicht schon allein wegen dieses Abhängigkeitsverhältnisses eingeschränkt. Auch hier muss der Gesetzgeber die wesentlichen Entscheidungen über zulässige Grundrechtsbeschränkungen selbst treffen, wie es etwa das Strafvollzugsgesetz für die Strafgefangenen tut.

Wenn Grundrechte verschiedener Personen aufeinander stoßen (Grundrechts- **20** kollision), muss eine Güterabwägung darüber erfolgen, welchem Grundrecht im konkreten Einzelfall das höhere Gewicht zukommt. Dabei muss der Versuch unternommen werden, einen schonenden Ausgleich zu finden, so dass die kollidierenden Grundrechte eine möglichst optimale Wirksamkeit entfalten können. Es ist vor allem die Entscheidung derartiger Kollisionsfälle, die dazu führt, dass die Verwirklichung der Grundrechte eine stets aktuelle Herausforderung an alle staatlichen Organe, aber auch an die Bürgerinnen und Bürger selbst darstellt. Denn die sich wandelnden Lebensverhältnisse in einem modernen, hochtechnologisierten Land führen zu sich ständig ändernden Bedrohungen für die Grundrechte und machen immmer wieder neue Bewertungen zwischen einzelnen Grundrechten notwendig, die im Spannungsverhältnis zueinander stehen. Beispiele: Bedrohung der Meinungsvielfalt durch Konzentrationen im Medienbereich, Entstehen neuer Formen der Telekommunikation mit der Folge zunehmender Einbrüche in die Privatsphäre, die Entwicklung der Gentochnologie (Menschenwürde), neue Entwicklungen im Verkehrsbereich durch Zunahme des Verkehrs (Lärmbelästigung) usw.

IV. Die aus dem Grundgesetz übernommenen Grundrechte im einzelnen

Eine Kommentierung der nordrhein-westfälischen Landesverfassung wäre un- **21** vollständig, ohne auf die einzelnen nach Artikel 4 Abs. 1 als Landesverfassungsrecht geltenden Grundrechte des Grundgesetzes einzugehen. Angesichts der Fülle ausführlicher Darstellungen zu den Grundrechten des Grundgesetzes beschränkt sich der folgende Text neben der Wiedergabe des Wortlautes der übernommenen Bestimmungen aber auf knappe Hinweise. Hierbei liegt ein Schwerpunkt auf den Gesichtspunkten mit Landesbezug. Zur vertiefenden Behandlung der Grundrechte kann in erster Linie auf die Kommentierungen von *Dieter Hesselberger,* Das Grundgesetz, Kommentar für die politische Bildung, Neuwied 1999, und von *Karl-Heinz Seifert/Dieter Hömig,* Grundgesetz für die Bundesrepublik Deutschland. Taschenkommentar, 6. Aufl., Baden-Baden 1999, verwiesen werden.

Artikel 1 GG
[Schutz der Menschenwürde]

(1) Die Würde des Menschen ist unantastbar. Sie zu achten und zu schützen ist Verpflichtung aller staatlichen Gewalt.

(2) Das Deutsche Volk bekennt sich darum zu unverletzlichen und unveräußerlichen Menschenrechten als Grundlage jeder menschlichen Gemeinschaft, des Friedens und der Gerechtigkeit in der Welt.

(3) Die nachfolgenden Grundrechte binden Gesetzgebung, vollziehende Gewalt und Rechtsprechung als unmittelbar geltendes Recht.

22 Der Schutz der *Menschenwürde* ist ein tragendes Verfassungsprinzip, das alle Bestimmungen der Landesverfassung beherrscht. Geschützt ist die Menschenwürde jedes Menschen, unabhängig von Alter und Einsichtsfähigkeit. In den Schutzbereich fallen Ausländer ebenso wie minderjährige Kinder, Geisteskranke oder Straftäter. Auch das werdende Leben genießt diesen Schutz; er wirkt selbst über den Tod hinaus (Schutz der Totenruhe, Würde des Verstorbenen).

23 *Typische Verletzungen der Menschenwürde* sind Folter, Sklaverei, Ausrottung ethnischer, nationaler, rassischer oder religiöser Gruppen, Verschleppung, unmenschliche und erniedrigende Strafen und die Vernichtung sog. lebensunwerten Lebens.

24 Aus Artikel 1 Abs. 1 und Artikel 2 Abs. 1 des Grundgesetzes hat das Bundesverfassungsgericht das *allgemeine Persönlichkeitsrecht* abgeleitet (zusammenfassend BVerfGE 54, 153 ff.; 65, 41 f.; 95, 241). Dazu gehören das Recht auf individuelle Selbstbestimmung und damit die Privat- und Intimsphäre, auch die informationelle Selbstbestimmung (Datenschutz; s. dazu die nordrhein-westfälische Sonderregelung in Absatz 2 dieses Artikels, Anm. 82 ff.), die persönliche Ehre, das Recht am eigenen Bild und am gesprochenen Wort. Eingeschränkt wird es durch das Grundrecht der Meinungsfreiheit, insbesondere der Pressefreiheit (Artikel 5 Abs. 1 des Grundgesetzes).

25 Zu den aktuellen verfassungsrechtlichen Problemen im Anwendungsbereich des Artikels 1 Abs. 1 gehört die Behandlung der *Gentechnologie,* soweit es um die Humangenetik geht (künstliche Spermienübertragung, Embryo-Transfer und Eibefruchtung außerhalb des Körpers, Austragung der Leibesfrucht durch Leihmütter, Genomanalyse, genetischer Fingerabdruck, Genmanipulation, Stammzellenforschung). Hier stehen vor allem die Forschungsfreiheit und die Menschenwürde in einem Spannungsverhältnis zueinander.

Artikel 2
[Freiheitsrechte]

(1) Jeder hat das Recht auf die freie Entfaltung seiner Persönlichkeit, soweit er nicht die Rechte anderer verletzt und nicht gegen die verfassungsmäßige Ordnung oder das Sittengesetz verstößt.

(2) Jeder hat das Recht auf Leben und körperliche Unversehrtheit. Die Freiheit der Person ist unverletzlich. In diese Rechte darf nur auf Grund eines Gesetzes eingegriffen werden.

Als Hauptfreiheitsrecht bringt Artikel 2 Abs. 1 die in der Menschenwürde **26** enthaltene Komponente der freien Entfaltung des Menschen zum Ausdruck. Die *allgemeine Handlungsfreiheit* ist umfassender Ausdruck der persönlichen Freiheitssphäre und zugleich Ausgangspunkt aller Abwehrrechte der Bürgerinnen und Bürger gegen Eingriffe des Staates. Sie ist ein allgemeines Menschenrecht, das jedermann zusteht. Sie findet ihre Grenzen in den Rechten anderer, der verfassungsmäßigen Ordnung (zu der alle verfassungsmäßigen Gesetze gehören) und im Sittengesetz. Der Begriff des Sittengesetzes stellt heute nur noch scheinbar eine zusätzliche Einschränkung der allgemeinen Handlungsfreiheit dar. Denn Wertvorstellungen, die nicht zugleich in einer gesetzlichen Norm, also in der „verfassungsmäßigen Ordnung", verankert und als allgemeingültig anerkannt sind, vermögen das Recht auf freie Persönlichkeitsentfaltung nicht einzuschränken (bedeutsam etwa für die Beurteilung außerehelicher Lebensgemeinschaften und gleichgeschlechtlicher Beziehungen).

Im Anwendungsbereich des Artikels 2 Abs. 2, der das Recht auf Leben und **27** körperliche Unversehrtheit garantiert, stellt die verfassungsrechtliche Beurteilung des Schwangerschaftsabbruchs eines der kontroversesten Probleme dar. Der Staat ist in diesem Falle nicht zur Strafdrohung gezwungen. Seine vorrangige Aufgabe ist es, sich mit sozialpolitischen und fürsorgerischen Mitteln für die Sicherung des werdenden Lebens einzusetzen (BVerfGE 39, 1, 44 ff.; 88, 203, 259 ff.). Adressat dieses staatlichen Schutzauftrages sind in erster Linie die Länder, die hierfür nach der Kompetenzverteilung des Grundgesetzes zuständig sind. Durch die Gewährung eines Anspruchs auf einen Kindergartenplatz und die Ausgestaltung des Beratungsverfahrens, deren Kosten die Länder zu tragen haben, hat der Bund im Interesse eines wirksamen Grundrechtsschutzes weit in den Aufgabenbereich der Länder eingegriffen. Das ist bedenklich, weil Grundrechtsbestimmungen nicht für eine Verschiebung der Zuständigkeiten zwischen Bund und Ländern eingesetzt werden dürften, dies hier aber faktisch geschehen ist.

Die Schutzpflicht des Staates für die körperliche Unversehrtheit kann ihn (also **28** auch das Land Nordrhein-Westfalen) zu Lärmschutzmaßnahmen für Flugplatz- und Straßenanlieger zwingen (OVG Münster NJW 1981, 701: Straßenverkehr mit einem Lärmpegel von 82 dB (A) bis 99 dB (A)). Bei Kernkraftwerken wird der Grundrechtsschutz insoweit vorverlegt, als angesichts der Art und Schwere der möglichen Folgen bereits eine entfernte Wahrscheinlichkeit ihres Eintritts genügt, um die konkrete Schutzpflicht des Gesetzgebers auszulösen (BVerfGE 49, 89, 141 f. – Kalkar-Entscheidung).

Artikel 3 GG
[Gleichheit vor dem Gesetz]

(1) Alle Menschen sind vor dem Gesetz gleich.

(2) Männer und Frauen sind gleichberechtigt. Der Staat fördert die tatsächliche Durchsetzung der Gleichberechtigung von Frauen und Männern und wirkt auf die Beseitigung bestehender Nachteile hin.

(3) Niemand darf wegen seines Geschlechtes, seiner Abstammung, seiner Rasse, seiner Heimat und Herkunft, seines Glaubens, seiner religiösen oder politischen Anschauungen benachteiligt oder bevorzugt werden. Niemand darf wegen seiner Behinderung benachteiligt werden.

29 Der allgemeine Gleichheitssatz zählt zu den elementaren Verfassungsgrundsätzen und ist Grundnorm für die gesamte Rechtsordnung. Er gilt für alle Gebiete der Gesetzgebung und gewährleistet etwa die Steuergerechtigkeit im Abgabenrecht, die Wehrgerechtigkeit, die Waffengleichheit im Prozessrecht und im Arbeitskampfrecht, die Chancengleichheit im Bildungswesen, im Parteienrecht und im Wirtschaftswettbewerb. Unterscheidungen dürfen nur nach sachlichen Gesichtspunkten vorgenommen werden. Artikel 3 Abs. 1 verlangt vom Gesetzgeber allerdings grundsätzlich nur die Wahrung rechtlicher, nicht auch die Schaffung tatsächlicher Gleichheit. Außerdem führt der Gleichheitssatz nicht zu einem Anspruch auf Gleichbehandlung im Unrecht, etwa zur Fortsetzung einer rechtswidrigen Verwaltungspraxis, von der andere profitiert haben.

30 Die Gleichberechtigung von Männern und Frauen nach Absatz 2 ist nicht nur Programmsatz, sondern ein unmittelbar geltendes Grundrecht. Mit der nach langen Diskussionen in der Gemeinsamen Verfassungskommission von Bundestag und Bundesrat im Jahre 1994 erfolgten Einfügung des Satzes 2 soll diesem Grundrecht zur stärkeren Durchsetzung verholfen werden. Dabei geht es nicht allein darum, Rechtsnormen zu beseitigen, die Vor- und Nachteile an die Gechlechtszugehörigkeit knüpfen, sondern darum, die Lebensverhältnisse von Männern und Frauen auch real anzugleichen. Es handelt sich um den Versuch der Lösung eines gesellschaftlichen Problems, dessen sich die nordrhein-westfälische Landesverfassung bereits im Jahre 1989 angenommen hat, indem ihr Artikel 5 Abs. 2 neugefasst wurde (s. die Erläuterungen dort). Artikel 3 Abs. 2 Satz 2 GG soll eine sachgerechte Förderungspolitik zur Erreichung der tatsächlichen Gleichberechtigung bewirken.

Eine Frauenförderung in Gestalt starrer Quoten ist allerdings mit dem Gleichheitssatz nicht vereinbar. Dies hat der Europäische Gerichtshof in einer Entscheidung aus dem Jahre 1995 zum bremischen Landesrecht festgestellt (Fall

Kalanke – EuGH, DVBl. 1995, 1231 f.). Demgegenüber hat er die in § 25 Abs. 5 Satz 2 Landesbeamtengesetz NRW enthaltene Regelung gebilligt, die die bevorzugte Berücksichtigung von Frauen bei Einstellungen und Beförderungen im öffentlichen Dienst vorsieht, wenn sie die gleiche Eignung und Befähigung aufweisen wie konkurrierende Männer. Der EuGH hält die Regelung deshalb nicht für diskriminierend, weil sie eine Öffnungsklausel enthält. Diese garantiere den Bewerbern mit gleicher Qualifikation wie diejenige der Bewerberinnen in jedem Einzelfall, dass die Bewerbungen Gegenstand einer objektiven Beurteilung seien, bei der alle die Person der Bewerber betreffenden Kriterien berücksichtigt würden und dass der den weiblichen Bewerbern eingeräumte Vorrang entfalle, wenn eines oder mehrere dieser Kriterien zugunsten des männlichen Bewerbers überwögen (Fall Marschall – EuGH, JZ 1998, 139 m. Anm. Starck). Damit sind die zunächst vom nordrhein-westfälische Oberverwaltungsgericht erhobenen Bedenken gegen diese Regelung (OVG Münster, NWVBl. 1992, 401) hinfällig. Das Bundesverfassungsgericht, dem das Oberverwaltungsgericht die entsprechende Frage vorgelegt hatte, hat sich zur Verfassungsmäßigkeit des nordrhein-westfälischen Gesetzes in der Sache nicht geäußert. – Zu den zulässigen Maßnahmen gehört die Schaffung von Gleichstellungsbeauftragten in Land und Kommunen, und zwar auch die im Jahre 1994 in § 5 Abs. 2 der nordrhein-westfälischen Gemeindeordnung aufgenommene Verpflichtung der kreisangehörigen Städte und Gemeinden mit mehr als 10 000 Einwohnern und der kreisfreien Städte, grundsätzlich hauptamtlich tätige Gleichstellungsbeauftragte zu bestellen (s. BVerfG, JZ 1995, 565 ff. für eine entsprechende Regelung in Schleswig-Holstein).

Artikel 4 GG
[Glaubens- und Bekenntnisfreiheit]

(1) Die Freiheit des Glaubens, des Gewissens und die Freiheit des religiösen und weltanschaulichen Bekenntnisses sind unverletzlich.

(2) Die ungestörte Religionsausübung wird gewährleistet.

(3) Niemand darf gegen sein Gewissen zum Kriegsdienst mit der Waffe gezwungen werden. Das Nähere regelt ein Bundesgesetz.

Die Glaubens- und Bekenntnisfreiheit gewährleistet das Recht jedes Menschen, **31** seine innersten Anschauungen und Überzeugungen frei zu bilden und sie auch in Wort, Schrift oder sonstiger Form nach außen frei zu bekennen. Die innere Freiheit, einen Glauben zu haben oder nicht zu haben, ist schon Bestandteil der allgemeinen Menschenwürde (BVerfGE 76, 159 f.; 81, 66). Sie erstreckt sich nicht nur auf religiöse Anschauungen und Überzeugungen, sondern auch auf Weltanschauungen, die die Welt ohne Bindung an einen religiösen Glauben universell zu begreifen suchen, und umfasst das Recht, frei über die Zugehörigkeit zu einer Religions- und Weltanschauungsgemeinschaft zu entscheiden, auch einer solchen fernzubleiben oder aus ihr auszutreten (sog. negative Glaubens- und Bekenntnisfreiheit). Die Glaubensfreiheit richtet sich auch gegen die Religions- und Weltanschauungsgemeinschaften selbst, indem sie ihnen verbietet, jemandem die Mitgliedschaft aufzuzwingen. Dem Recht der Kirchen, ihre Angehörigen zur Erfüllung kirchlicher Pflichten anzuhalten, steht sie jedoch nicht entgegen. Artikel 4 ist zugleich eine Ausprägung des Toleranzprinzips im religiösen und weltanschaulichen Bereich. Die Glaubens- und Bekenntnisfreiheit findet ihre Schranken in anderen mit Verfassungsrang ausgestatteten Rechtswerten und entbindet nicht von der Beachtung der für alle geltenden Gesetze. So ist sie etwa nicht geeignet, die Scientology Church, die sich in erheblichem Umfang gewerblich betätigt, von der Einhaltung der gewerberechtlichen Bestimmungen zu entbinden (BVerwG, NVwZ 1995, 473 ff.). Zur Frage des Missbrauchs der Religionsfreiheit durch sog. neuere Glaubensgemeinschaften s. den Sektenbericht der Bundesregierung, BT-Drs. 13/10950, und die Übersicht über die Rechtsprechung bei *Abel*, NJW 1997, 426 ff.

32 Artikel 4 steht in engem Zusammenhang mit den sog. Kirchenartikeln der Weimarer Verfassung (Artikel 136 bis 139 und 141; ihr Text ist bei Artikel 22 LV wiedergegeben), die Artikel 140 GG in die Bundesverfassung übernommen und Artikel 22 LV durch Rezeption der grundgesetzlichen Bestimmung zum Bestandteil der nordrhein-westfälischen Landesverfassung gemacht hat. Die Landesverfassung enthält daneben in Artikel 12 Aussagen zum Elternrecht und zu den Bekenntnisschulen und in Artikel 19 eine ausdrückliche Verbürgung, sich zu Kirchen und Religionsgemeinschaften zu vereinigen, in den Artikeln 20, 21 und 23 ferner weitere Ausformungen der Glaubens- und Bekenntnisfreiheit (Näheres in den Erläuterungen zu den Artikeln 12 bis 23). Zur Erteilung von und Teilnahme am Religionsunterricht enthält Artikel 14 LV eine ausführliche Sonderregelung, die dem in Artikel 4 Abs. 1 garantierten Grundrecht Rechnung trägt.

33 Das Recht auf Kriegsdienstverweigerung (Absatz 3) gilt nicht nur für deutsche Staatsangehörige. Nach einer Entscheidung des Bundesverfassungsgerichts muss das Verfahren, in dem die Gewissensentscheidung des Kriegsdienstverweigerers festgestellt wird, so ausgestaltet sein, dass eine Verweigerung nach Belieben ausgeschlossen ist; aus diesem Grunde hat die „Postkartennovelle" von 1977 keinen Bestand gehabt (BVerfGE 48, 171, 176). Durch das Kriegsdienstverweigerungs-Neuordnungsgesetz vom 28. 2. 1983 ist der anstelle des Wehrdienstes zu leistende Ersatzdienst bewusst zu einer „lästigen Alternative" ausgestaltet worden, deren Inkaufnahme als Ausübung der von Artikel 4 Abs. 3 vorausgesetzten Gewissensentscheidung gewertet wird. Die Verlängerung des Ersatzdienstes gegenüber dem Wehrdienst ist politisch umkämpft gewesen; sie wurde u. a. mit der Belastung der Wehrpflichtigen durch Wehrübungen nach Ableistung des Wehrdienstes gerechtfertigt. Ob sie nach dem inzwischen weitgehenden Entfallen von Wehrübungen verfassungsrechtlich noch haltbar ist, ist angesichts des Wortlauts von Artikel 12a Abs. 2 Satz 2 GG umstritten und eher zweifelhaft. 1997 verweigerten ca. 35 v.H. aller wehrdienstfähigen gemusterten Wehrpflichtigen den Wehrdienst.

Artikel 5 GG
[Meinungs- und Pressefreiheit; Freiheit der Kunst und der Wissenschaft]

(1) Jeder hat das Recht, seine Meinung in Wort, Schrift und Bild frei zu äußern und zu verbreiten und sich aus allgemein zugänglichen Quellen ungehindert zu unterrichten. Die Pressefreiheit und die Freiheit der Berichterstattung durch Rundfunk und Film werden gewährleistet. Eine Zensur findet nicht statt.

(2) Diese Rechte finden ihre Schranken in den Vorschriften der allgemeinen Gesetze, den gesetzlichen Bestimmungen zum Schutze der Jugend und in dem Recht der persönlichen Ehre.

(3) Kunst und Wissenschaft, Forschung und Lehre sind frei. Die Freiheit der Lehre entbindet nicht von der Treue zur Verfassung.

Artikel 5 umfasst sieben selbständige Grundrechte: das Recht auf freie Mei- **34** nungsäußerung, die Informationsfreiheit, die Pressefreiheit, die Freiheit der Berichterstattung durch Rundfunk und Film und die Freiheit von Kunst und Wissenschaft.

Die *Meinungs- und Verbreitungsfreiheit* sind von besonderer Bedeutung für das **35** demokratische Prinzip, weil das Funktionieren der Demokratie eine frei gebil-dete und möglichst gut informierte öffentliche Meinung voraussetzt; sie sind für eine freiheitliche demokratische Staatsordnung „schlechthin konstituierend" (BVerfGE 20, 56, 97). Meinungen sind Urteile jeder Art, insbesondere Wert-urteile, also wertende Betrachtungen von Tatsachen, Verhaltensweisen oder Verhältnissen. Auch die Freiheit, Tatsachen mitzuteilen, wird von Artikel 5 insoweit geschützt, wie sie Voraussetzung der Bildung von Meinungen ist. Jedoch muss an die Mitteilung von Tatsachen grundsätzlich die Anforderung ihrer Richtigkeit gestellt werden. Das gilt auch für die Wiedergabe fremder Äußerungen. Das unrichtige Zitieren wird von der Meinungsfreiheit nicht gedeckt.

Die *Informationsfreiheit* ist ein selbständiges Grundrecht. Geschützt ist sowohl das **36** aktive Handeln zur Informationsbeschaffung als auch die schlichte Entgegen-nahme von Informationen. Gewährleistet ist nur die Unterrichtung aus allge-mein zugänglichen Informationsquellen. Zu ihnen gehören nicht Behörden-vorgänge, so dass das Informationsgrundrecht keinen Anspruch auf allgemeine Auskunftserteilung oder Gewährung von Akteneinsicht begründet.

Absatz 1 Satz 2 gewährleistet die *Pressefreiheit* als Grundrecht für den oder die **37** Einzelne(n) wie auch als Garantie des Instituts „Freie Presse". Eine freie, nicht von der öffentlichen Gewalt gelenkte und keiner Zensur unterworfene Presse ist ein Wesenselement des freiheitlichen Staates. Inhaber des Grundrechts sind alle im Pressewesen tätigen Personen, z. B. neben Verlegern, Redakteuren und Journalisten auch die in der Verwaltung eines Presseorgans tätigen Beschäftigten. Mit der Vielzahl der Grundrechtsträger verbunden ist das sehr umstrittene Problem der sog. inneren Pressefreiheit. Dabei geht es um die Frage, ob Artikel 5 einen Anspruch von Redakteuren, Journalisten und anderen Beschäftigten auf Beteiligung an der Leitung und inhaltlichen Gestaltung eines Presseorgans begründet. Auch reine Anzeigenblätter sind von der Pressefreiheit geschützt. Als unentbehrlich gehört zur Pressefreiheit auch ein gewisser Schutz des Vertrauensverhältnisses zwischen Presse und privaten Informanten einschließlich der Wahrung des Redaktionsgeheimnisses, z. B. auch durch bestimmte Zeugnisverweigerungsrechte. Im Jahre 2000 ist das Zeugnisverweigerungsrecht der Medienmitarbeiter im Strafverfahren auf selbsterarbeitete Materialien und alle berufsbezogenen Wahrnehmungen erweitert worden (§ 53 Abs. 1 Nr. 5 StPO). Siehe zu diesem recht umstrittenen Komplex auch die Antwort der Bundesregierung auf die Große Anfrage der CDU/CSU-Fraktion vom 7. 7. 2000 (BT-Drs. 14/3864).

Aus der Pressefreiheit abgeleitet wird die staatliche Pflicht zur Auskunft gegenüber der Presse, über deren Umfang die staatlichen Stellen aber grundsätzlich eigenverantwortlich bestimmen können. Darüber hinaus ergibt sich aus Artikel 5 auch eine staatliche Pflicht, Gefahren abzuwehren, die einem freien Pressewesen aus der Bildung von Meinungsmonopolen erwachsen können. Hier liegt angesichts der Konzentration im Presse- und Medienbereich aktuell die ernsthafteste Gefährdung der Pressefreiheit, die auch ein Mindestmaß an Pluralität voraussetzt.

38 Die *Rundfunkfreiheit* ist für die Landesebene von besonderer Bedeutung, weil die Regelung des Rundfunkwesens Ländersache ist. Als Standort der größten öffentlichrechtlichen Rundfunkanstalt Deutschlands (WDR in Köln) und weiterer öffentlich-rechtlicher sowie mehrerer privater Rundfunk- und Fernsehbetreiber (Deutschlandfunk, Deutsche Welle, RTL, VOX in Köln, radio NRW in Oberhausen) trägt Nordrhein-Westfalen im Rahmen seiner Rundfunkgesetzgebung und bei der Frequenzvergabe eine besondere Verantwortung für den Erhalt einer pluralistischen Medienstruktur in Deutschland. Das Bundesverfassungsgericht hat wesentliche Grundsätze zur Rundfunkfreiheit anhand des Gesetzes über den WDR entwickelt (BVerfGE 83, 238 ff.). Angesichts der raschen technischen Veränderungen im Medienbereich ergeben sich in diesem Zusammenhang zahlreiche schwierige und zum Teil ungelöste Verfassungsprobleme, die durch das Hereinwirken des europäischen Gemeinschaftsrechts noch verschärft werden.

39 Veranstalter von Rundfunk und Fernsehen können nicht nur öffentlich-rechtliche, sondern auch private Gesellschaften sein (sog. „duale Rundfunkordnung"). Doch besteht wegen der Begrenztheit der Rundfunkfrequenzen und der Kabelkanäle kein Anspruch für jedermann auf Zulassung als Rundfunkveranstalter oder Zuteilung eines Kabelkanals, sondern nur auf Chancengleichheit bei der Zuteilungsentscheidung. Die öffentlich-rechtlichen Rundfunk- und Fernsehanstalten müssen in ihr Gesamtprogramm umfassende Informationen aufnehmen, der vollen Meinungsvielfalt Raum bieten und dürfen die öffentliche Meinung nicht mit bestimmter Tendenz beeinflussen. Das WDR-Gesetz trägt dem durch die pluralistische Zusammensetzung des Rundfunkrates Rechnung. Den öffentlich-rechtlichen Anstalten kommt die Aufgabe einer Grundversorgung zu, die es rechtfertigt, dass sie sich aus Gebühren finanzieren, die jeder Teilnehmer zu entrichten hat, unabhängig davon, ob er von ihrem Programmangebot Gebrauch macht. Die Rundfunkgebühr darf nicht zur Programmlenkung oder zur Medienpolitik eingesetzt werden (BVerfGE 90, 87 ff.).

Auch für den Bereich des privat betriebenen Rundfunks und Fernsehens trägt **40** das Land die Verantwortung für die Aufrechterhaltung der Meinungsvielfalt. Die Kontrolle darüber kann einem externen, vom Staat unabhängigen Organ übertragen werden, das unter dem Einfluss der maßgeblichen gesellschaftlichen Kräfte steht. Nordrhein-Westfalen hat von dieser Möglichkeit durch Einrichtung eines Landesrundfunkrates Gebrauch gemacht. Der Rundfunkrat hat die Aufgabe, die Einhaltung des Landrundfunkgesetzes durch die privaten Veranstalter zu überwachen, z. B. auf die Einhaltung der höchstzulässigen Werbezeiten, auf ein ausreichendes Informationsangebot bei sog. Vollprogrammen (im Gegensatz zu bloßen „Spartenprogrammen" wie etwa Sportsendern oder Musikveranstaltern wie VIVA) und auf die Rücksichtnahme auf die Belange des Jugendschutzes. In diesem Zusammenhang stellt die Darstellung von Gewalt im Fernsehen, die wegen des Spannungsverhältnisses zu anderen Grundrechten gemäß Artikel 5 Abs. 2 GG von der Fernsehfreiheit nicht unbegrenzt gedeckt ist, ein dauerndes Problem dar, das sich nicht auf das Privatfernsehen beschränkt, dort aber besonders fühlbar geworden ist. Es hat den nordrhein-westfälischen Landtag wiederholt beschäftigt.

Die *Kunst* ist in Artikel 5 Abs. 3 GG geschützt. Was Kunst ist, lässt sich mit **41** rechtlicher Verbindlichkeit nur schwer bestimmen. Das Wesentliche der künstlerischen Betätigung ist nach der Bundesverfassungsgerichts-Entscheidung zu dem *Gustaf-Gründgens*-Roman von *Klaus Mann* (BVerfGE 30, 173, 188 f.) die freie schöpferische Gestaltung, in der Eindrücke, Erfahrungen, Erlebnisse und Gedanken des Künstlers durch das Medium einer bestimmten Formensprache (z. B. Malerei, Bildhauerkunst, Musik, Dichtkunst, Schauspiel, Tanz) zur unmittelbaren Anschauung kommen. Auch Aktivitäten, die die Ausdrucksmittel der Kunst unter Bezugnahme auf gesellschaftliche und politische Sachverhalte verwenden (so etwa die Plakat-Kunst von *Klaus Staeck)*, sind geschützt.

Die Freiheit der *Wissenschaft* umfasst Forschung und Lehre. Sie ist für die **42** Landesebene als Träger der Universitäten und Hochschulen von herausgehobener Bedeutung, auch wenn der Gestaltungsspielraum des Landes durch das sehr detailliert ausgestaltete Rahmenrecht des Bundes (Hochschulrechtsrahmengesetz) weitgehend begrenzt ist. Allerdings beschränkt sich die Wissenschaftsfreiheit keineswegs auf den Hochschulbereich; sie bezieht sich auch auf die anwendungsnahe Forschung, die der wirtschaftlichen Verwertung dient. Die Wissenschaftsfreiheit verleiht den Fakultäten und Fachbereichen nicht das Recht, allein über Inhalt und Umfang des Lehrangebots zu entscheiden; die Einräumung von Mitwirkungsrechten an die Studierenden und ihre Vertretungen ist verfassungsrechtlich zulässig. Auch ist die Belastung von Hochschullehrern mit Lehrverpflichtungen zulässig, solange ihnen noch ausreichende Freiräume für Forschungen verbleiben. Die Gründung privater Hochschulen ist nach allerdings umstrittener Auffassung vom Freiheitsbereich des Artikel 5 Abs. 3 Satz 1 GG umfasst. In einer verfassungsrechtlich zulässigen Gruppenuniversität muss den Hochschullehrern in den Kollegialorganen ihrer Universität in Fragen der Lehre maßgebender und in Angelegenheiten der Forschung und bei der Berufung von Hochschullehrern ausschlaggebender Einfluss vorbehalten werden. S. auch die Anmerkungen zu Artikel 16 LV über die Universitäten und Hochschulen.

Artikel 6 GG
[Ehe, Familie, nichteheliche Kinder]

(1) Ehe und Familie stehen unter dem besonderen Schutze der staatlichen Ordnung.

(2) Pflege und Erziehung der Kinder sind das natürliche Recht der Eltern und die zuvörderst ihnen obliegende Pflicht. Über ihre Betätigung wacht die staatliche Gemeinschaft.

(3) Gegen den Willen der Erziehungsberechtigten dürfen Kinder nur auf Grund eines Gesetzes von der Familie getrennt werden, wenn die Erziehungsberechtigten versagen oder wenn die Kinder aus anderen Gründen zu verwahrlosen drohen.

(4) Jede Mutter hat Anspruch auf den Schutz und die Fürsorge der Gemeinschaft.

(5) Den nichtehelichen Kindern sind durch die Gesetzgebung die gleichen Bedingungen für ihre leibliche und seelische Entwicklung und ihre Stellung in der Gesellschaft zu schaffen wie den ehelichen Kindern.

43 Artikel 6 GG wird für den Landesbereich weitgehend durch die in den Artikeln 5 und 8 Abs. 1 LV enthaltenen besonderen Verbürgungen des *Schutzes von Ehe und Familie,* des *Schutzes der Mutter* und des *Elternrechts* überlagert. Beide Regelungsebenen stimmen hinsichtlich ihrer Schutzrichtung und der Reichweite der Grundrechtsgarantien überein; auf die Erläuterung der Artikel 5 und 8 LV wird insoweit verwiesen. Eine über die Landesverfassung hinausgehende und damit über Artikel 4 Abs. 1 übernommene Aussage enthält aber Artikel 6 Abs. 5, der alle staatlichen Ebenen dazu verpflichtet, gleiche Bedingungen für nichteheliche wie für eheliche Kinder zu schaffen. Unzulässig ist danach beispielsweise der generelle Ausschluss des gemeinsamen Sorgerechts von Vater und Mutter. Die Bestimmung gebietet es auch, das Aufwachsen des Kindes in einer

„Ersatzfamilie" zu fördern. Die volle erbrechtliche Gleichstellung der seit dem 1. Juli 1949 geborenen nichtehelichen Kinder mit ehelichen ist erst durch das Erbrechtsgleichstellungsgesetz vom 16. 12. 1997 (BGBl. I S. 2968) mit Wirkung ab 1. April 1998 herbeigeführt worden. Im Zusammenhang mit dem Gesetz über gleichgeschlechtliche Lebenspartnerschaften Ende des Jahres 2000 ist streitig erörtert worden, ob der Schutz der Ehe es gebietet, dass rechtliche Regelungen über andere als eheliche Lebensgemeinschaften diesen einen weniger günstigen Status einräumen („Abstandsgebot"). Diese Frage hat das Bundesverfassungsgericht verneint und das Gesetz für verfassungsgemäß erklärt (Urteil vom 17.07.2002 – 1 BvF 1/01 und 2/01).

Artikel 7 GG
[Schulwesen]

(1) Das gesamte Schulwesen steht unter der Aufsicht des Staates.

(2) Die Erziehungsberechtigten haben das Recht, über die Teilnahme des Kindes am Religionsunterricht zu bestimmen.

(3) Der Religionsunterricht ist in den öffentlichen Schulen ordentliches Lehrfach. Unbeschadet des staatlichen Aufsichtsrechtes wird der Religionsunterricht in Übereinstimmung mit den Grundsätzen der Religionsgemeinschaften erteilt. Kein Lehrer darf gegen seinen Willen verpflichtet werden, Religionsunterricht zu erteilen.

(4) Das Recht zur Errichtung von privaten Schulen wird gewährleistet. Private Schulen als Ersatz für öffentliche Schulen bedürfen der Genehmigung des Staates und unterstehen den Landesgesetzen. Die Genehmigung ist zu erteilen, wenn die privaten Schulen in ihren Lehrzielen und Einrichtungen sowie in der wissenschaftlichen Ausbildung ihrer Lehrkräfte nicht hinter den öffentlichen Schulen zurückstehen und eine Sonderung der Schüler nach den Besitzverhältnissen der Eltern nicht gefördert wird. Die Genehmigung ist zu versagen, wenn die wirtschaftliche und rechtliche Stellung der Lehrkräfte nicht genügend gesichert ist.

(5) Eine private Volksschule ist nur zuzulassen, wenn die Unterrichtsverwaltung ein besonderes pädagogisches Interesse anerkennt oder, auf Antrag von Erziehungsberechtigten, wenn sie als Gemeinschaftsschule, als Bekenntnis- oder Weltanschauungsschule errichtet werden soll und eine öffentliche Volksschule dieser Art in der Gemeinde nicht besteht.

(6) Vorschulen bleiben aufgehoben.

Artikel 7 GG ist von der Übernahmeklausel in Artikel 4 Abs. 1 LV nicht erfasst. **44** Der Landesverfassungsgeber hat sich vielmehr für eine ausführliche eigene Regelung des Schulwesens entschieden, die in den Artikeln 7 bis 15 enthalten ist. Das beruht auf der zentralen Bedeutung des Schulwesens für die Landesebene; es gehört zum Kernbestand der Länderstaatlichkeit. Aus Artikel 7 GG sind lediglich die Absätze 4 und 5 über die Privatschulen durch eine spezielle Übernahmeklausel in Artikel 8 Abs. 4 Bestandteil der Landesverfassung geworden.

Wegen der Einzelheiten wird auf die Erläuterungen zu den Artikeln 7 ff. LV verwiesen.

Artikel 8 GG
[Versammlungsfreiheit]

(1) Alle Deutschen haben das Recht, sich ohne Anmeldung oder Erlaubnis friedlich und ohne Waffen zu versammeln.

(2) Für Versammlungen unter freiem Himmel kann dieses Recht durch Gesetz oder auf Grund eines Gesetzes beschränkt werden.

45 Das Grundrecht der *Versammlungsfreiheit* ergänzt das Grundrecht der Meinungsfreiheit durch die Gewährleistung gemeinsamer Meinungsfreiheit und -kundgabe und steht in engem Zusammenhang mit dem Prozess der demokratischen Meinungs- und Willensbildung. Es steht nur Deutschen zu, jedoch gewährt § 1 des Versammlungsgesetzes in der Fassung vom 15. 11. 1978 (BGBl. I S. 1790) es auch Ausländern, dies jedoch ohne verfassungsrechtliche Sicherung.

46 Geschützt sind nur friedliche Versammlungen, also solche, in denen keine Gewalt gegen Personen oder Sachen geübt oder angedroht wird. Umstritten ist dabei, ob Gewalt auch durch passives Verhalten mit Zwangswirkung geübt werden kann („Sitzstreik" oder „Sitzblockade"). Das Bundesverfassungsgericht hat 1986 ausgesprochen, dass der verfassungsrechtliche Begriff der Unfriedlichkeit nicht mit dem von der Rechtsprechung entwickelten weiten Gewaltbegriff des Strafrechts gleichgesetzt werden kann. Deshalb werden Sitzblockaden vom Schutzumfang der Versammlungsfreiheit mitumfasst, sie können jedoch im Rahmen des Gesetzesvorbehalts nach Artikel 8 Abs. 2 eingeschränkt werden (BVerfGE 73, 206, 248). In einer weiteren Entscheidung aus dem Jahre 1995 (BverfGE 92, 1 ff. = NJW 1995, 1141 ff.) hat das Bundesverfassungsgericht zudem ausgesprochen, dass die Erstreckung des Gewaltbegriffs in § 240 des Strafgesetzbuches auf den passiven Widerstand gegen das im Strafrecht geltende Analogieverbot verstößt, so dass Sitzstreiks und Sitzblockaden nicht als strafrechtliche Nötigung zu behandeln sind (was je nach Lage des Falles ihre Behandlung als Widerstand gegen die Staatsgewalt oder als Ordnungswidrigkeit freilich nicht ausschließt). Diese Rechtsprechung ist in Politik und wissenschaftlichem Schrifttum teils auf Zustimmung, teils aber auch auf heftigen Widerspruch, ja empörten Protest gestoßen (vgl. nur die in Stil und Wortwahl völlig unübliche Kommentierung dieser Entscheidung in dem Standard-Kommentar zum Strafgesetzbuch von *Tröndle/Fischer,* StGB, 49. Aufl. 1999, Anm. 2 c ff. zu § 240 StGB, wo von einer „Brüskierung" der Strafrechtspflege die Rede ist). Da die Strafrechtspflege die Interpretation des Gewaltbegriffs vor der genannten Entscheidung des Bundesverfassungsgerichts nicht mehr einheitlich vornahm, bestand durchaus Anlass für ein klärendes Wort, das allerdings in dieser Deutlichkeit nicht erwartet worden war. Das Thema eignet sich hervorragend als Gegenstand der politischen Bildung, z. B. auch bei der Frage, wie bei der

Interpretation von auslegungsbedürftigen Rechtsnormen sog. „herrschende Meinungen" entstehen und als solche verteidigt werden.

Versammlungen unter freiem Himmel können nach Absatz 2 unter Sicher- **47** heitsgesichtspunkten durch Gesetz unmittelbar oder durch Rechtsverordnung auf der Grundlage eines Gesetzes eingeschränkt werden. Das ist beispielsweise durch das Versammlungsgesetz (es enthält Regelungen über Anmeldepflichten, Auflagen, Verbote wie das Vermummungsverbot und die Auflösung von Versammlungen) und für Nordrhein-Westfalen durch das Bannmeilengesetz vom 25. 2. 1969 (GVBl. NW S. 142) geschehen.

Artikel 9 GG
[Vereinigungsfreiheit, Verbot von Maßnahmen gegen Arbeitskämpfe]

(1) Alle Deutschen haben das Recht, Vereine und Gesellschaften zu bilden.

(2) Vereinigungen, deren Zwecke oder deren Tätigkeit den Strafgesetzen zuwiderlaufen oder die sich gegen die verfassungsmäßige Ordnung oder gegen den Gedanken der Völkerverständigung richten, sind verboten.

(3) Das Recht, zur Wahrung und Förderung der Arbeits- und Wirtschaftsbedingungen Vereinigungen zu bilden, ist für jedermann und für alle Berufe gewährleistet. Abreden, die dieses Recht einschränken oder zu behindern suchen, sind nichtig, hierauf gerichtete Maánahmen sind rechtswidrig. Maßnahmen nach den Artikeln 12a, 35 Abs. 2 und 3, Artikel 87a Abs. 4 und Artikel 91d dürfen sich nicht gegen Arbeitskämpfe richten, die zur Wahrung und Förderung der Arbeits- und Wirtschaftsbedingungen von Vereinigungen im Sinne des Satzes 1 geführt werden.

Das Grundrecht der *Vereinsfreiheit* umfasst das Recht zum vereinsmäßigen Zu- **48** sammenschluss (Gründung, Beitritt, Austritt) und zur vereinsmäßigen Betätigung, gewährleistet aber auch Rechte des Vereins als solchen, z. B. das Recht auf Bestand, freie Bestimmung seiner Organisation und Willensbildung. Keine Vereine sind beispielsweise öffentlich-rechtliche Körperschaften und Zwangszusammenschlüsse wie Ärztekammern, Anwalts- und Notarkammern, Studentenschaften, Schulpflegschaften usw. Das Grundrecht steht nur Deutschen zu; Ausländervereine und ausländische Vereine genießen Vereinigungsfreiheit nur im Rahmen einfacher Gesetze, insbesondere des Vereinsgesetzes. Ein Zwang zur Mitgliederaufnahme ist grundsätzlich unzulässig; Ausnahmen gelten jedoch für Monopolvereine und Vereine, die im wirtschaftlichen oder sozialen Bereich eine überragende Stellung einnehmen, wenn ein schwerwiegendes Interesse von Beitrittswilligen am Erwerb der Mitgliedschaft besteht. Verboten sind nach Absatz 2 Vereinigungen, deren Zwecke oder Tätigkeit den Strafgesetzen zuwiderlaufen oder die sich gegen die verfassungsmäßige Ordnung richten.

49 Absatz 3 behandelt besonders das Vereinigungsrecht der Sozialpartner (Arbeitnehmer und Arbeitgeber), das sog. *Koalitionsrecht.* Es verbürgt neben dem Recht auf koalitionsmäßigen Zusammenschluss zugleich die Einrichtung eines *Tarifvertragssystems* mit freigebildeten, voneinander unabhängigen Organisationen als Partner und einen Kernbereich der *Tarifautonomie* zur Regelung von Arbeitsverträgen. Der Grundsatz der Gegnerfreiheit der Tarifvertragsparteien schließt eine Mitbestimmung der Arbeitnehmer in wirtschaftlichen Unternehmen nicht aus, wie sie im Betriebsverfassungsgesetz, den Montan-Mitbestimmungsgesetzen und im Mitbestimmungsgesetz von 1976 enthalten ist; Artikel 26 LV enthält insoweit für Nordrhein-Westfalen eine besondere Gewährleistung (s. dort). Als industrielle Kernregion Deutschlands war Nordrhein-Westfalen lange Jahre Sitz des Spitzenverbandes der Arbeitgeber, der Bundesvereinigung der Deutschen Arbeitgeberverbände (Köln), und der größten Arbeitnehmervereinigung, des Deutschen Gewerkschaftsbundes (DGB, Düsseldorf), in dem 17 Gewerkschaften und Industriegewerkschaften vereinigt sind. Auch wenn mit dem Regierungs- und Parlamentsumzug die meisten großen Verbände aus dem Arbeitleben ihren Sitz nach Berlin verlagert haben, bleibt die besondere Bedeutung Nordrhein-Westfalens für die Entwicklung des Klimas zwischen den Sozialpartnern erhalten.

50 Bestandteil der verfassungsmäßig gewährleisteten Tarifautonomie ist auch das Arbeitskampfrecht, d. h. das *Streikrecht,* dem auf Seiten der Arbeitgeber das *Recht zur Aussperrung* entspricht. Bei rechtmäßigen Streiks hat sich der Staat neutral zu verhalten; er darf deshalb z. B. kein Arbeitslosengeld zahlen. Es gilt der Grundsatz der Waffengleichheit, der Kampfparität. Einseitige gesetzliche Verbote von Streiks oder Aussperrungen sind verfassungswidrig. Politische Streiks sind unzulässig; von Artikel 9 Abs. 3 gleichfalls nicht geschützt sind „wilde Streiks".

Artikel 10 GG
[Brief-, Post- und Fernmeldegeheimnis]

(1) Das Briefgeheimnis sowie das Post- und Fernmeldgeheimnis sind unverletzlich.

(2) Beschränkungen dürfen nur auf Grund eines Gesetzes angeordnet werden. Dient die Beschränkung dem Schutze der freiheitlichen demokratischen Grundordnung oder des Bestandes oder der Sicherung des Bundes oder eines Landes, so kann das Gesetz bestimmen, dass sie dem Betroffenen nicht mitgeteilt wird und dass an die Stelle des Rechtsweges die Nachprüfung durch von der Volksvertretung bestellte Organe und Hilfsorgane tritt.

51 Das *Briefgeheimnis* schützt den brieflichen Verkehr der Einzelnen (Deutschen und Ausländer) untereinander gegen eine Kenntnisnahme der öffentlichen Gewalt von dem Inhalt des Briefes, soweit er ohne Vermittlung der Post erfolgt; bei Beförderung durch die Post ist er von dem alle Postsendungen umfassenden Postgeheimnis vor entsprechender Kenntnisnahme geschützt. Dieses richtet sich nicht allein gegen die Post, sondern gegen alle Staatsgewalten. Betriebsbedingte Maßnahmen, die wie die Zustellung an Ersatzempfänger zur Abwicklung des Postbetriebs notwendig sind, sind durch Artikel 10 Abs. 1 nicht ausgeschlossen.

Das *Fernmeldegeheimnis* schützt jede Art von Fernmeldeverkehr (Fernsprech-, **52** Telegramm-, Fernschreib- und Funkverkehr) vor Eingriffen der öffentlichen Gewalt. Betriebsbedingte Überwachungsmaßnahmen, etwa die Verwendung von Zählervergleichsgeräten bei begründetem Verdacht des Missbrauchs von Telefoneinrichtungen, sind jedoch nicht ausgeschlossen. Die Vertraulichkeit des staatsintern-dienstlichen Fernmeldeverkehrs (z. B. innerhalb von Behörden) wird vom Schutzzweck des Artikel 10 Abs. 1 nicht erfasst.

Brief-, Post- und Fernmeldegeheimnis stehen nach Absatz 2 Satz 1 unter einem **53** allgemeinen Gesetzesvorbehalt. Gesetzliche Einschränkungen sind beispielsweise enthalten in der Strafprozessordnung und im Strafvollzugsgesetz. Zu Absatz 2 Satz 2 ist das sog. G 10-Gesetz vom 13. 8. 1968 ergangen, das unter den dort genannten Voraussetzungen die Kontrolle von Postsendungen, des Fernschreib- und Telefonverkehrs und die Aufnahme der abgehörten Mitteilungen auf Tonträger durch bestimmte Sicherheitsbehörden (Verfassungsschutz, Militärischer Abschirmdienst, Bundesnachrichtendienst) zulässt. Die Anordnung wird auf Antrag des Leiters einer der genannten Sicherheitsbehörden vom Bundes- oder vom Landesinnenminister erlassen und ist zeitlich befristet.

Artikel 11 GG
[Freizügigkeit]

(1) Alle Deutschen genießen Freizügigkeit im ganzen Bundesgebiet.

(2) Dieses Recht darf nur durch Gesetz oder auf Grund eines Gesetzes und für die Fälle eingeschränkt werden, in denen eine ausreichende Lebensgrundlage nicht vorhanden ist und der Allgemeinheit daraus besondere Lasten entstehen würden oder in denen es zur Abwehr einer drohenden Gefahr für den Bestand oder die freiheitliche demokratische Grundordnung des Bundes oder eines Landes, zur Bekämpfung von Seuchengefahr, Naturkatastrophen oder besonders schweren Unglücksfällen, zum Schutze der Jugend vor Verwahrlosung oder um strafbaren Handlungen vorzubeugen, erforderlich ist.

Das Grundrecht auf *Freizügigkeit* gewährleistet allen Deutschen (nicht also Aus- **54** ländern und Staatenlosen, auch nicht soweit sie nach Artikel 16a des Grundgesetzes Asylrecht genießen) das Recht, ungehindert an jedem Ort innerhalb des Bundesgebietes Aufenthalt und Wohnsitz zu nehmen. Verbürgt ist vor allem der freie Zug von Land zu Land und von Gemeinde zu Gemeinde, aber auch das Recht auf Verbleiben am Aufenthalts- und Wohnort der eigenen Wahl. Die Zulässigkeit von Mindestaufenthaltszeiten zur Ausübung des Wahlrechts ist keine Frage des Artikel 11, sondern der Wahlrechtsgleichheit. Das Recht zur

Ausreise ist nicht Bestandteil der Freizügigkeit, sondern nur durch die allgemeine Handlungsfreiheit nach Artikel 2 Abs. 1 GG, also nur innerhalb der verfassungsmäßigen Ordnung geschützt (BVerfGE 6, 32 ff.).

55 Das Grundrecht auf Freizügigkeit kann nach Absatz 2 eingeschränkt werden. Solche Einschränkungen können durch Landesgesetz erfolgen. Nach dem Gesetz über die Festlegung eines vorläufigen Wohnorts für Aussiedler und Übersiedler vom 6. 7. 1989 (BGBl. I S. 1378) können die Länder im Interesse der Schaffung ausreichender Lebensgrundlagen neu Aufzunehmende befristet (maximal zwei Jahre) bestimmten Kreisen und Gemeinden zuweisen, um andere zu entlasten. Das ist für Nordrhein-Westfalen durch das Flüchtlingsaufnahmegesetz geschehen (vgl. dazu Anmerkung 10 zu Artikel 78).

Artikel 12 GG
[Freiheit der Berufswahl]

(1) Alle Deutschen haben das Recht, Beruf, Arbeitsplatz und Ausbildungsstätte frei zu wählen. Die Berufsausübung kann durch Gesetz oder auf Grund eines Gesetzes geregelt werden.

(2) Niemand darf zu einer bestimmten Arbeit gezwungen werden, außer im Rahmen einer herkömmlichen allgemeinen, für alle gleichen öffentlichen Dienstleistungspflicht.

(3) Zwangsarbeit ist nur bei einer gerichtlich angeordneten Freiheitsentziehung zulässig.

56 Die *Berufsfreiheit* umfasst neben der Berufs*wahl*- und der Berufs*ausübungsfreiheit* auch die Freiheit der *Arbeitsplatzwahl* und das Recht auf *freie Wahl der Ausbildungsstätte*. Sie steht nur deutschen Staatsbürgern zu. Geschützt ist auch die Unternehmerfreiheit im Sinne freier Gründung und Führung von Unternehmen. Für Berufe im öffentlichen Dienst ermöglicht Artikel 33 GG in weitem Umfang Sonderregelungen; Ähnliches gilt für staatlich gebundene Berufe wie die des Notars und des Bezirksschornsteinfegermeisters. Artikel 12 begründet kein Recht auf Arbeit; dieses ist für Nordrhein-Westfalen aber in Artikel 24 Abs. 1 Satz 3 LV vorgesehen (s. dort).

57 Das Recht auf *freie Wahl der Ausbildungsstätte* hat zum einen den Charakter eines Abwehrrechts gegen staatliche Eingriffe, das es etwa ausschließt, den Zugang zu Ausbildungsstätten auf Angehörige eines Bundeslandes zu beschränken (BVerfGE 33, 303, 351 ff.). Zum anderen umfasst es den Anspruch auf Zulassung zu staatlichen Ausbildungsstätten. Jeder Staatsbürger und jede Staatsbürgerin mit Hochschulreife hat deshalb ein Recht auf Zulassung zum Hochschulstudium seiner und ihrer Wahl unter möglichster Berücksichtigung der gewählten Ausbildungsstätte, dieses allerdings nur, soweit dieses auf ein Vollstudium mit berufsqualifizierendem Abschluss gerichtet ist (BVerfGE 59, 172, 205). Es steht unter dem Vorbehalt des Möglichen im Sinne dessen, was der oder die einzelne vernünftigerweise von der Gesellschaft beanspruchen kann. Es garantiert auch den Zugang zum Zweitstudium (BVerfGE 45, 393, 397 f.; 62, 117, 146).

Beschränkungen der *Berufsausübungsfreiheit* dürfen nur im Interesse des Ge- **58** meinwohls vorgenommen werden. Von der Rechtsprechung als zulässige Berufsausübungsregelungen anerkannt worden sind beispielsweise die Abgrenzung apothekenpflichtiger Waren, Werbebeschränkungen für radiumhaltige Erzeugnisse, Vorschriften über den Ladenschluss und über die Arbeitszeit (zum Nacktbackverbot s. BVerfGE 23, 50, 56; 41, 360, 370), Regelungen über bezahlten Bildungsurlaub für Arbeitnehmer (s. dazu Anm. 5 zu Artikel 17 LV), Beschränkungen des Schwerlastverkehrs in Ferienzeiten, die Verpflichtung für Rechtsanwälte, vor Gericht die Amtstracht zu tragen, das Verbot, mehrere Beschuldigte im Strafverfahren zu verteidigen, das Verbot der Arbeitnehmerüberlassung an Betriebe des Baugewerbes und Regelungen über die Polizeistunde in Gastwirtschaften.

Beschränkungen der *Berufswahlfreiheit* sind nur zulässig, soweit sie zum Schutz **59** besonders wichtiger Gemeinschaftsgüter zwingend erforderlich sind. So kann die Aufnahme der beruflichen Tätigkeit vom Besitz persönlicher Eigenschaften, Fähigkeiten und Fertigkeiten des Berufsanwärters abhängig gemacht werden. Derartige Voraussetzungen gelten etwa für den selbständigen Betrieb eines Handwerks, für die Approbation als Arzt, für die Ausübung der Zahnheilkunde oder für Berufstätigkeiten, die an die Befähigung zum Richteramt anknüpfen (Rechtsanwälte, Notare). Zulassungsvoraussetzungen, die mit der persönlichen Qualifikation des Berufsanwärters nichts zu tun haben (sog. „objektive" Zulassungsvoraussetzungen), dürfen nur zur Abwehr nachweisbarer oder höchstwahrscheinlicher schwerer Gefahren für ein besonders wichtiges Gemeinschaftsgut erfolgen. Unter diesem Gesichtspunkt gerechtfertig sind etwa die Bedürfnisprüfung für den Personenlinienverkehr mit Kraftfahrzeugen und die Festsetzung von Höchstzahlen für den allgemeinen Güterfernverkehr.

Praktische Bedeutung für die Beschränkung der *freien Wahl der Ausbildungsstätte* **60** hat Artikel 12 Abs. 1 Satz 2 vor allem für Zulassungsbeschränkungen infolge Erschöpfung der Ausbildungskapazitäten der Hochschulen. Ein hierauf beruhender absoluter numerus clausus ist nur verfassungsgemäß, wenn er dazu bestimmt ist, die für die Aufrechterhaltung eines ordnungsgemäßen Studienbetriebes notwendige Funktionsfähigkeit der Hochschulen zu sichern, wenn die vorhandenen Ausbildungskapazitäten erschöpfend genutzt werden und wenn die Auswahl und Verteilung der Studienplätze nach sachgerechten Kriterien mit einer Chance für jeden an sich hochschulreifen Bewerber erfolgen (BVerfGE 33, 303, 338 ff.). Die Zentralstelle zur Vermittlung von Studienplätzen (ZVS), eine gemeinsame Einrichtung aller Länder, hat ihren Sitz in Dortmund.

Von der *Freiheit von Arbeitszwang* ausgenommen sind Dienstleistungspflichten **61** von geringerer Intensität wie die gemeindlichen Hand- und Spanndienste, die

Pflicht zur Deichhilfe und die Feuerwehrdienstpflicht als überkommene Pflichten, die der Erfüllung von Gemeinschaftsaufgaben durch zeitweilige Heranziehung dienen (BVerfGE 22, 380, 383).

Artikel 12 a GG
[Wehrpflicht und andere Dienstverpflichtungen]

(1) Männer können vom vollendeten achtzehnten Lebensjahr an zum Dienst in den Streitkräften, im Bundesgrenzschutz oder in einem Zivilschutzverband verpflichtet werden.

(2) Wer aus Gewissensgründen den Kriegsdienst mit der Waffe verweigert, kann zu einem Ersatzdienst verpflichtet werden. Die Dauer des Ersatzdienstes darf die Dauer des Wehrdienstes nicht übersteigen. Das Nähere regelt ein Gesetz, das die Freiheit der Gewissensentscheidung nicht beeinträchtigen darf und auch eine Möglichkeit des Ersatzdienstes vorsehen muss, die in keinem Zusammenhang mit den Verbänden der Streitkräfte und des Bundesgrenzschutzes steht.

(3) Wehrpflichtige, die nicht zu einem Dienst nach Absatz 1 oder 2 herangezogen sind, können im Verteidigungsfalle durch Gesetz oder auf Grund eines Gesetzes zu zivilen Dienstleistungen für Zwecke der Verteidigung einschließlich des Schutzes der Zivilbevölkerung in Arbeitsverhältnisse verpflichtet werden; Verpflichtungen in öffentlich-rechtliche Dienstverhältnisse sind nur zur Wahrnehmung polizeilicher Aufgaben oder solcher hoheitlichen Aufgaben der öffentlichung Verwaltung, die nur in einem öffentlich-rechtlichen Dienstverhältnis erfüllt werden können, zulässig. Arbeitsverhältnisse nach Satz 1 können bei den Streitkräften, im Bereich ihrer Versorgung sowie bei der öffentlichen Verwaltung begründet werden; Verpflichtungen in Arbeitsverhältnisse im Bereiche der Versorgung der Zivilbevölkerung sind nur zulässig, um ihren lebensnotwendigen Bedarf zu decken oder ihren Schutz sicherzustellen.

(4) Kann im Verteidigungsfalle der Bedarf an zivilen Dienstleistungen im zivilen Sanitäts- und Heilwesen sowie in der ortsfesten militärischen Lazarettorganisation nicht auf freiwilliger Grundlage gedeckt werden, so können Frauen vom vollendeten achtzehnten bis zum vollendeten fünfundfünfzigsten Lebensjahr durch Gesetz oder auf Grund eines Gesetzes zu derartigen Dienstleistungen herangezogen werden. Sie dürfen auf keinen Fall zum Dienst mit der Waffe verpflichtet werden.

(5) Für die Zeit vor dem Verteidigungsfalle können Verpflichtungen nach Absatz 3 nur nach Maßgabe des Artikels 80 a Abs. 1 begründet werden. Zur Vorbereitung auf Dienstleistungen nach Absatz 3, für die besondere Kenntnisse oder Fertigkeiten erforderlich sind, kann durch Gesetz oder auf Grund eines Gesetzes die Teilnahme an Ausbildungsveranstaltungen zur Pflicht gemacht werden. Satz 1 findet insoweit keine Anwendung.

(6) Kann im Verteidigungsfalle der Bedarf an Arbeitskräften für die in Absatz 3 Satz 2 genannten Bereiche auf freiwilliger Grundlage nicht gedeckt werden,

so kann zur Sicherung dieses Bedarfs die Freiheit der Deutschen, die Aus-
übung eines Berufs oder den Arbeitsplatz aufzugeben, durch Gesetz oder auf
Grund eines Gesetzes eingeschränkt werden. Vor Eintritt des Verteidigungs-
falles gilt Absatz 5 Satz 1 entsprechend.

Artikel 12 a über die *Wehrpflicht* und den *zivilen Ersatzdienst* enthält selbst keine **62**
Grundrechte, sondern Einschränkungen anderer Grundrechte, insbesondere
des Grundrechts auf Berufsfreiheit. Als im Grundrechtsteil enthaltene Beschränkung anderer Grundrechte ist auch Artikel 12 a des Grundgesetzes (e-
benso wie Artikel 17 a) Bestandteil der nordrheinwestfälischen Landesverfassung geworden, weil er den Inhalt und die Reichweite der aus der
Bundesverfassung übernommenen Grundrechte mit umschreibt. Absatz 4 Satz 2
ist im Jahre 2000 geändert worden, nachdem der Europäische Gerichtshof den
gleichberechtigten Zugang von Frauen zu den Streitkräften in den Mitgliedstaaten der EU verlangt hatte. Er verbietet jetzt nur noch, dass Frauen zum
Dienst mit der Waffe verpflichtet werden, nicht jedoch auch wie bis dahin, dass
sie Waffendienst auf Grund freiwilliger Entscheidung leisten.

Artikel 13 GG
[Unverletzlichkeit der Wohnung]

(1) Die Wohnung ist unverletzlich.

(2) Durchsuchungen dürfen nur durch den Richter, bei Gefahr im Verzuge
auch durch die in den Gesetzen vorgesehenen anderen Organe angeordnet
und nur in der dort vorgeschriebenen Form durchgeführt werden.

(3) Begründen bestimmte Tatsachen den Verdacht, dass jemand eine durch
Gesetz einzeln bestimmte besonders schwere Straftat begangen hat, so
dürfen zur Verfolgung der Tat auf Grund richterlicher Anordnung technische
Mittel zur akustischen Überwachung von Wohnungen, in denen der Beschul-
digte sich vermutlich aufhält, eingesetzt werden, wenn die Erforschung des
Sachverhalts auf andere Weise unverhältnismäßig erschwert oder aussichts-
los wäre. Die Maßnahme ist zu befristen. Die Anordnung erfolgt durch einen
mit drei Richtern besetzten Spruchkörper. Bei Gefahr im Verzuge kann sie
auch durch einen einzelnen Richter getroffen werden.

(4) Zur Abwehr dringender Gefahren für die öffentliche Sicherheit, insbe-
sondere einer gemeinen Gefahr oder einer Lebensgefahr, dürfen technische
Mittel zur Überwachung von Wohnungen nur auf Grund richterlicher Anord-
nung eingesetzt werden. Bei Gefahr im Verzuge kann die Maßnahme auch
durch eine andere gesetzlich bestimmte Stelle angeordnet werden; eine
richterliche Entscheidung ist unverzüglich nachzuholen.

(5) Sind technische Mittel ausschließlich zum Schutze der bei einem Einsatz
in Wohnungen tätigen Personen vorgesehen, kann die Maßnahme durch eine
gesetzliche bestimmte Stelle angeordnet werden. Eine anderweitige Verwer-
tung der hierbei erlangten Erkenntnisse ist nur zum Zwecke der Strafverfol-
gung oder der Gefahrenabwehr und nur zulässig, wenn zuvor die Rechtmä-

ßigkeit der Maßnahme richterlich festgestellt ist; bei Gefahr im Verzuge ist die richterliche Entscheidung unverzüglich nachzuholen.

(6) Die Bundesregierung unterrichtet den Bundestag jährlich über den nach Absatz 3 sowie über den im Zuständigkeitsbereich des Bundes nach Absatz 4 und, soweit richterlich überprüfungsbedürftig, nach Absatz 5 erfolgten Einsatz technischer Mittel. Ein vom Bundestag gewähltes Gremium übt auf der Grundlage dieses Berichts die parlamentarische Kontrolle aus. Die Länder gewährleisten eine gleichwertige parlamentarische Kontrolle.

(7) Eingriffe und Beschränkungen dürfen im Übrigen nur zur Abwehr einer gemeinen Gefahr oder einer Lebensgefahr für einzelne Personen, auf Grund eines Gesetzes auch zur Verhütung dringender Gefahren für die öffentliche Sicherheit und Ordnung, insbesondere zur Behebung der Raumnot, zur Bekämpfung von Seuchengefahr oder zum Schutze gefährdeter Jugendlicher vorgenommen werden.

63 Die *Unverletzlichkeit der Wohnung* gewährt dem und der Einzelnen im Hinblick auf ihre Menschenwürde und im Interesse ihrer freien Entfaltung einen elementaren Lebensraum und das Recht, in Ruhe gelassen zu werden. Inhaber des Grundrechts sind Deutsche und Ausländer. Es gilt auch für nicht rechtsfähige Personen. Verboten ist auch der Einbau von Abhörgeräten. Lange Zeit sehr umstritten war der Einsatz technischer Mittel von außen zum Abhören von Gesprächen in Wohnräumen (sog. Lauschangriff). Absatz 3 lässt ihn in der seit 1998 geltenden Fassung unter engen Voraussetzungen zu. Eine Besonderheit stellt die laufende parlamentarische Kontrolle dar, die Absatz 6 Satz 3 auch für die Landesebene vorsieht. In der 14. Wahlperiode des Bundestages ist es in dessen „Kontrollgremium Wohnraumüberwachung" zu scharfer Kritik wegen der unzureichenden Informationen gekommen, die die Landesbehörden über ihre Abhörpraxis vorgelegt hatten (vgl. SPIEGEL Nr. 46/2000 S. 17). – Ansprüche auf Zuteilung einer Wohnung und eine Pflicht zur Schaffung eines sozialen Mietrechts lassen sich aus Artikel 13 GG nicht herleiten; er begründet kein soziales Grundrecht, sondern ist nur Abwehrrecht gegenüber dem Staat.

64 Durchsuchungen bedürfen der Anordnung durch einen Richter, weil das Eindringen in eine Wohnung regelmäßig einen schweren Eingriff in die persönliche Lebensphäre des und der Betroffenen bedeutet. Bei der richterlichen Anordnung ist der Verhältnismäßigkeitsgrundsatz zu beachten. Wenn die durch die Anrufung des Richters eintretende Verzögerung den Erfolg der Durchsuchung gefährden würde (sog. Gefahr im Verzuge), ist eine richterliche Anordnung der Durchsuchung ausnahmsweise nicht erforderlich.

65 Eingriffe nach Absatz 3 sind bei eingetretener oder unmittelbar bevorstehender allgemeiner Gefahr zulässig, beispielsweise bei Überschwemmungen, Explosionsunglücken, Feuer- und Einsturzgefahr. Zur Verhütung dringender Gefahren für die öffentliche Sicherheit und Ordnung kann auf gesetzlicher Grundlage gleichfalls in die Unverletzlichkeit der Wohnung eingegriffen werden.

Artikel 14 GG
[Eigentum, Erbrecht und Enteignung]

(1) Das Eigentum und das Erbrecht werden gewährleistet. Inhalt und Schranken werden durch die Gesetze bestimmt.

(2) Eigentum verpflichtet. Sein Gebrauch soll zugleich dem Wohle der Allgemeinheit dienen.

(3) Eine Enteignung ist nur zum Wohle der Allgemeinheit zulässig. Sie darf nur durch Gesetz oder auf Grund eines Gesetzes erfolgen, das Art und Ausmaß der Entschädigung regelt. Die Entschädigung ist unter gerechter Abwägung der Interessen der Allgemeinheit und der Beteiligten zu bestimmen. Wegen der Höhe der Entschädigung steht im Streitfalle der Rechtsweg vor den ordentlichen Gerichten offen.

Artikel 14 Abs. 1 gewährleistet das *Eigentum* und das *Erbrecht*. Er garantiert damit **66** diese beiden Rechtsinstitute des Privatrechts und enthält als Grundrecht des und der einzelnen einen Anspruch gegen den Staat auf Achtung der Eigentums- und Erbrechtsfreiheit. Die Gesetzgebung kann zwar Inhalt und Schranken des Eigentums und des Erbrechts näher bestimmen, doch kann sie beide nicht abschaffen oder in ihrem Kernbereich antasten. Sozialbindung und Enteignungsmöglichkeit sind andererseits Ausprägungen der dem Eigentum immanenten Bindung an das Gemeinwohl.

Der Begriff des Eigentums in Artikel 14 des Grundgesetzes ist nicht mit dem des **67** bürgerlichen Rechtes identisch, sondern weiter gefasst. Er beinhaltet alle vermögenswerten Rechte, also auch Forderungen und Mitgliedschaftsrechte (z. B. Aktien), auch das Recht am Gewerbebetrieb als Gesamtheit von Sachen und Rechten. Vom Eigentumsschutz umfasst ist auch das „geistige Eigentum" in Form von Verwertungsbefugnissen im Sinne des Urheberrechts. Die Effektivität des urheberrechtlichen Schutzes ist durch die neuere Entwicklung im Medienbereich zu einem besonderen Problemfeld geworden, da beispielsweise im Internet auf „illegalen" Homepages vielfältige Dateien (z. B. sog. MP3-Musikdateien) zum kostenlosen Downloaden verfügbar gestellt werden, für die Urheberrechtsschutz besteht.

Die *Sozialbindung* des Eigentums, also das verfassungsrechtliche Gebot seiner am **68** Gemeinwohl orientierten Nutzung, umfasst das Gebot der Rücksichtnahme auf die Belange der Allgemeinheit und der Mitbürgerinnen und Mitbürger. Besondere Bedeutung kommt ihr im Mietrecht zu. Beschränkungen des Kündigungsrechts und Zweckentfremdungsverbote für Wohnraum sind zulässige Inhalts- und Schrankenbestimmungen. Absatz 2 gewährt kein Selbsthilferecht, das etwa Hausbesetzungen rechtfertigen könnte.

Der Begriff der *Enteignung* bedeutet, dass dem oder der von der staatlichen **69** Maßnahme Betroffenen das Vermögensrecht zur Erfüllung bestimmter öffentlicher Aufgaben ganz oder teilweise entzogen wird, wodurch er oder sie gegenüber vergleichbaren anderen ungleich oder unzumutbar schwer belastet wird. Enteignungen sind nur zum Wohle der Allgemeinheit zulässig, wobei die bloße Vermehrung des Staatsvermögens kein ausreichender Grund ist. Die Festsetzung der Höhe der Entschädigung erfordert einen Interessenausgleich zwischen den Beteiligten und der Allgemeinheit. Für Rechtsstreitigkeiten sind die ordentlichen Gerichte, nicht die Verwaltungsgerichte, zuständig.

Artikel 15 GG
[Sozialisierung]

Grund und Boden, Naturschätze und Produktionsmittel können zum Zwecke der Vergesellschaftung durch ein Gesetz, das Art und Ausmaß der Entschädigung regelt, in Gemeineigentum oder in andere Formen der Gemeinwirtschaft überführt werden. Für die Entschädigung gilt Artikel 14 Abs. 3 Satz 3 und 4 entsprechend.

70 Obwohl im Grundrechtsteil des Grundgesetzes enthalten, stellt Artikel 15 kein Grundrecht dar; er enthält vielmehr eine Ermächtigung an den Gesetzgeber, dessen politischer Entscheidung es überlassen bleibt, ob und in welchem Umfang er davon Gebrauch macht. Dementsprechend ist die Bestimmung durch Artikel 4 Abs. 1 der Landesverfassung nicht in diese übernommen worden. Die Landesverfassung enthält ihrerseits in ihrem Artikel 27 eine Sondernorm, nach der Großbetriebe der Grundstoffindustrie und Unternehmen, die wegen ihrer monopolartigen Stellung besondere Bedeutung haben, in Gemeineigentum überführt werden sollen (s. die Anmerkungen zu Artikel 27).

Artikel 16 GG
[Ausbürgerung, Auslieferung]

(1) Die deutsche Staatsangehörigkeit darf nicht entzogen werden. Der Verlust der Staatsangehörigkeit darf nur auf Grund eines Gesetzes und gegen den Willen des Betroffenen nur dann eintreten, wenn der Betroffene dadurch nicht staatenlos wird.

(2) Kein Deutscher darf an das Ausland ausgeliefert werden. Durch Gesetz kann eine abweichende Regelung für Auslieferungen an einen Mitgliedsstaat der Europäischen Union oder an einen internationalen Gerichtshof getroffen werden, soweit rechtsstaatliche Grundsätze gewahrt sind.

71 Das *Verbot der Entziehung der deutschen Staatsangehörigkeit* greift auch gegenüber Bürgerinnen und Bürgern, die über eine weitere Staatsangehörigkeit verfügen. Satz 1 ist nicht verletzt, wenn der Verlust der deutschen Staatsangehörigkeit an einen Tatbestand geknüpft ist, den der deutsche Bürger oder die Bürgerin selbst beeinflussen kann, z. B. bei der Eheschließung mit einem Ausländer und dem damit freiwillig verbundenen Erwerb einer anderen Staatsangehörigkeit.

Das *Auslieferungsverbot* des Absatzes 2 beruht auf dem Recht jedes Staatsbürgers **72** und jeder Staatsbürgerin, sich im eigenen Heimatland aufhalten zu dürfen, und auf der Verpflichtung des Staates, seine im Staatsgebiet lebenden Bürger und Bürgerinnen in jeder Weise zu schützen, insbesondere sie davor zu bewahren, zwangsweise in fremde Hoheitsgewalt verbracht und dort vor Gericht gestellt zu werden. Der im November 2000 eingefügte Satz 2 schafft die Voraussetzungen dafür, dass Deutschland abweichend hiervon eigene Staatsangehörige und Doppelstaatsangehörige an einen internationalen Gerichtshof überstellen kann, soweit rechtsstaatliche Grundsätze gewahrt sind. Anlass hierfür war die Errichtung des Internationalen Strafgerichtshofs für das ehemalige Jugoslawien auf der Grundlage der Resolution 827 (1993) des Sicherheitsrats der Vereinten Nationen vom 25. 5. 1993 und des mit Resolution 955 (1994) vom 8. 11. 1994 begründeten Ruanda-Strafgerichtshofs. Angesichts des Auftretens einzelner deutscher Söldner in diesen Ländern ist nicht auszuschließen, dass die Gerichtshöfe auch um die Überstellung deutscher Staatsangehöriger ersuchen. Die Aufhebung des Auslieferungsverbots auch im Hinblick auf die Mitgliedstaaten der EU ist zur Verwirklichung des auf der Sondertagung des Europäischen Rates in Tampere am 15. und 16. 10. 1999 formulierten Ziels erfolgt, die Rechtsgemeinschaft in Europa weiter auszubauen.

Artikel 16 a GG
[Asylrecht]

(1) Politisch Verfolgte genießen Asylrecht.

(2) Auf Absatz 1 kann sich nicht berufen, wer aus einem Mitgliedsstaat der Europäischen Gemeinschaft oder aus einem anderen Drittstaat einreist, in dem die Anwendung des Abkommens über die Rechtsstellung der Flüchtlinge und der Konvention zum Schutz der Menschenrechte und Grundfreiheiten sichergestellt ist. Die Staaten außerhalb der Europäischen Gemeinschaften, auf die die Voraussetzungen des Satzes 1 zutreffen, werden durch Gesetz, das der Zustimmung des Bundesrates bedarf, bestimmt. In den Fällen des Satzes 1 können aufenthaltsbeendende Maßnahmen unabhängig von einem hiergegen eingelegten Rechtsbehelf vollzogen werden.

(3) Durch Gesetz, das der Zustimmung des Bundesrates bedarf, können Staaten bestimmt werden, bei denen auf Grund der Rechtslage, der Rechtsanwendung und der allgemeinen politischen Verhältnisse gewährleistet erscheint, dass dort weder politische Verfolgung noch unmenschliche oder erniedrigende Bestrafung oder Behandlung stattfindet. Es wird vermutet, dass ein Ausländer aus einem solchen Staat nicht verfolgt wird, solange er nicht Tatsachen vorträgt, die die Annahme begründen, dass er entgegen dieser Vermutung politisch verfolgt wird.

(4) Die Vollziehung aufenthaltsbeendender Maßnahmen wird in den Fällen des Absatzes 3 und in anderen Fällen, die offensichtlich unbegründet sind oder als offensichtlich unbegründet gelten, durch das Gericht nur ausgesetzt, wenn ernstliche Zweifel an der Rechtmäßigkeit der Maßnahme bestehen; der

Prüfungsumfang kann eingeschränkt werden und verspätetes Vorbringen unberücksichtigt bleiben. Das Nähere ist durch Gesetz zu bestimmen.

(5) Die Absätze 1 bis 4 stehen völkerrechtlichen Verträgen von Mitgliedstaaten der Europäischen Gemeinschaften untereinander nicht entgegen, die unter Beachtung der Verpflichtungen aus dem Abkommen über die Rechtsstellung der Flüchtlinge und der Konvention zum Schutze der Menschenrechte und Grundfreiheiten, deren Anwendung in den Vertragsstaaten sichergestellt sein muss, Zuständigkeitsregelungen für die Prüfung von Asylbegehren einschließlich der gegenseitigen Anerkennung von Asylentscheidungen treffen.

73 Artikel 16 a ist durch das Gesetz vom 28. 6. 1993 (BGBl. I S. 1002) in das Grundgesetz eingefügt worden und ersetzt den früheren Artikel 16 Abs. 2 Satz 2. Ziel der Neuregelung war es, angesichts der hohen Zahl der Zuwanderer nach Deutschland, von denen ein großer Teil nicht politisch Verfolgte, sondern Wirtschaftsflüchtlinge waren, die missbräuchliche Berufung auf das Grundrecht auf Asyl zu erschweren und das Asylverfahren zu beschleunigen. Mit der Drittstaatenklausel in Absatz 2 ist der Anspruch auf Gewährung von Asyl zudem davon abhängig gemacht worden, dass die Einreise nicht von einem „sicheren Drittstaat" aus erfolgt, in dem der Asylbewerber oder die -bewerberin vor politischer Verfolgung sicher ist. In diesen Fällen entsteht für Ausländer auch kein vorläufiges Aufenthaltsrecht. Die Einschränkung des Schutzumfangs und des Rechtsschutzes im Bereich des Asylrecht gehörte zu den am heftigsten umstrittenen Verfassungsänderungen seit Inkrafttreten des Grundgesetzes. Das Bundesverfassungsgericht hat die Verfassungsmäßigkeit der Vorschrift allerdings bejaht (BVerfGE 94, 102 ff.; 94, 148 ff.; 94, 189 ff.; s. dort aber auch die abweichenden Meinungen der überstimmten Verfassungsrichter). Eine Lösung des Asylproblems kann letztlich nur durch eine europäische Harmonisierung oder die volle Vergemeinschaftung des Asyl- und Zuwanderungsrechts erreicht werden.

Artikel 17 GG
[Petitionsrecht]

Jedermann hat das Recht, sich einzeln oder in Gemeinschaft mit anderen schriftlich mit Bitten oder Beschwerden an die zuständigen Stellen und an die Volksvertretung zu wenden.

74 Mit dem *Petitionsrecht* eröffnet Artikel 17 die Möglichkeit, menschliche Sorgen und Nöte auch außerhalb förmlicher Rechtsbehelfe und Gerichtsverfahren zur Kenntnis staatlicher Stellen zu bringen. In Artikel 41 a enthält die Landesverfassung eine eigenständige Regelung über die Befugnisse des Petitionsausschusses des Landtags, die an die Übernahme von Artikel 17 GG in die Landesverfassung anknüpft.

Bitten oder Beschwerden, sog. *Petitionen*, können einzeln, aber auch in Ge- **75** meinschaft mit anderen durch sog. Sammelpetitionen geschehen. Auf die Staatsbürgerschaft und einen inländischen Wohnsitz der Petenten kommt es nicht an. Artikel 17 begründet keine allgemeine Auskunftspflicht des Staates und gibt Petenten auch keinen Anspruch auf eine bestimmte Sachentscheidung. Petenten können aber verlangen, dass ihre Eingaben entgegengenommen und sachlich geprüft werden. Außerdem begründet das Petitionsrecht einen einklagbaren Anspruch auf Beantwortung der Petition (s. im Übrigen die Erläuterungen zu Artikel 41 a LV).

Artikel 17 a GG
[Grundrechtsbeschränkung bei Wehr- und Ersatzdienstleistenden]

(1) Gesetze über Wehrdienst und Ersatzdienst können bestimmen, dass für die Angehörigen der Streitkräfte und des Ersatzdienstes während der Zeit des Wehr- oder Ersatzdienstes das Grundrecht, seine Meinung in Wort, Schrift und Bild frei zu äußern und zu verbreiten (Artikel 5 Abs. 1 Satz 1 erster Halbsatz), das Grundrecht der Versammlungsfreiheit (Artikel 8) und das Petitionsrecht (Artikel 17), soweit es das Recht gewährt, Bitten oder Beschwerden in Gemeinschaft mit anderen vorzubringen, eingeschränkt werden.

(2) Gesetze, die der Verteidigung einschließlich des Schutzes der Zivilbevölkerung dienen, können bestimmen, dass die Grundrechte der Freizügigkeit (Artikel 11) und der Unverletzlichkeit der Wohnung (Artikel 13) eingeschränkt werden.

Obwohl Artikel 17 a GG selbst kein eigenes Grundrecht gewährt, sondern **76** bestimmte Gesetzesvorbehalte zur Einschränkung einzelner Grundrechte enthält, ist er – ebenso wie schon Artikel 12 a – über Artikel 4 Abs. 1 LV unmittelbar geltendes Landesrecht geworden. Da die Gesetzgebungsbefugnis über Wehr- und Ersatzdienst sowie über Gesetze, die der Verteidigung einschließlich des Schutzes der Zivilbevölkerung dienen, beim Bund liegt (Artikel 12 a und 73 Nr. 1 GG), spielt Artikel 17 a für die Landesgesetzgebung keine Rolle.

Artikel 18 GG
[Verwirkung von Grundrechten]

Wer die Freiheit der Meinungsäußerung, insbesondere die Pressefreiheit (Artikel 5 Abs. 1), die Lehrfreiheit (Artikel 5 Abs. 3), die Versammlungsfreiheit (Artikel 8), die Vereinigungsfreiheit (Artikel 9), das Brief-, Post- und Fernmeldegeheimnis (Artikel 10), das Eigentum (Artikel 14) oder das Asylrecht (Artikel 16 a) zum Kampfe gegen die freiheitliche demokratische Grundordnung missbraucht, verwirkt diese Grundrechte. Die Verwirkung und ihr Ausmaß werden durch das Bundesverfassungsgericht ausgesprochen.

77 Artikel 18 GG ist nicht in die nordrhein-westfälische Landesverfassung übernommen. Denn Artikel 4 Abs. 1 spricht nur von der Übernahme der Grundrechte des Grundgesetzes, besagt aber nichts über die Verwirkung von Grundrechten. Das nordrhein-westfälische Gesetz über den Verfassungsgerichtshof stellt hierfür, anders als das Gesetz über das Bundesverfassungsgericht, auch kein Verfahren zur Verfügung. Entscheidungen des Bundesverfassungsgerichts über die Entziehung wären allerdings auch für die nordrhein-westfälischen Behörden und Gerichte bindend. Die praktische Bedeutung von Artikel 18 ist auch im Bundesrecht gering geblieben. Bisher ist die Verwirkung von Grundrechten erst zweimal beantragt und noch nie ausgesprochen worden.

Artikel 19 GG
[Einschränkung von Grundrechten]

(1) Soweit nach diesem Grundgesetz ein Grundrecht durch Gesetz oder auf Grund eines Gesetzes eingeschränkt werden kann, muss das Gesetz allgemein und nicht nur für den Einzelfall gelten. Außerdem muss das Gesetz das Grundrecht unter Angabe des Artikels nennen.

(2) In keinem Falle darf ein Grundrecht in seinem Wesensgehalt angetastet werden.

(3) Die Grundrechte gelten auch für inländische juristische Personen, soweit sie ihrem Wesen nach auf diese anwendbar sind.

(4) Wird jemand durch die öffentliche Gewalt in seinen Rechten verletzt, so steht ihm der Rechtsweg offen. Soweit eine andere Zuständigkeit nicht begründet ist, ist der ordentliche Rechtsweg gegeben. Artikel 10 Abs. 2 Satz 2 bleibt unberührt.

78 Artikel 19 GG ist Bestandteil der nordrhein-westfälischen Landesverfassung geworden, obwohl er selbst keine Grundrechte gewährt. Die Vorschrift konkretisiert aber den Schutzumfang und Geltungsanspruch der einzelnen Grundrechte und stellt damit eine untrennbare Inhaltsbestimmung des Grundrechtskatalogs dar.

79 Nach Artikel 19 Abs. 1 Satz 1 dürfen grundrechtseinschränkende Gesetze nicht nur einen Einzelfall regeln; sie müssen allgemein gelten. Darin liegt eine Ausprägung des Gleichheitssatzes: Gleiches Recht muss für alle gelten. Grundrechtseinschränkungen sollen auch nicht stillschweigend erfolgen. Mit dem sog. Zitiergebot in Absatz 1 Satz 2 soll sichergestellt werden, dass der grundrechtseinschränkende Charakter eines Gesetzes deutlich sichtbar gemacht wird, um allen am Gesetzgebungsverfahren Beteiligten die Bedeutung des Gesetzes vor Augen zu führen und auch eine verstärkte öffentliche Kontrolle zu ermöglichen.

80 Grundrechtseinschränkende Gesetze, die den Wesensgehalt eines Grundrechts antasten, sind nach Absatz 2 gänzlich unzulässig. Die genaue Bestimmung des

Wesensgehalts ist freilich nicht immer leicht. Das Bundesverfassungsgericht verlangt dazu, dass der unantastbare Wesensgehalt für jedes Grundrecht aus seiner besonderen Bedeutung im Gesamtsystem der Grundrechte ermittelt werden muss (BVerfGE 22, 180, 219). Der Wesensgehalt ist ein absolut feststehender Kern. Die Substanz des Grundrechts als Institut, also seine Funktion für die Gesamtheit der Grundrechtsinhaber, muss in jedem Falle erhalten bleiben.

Artikel 19 Abs. 4 ist eine wichtige Ausformung des Rechtsstaatsprinzips. Er **81** garantiert jedermann und -frau den lückenlosen gerichtlichen Rechtsschutz gegen behauptete rechtswidrige Eingriffe der öffentlichen Gewalt in seine und ihre Rechte und gewährleistet damit den Bestand der Rechtsordnung insgesamt. Die Vorschrift gilt nur gegen Eingriffe deutscher öffentlicher Gewalt, dies allerdings auch insoweit, als sie der Vollstreckung ausländischer Hoheitsakte dienen. Artikel 19 Abs. 4 setzt voraus, dass jemand die Verletzung eigener Recht behauptet. Das bedeutet, dass die Bestimmung nicht die Zulässigkeit von Verbandsklagen und Popularklagen gewährleistet; andererseits kann der Gesetzgeber sie aber gleichwohl einführen. Die Bestimmung sieht in Satz 2 den sog. ordentlichen Rechtsweg als eröffnet an, soweit eine andere Zuständigkeit nicht begründet ist. Für den Rechtsschutz gegenüber den meisten Eingriffen der öffentlichen Gewalt sind aber nach der Verwaltungsgerichtsordnung die Verwaltungsgerichte zuständig. Artikel 74 LV enthält eine Garantie dieses besonderen Gerichtszweiges (Näheres dort).

V. Das Grundrecht auf informationelle Selbstbestimmung

Absatz 2 schützt das *Recht auf Datenschutz,* das sog. *Grundrecht auf informationelle* **82** *Selbstbestimmung.* Die Bestimmung ist erst nachträglich, nämlich durch das Gesetz vom 19. 12. 1978, in die Landesverfassung aufgenommen worden. Sie dient dem Ziel, die Bürgerinnen und Bürger vor dem Missbrauch ihrer persönlichen Daten zu schützen und Aufgaben und Umfang von staatlichen Sammlungen über persönliche Daten einzugrenzen und überprüfbar zu machen. Ein Bedürfnis zu einer solchen Regelung ergab sich aus der raschen Entwicklung von neuen Informations- und Kommunikationstechniken, die sich auf nahezu alle gesellschaftlichen Bereiche auswirken. Daten aller Art, also auch Personaldaten, können nicht nur umfassend gespeichert und verknüpft, sondern auch sehr schnell abgerufen werden. Das begründet die Gefahr des informationstechnischen Zugriffs auf den einzelnen Bürger, die „gläserne Bürgerin" und den „gläsernen Bürger", deren Privatsphäre und Handlungsfreiheit dadurch bedroht werden.

Mit der Einfügung des Grundrechts auf informationelle Selbstbestimmung in **83** die Landesverfassung bereits im Jahre 1978 hat Nordrhein-Westfalen auf diese Entwicklung als erstes deutsches Land reagiert. Das bekannte „Volkszählungsurteil", mit dem das Bundesverfassungsgericht ein entsprechendes Grundrecht als Bestandteil auch der Bundesverfassung aus dem allgemeinen Persönlichkeitsrecht und der Menschenwürde abgeleitet hat, stammt erst aus dem Jahre 1983 (BVerfGE 65, 1 ff.). Die Gemeinsame Verfassungskommission von Bundestag und Bundesrat hat sich im Jahre 1993 nicht mit Zweidrittelmehrheit für die ausdrückliche Verankerung des Rechts auf Datenschutz im Grundgesetz entscheiden können. Gegenüber der Auffassung der einfachen Mehrheit, die hierfür eintrat, wurde geltend gemacht, dass die Grundrechtslage schon nach der Entscheidung des Bundesverfassungsgerichts von 1983 ausreichend klar sei. Zudem sei eine Gewichtsverschiebung gegenüber anderen Teilbereichen des allgemeinen Persönlichkeitsrechts (z. B. Ehre und Selbstdarstellungsrecht) zu befürchten, wenn nur ein einzelner Teilbereich durch eine Sonderregelung hervorgehoben werde. Der Landesverfassungsgeber hat derartige Bedenken zu Recht nicht gehabt.

84 Einschränkungen des Rechts auf informationelle Selbstbestimmung sind nur auf gesetzlicher Grundlage mit ausreichenden organisatorischen und verfahrensrechtlichen Vorkehrungen gegen die Gefahr von Grundrechtsverletzungen zulässig. Die Zulässigkeit der Einschränkung hängt davon ab, zu welchem Zweck Angaben verlangt werden und welche Verknüpfungs- und Verwendungsmöglichkeiten bestehen. Die Verwendung von Daten zu anderen Zwecken als dem der Erhebung und Speicherung zugrundeliegenden (Zweckentfremdung) ist grundsätzlich unzulässig. Die Einzelheiten sind in dem Landesgesetz zum Schutz personenbezogener Daten (Datenschutzgesetz Nordrhein-Westfalen) geregelt. Darüber hinaus enthalten auch andere Landesgesetze datenschutzrechtliche Bestimmungen, so insbesondere das *Polizeigesetz* in den Paragraphen 9 bis 33. Auch die bundesrechtlich geltende *Strafprozessordnung* ist im Jahre 2000 endlich durch eine datenschutzrechtliche Sonderregelung ergänzt worden, und zwar nach jahrelangen Auseinandersetzungen über die Frage, wieviel Datenschutz eine effektive Strafverfolgung verträgt.

85 Zur effektiven Durchsetzung des Datenschutzes ist im Jahre 1978 auch das Amt eines unabhängigen Landesdatenschutzbeauftragten geschaffen und in Artikel 77a LV verfassungsrechtlich verankert worden (s. dort).

Zweiter Abschnitt
Die Familie

Artikel 5
[Schutz der Familie]

(1) Ehe und Familie werden als die Grundlagen der menschlichen Gesellschaft anerkannt. Sie stehen unter dem besonderen Schutz des Landes. Die Mutterschaft und die kinderreiche Familie haben Anspruch auf besondere Fürsorge.

(2) Familien- und Erwerbsarbeit sind gleichwertig. Frauen und Männer sind entsprechend ihrer Entscheidung an Familien- und Erwerbsarbeit gleichberechtigt beteiligt.

Die Anerkennung von *Ehe und Familie* als Grundlage der menschlichen Gesell- **1** schaft in Absatz 1 wiederholt im wesentlichen die *Institutionsgarantie* des Artikel 6 Abs. 1 GG. Artikel 5 Abs. 1 ist daneben auch *Abwehrrecht* gegenüber staatlichen Eingriffen in Ehe und Familie. Er geht dem Gleichheitsgebot insoweit vor, als er eine Ungleichbehandlung rechtfertigt, die dem Schutz von Ehe und Familie dienen soll. Eine Folge zulässiger Ungleichbehandlung ist z. B. die unterschiedliche Besteuerung von Alleinstehenden und Verheirateten im Einkommensteuerrecht (Ehegatten-Splitting); dabei darf der Gesetzgeber aber nicht auf bestimmte Formen der Ehe (wie die „Hausfrauenehe") hinwirken. Das Existenzminimum einer Familie darf nicht besteuert werden (BVerfGE 82, 60, 85 ff.). Die verfassungsrechtliche Garantie von Ehe und Familie steht einer weitgehenden Gleichbehandlung anderer auf Dauer angelegter Lebensgemeinschaften nicht entgegen (BVerfG, Urteil vom 17. Juli 2002 – BvF 1/01 und 2/01). Schon zuvor hatte das Bundesverfassungsgericht einen von den Ländern Bayern, Sachsen und Thüringen gestellten Antrag auf einstweilige Anordnung des Nicht-Inkraft-Tretens des Gesetzes abgelehnt (BVerfG DVBl. 2001, 1353 ff. = NJW 2001, 2457 ff.). Das rechtliche Fundament der Ehe wird nach Auffassung des Gerichts durch das Inkrafttreten des Lebenspartnerschaftsgesetzes nicht verändert. Das nordrhein-westfälische Ausführungsgesetz zum Lebenspartnerschaftsgesetz vom 25. 9. 2001 (GVBl. S. 660) sieht für die Begründung einer Partnerschaft nach dem genannten Gesetz die Zuständigkeit der Standesbeamten bei den Gemeinden vor.

Der Landesverfassung liegt wie dem Grundgesetz das Bild der verweltlichten **2** bürgerlich-rechtlichen Einehe zugrunde, die durch freien Entschluss eingegangen wird. Sie bezieht eheähnliche und gleichgeschlechtliche Lebensgemeinschaften nicht in den Schutzbereich des Artikel 5 ein; der Gesetzgeber kann sie jedoch zumindest hinsichtlich einzelner Regelungen gleichbehandeln. Auch die nur kirchlich geschlossene Ehe steht nicht unter dem Schutz der Verfassung. Jede Ehe hat vor der Rechtsordnung den eigenen Rang. Deshalb genießt die nach einer Scheidung geschlossene Ehe den gleichen Schutz wie eine Erstehe und die „Mehrverdienerehe" den gleichen wie eine „Alleinverdienerehe".

Familie ist die in der Hausgemeinschaft geeinte engere Familie (moderne **3** Kleinfamilie), nicht die Generations-Großfamilie. Artikel 5 erfasst auch die „Restfamilie" mit nur einem sorgeberechtigten Elternteil, das Verhältnis des nichtehelichen Kindes zu seiner Mutter und seine Gemeinschaft mit seinem Vater. Einbezogen sind auch bereits volljährige Kinder. Nach der Rechtsprechung des Bundessozialgerichts soll demgegenüber die nichteheliche Lebensgemeinschaft mit gemeinsamen Kindern nicht unter den Schutz der Familie fallen (BSG NJW 1989, 3038).

4 Besondere praktische Bedeutung kommt dem Grundrecht im Hinblick auf *Ausländer* zu. Sein Schutz erstreckt sich auch auf Ehen, die nach ausländischem Recht geschlossen wurden, soweit dabei die Absicht zur dauernden Gemeinschaft bestand. Im Bereich des Aufenthaltsrechts wird der Ermessensspielraum der Ausländerbehörden bei der Erteilung von Aufenthaltserlaubnissen und bei Ausweisungsentscheidungen durch das Bestehen einer Ehe eingeschränkt (BVerfGE 76, 1, 49 f.). Artikel 5 LV begründet jedoch ebenso wie Artikel 6 Abs. 1 GG kein allgemeines Aufenthalts- und Familiennachzugsrecht. Mit Deutschen verheiratete Ausländer haben aber praktisch ein Bleiberecht. Ausweisungen kommen in diesen Fällen nur bei besonders schweren Straftaten in Betracht. Ein generelles Nachzugsverbot für Ehegatten und Familienangehörige wäre unzulässig, nicht dagegen das Erfordernis eines achtjährigen ununterbrochenen Aufenthalts im Bundesgebiet als Voraussetzung für den Nachzug des anderen Ehegatten. Das Schutzgebot des Artikels 5 Abs. 1 ist auch im Rahmen des Asylrechts zu beachten und führt dazu, dass Ehegatten und minderjährigen Kindern von Asylberechtigten ein Bleiberecht einzuräumen ist.

5 Als Konkretisierung des Sozialstaatsprinzips schützt Artikel 5 Abs. 1 Satz 3 die Frau während der Schwangerschaft und als Mutter eines Kindes ohne Rücksicht auf Familienstand und Alter. Er hat besondere Bedeutung im Arbeitsrecht und verpflichtet den Gesetzgeber, die werdende Mutter gegen den Verlust des Arbeitsplatzes zu schützen, was durch den in § 9 des Mutterschutzgesetzes enthaltenen Kündigungsschutz geschieht. Die Berufung in das Beamtenverhältnis kann nicht allein deswegen aufgeschoben werden, weil die Bewerberin schwanger ist (BVerfGE 44, 215). Über das Grundgesetz hinausgehend erstreckt die Bestimmung den verfassungsrechtlichen Schutz auch auf die kinderreiche Familie.

6 Absatz 2 über die *Gleichwertigkeit von Familien- und Erwerbsarbeit* und die *gleichberechtigte Beteiligung von Frauen und Männern* daran enthält eine besondere Ausprägung des Gleichheitsgebots, das sich in allgemeinerer Form in Artikel 3 Abs. 2 Satz 1 GG findet. Ihre jetzige Fassung hat die Bestimmung durch das Gesetz vom 20. 6. 1989 gefunden, das auf eine Initiative der CDU-Fraktion zurückging. Sie stellt klar, dass das traditionelle Leitbild der Hausfrauenehe jedenfalls von Verfassungs wegen überwunden ist; die Rechtsordnung geht vielmehr davon aus, dass die Arbeit für die Familie und die Erwerbsarbeit gleichwertig sind, an denen Frauen und Männer sich gleichberechtigt beteiligen. In die Verteilung der Arbeit innerhalb der Familie mischt der Staat sich allerdings nicht ein. Andererseits ist er bei Maßnahmen zur Schaffung von Arbeitsplätzen, zur Berufsqualifikation und zur Weiterbildung daran gehindert, von der traditionellen Einverdienerfamilie auszugehen.

7 Durch den 1994 in Artikel 3 Abs. 2 GG eingefügten neuen Satz 2 ist – insoweit die Landesverfassung ergänzend – klargestellt, dass der Staat verpflichtet ist, die Lebensverhältnisse von Frauen und Männern auch in der gesellschaftlichen Wirklichkeit anzugleichen (s. dazu die Ausführungen zu dieser Bestimmung in

Anmerkung 30 zu Artikel 4 LV). Das nordrhein-westfälische Landesbeamten-gesetz enthält für einen Teilbereich eine derartige Kompensationsregelung, indem es (in § 25 Abs. 5 Satz 2) die vorrangige Berücksichtigung von Frauen für Beförderungsämter vorschreibt, wenn der Frauenanteil in dem jeweiligen Be-förderungsamt geringer ist als der der Männer, und wenn die Bewerberin über die gleiche Eignung, Befähigung und fachliche Leistungsstärke verfügt. Die Bestimmung ist nach der Entscheidung des Europäischen Gerichtshofs vom 11. 11. 1997 (Fall *Marschall* – JZ 1998, 139 mit Anm. *Starck*) mit der EU-Gleichbehandlungsrichtlinie (RL 76/207/EWG) des Rates vom 9. 2. 1976 vereinbar. Ihre Vereinbarkeit mit Artikel 3 Abs. 2, 3 und Art. 33 Abs. 2 des Grundgesetzes war im Jahre 1992 vom Oberverwaltungsgericht Münster in Frage gestellt worden (vgl. OVG Münster 1992, 401). Das Bundesverfassungs-gericht hatte hierzu eine Sachentscheidung aus Verfahrensgründen nicht ge-troffen. § 25 Abs. 5 Satz 2 des Landesbeamtengesetzes ist daher geltendes Recht, setzt aber in der Anwendung stets die vom Europäischen Gerichtshof für ent-scheidend gehaltene und vom Gesetz auch ausdrücklich vorgesehene Einzel-fallprüfung voraus.

Artikel 6
[Kinder und Jugendliche]

(1) Jedes Kind hat ein Recht auf Achtung seiner Würde als eigenständi-ge Persönlichkeit und auf besonderen Schutz von Staat und Gesell-schaft.

(2) Kinder und Jugendliche haben ein Recht auf Erziehung und Entfal-tung ihrer Persönlichkeit, auf gewaltfreie Erziehung und den Schutz vor Gewalt, Vernachlässigung und Ausbeutung. Staat und Gesellschaft schützen sie vor Gefahren für ihr körperliches, geistiges und seelisches Wohl. Sie achten und sichern ihre Rechte, tragen für altersgerechte Lebensbedingungen Sorge und fördern sie nach ihren Anlagen und Fä-higkeiten.

(3) Allen Jugendlichen ist die umfassende Möglichkeit zur Berufsaus-bildung und Berufsausübung zu sichern.

(4) Das Mitwirkungsrecht der Kirchen und Religionsgemeinschaften sowie der Verbände der freien Wohlfahrtspflege in den Angelegenheiten der Familienförderung, der Kinder- und Jugendhilfe bleibt gewährleistet und ist zu fördern.

Artikel 6 ist durch das Gesetz vom 29. Januar 2002 (GVBl. S. 52) neu gefasst **1** worden. Der Verfassungsgeber hat sich dabei davon leiten lassen, dass der Wort-laut der Ursprungsfassung (ebenso wie der von Artikel 6 des Grundgesetzes) hinter der Rechtsprechung des Bundesverfassungsgerichts zurückblieb, nach der das Erziehungsrecht der Eltern als „Elternverantwortung" dem Kindeswohl verpflichtet ist. Der Staat darf sich bei seinem Wächteramt über die Elternver-antwortung nicht auf rein defensive Maßnahmen beschränken. Vielmehr hat er zur Verwirklichung der aus den Artikeln 1 und 2 des Grundgesetzes abgeleiteten Persönlichkeitsrechte durch Abwehr drohender Beeinträchtigungen und durch Sicherstellung der Grundanforderungen an die kindliche Entwicklung aktiv beizutragen. Artikel 6 entspricht den Anforderungen, die sich für das Land aus dem am 5. April 1992 in Kraft getretenen Übereinkommen der Vereinten Nationen über die Rechte des Kindes vom 20. November 1989 ergeben.

2 Absatz 1 betont das Persönlichkeitsrecht des Kindes und verdeutlicht ebenso wie Absatz 2, dass der Erziehungsprozess die Eigenkräfte des Kindes und Jugendlichen zur Entfaltung bringen soll und nicht einseitig aus der Sicht der Erziehungsberechtigten und des Staates betrachtet werden darf. In ihrer Ausformulierung bringt die Bestimmung die Kinderrechte in einen stimmigen Ausgleich mit dem primären Erziehungsauftrag der Eltern und dem sog. sekundären „Wächteramt" des Staates. Kinderrechte können das Erziehungsrecht und die Erziehungspflicht der Eltern nicht in Frage stellen. Diese dürfen aber nur gewaltfrei, also insbesondere unter Ausschluss körperlicher Züchtigungen, ausgeübt werden. Die staatlichen Schutz- und Fürsorgepflichten rücken nicht an die Stelle des primären Erziehungsauftrags der Eltern, sondern unterstützen und ergänzen sie. Die Zusammenfassung der die Kinder und die Jugendlichen betreffenden verfassungsrechtlichen Aussagen bringt zum Ausdruck, dass die Kinderrechte zugleich für die Jugend als heranwachsende Kinder gelten.

3 Absatz 2 nimmt eine Forderung auf, die schon die Weimarer Verfassung in Artikel 122 ausdrücklich aussprach. Die Aufgabe des Schutzes der Jugend vor Ausbeutung, Missbrauch und sittlicher Gefährdung ist zwar in erster Linie Bestandteil des in Artikel 8 Abs. 1 Satz 2 enthaltenen Elternrechts; jedoch tritt an die Stelle der Eltern bei deren Fehlen oder Versagen der Staat. Allerdings ergibt sich aus Artikel 6 Abs. 3 GG, dass eine Trennung eines Kindes von der Familie nur auf Grund eines Gesetzes zulässig ist, wenn die Erziehungsberechtigten versagen oder wenn die Kinder aus anderen Gründen zu verwahrlosen drohen. Die Zuständigkeit zur gesetzlichen Normierung auf den verschiedenen Gebieten der Jugendhilfe liegt im Wesentlichen im Bereich der konkurrierenden Gesetzgebung des Bundes (Artikel 74 Nr. 1, 7 und 12 GG) und ist dem Landesgesetzgeber deshalb weitgehend verschlossen. Wichtigste Gesetze sind das Jugendwohlfahrtsgesetz und das Jugendschutzgesetz.

4 Absatz 3 enthält die (ursprünglich in Absatz 1 enthaltene) Anweisung an Landesgesetzgeber und Verwaltung, allen Jugendlichen die Möglichkeit zur Berufsausübung und Berufsausbildung zu sichern. Ein einklagbares Grundrecht begründet er allerdings nicht. Jedoch wird ihm zu entnehmen sein, dass sich Land und Gemeinden bei von ihnen ergriffenen arbeitsmarktpolitischen Maßnahmen vorrangig um die Schaffung von Ausbildungs- und Arbeitsplätzen für Jugendliche zu bemühen haben. Die Landesregierung kommt diesem Auftrag regelmäßig durch besondere Aktionen nach, mit denen sie die Arbeitgeber zur Einrichtung einer ausreichenden Anzahl von Ausbildungsplätzen ermutigt.

Diese Aktionen haben in den vergangenen Jahren trotz der schwieirgen Arbeitsmarktsituation breite Resonanz gefunden.

In Absatz 4 (früher Absatz 3) gewährleistet die Landesverfassung den Kirchen **5** und Religionsgemeinschaften sowie den Verbänden der freien Wohlfahrtspflege ein einklagbares Recht auf Mitwirkung an der Familienpflege und der Jugendfürsorge. Hierin kommt das der christlichen Soziallehre entstammende *Subsidiaritätsprinzip* zum Ausdruck, demzufolge staatliches Handeln in diesem Bereich gegenüber gesellschaftlichen Aktivitäten als nachrangig angesehen wird. In Nordrhein-Westfalen befinden sich 70 Prozent des Angebotes an Plätzen in Kindertageseinrichtungen und Kindergärten in frei gemeinnütziger, meist kirchlicher Trägerschaft, wobei den Trägern allerdings zur Erfüllung der öffentlichen Aufgabe erhebliche Landesmittel zugewiesen werden. Unter den deutschen Flächenländern liegt NRW nach der Realisierung eines besonderen Ausbauprogramms an der Spitze, soweit es um die Verwirklichung des Rechtsanspruchs auf einen Kindergartenplatz geht, der jetzt mit einem Versorgungsgrad von 96 Prozent faktisch erfüllt ist (August 2000; 1990 erst 74 Prozent).

Dritter Abschnitt
Schule, Kunst und Wissenschaft, Sport
Religion und Religionsgemeinschaften

Artikel 7
[Grundsätze der Erziehung]

(1) Ehrfurcht vor Gott, Achtung vor der Würde des Menschen und Bereitschaft zum sozialen Handeln zu wecken, ist vornehmstes Ziel der Erziehung.

(2) Die Jugend soll erzogen werden im Geiste der Menschlichkeit, der Demokratie und der Freiheit, zur Duldsamkeit und zur Achtung vor der Überzeugung des anderen, zur Verantwortung für Tiere und die Erhaltung der natürlichen Lebensgrundlagen, in Liebe zu Volk und Heimat, zur Völkergemeinschaft und Friedensgesinnung.

Das *Bildungswesen* ist eine der wichtigsten Zuständigkeiten der Länder. Aus **1** diesem Grunde enthält die nordrhein-westfälische Landesverfassung in den Artikeln 7 bis 15 eine ausführliche Regelung dieses Aufgabenbereichs. Ihre Entstehung war von sehr grundsätzlichen Auseinandersetzungen geprägt, in die neben den politischen Parteien auch die Kirchen eingriffen. Sie betrafen vor allem die Abgrenzung von Elternrecht und Staatsaufsicht und die Betonung der Rechte der Kirchen im Bildungswesen (s. schon Anm. 11, 13, 17 der Einleitung). Durch Gesetz vom 3. Juli 2001 ist in Absatz 2 der Tierschutz ausdrücklich als ein Erziehungsziel in den Verfassungstext eingefügt worden.

2 Absatz 1 nennt drei gleichrangig nebeneinander stehende „vornehmste" *Erzie-hungsziele:* die *Ehrfurcht vor Gott,* die *Achtung vor der Menschenwürde* und die *Bereitschaft zum sozialen Handeln.* Die Formulierung gehörte bei ihrer Entstehung zu den umstrittensten Gegenständen der Landesverfassung. Der Streit war besonders erbittert, weil Artikel 7 Abs. 1 nicht nur einen unverbindlichen Appell an den Erzieher darstellt, sondern eine unmittelbar geltende Rechtsnorm ist. Er hat daher unmittelbare Auswirkungen auf Lehrpläne und Schulbücher. Während die KPD die Formulierung wegen der damit verbundenen weltanschaulichen Aussage grundsätzlich ablehnte, beantragte die SPD im Verfassungsausschuss, statt der Ehrfurcht vor Gott die „Achtung vor der religiösen Überzeugung des Andern" als oberstes Erziehungsziel zu nennen. Die Mehrheit lehnte das ab, weil der überwiegende Teil der Bevölkerung in Nordrhein-Westfalen sich zum Glauben an Gott bekenne.

3 Die Wörter „*Ehrfurcht vor Gott*" betonen die übernatürlichen religiösen Bindungen des Menschen; sie sind aber nicht gleichbedeutend mit „Glaube *an* Gott". Es soll niemand zum Glauben an Gott gezwungen oder angehalten werden; das wäre schon wegen Verstoßes gegen Artikel 4 Abs. 1 GG, der auch die negative Glaubensfreiheit (also die Freiheit, an keine übernatürliche Instanz zu glauben) schützt, unzulässig. Auch ist der Gottesbegriff in Artikel 7 Abs. 1 nicht identisch mit dem christlichen Gottesbegriff, so dass Lehrpläne und Schulbücher ihn nicht zum alleinigen Maßstab machen dürfen und müssen. Das ergibt sich zudem aus dem in Absatz 2 enthaltenen *Toleranzgebot,* das als Teil der dort enthaltenen Ausformungen der obersten Erziehungsziele des Absatzes 1 deren Tragweite und Zielrichtung näher konkretisiert.

4 Das Ziel der Eziehung zur *Achtung der Menschenwürde* entspricht dem auch für Erzieher und Lehrer verbindlichen Artikel 1 GG, der über Artikel 4 Abs. 1 in die Landesverfassung übernommen worden ist. Es wird ergänzt durch die Pflicht des einzelnen Menschen zum *sozialen Handeln* als Glied der menschlichen Gemeinschaft. Das Recht auf freie Entfaltung der Persönlichkeit soll nicht zu schrankenlosem Individualismus und Egoismus, die Einbindung in die Gemeinschaft soll aber auch nicht zum Verlust der Eigenpersönlichkeit führen. Beide stehen, wie auch die Ehrfurcht vor Gott, gleichrangig neben- und in einem Spannungsverhältnis zueinander, das nicht einseitig zugunsten eines der Prinzipien aufgelöst werden kann.

5 In Absatz 2 werden die obersten Erziehungsziele, die zugleich oberste Strukturprinzipien der Landesverfassung bezeichnen, näher konkretisiert. Der Begriff der *Menschlichkeit* umfasst Elemente der Menschenrechte und der sozialen Zuwendung zum Nächsten, insbesondere zum Schwächeren. *Demokratie* und *Freiheit* sind tragende Strukturmerkmale der „freiheitlich-demokratischen Grundordnung" und eigentlicher Kern der Landesverfassung. Ausdruck der liberalen Grundlage der Verfassung sind auch die Erziehungsziele der *Duldsam-keit* und der *Achtung der Überzeugung des anderen, das Toleranzgebot.* Die Worte „*zur Verantwortung für die Erhaltung der natürlichen Lebensgrundlagen*" sind zusammen mit Artikel 29 a über den Umweltschutz durch das Gesetz vom 19. 3. 1985 eingefügt worden und stehen neben den gemeinschaftsbezogenen Begriffen *Heimat* und *Volk,* die zusammen das Erziehungsziel bezeichnen, eine positive Einstellung zu Herkunft aus und Zugehörigkeit zu einer Schicksalsgemeinschaft mit eigener Geschichte, Tradition und Prägung zu entwickeln und diese künftig mit zu gestalten. Die Ziele der *Völkergemeinschaft* und der *Friedenssicherung* benennen übernationale Gemeinschaftswerte, durch deren Achtung und „Liebe" die nach innen gerichtete Gemeinschaftsgesinnung nach außen ergänzt werden soll. Mit der durch das Änderungsgesetz vom 3. Juli 2001 eingefügten Erweiterung des Schutzes der natürlichen Lebensgrundlagen auf Tiere soll das Verantwortungsbewusstsein bereits der jungen Menschen für Tiere als Mitgeschöpfe geweckt werden. Hierzu korrespondiert die Einbeziehung des Tierschutzes in Artikel 29a Abs. 1 (s. dort auch zur Tragweite des Tierschutzes).

Artikel 8
[Elternrecht und Schulpflicht]

(1) Jedes Kind hat Anspruch auf Erziehung und Bildung. Das natürliche Recht der Eltern, die Erziehung und Bildung ihrer Kinder zu bestimmen, bildet die Grundlage des Erziehungs- und Schulwesens.

Die staatliche Gemeinschaft hat Sorge zu tragen, dass das Schulwesen den kulturellen und sozialen Bedürfnissen des Landes entspricht.

(2) Es besteht allgemeine Schulpflicht; ihrer Erfüllung dienen grundsätzlich die Volksschule und die Berufsschule.

(3) Land und Gemeinden haben die Pflicht, Schulen zu errichten und zu fördern. Das gesamte Schulwesen steht unter der Aufsicht des Landes. Die Schulaufsicht wird durch hauptamtlich tätige, fachlich vorgebildete Beamte ausgeübt.

(4) Für die Privatschulen gelten die Bestimmungen des Artikels 7 Abs. 4 und 5 des Grundgesetzes der Bundesrepublik Deutschland vom 23. Mai 1949 zugleich als Bestandteil dieser Verfassung. Die hiernach genehmigten Privatschulen haben die gleichen Berechtigungen wie die entsprechenden öffentlichen Schulen. Sie haben Anspruch auf die zur Durchführung ihrer Aufgaben und zur Erfüllung ihrer Pflichten erforderlichen öffentlichen Zuschüsse.

Artikel 8 begründet in Absatz 1 Satz 1 für jedes Kind einen *Anspruch auf* **1** *Erziehung und Bildung.* Die Bestimmung hat die Bedeutung einer Staatszielbestimmung. Sie begründet zwar kein einklagbares Recht auf jede gewünschte Erziehung und Bildung, verstärkt aber die Rechtsstellung der Kinder auf gleichen Zugang zu den öffentlichen Bildungseinrichtungen. Absatz 3 konkretisiert zudem die sich hieraus ergebende staatliche Verpflichtung, indem er dem Land und den Gemeinden auferlegt, Schulen zu errichten und zu fördern. Das Recht auf Erziehung richtet sich aber auch gegen die Eltern, denen die Erfüllung ihrer

Pflicht zur Erziehung obliegt. Der Anspruch auf Erziehung und Bildung steht auch ausländischen Kindern, die in Nordrhein-Westfalen leben, zu, was sich aus dem Wort „jedes" ergibt. Der Anspruch auf Bildung steht entgegen dem Wortlaut des Satzes 1 nicht nur Kindern bis zum Erreichen der Volljährigkeit, sondern allen jungen Menschen zu, deren Ausbildung noch nicht abgeschlossen ist.

2 In Ergänzung zu Artikel 5 LV, der den Schutz der Familie begründet, enthält Artikel 8 in Absatz 1 Satz 2 eine spezielle Anerkennung des *natürlichen Elternrechts*. Garantiert wird der Vorrang der Eltern, die Erziehung und Bildung ihrer Kinder zu bestimmen, also ihre Eigenständigkeit und Selbstverantwortlichkeit bei der Pflege und Erziehung ihrer Kinder. Der anschließende Satz 3 bestellt die staatliche Gemeinschaft lediglich zum Wächter hierüber und verpflichtet sie, das Schulwesen den kulturellen und sozialen Bedürfnissen des Landes entsprechend auszugestalten. Darin liegt allerdings zugleich eine Begrenzung des Elternrechts und der staatliche Auftrag, einen allzu zersplitterten Schulaufbau zu vermeiden.

3 Die *Reichweite des Elternrechts* und seine Bedeutung für die Gestaltung des Schulwesens gehörte zu den am heftigsten umstrittenen Fragen während der Entstehung der Landesverfassung. Der von dem sozialdemokratischen Innenminister Menzel vorgelegte Entwurf hatte vorgesehen, dass die Errichtung von Bekenntnisschulen davon abhängig gemacht werden solle, dass ein „geordneter Schulbetrieb" gewährleistet bleibe. Damit sollte dem Entstehen von „Zwergschulen" entgegengewirkt werden. Insoweit trat er für eine Begrenzung des Elternrechts hinsichtlich der Wahl der Schulform ein. CDU und Zentrum forderten aber das uneingeschränkte Elternrecht. Nach Wahl der Eltern sollten Bekenntnisschulen, Gemeinschaftsschulen und Weltanschauungsschulen nebeneinander stehen. Dementsprechend lehnten sie es ab, eine dieser Schularten zur Regelform der öffentlichen Schule zu machen. Insbesondere wandten sie sich gegen die auch von der FDP mitgetragene Forderung der SPD nach einer Verfassungsgarantie für die Gemeinschaftsschule. In der Schlussabstimmung setzten sie sich schließlich gegen die Stimmen von SPD, FDP und KPD durch. Das Elternrecht wurde als maßgebende Basis des Schulwesens uneingeschränkt anerkannt. Auch die einklassige oder wenig gegliederte Schule galt als ordnungsgemäße Schulform. Die Errichtung von Bekenntnisschulen auf Elternwunsch war jederzeit möglich. Eine Verfassungsgarantie für die christliche Gemeinschaftsschule wurde in die Landesverfassung nicht aufgenommen. Diese Entscheidung wurde erst im Jahre 1968 durch Neufassung des Artikels 12 abgemildert, der zur zweistufigen Gliederung der Volksschulen des Landes in Grund- und Hauptschulen führte. Die Regelform der Hauptschulen ist seitdem nach Artikel 12 Abs. 4 die Gemeinschaftsschule. Zu den Einzelheiten s. die Erläuterungen zu Artikel 12.

4 Als Abwehrrecht gewährt das Elternrecht den Eltern Schutz vor staatlichen Eingriffen, soweit diese nicht durch das Wächteramt des Landes gedeckt sind. Das Ziel des Freiheitsrechts ist aber der Schutz der Kinder. Daher muss in der

Eltern-Kind-Beziehung das Kindeswohl die oberste Richtschnur der Pflege und Erziehung sein (BVerfGE 60, 79, 88). Das Elternrecht steht jedem Elternteil einzeln, auch der Mutter nichtehelicher Kinder und den Adoptiveltern zu. Gleiches gilt für den mit dem Kind zusammenlebenden nichtehelichen Vater. Es begründet aber keinen Anspruch des Vaters oder der Mutter, in jedem Fall an der elterlichen Sorge für ihr nicht bei ihnen lebendes nichteheliches Kind beteiligt zu werden (BVerfGE 56, 363, 383 f.). Dem Elternrecht entspricht eine Pflichtenbindung, die beispielsweise die Grundlage für die Unterhaltpflicht der Eltern bildet. Es wird begrenzt durch den staatlichen Auftrag für das Schulwesen (Artikel 8 Abs. 1 Satz 3 und Abs. 3). Demgemäß haben die Eltern keinen Anspruch auf die inhaltliche Festlegung der Ausbildungsgänge und Lernziele und die Bestimmung des Unterrichtsstoffs. Ebenso kann aus dem Elternrecht kein Anspruch auf Zulassung des Kindes zu einer ganz bestimmten Schule hergeleitet werden (VerfGH, NWVBl. 1993, 460 ff.). Die Eltern haben das religiöse Selbstbestimmungsrecht des Kindes ab dem 14. Lebensjahr zu achten.

Nach Artikel 8 Abs. 2 besteht *allgemeine Schulpflicht*. Die Bestimmung stellt eine **5** Einschränkung des Elternrechts dar. Der Erfüllung der Schulpflicht dienen die Volksschule, die nach Artikel 12 in Grund- und Hauptschule untergliedert ist, und die Berufsschule. Nach dem nordrhein-westfälischen Schulpflichtgesetz gilt sie unabhängig von der Staatsangehörigkeit für alle, die ihren Wohnsitz in Nordrhein-Westfalen haben. Die Vollzeitschulpflicht beträgt 10 Jahre und beginnt mit dem 6. Lebensjahr. Die Berufsschulpflicht beträgt 2 bis 3 Jahre und dauert in der Regel bis zum Ablauf des Schuljahres, in dem der Schüler oder die Schülerin das 18. Lebensjahr vollendet.

Die Errichtung der Schulen ist eine verfassungsmäßige Pflicht des Landes und **6** der Gemeinden. Nach Absatz 3 Satz 2, der inhaltlich mit Artikel 7 Abs. 1 GG übereinstimmt, untersteht das gesamte Schulwesen der *Aufsicht des Landes;* diese begrenzt die Planungshoheit der Gemeinden (OVG Münster, NVwZ-RR 1992, 186 ff.). Die Aufsicht umfasst alle öffentlichen und privaten Schulen einschließlich der Fortbildungs-, Berufs- und Fachschulen. Nicht der staatlichen Schulaufsicht unterstehen demgegenüber gewerbliche Unterrichtsunternehmen, die nicht die Bildung der Gesamtpersönlichkeit ihrer Schüler verfolgen (z. B. private Sprachschulen). Die staatliche Aufsicht besteht nicht nur in einem Kontrollrecht gegenüber dem jeweiligen Schulträger; sie umfasst vielmehr die Gesamtheit der staatlichen Befugnisse zur Organisation, Planung, Leitung und Beaufsichtigung des Schulwesens. Zu ihr gehört auch die Planung und Erprobung neuer Inhalte und Formen des Schulunterrichts und die Einwirkung auf Errichtung, Änderung und Aufhebung von Schulen, ferner auch die Entscheidung über die Verwendung von Schulbüchern im Unterricht und die Entscheidung darüber, ob ein Schüler und eine Schülerin das Lernziel erreicht hat.

Wegen der weitreichenden Bedeutung der Schulbildung für das Gemeinwesen **7** und seine Bürgerinnen und Bürger muss der Landesgesetzgeber die wesentlichen Entscheidungen im Schulwesen selbst treffen und darf sie nicht der Schulverwaltung überlassen. Das gilt sowohl für die Schulorganisation als auch für die Festlegung der Unterrichtsinhalte. Für Nordrhein-Westfalen sind die wichtigsten Schulgesetze das Schulordnungsgesetz, das Schulverwaltungsgesetz, das Schulgeldfreiheitsgesetz, das Schulfinanzierungsgesetz und das Ersatzschulfinanzierungsgesetz. Zu nennen sind ferner das Lernmittelfreiheitsgesetz, das Lehrerausbildungsgesetz, das Schulpflichtgesetz, das Schulmitwirkungsgesetz und die Allgemeine Schulordnung.

8 Absatz 4 übernimmt durch eine spezielle Klausel die Bestimmungen des Artikel 7 Abs. 4 und 5 GG und erklärt sie zu Bestandteilen der Landesverfassung. Er spricht den genehmigten *Privatschulen* die gleichen Berechtigungen zu, wie sie entsprechende öffentliche Schulen haben. Die Privatschulen haben Anspruch auf öffentliche Zuschüsse zur Durchführung ihrer Aufgaben und zur Erfüllung ihrer Pflichten (VerfGH in: OVGE 15, 314; 36, 306 ff.). Ein Verstoß gegen Artikel 7 Abs. 4 GG liegt hierin nicht, wie der Verfassungsgerichtshof festgestellt hat, weil das Grundgesetz eine weitere Begünstigung der Privatschulen, als es sie selbst enthält, nicht ausschließt. Nordrhein-Westfalen gewährt den Privatschulträgern einen Personalkostenzuschuss von 94 %. Das Recht zur Errichtung steht jedermann – also auch inländischen Stiftungen – zu. Die Errichtung einer Privatschule kann sowohl das Ziel verfolgen, als Ersatz für eine im Lande vorhandene öffentliche Schule zu dienen (Ersatzschule), als auch das öffentliche Bildungsangebot ergänzen (Ergänzungsschule). Garantiert ist die Freiheit der Privatschulen, einen eigenverantwortlich geprägten Unterricht zu erteilen, insbesondere soweit er die Erziehungsziele, die weltanschauliche Basis, die Lehrmethode und die Lerninhalte betrifft. Die Errichtung privater Ersatzschulen ist aber von einer staatlichen Genehmigung abhängig, die erteilt werden muss, wenn die Schule in ihren Lernzielen und Einrichtungen sowie in der Ausbildung ihrer Lehrer nicht hinter den öffentlichen Schulen zurücksteht und eine Diskriminierung der Schüler nach den Besitzverhältnissen der Eltern nicht stattfindet. Allerdings kann das Land die Voraussetzungen für die Anerkennung der bei einer Privatschule abgelegten Prüfungen und der Versetzungsentscheidungen durch Gesetz regeln. Die wichtigsten gesetzlichen Regelungen zu den Privatschulen sind im Schulordnungsgesetz und im Ersatzschulfinanzierungsgesetz enthalten.

Artikel 9
[Schulgeldfreiheit]

(1) Der Unterricht in den Volks- und Berufsschulen ist unentgeltlich.

(2) Einführung und Durchführung der Schulgeldfreiheit für die weiterführenden Schulen sowie der Lehr- und Lernmittelfreiheit für alle Schulen sind gesetzlich zu regeln. Zum Zwecke des Studiums sind im Bedarfsfalle besondere Unterhaltsbeihilfen zu gewähren. Soweit der Staat für die öffentlichen Schulen Schulgeldfreiheit gewährt, sind auch die in

Artikel 8 Abs. 4 genannten Privatschulen berechtigt, zu Lasten des Staates auf die Erhebung von Schulgeld zu verzichten; soweit er Lehr- und Lernmittelfreiheit gewährt, sind Lehr- und Lernmittel in gleicher Weise für diese Privatschulen zur Verfügung zu stellen wie für die öffentlichen Schulen.

Die *Unentgeltlichkeit des Unterrichts* ist die Konsequenz des in Artikel 8 Abs. 1 **1** gewährleisteten Rechts auf Bildung, der in Artikel 8 Abs. 3 enthaltenen Verpflichtung von Land und Gemeinden, Schulen zu errichten und zu fördern, und der in Artikel 10 Abs. 1 Satz 3 enthaltenen Aussage, dass die schulische Förderung eines Kindes von den wirtschaftlichen Verhältnissen der Eltern unabhängig sein soll. Die Schuldgeldfreiheit gilt nur für die öffentlichen Schulen; jedoch verleiht Absatz 2 Satz 3 den Privatschulen das Recht, ihre Schüler entsprechend denen an öffentlichen Schulen zu Lasten des Staates freizustellen. Zu Absatz 2 sind das Schulgeldfreiheitsgesetz und das Lernmittelfreiheitsgesetz ergangen. Die Gewährung von Studienbeihilfen (Absatz 2 Satz 2) ist im Bundesausbildungsförderungsgesetz (BAföG) bundesgesetzlich geregelt. Die Landesverfassung garantiert selbst keine uneingeschränkte Lehr- und Lernmittelfreiheit, sondern überlässt die Einzelheiten dem einfachen Gesetzgeber, wie sich aus Satz 1 und dem Wort „soweit" zu Beginn des Satzes 3 ergibt.

Artikel 10
[Schulverfassung]

(1) Das Schulwesen des Landes baut sich auf einer für alle Kinder verbindlichen Grundschule auf, die Teil der Volksschule ist. Die Gliederung des Schulwesens wird durch die Mannigfaltigkeit der Lebens- und Berufsaufgaben bestimmt. Für die Aufnahme in eine Schule sind Anlage und Neigung des Kindes maßgebend, nicht die wirtschaftliche Lage und die gesellschaftliche Stellung der Eltern.

(2) Die Erziehungsberechtigten wirken durch Elternvertretungen an der Gestaltung des Schulwesens mit.

Artikel 10 enthält in Absatz 1 einige Grundaussagen über den Schulaufbau. Die **1** Grundschule, die die ersten vier Altersjahrgänge nach Erreichen der Schulreife (regelmäßig mit Vollendung des 6. Lebensjahres) umfasst, ist für alle Kinder verbindlich. Das Schulangebot für die daran anschließende Phase der 10 Jahre umfassenden Schulpflicht und darüber hinaus ist nach Satz 2 der Bestimmung so zu gestalten, dass es die unterschiedlichen „Lebens- und Berufsaufgaben" berücksichtigt, auf die der Schulbesuch vorbereiten soll. Das Nähere dazu ist in den Grundzügen in Artikel 12 geregelt. Satz 3 ist eine Ausprägung des Gleichheitsgebots und trägt dem in Artikel 7 Abs. 1 gewährleisteten Recht auf Bildung Rechnung.

2 Nach Absatz 2 wirken die Erziehungsberechtigten durch Elternvertretungen an der Gestaltung des Erziehungswesens mit. Ein Gesetzentwurf der CDU-Fraktion vom 30. 5. 1969 zur Änderung der Bestimmung fand nicht die notwendige Zweidrittelmehrheit. Danach sollte die „gestiegene Bedeutung der Elternmitwirkung" wie folgt zum Ausdruck kommen: „Die Erziehungsberechtigten haben das Recht, die Gestaltung des Schulwesens mitzubestimmen". Die Einzelheiten der Elternmitwirkung sind erst – ohne Änderung der Landesverfassung – im Schulmitwirkungsgesetz von 1977 geregelt worden, das die Einrichtung von Klassen- und Schulpflegschaften vorsieht. Die Bildung einer überschulischen Elternvertretung (Landeselternrat), deren Bildung die Landesverfassung nicht verlangt und deren Legitimation, für die Elternschaft insgesamt zu sprechen, angesichts der Vielgestaltigkeit der Schulformen nur gering ist, lässt dieses Gesetz auf freiwilliger Grundlage zu.

Artikel 11
[Staatsbürgerkunde]

In allen Schulen ist Staatsbürgerkunde Lehrgegenstand und staatsbürgerliche Erziehung verpflichtende Aufgabe.

Neben dem Religionsunterricht (Artikel 14) ist die *Staatsbürgerkunde* der einzige in der Landesverfassung zwingend vorgeschriebene Lehrgegenstand. Ihre Verankerung in der Verfassung erklärt sich aus den Erfahrungen mit der nationalsozialsozialistischen Gewaltherrschaft, deren Wiederholung schon in der Schule durch die Vermittlung der Grundwerte der freiheitlich-demokratischen Grundordnung entgegengewirkt werden sollte. Der Verfassungstext vermeidet bewusst das Wort „Lehrfach", um dadurch zum Ausdruck zu bringen, dass nicht an einen „geist- und inhaltslosen Pflichtauftrag" für bestimmte Unterrichtsstunden, sondern an die „Durchblutung des gesamten Unterrichts" mit staatsbürgerlicher Gesinnung gedacht ist, wie es der spätere Ministerpräsident Heinz Kühn im Verfassungsausschuss formulierte. Die Einzelheiten über den Inhalt der Staatsbürgerkunde sind auf der Grundlage des Schulordnungsgesetzes in den Richtlinien für den politischen Unterricht enthalten. Wegen des hohen Konfliktpotentials zwischen einer eher kritisch-emanzipatorischen und einer mehr wertebewahrenden Unterrichtsausrichtung wäre eine stärkere inhaltliche Konkretisierung der Lehrgegenstände der Staatsbürgerkunde durch den Landesgesetzgeber verfassungspolitisch wünschenswert.

Artikel 12
[Schularten]

(1) Die Volksschule umfasst die Grundschule als Unterstufe des Schulwesens und die Hauptschule als weiterführende Schule.

(2) Grundschule und Hauptschule müssen entsprechend ihren Bildungszielen nach Organisation und Ausstattung die Voraussetzungen eines geordneten Schulbetriebes erfüllen.

(3) Grundschulen sind Gemeinschaftsschulen, Bekenntnisschulen oder Weltanschauungsschulen. Auf Antrag der Erziehungsberechtigten sind, soweit ein geordneter Schulbetrieb gewährleistet ist, Grundschulen einzurichten.

(4) Hauptschulen sind von Amts wegen als Gemeinschaftsschulen zu errichten. Auf Antrag der Erziehungsberechtigten sind Bekenntnisschulen oder Weltanschauungsschulen zu errichten, soweit ein geordneter Schulbetrieb bei der beantragten Hauptschule und der Besuch einer Gemeinschaftsschule in zumutbarer Weise gewährleistet sind.

(5) Hauptschulen sind in Gemeinschaftsschulen umzuwandeln, wenn Erziehungsberechtigte, die ein Drittel der Schüler vertreten, dieses beantragen.

(6) In Gemeinschaftsschulen werden Kinder auf der Grundlage christlicher Bildungs- und Kulturwerte in Offenheit für die christlichen Bekenntnisse und für andere religiöse und weltanschaulichen Überzeugungen gemeinsam unterrichtet und erzogen.

In Bekenntnisschulen werden Kinder des katholischen oder des evangelischen Glaubens oder einer anderen Religionsgemeinschaft nach den Grundsätzen des betreffenden Bekenntnisses unterrichtet und erzogen. In Weltanschauungsschulen, zu denen auch die bekenntnisfreien Schulen gehören, werden die Kinder nach den Grundsätzen der betreffenden Weltanschauung unterrichtet und erzogen.

(7) Das Nähere bestimmt ein Gesetz.

Die Regelung über die *Schularten,* die allerdings nicht alle Schularten, sondern **1** nur die beiden Arten der Volksschule, nämlich die Grundschule und die Hauptschule, betrifft, war bei der Entstehung der Landesverfassung und auch in der Folge äußerst umstritten. Den Gegenstand des Streites bildeten die Reichweite des Elternrechts, insbesondere die Möglichkeiten zur Errichtung von Bekenntnisschulen einerseits und die Frage einer Bestandsgarantie für die (öffentlichen) christlichen Gemeinschaftsschulen andererseits (s. dazu schon Anmerkung 3 zu Artikel 8). Dem Verfassungsgeber gelang keine von einer breiten Mehrheit getragene Lösung dieses Konfliktes; vielmehr setzten CDU und Zentrum ihre Auffassung gegen SPD, FDP und KPD durch. Das war einer der wesentlichen Gründe dafür, dass die Landesverfassung im Landtag nur mit der in einem verfassunggebenden Prozess ungewöhnlich knappen Mehrheit von 110 gegen 97 Stimmen angenommen wurde. Auch in der Folgezeit war die Organisation des Schulwesens wiederholt Gegenstand politischer Kontroversen. In den Auseinandersetzungen um die Neuerrichtung von Gesamtschulen (vgl. dazu etwa VerfGH, DÖV 1984, 379 ff.) dauert der Grundsatzstreit bis heute an.

2 Allerdings zeigt die Tatsache, dass im Jahre 1968 eine von einer breiten Mehrheit getragene *Neufassung von Artikel 12* gelang, dass zwischenzeitlich auch eine engere Zusammenarbeit der politischen Lager in der Bildungspolitik möglich war. Eine erste Initiative der SPD-Fraktion vom 12. 1. 1965 zur Änderung der schulpolitischen Verfassungsbestimmungen war noch gescheitert. Bei der Verfassungsänderung von 1968 konnte sich die von SPD und FDP getragene Regierung Kühn auf Vorarbeiten des letzten CDU-Kultusministers, Professor Paul Mikat, stützen. Ziel der Reform war es, die Volksschule jedenfalls teilweise aus ihrer konfessionellen Bindung zu lösen. Die Volksschule wurde in die vierjährige Grundschule und die anschließende Hauptschule aufgegliedert. Regelschulform für die Hauptschule wurde die (christliche) Gemeinschaftsschule. Die Neueinrichtung von Grundschulen als Bekenntnisschulen auf Antrag der Erziehungsberechtigten ist jetzt nur noch zulässig, wenn ein geordneter Schulbetrieb gewährleistet ist (Artikel 12 Abs. 2 und Abs. 3 Satz 2). Das Bundesverfassungsgericht hat am 17. 12. 1975 entschieden, dass die Gemeinschaftsschule mit dem Grundgesetz vereinbar ist. Sie führt Eltern und Kinder, die eine bekenntnisgebundene religiöse Erziehung wünschen, nicht in einen verfassungsrechtlich unzumutbaren Gewissenskonflikt und ist mit dem Elternrecht und der Glaubens- und Gewissensfreiheit vereinbar (BVerfGE 41, 88 ff.).

3 Für die *Grundschule* sieht die Landesverfassung in Artikel 12 Abs. 3 nach wie vor keine Regelform vor. Durch das Erfordernis eines „geordneten Schulbetriebes" kann jedoch die Aufrechterhaltung und Neuerrichtung von Zwergschulen gleich welcher Schulart nicht mehr erzwungen werden. Der Begriff des „geordneten Schulbetriebs" ist im Schulorganisationsgesetz näher definiert. Das hat im Ergebnis im Zusammenhang mit dem Rückgang der Schülerzahlen in den 80er Jahren zu einem Rückgang der Bekenntnisschulen in der Primarstufe geführt. Die für alle Kinder verbindliche Grundschule umfasst vier Altersjahrgänge. Jedes Kind, das bis zum 30. Juni eines Jahres sechs Jahre alt wird, unterliegt der gesetzlichen Schulpflicht (vgl. Artikel 8 Abs. 2) und wird in die erste Klasse der örtlich zuständigen öffentlichen, auf Antrag auch in einer privaten Grundschule eingeschult. Der Bildungs- und Erziehungsauftrag der Grundschule richtet sich auf die umfassende Förderung aller Schülerinnen und Schüler in ihrer Persönlichkeitsentwicklung, in den sozialen Verhaltensweisen sowie in ihren musischen und praktischen Fähigkeiten. Die Vermittlung der Fähigkeiten, Kenntnisse und Fertigkeiten soll so gestaltet werden, dass sie den individuellen Lernmöglichkeiten und Erfahrungen der Kinder angepasst ist. Die Lernfreude der Kinder soll gefördert und ihre Fähigkeit zu den systematischeren Formen des Lernens ermutigt werden.

4 Der sog. *Sekundarbereich* des Schulwesens gliedert sich in *Hauptschule, Realschule, Gymnasium* und – seit Anfang der 70er Jahre – *integrierte Gesamtschule*. Von ihnen behandelt die Landesverfassung in Artikel 12 nur die Hauptschule; nur sie ist verfassungsrechtlich als Institution gesichert (s. dazu VerfGH, in OVGE 37, 203 ff.). Die Hauptschule deckt mit den Klassenstufen 5 bis 10 die sog. Sekundarstufe I ab. Nach Absatz 4 Satz 1 sind Hauptschulen als Gemeinschaftsschulen zu errichten. Bekenntnis- und Weltanschauungsschulen können auf Antrag der Erziehungsberechtigten nur errichtet werden, wenn ein geordneter Schulbetrieb gewährleistet und durch die Neuerrichtung der Bestand einer in zumutbarer Weise erreichbaren Gemeinschaftsschule nicht beeinträchtigt wird. Die Hauptschule beginnt (wie auch die anderen Schulformen der Sekundarstufe I) mit einer zweijährigen Erprobungsphase (Orientierungsstufe). Bei entsprechenden Leistungen des Schülers oder der Schülerin und nach Entscheidung der Eltern ist danach der Wechsel auf eine andere Schulform möglich. Ab Klasse 7 werden Fachleistungskurse gebildet; außerdem kann ein Neigungsfach gewählt werden. Mit Abschluss der 9. Klasse wird der Hauptabschulabschluss erreicht. Im Jahre 1979 wurde die gesetzliche Vollzeitschulpflicht allerdings auf 10 Jahre erweitert, wobei das 10. Schuljahr auch an einer Vollzeitberufsschule absolviert werden kann. Die Einzelheiten des Ausbildungsprofils der Hauptschulen können, da sie außerhalb der Landesverfassung niedergelegt sind, ohne die für Verfassungsänderungen notwendige Zweidrittelmehrheit geändert und weiterentwickelt werden. Für die Realschule, das Gymnasium und die integrierte Gesamtschule trifft die Landesverfassung keine Bestimmungen. Insoweit gilt einfaches Landesrecht (Schulordnungsgesetz, Schulverwaltungsgesetz und zahlreiche Verwaltungsbestimmungen).

In Absatz 6 definiert die Landesverfassung die Begriffe der Gemeinschaftsschule **5** und der Bekenntnis- und der Weltanschauungsschulen. Nach einer zu dieser Bestimmung ergangenen Entscheidung des Bundesverwaltungsgerichts (DVBl. 1994, 172) ist auch die Gemeinschaftsgrundschule keine wertneutrale Schule, in der die christlichen Bildungswerte nur im Sinne eines unverbindlichen Kulturchristentums Platz hätten. Offenheit für die christlichen Bekenntnisse bedeutet vielmehr die Förderung eines Dialogs der Bekenntnisse und Weltanschauungen. Die Schule darf den Schüler ohne Beeinträchtigung der Glaubens- und Gewissensentscheidung diesem Dialog aussetzen (s. dazu auch Artikel 14). Damit öffnet sich der staatliche Erziehungsauftrag der Einführung christlicher Bezüge bei der Gestaltung der öffentlichen Volksschulen, ohne die aus dem Grundgesetz folgenden Grenzen staatlicher Neutralität in religiös-weltanschaulichen Dingen zu überschreiten. Hiermit hält die Landesverfassung sich innerhalb der Grenzen der Kompetenzordnung des Grundgesetzes, das dem Land die Zuständigkeit für das Schulwesen zuweist. Daraus folgt auch, dass die bekannte „Kruzifix-Entscheidung" des Bundesverfassungsgerichts sich nicht ohne weiteres auf die Rechtslage in NRW übertragen lässt (s. dazu Anm. 3 zu Artikel 14).

Im Schuljahr 1998/99 bestanden in Nordrhein-Westfalen 6 744 Schulen, davon **6** 3 451 Grundschulen, 750 Hauptschulen, 720 Sonderschulen, 524 Realschulen, 621 Gymnasien, 258 Gesamtschulen (davon 43 Freie Waldorfschulen) und 56 Schulen des Zweiten Bildungswegs und 362 Berufskollegs. An ihnen wurden 2,8 Mio. Schülerinnen und Schüler von insgesamt 166 673 Lehrkräften unterrichtet. 6,5 Prozent der Schulen wurden von privaten Trägern betrieben (höchste Anteile bei den Gesamtschulen und Gymnasien, den Einrichtungen des Zweiten Bildungsweges und den Sonderschulen). Der Anteil ausländischer

Schülerinenn und Schüler lag insgesamt bei 13 Prozent. Bei den Hauptschulen (22,6), den Schulen des Zweiten Bildungsweges (22,0), den Sonderschulen (20,8) und den Freien Waldorfschulen (16,6) lag er deutlich über diesem Gesamtdurchschnitt (Quelle dieser Angaben: NRW-Lexikon, Opladen 2000, S. 257; im Internet einzusehen unter www.nrw.de). Fast 14 Prozent der Schülerinnen und Schüler besuchen eine Schule mit Ganztagsbetrieb. Im Jahre 1999 gab das Land NRW für Bildung und Wissenschaft knapp 29 Mrd. DM aus. Das entspricht einem Anteil von etwa einem Drittel aller Ausgaben des Landes. Rund 40 Prozent aller Beschäftigten des Landes arbeiten als Lehrerinnen und Lehrer in den staatlichen Schulen. Der Schulbereich ist von dem Stellen-Sparprogramm der Landesregierung ausgenommen. Das Modellprojekt „Selbständige Schule NRW" (ab Schuljahr 2002/2003) will der einzelnen Schule durch größere Autonomie im Bereich der Personal- und Sachmittel und in der Unterrichtsgestaltung Mittel zur Qualitätssteigerung an die Hand geben. Weitere Informationen der Landesregierung zur Schulpolitik finden sich im Internet unter www.mswf.nrw.de.

Artikel 13
[Schultoleranz]

Wegen des religiösen Bekenntnisses darf im Einzelfall keinem Kinde die Aufnahme in eine öffentliche Schule verweigert werden, falls keine entsprechende Schule vorhanden ist.

Artikel 13 ist das notwendige Korrelat zu der ursprünglich die konfessionelle Prägung des Schulwesens stark betonenden Ausrichtung der Landesverfassung. Die Bestimmung will gewährleisten, dass einzelnen Kindern in Orten mit andersartiger konfessioneller Mehrheit der Schulbesuch in diesem Ort auch dann ermöglicht wird, wenn die übrigen bestehenden Schularten von den Eltern dieser Kinder nicht gebilligt werden oder aber die gebilligte Schulart nicht vorhanden ist. Die Regelung gilt auch zugunsten von Kindern ohne Konfessionszugehörigkeit und zugunsten ausländischer Kinder, die einer nichtchristlichen Religionsgemeinschaft angehören (z. B. Muslime).

Artikel 14
[Religionsunterricht]

(1) Der Religionsunterricht ist ordentliches Lehrfach an allen Schulen, mit Ausnahme der Weltanschauungsschulen (bekenntnisfreien Schulen). Für die religiöse Unterweisung bedarf der Lehrer der Bevollmächtigung durch die Kirche oder durch die Religionsgemeinschaft. Kein Lehrer darf gezwungen werden, Religionsunterricht zu erteilen.

(2) Lehrpläne und Lehrbücher für den Religionsunterricht sind im Einvernehmen mit der Kirche oder Religionsgemeinschaft zu bestimmen.

(3) Unbeschadet des staatlichen Aufsichtsrechtes haben die Kirchen oder die Religionsgemeinschaften das Recht, nach einem mit der Unterrichtsverwaltung vereinbarten Verfahren sich durch Einsichtnahme zu vergewissern, daß der Religionsunterricht in Übereinstimmung mit ihren Lehren und Anforderungen erteilt wird.

(4) Die Befreiung vom Religionsunterricht ist abhängig von einer schriftlichen Willenserklärung der Erziehungsberechtigten oder des religionsmündigen Schülers.

Absatz 1 Satz 1 gewährleistet den *Religionsunterricht in den öffentlichen Schulen als* **1** *ordentliches Lehrfach.* Der Religionsunterricht, der zu den Pflichtlehrfächern gehört, die versetzungserheblich sein können, ist damit zu einem Bestandteil der staatlichen Schulorganisation und der Unterrichtsarbeit erhoben. Satz 2 stellt zugleich klar, dass der Lehrer zur Erteilung von Religionsunterricht der Bevollmächtigung durch die Kirche oder Religionsgemeinschaft bedarf. Der Religionslehrer hat Sitz und Stimme in der Lehrerkonferenz; die Note erscheint im Zeugnis. Der Staat trägt die sächlichen und persönlichen Kosten und übt das Aufsichtsrecht über den Religionsunterricht aus. Eltern, Schüler und Religionsgemeinschaften haben einen Anspruch darauf, dass in der Schule Religionsunterricht erteilt wird; bei entsprechender Schülerzahl gilt das auch für den nichtchristlichen, z. B. den islamischen Religionsunterricht. In Nordrhein-Westfalen ist die Forderung muslimischer Mitbürgerinnen und Mitbürger nach der Einführung eines islamischen Religionsunterrichts an allen Schulen mit einer ausreichenden Zahl muslimischer Schüler bislang daran gescheitert, dass es auf islamischer Seite an einer Instanz fehlt, die die Legitimation besitzt, Glaubensgrundsätze für den Unterricht festzulegen. So hat das Verwaltungsgericht Düsseldorf im November 2001 die Klage zweier muslimischer Organisationen (Islamrat und Zentralrat der Muslime) zur Einrichtung muslimischen Religionsunterrichts abgewiesen (zur Problematik vgl. *Renck und Rüfner,* Islamischer Religionsunterricht – wann endlich? NWVBl. 2001,425 f.). Artikel 14 kann jedoch keine Verpflichtung des Staates entnommen werden, Schulen bestimmter religiöser oder weltanschaulicher Prägung einzurichten. Der Lehrfachzwang gilt für alle öffentlichen und privaten Schulen, also neben den Volksschulen (Grund- und Hauptschulen) auch für die Realschulen, die Gymnasien, die Berufsschulen und die Berufsfachschulen. Bezüglich der Privatschulen geht die nordrhein-westfälische Landesverfassung über die nicht über Artikel 4 übernommene Bestimmung in Artikel 7 Abs. 3 GG hinaus. Ausgenommen von dem Zwang zur Erteilung von Religionsunterricht sind lediglich die Weltanschauungsschulen (bekenntnisfreien Schulen).

Kirchen und Religionsgemeinschaften nehmen auf den Religionsunterricht in **2** mehrfacher Weise Einfluss. Dies geschieht nach Absatz 1 Satz 2 zunächst durch das Erfordernis einer kirchlichen Vollmachterteilung (missio canonica, vocatio), ferner durch ihre den Staat bindende Mitwirkung bei der Bestimmung von Lehrplänen und Lehrbüchern für den Religionsunterricht (Absatz 2) und durch das Recht zur Einsichtnahme in den Religionsunterricht (Visitationsrecht, Absatz 3). Alle diese Mitwirkungsbefugnisse setzen aber die Legitimation zur verbindlichen Festlegung von Glaubensgrundsätzen für die Kirche oder Glaubensgemeinschaft voraus. Ein Recht, dem Religionslehrer Weisungen zu erteilen, ist mit dem Einsichtsrecht allerdings nicht verbunden. Nach Absatz 1 Satz 3 ist als besondere Ausprägung der Glaubensfreiheit (Artikel 4 GG, der bindendes Landesverfassungsrecht ist) das Recht des Lehrers und der Lehrerin gewährleistet, die Erteilung von Religionsunterricht abzulehnen. Zur Teilnahme an einem gemeinsamen Schulgebet in einer öffentlichen Schule außerhalb des Religionsunterrichts darf ein Schüler wegen des darin liegenden Verstoßes gegen die negative Bekenntnisfreiheit nicht gezwungen werden (OVG Münster, DÖV 1973, 65; BVerwGE 44, 196).

3 Nach einer Entscheidung des Bundesverwaltungsgerichts aus dem Jahre 1993 (DVBl. 1994, 172) darf die (nordrhein-westfälische) Schule die Schüler ohne Beeinträchtigung der Glaubensentscheidung dem Dialog mit anderen Überzeugungen aussetzen. Auf der Grundlage christlicher Bildungswerte könne dazu auch die Ausstattung von Klassenräumen mit Kreuzen gehören. Inwieweit diese Entscheidung durch den Kruzifix-Beschluss des 1. Senats des Bundesverfassungsgerichts vom 16. 5. 1995 (BVerfGE 93, 1 ff.) in Frage gestellt ist, kann durchaus zweifelhaft sein. Das BVerfG hat den Minderheitenschutz hervorgehoben und festgestellt, dass der Staat den Einzelnen vor Angriffen und Behinderungen durch Anhänger anderer Glaubensrichtungen oder konkurrierender Religionsgruppen schützen muss. Danach ist die staatliche Anordnung zur Anbringung eines Kruzifixes in allen Unterrichtsräumen einer staatlichen Pflichtschule (in Bayern), die keine Bekenntnisschule ist, als Verstoß gegen Artikel 4 Abs. 1 GG anzusehen. Da das Schulwesen jedoch in den Ländern – entsprechend der ihnen im Bundesstaat zustehenden Kompetenz zur Ausgestaltung des Schulwesens – durchaus unterschiedlich organisiert ist, muss die Frage gestellt werden, ob die allein aus dem Grundrechtsteil des Grundgesetzes entwickelte Argumentation des BVerfG es rechtfertigt, sämtliche Unterschiedlichkeiten zu überspielen, die die Länder gerade in diesem für sie wichtigen Regelungsbereich getroffen haben (so *M. Dietlein*, Festschrift *Stern*). So ist für NRW zu berücksichtigen, dass die Bejahung des Christentums auch im Schulkompromiss des Jahres 1968 dadurch motiviert war, dass christliche Überzeugungen einen Damm gegen diktatorische Manipulationen bilden sollten. Es spricht deshalb manches dafür, dass die Entscheidung des Bundesverwaltungsgerichts aus dem Jahre 1993 für NRW trotz des Kruzifix-Beschlusses des BVerfG weiterhin Bestand hat. – Bei einem koedukativ angebotenen Sportunterricht kann ein Anspruch auf Befreiung von der Teilnahme bestehen, wenn dadurch für eine Schülerin islamischen Glaubens wegen der Bekleidungsvorschriften des Koran ein unlösbarer Gewissenskonflikt ensteht (BVerwGE 94, 82 ff.).

4 Artikel 14 Abs. 4 enthält ein besonderes Grundrecht, indem es die Freiheit der Erziehungsberechtigten und des religionsmündigen Schülers (und der Schülerin) gewährleistet, die *Befreiung vom Religionsunterricht* zu erwirken. Nach § 34

Schulordnungsgesetz NRW beginnt die Religionsmündigkeit mit Erreichen des 14. Lebensjahres. Zur Nichtteilnahme an Gottesdiensten und anderen religiösen Veranstaltungen bedarf es einer solchen Erklärung nicht, da sie nicht zu dem zum Pflichtfach erklärten Religionsunterricht gehören.

Artikel 15
[Lehrerbildung]

Die Ausbildung der Lehrer erfolgt in der Regel an wissenschaftlichen Hochschulen. Sie berücksichtigt die Bedürfnisse der Schulen; es ist ein Lehrangebot zu gewährleisten, das diesem Erfordernis gerecht wird. Es ist sicherzustellen, dass die Befähigung zur Erteilung des Religionsunterrichts erworben werden kann.

Artikel 15 ist durch Gesetz vom 24. 6. 1969 neugefasst worden. Entsprechend **1** der konfessionellen Ausrichtung der Volksschulen sah die Bestimmung ursprünglich vor, dass die Ausbildung der Lehrkräfte für die Volksschulen in der Regel auf bekenntnismäßiger Grundlage erfolge. Demgemäß erfolgte die Lehrerausbildung für die Volksschulen zunächst in den überwiegend bekenntnismäßig ausgerichteten Pädagogischen Akademien. Diese wurden 1962 in Pädagogische Hochschulen umbenannt und durch das Statusgesetz vom 9. 6. 1965 schrittweise in eigenständige wissenschaftliche Hochschulen umgewandelt. Im Zuge der Änderung von Artikel 12 über die Volksschulen ist diese bekenntnismäßige Ausrichtung der Lehrerbildung 1969 entfallen. Durch Angleichung an die Universitäten in Bezug auf die Personal- und Organisationsstruktur sowie die Verleihung der üblichen akademischen Rechte wurden sie zu uneingeschränkten wissenschaftlichen Hochschulen. Durch das Gesamthochschulerrichtungsgesetz von 1972 und das Wissenschaftliche Hochschulgesetz vom 30. 11. 1979 wurden alle Pädagogischen Hochschulen in andere wissenschaftliche Hochschulen überführt. Die Lehrerausbildung ist im Lehrerausbildungsgesetz und in der Ordnung für die Ersten und Zweiten Staatsprüfungen geregelt.

Artikel 15 Satz 3 soll sicherstellen, dass die Regelung in Artikel 14 über den **2** Religionsunterricht als ordentliches Lehrfach nicht dadurch leerläuft, dass entsprechende *Ausbildungsmöglichkeiten* nicht bestehen; zudem begründet er die Kostentragungspflicht des Staates für die Aufrechterhaltung des Ausbildungsangebots. Die Einzelheiten der Religionslehrerausbildung sind mit dem Heiligen Stuhl und den evangelischen Landeskirchen vertraglich geregelt worden. Ergänzend zu der staatlichen Religionslehrerausbildung an vielen Universitäten und Gesamthochschulen unterhalten die Katholische Kirche in Essen-Werden und die Evangelische Kirche in Villigst und Bad Godesberg kirchliche Lehrerfortbildungs- und Weiterbildungsstätten. Das Land gewährt den großen Kirchen zur Unterstützung dieser Ausbildungseinrichtungen laufende Zuschüsse (2000: je 1,15 Mio. DM). Die großen Kirchen sind Träger der evangelischen Fachhochschule Bochum und der katholischen Fachhochschule Köln (mit mehreren Außenstellen) für die Fächer Sozialarbeit und Sozial- und Religions-pädagogik, die vom Land in Abhängigkeit von der Zahl der Studierenden bezuschusst werden. Vom Land finanziert werden auch die Theologischen Fakultäten an den Universitäten.

Artikel 16
[Universitäten und Hochschulen]

(1) Die Universitäten und diejenigen Hochschulen, die ihnen als Stätten der Forschung und der Lehre gleichstehen, haben unbeschadet der staatlichen Aufsicht das Recht auf eine ihrem besonderen Charakter entsprechende Selbstverwaltung im Rahmen der Gesetze und der staatlich anerkannten Satzungen.

(2) Zur Ausbildung ihrer Geistlichen haben die Kirchen und zur Ausbildung ihrer Religionsdiener die Religionsgemeinschaften das Recht, eigene Anstalten mit Hochschulcharakter zu errichten und zu unterhalten.

1 In besonderer Ausprägung der durch Artikel 5 Abs. 3 GG gewährleisteten Freiheit der Wissenschaft, der Forschung und Lehre, die über Artikel 4 Abs. 1 LV bindendes Landesverfassungsrecht ist (s. dort), enthält Artikel 16 in Absatz 1 eine *spezielle institutionelle Garantie des Selbstverwaltungsrechts der Universitäten* und der ihnen gleichstehenden Hochschulen mit Grundrechtscharakter. Das Recht zur Selbstverwaltung umfasst die Planung, die Organisation und die Durchführung von Forschung und Lehre sowie die Promotion und die Habilitation und auch die Mitwirkung bei der Berufung von Hochschullehrern. Das Land nimmt die Hochschulaufsicht, soweit sie sich auf den Bereich der Selbstverwaltungs-angelegenheiten bezieht, als Rechtsaufsicht wahr. Da die Universitäten und wissenschaftlichen Hochschulen aber auch weisungsgebundene staatliche Aufgaben erfüllen, unterliegen sie insoweit der vollen Fachaufsicht der staatlichen Wissenschaftsverwaltung. Das Bundesverfassungsgericht hat mit Beschluss vom 31. 5. 1995 festgestellt, dass die im nordrhein-westfälischen Universitätsgesetz in der Fassung von 1993 enthaltene Ermächtigung des Ministeriums für Wissenschaft und Forschung zum Erlass einer Rechtsverordnung über Eckdaten für Studium und Prüfungen und die Regelung über die Stellung der Dekane im Fachbereich mit der Wissenschaftsfreiheit vereinbar sind, und die Verfassungsbeschwerde von Universitäten und Hochschullehrern gegen dieses Gesetz zurückgewiesen (BVerfGE 93, 85 ff. = DVBl. 1995, 1076 ff.). Die Selbstverwaltungsgarantie der Hochschulen hindert den Landesgesetzgeber („im Rahmen der Gesetze") nicht daran, die von den Hochschulen genutzten Liegenschaften einem Landesbetrieb zu Eigentum und zur Bewirtschaftung zuzuweisen, wie es mit der Gründung des Bau- und Liegenschaftsbetriebs (BLB) im Jahr 2001 geschehen ist. Dieser ist allerdings gehalten, seine Eigentümerfunktion unter Beachtung der besonderen Gewährleistung der Hochschulautonomie auszuüben, weil Gesetzgebung und Exekutive gemeinsam gehalten sind, die Autonomiegarantie im Kern unbeeinträchtigt zu lassen.

Ob die Gründung *privater Hochschulen* von dem Grundrecht der Wissenschafts- **2**
freiheit nach Artikel 5 Abs. 3 des Grundgesetzes umfasst ist, ist im Verfassungs-
schrifttum umstritten. Nach dem nordrhein-westfälischen Wissenschaftlichen
Hochschulgesetz können sie als gleichstehende Hochschulen anerkannt werden. Das ist im Jahre 1972 mit der Anerkennung der Privaten Hochschule in
Witten-Herdecke erstmals geschehen; inzwischen wird diese Hochschule auch
durch Landeszuschüsse gefördert.

Durch Erweiterungsmaßnahmen und Neugründungen in den sechziger und **3**
siebziger Jahren ist Nordrhein-Westfalen zu der mit 38 staatlichen und 14
staatlich anerkannten privaten Hochschulen *räumlich dichtesten Hochschulland-*
schaft in Europa ausgebaut worden. Neben die drei alten Universitäten Bonn (seit
1818), Köln (seit 1919) und Münster (seit 1902) und die für spezielle Fachrich-
tungen entstandene Rheinisch-Westfälische Technische Hochschule Aachen
(seit 1870) und die 1907 als Akademie für praktische Medizin gegründete
heutige Universität Düsseldorf traten in den sechziger Jahren Neugründungen
in Dortmund, Bochum und Bielefeld. Durch das Gesamthochschulgesetz von
1972 wurden die Gesamthochschulen in Duisburg, Essen, Paderborn, Siegen
und Wuppertal gegründet, die heute Universitäten-Gesamthochschulen heißen, und ferner acht Gesamthochschulbereiche geschaffen. Zur nordrhein-
westfälischen Hochschullandschaft gehören ferner die im Jahre 1974 gegründete
Fernuniversität in Hagen, (ebefalls seit 1974) die Deutsche Sporthochschule in
Köln und die staatlichen Fachhochschulen. Hinzu treten die Staatlichen Hochschulen für Musik (Rheinland, Ruhr, Westfalen-Lippe) und die Kunstakade-
mie/Hochschule für bildende Künste in Düsseldorf und Münster. Im Win-
tersemester 1998/99 gab es rund 501 000 Studierende, mehr als in Bayern und
Baden-Württemberg zusammen. An den nordrhein-westfälischen Hochschulen studieren 28 Prozent aller in Deutschland Studierenden. In den letzten 10
Jahren konnten die für Wissenschaft und Forschung ausgegebenen Landesmittel
um 50 Prozent gesteigert werden. Mehr als 90 rechtlich selbständige, meist den
Hochschulen angegliederte Forschungseinrichtungen sichern die Koordination
zwischen Hochschulforschung und der außeruniversitären Forschung ab. Im
Rahmen des Innovationsprogramms Forschung werden nicht nur die Universitäten, sondern auch die Fachhochschulen in die Entwicklung von Forschungs-
und Entwicklungsschwerpunkten einbezogen, die aus Landesmitteln gefördert
werden. Ein aktuelles Ziel der Landesregierung ist es, neben einer umfassenden
Grundlagenforschung einen offenen Austausch zwischen Wissenschaft und
Wirtschaft über angewandte transferorientierte Forschung zu organisieren und
zu intensivieren. Informationen über die Hochschul- und Forschungspolitik des
Landes finden sich unter der Internet-Adresse www.mswf.nrw.de .

Die von den *Kirchen und Religionsgemeinschaften* errichteten Hochschulen zur **4**
Ausbildung ihrer Geistlichen sind private Hochschulen und bedürfen keiner
staatlichen Genehmigung (Absatz 2). Sie unterliegen auch nicht der staatlichen
Aufsicht. Nicht damit zu verwechseln sind die *theologischen Fakultäten an den*
Universitäten. Sie sind Teil der Universitäten und unterliegen damit der staatli-

chen Aufsicht und den sonstigen für die Universitäten geltenden Bestimmungen. Für sie gelten besondere staatliche Gewährleistungen, die sich aus den Kirchenverträgen ergeben (s. dazu näher die Erläuterungen zu Artikel 23, ferner zu Artikeln 12 und 15).

Artikel 17
[Erwachsenenbildung]

Die Erwachsenenbildung ist zu fördern. Als Träger von Einrichtungen der Erwachsenenbildung werden neben Staat, Gemeinden und Gemeindeverbänden auch andere Träger, wie Kirchen und freie Vereinigungen, anerkannt.

1 Artikel 17 geht auf die Bestimmung des Artikel 148 der Weimarer Reichsverfassung zurück, der die Förderung des *„Volksbildungswesens"* vorsah. Angesichts der raschen Entwicklung in allen Wissens- und Lebensbereichen kommt dem sog. „quartären Bildungsbereich" eine noch immer zunehmende Bedeutung zu. In einem modernen Industriestaat kann der Lernprozess zu keinem Zeitpunkt als völlig abgeschlossen betrachtet werden. Mit der Förderung der Erwachsenenbildung erfüllt das Land die Aufgabe, seinen Bürgerinnen und Bürgern die Chance zur Teilnahme an diesem dauernden Lernprozess zu ermöglichen. In Ausführung des Verfassungsauftrags des Artikels 17 hat Nordrhein-Westfalen als erstes Land bereits 1953 das Gesetz über die Zuschussgewährung an Volkshochschulen und entsprechende Volksbildungseinrichtungen erlassen. Mit dem „Strukturplan für das Bildungswesen" hat der Deutsche Bildungsrat 1970 den traditionellen Begriff „Erwachsenenbildung" in eine Definition von „Weiterbildung" eingebunden, die den gesamten „ergänzenden nachschulischen, umfassenden Bildungsbereich" einbezieht.

2 *Einrichtungen der Erwachsenenbildung* sind alle Veranstaltungen und Institutionen, in denen Erwachsene aller Bevölkerungsgruppen, Berufe und Altersschichten ihre Bildung, Kenntnisse und Fähigkeiten auf freiwilliger Grundlage und außerhalb der öffentlichen und privaten Schulen und Hochschulen erweitern und vertiefen können. Die Weiterbildungslandschaft in NRW ist außerordentlich vielgestaltig. Zur Orientierung stehen eine Reihe laufend ausgebauter Weiterbildungsdatenbanken und Beratungsdienste zur Verfügung (nähere Angaben dazu im NRW-Lexikon, Stichwort „Erwachsenenbildung/Weiterbildung"; im Internet über www.nrw.de zugänglich). Zu den Weiterbildungseinrichtungen in öffentlich-rechtlicher Trägerschaft gehören in erster Linie die von den Gemeinden getragenen Volkshochschulen (derzeit bestehen in Nordrhein-Westfalen 139 derartige Bildungseinrichtungen), ferner 57 zumeist kommunale Schulen des zweiten Bildungswegs und 244 Fachschulen, die der beruflichen Höherqualifizierung dienen. Als weitere Einrichtungen zu nennen sind die Bildungswerke, Büchereien, Filmveranstaltungen (z. B. der Landesfilmdienst in Düsseldorf), Funk- und Kunstveranstaltungen, Museen, Ausstellungen, Seminare und Vortragsveranstaltungen (beispielsweise solche der Landeszentrale für politische Bildung). Als Träger des Bildungswesens kommen in Betracht das Land, die Gemeinden und Gemeindverbände, die Kirchen und Religionsgemeinschaften, die politischen Parteien und Stiftungen, die Gewerkschaften und Berufsverbände und private Organisationen. Insgesamt bestehen in Nordrhein-Westfalen einschließlich der Volkshochschulen 554 nach dem Weiterbildungsgesetz anerkannte und geförderte Einrichtungen der Erwachsenenbildung (1997). Zum Zwecke von Kooperation und Angebotsabstimmung haben die Träger dieser Einrichtungen verschiedene Landesorganisationen gegründet. Darunter finden sich übergreifende Zusammenschlüsse wie der „Landesverband Nordrhein-Westfalen für Weiterbildung in Technik und Wirtschaft" und der „Arbeitskreis der Bildungsstätten und Akademien (Heimvolkshochschulen)". Nach einem Beschluss des Landtags vom April 1995 werden jährliche Weiterbildungskonferenzen durchgeführt, die der Entwicklung von Perspektiven der Weiterbildungspolitik dienen sollen.

Die *Förderung der Erwachsenenbildung* kann in finanzieller Unterstützung, der **3** Bereitstellung von Räumen, in der Ausbildung geeigneter Persönlichkeiten und in Steuererleichterungen bestehen. Die Förderung kann mit einer Aufsicht oder Einflussnahme des Landes oder der Gemeinden verbunden werden, sofern dies nicht gegen die Meinungsfreiheit und die Vereinigungsfreiheit verstößt. Die Ausgaben des Landes für die Weiterbildung liegen seit langem weit höher als in allen anderen Ländern der Bundesrepublik. Sie haben sich allerdings in den vergangenen zehn Jahren unter aktuellen Sparzwängen nicht so entwickelt, wie es engagierte Bildungspolitiker forderten. Ein Teil der Einbußen an Landesmitteln haben die Träger der Erwachsenenbildung jedoch durch einen steigenden Eigenanteil auffangen können.

Die Einzelheiten sind im Weiterbildungsgesetz vom 31. 7. 1974 festgelegt, das **4** inzwischen mehrfach novelliert worden ist. Es soll sicherstellen, dass ein bedarfdeckendes Angebot an Lehrveranstaltungen zur Weiterbildung gewährleistet wird. Dabei sind die kommunalen Volkshochschulen zu einer Grundversorgung verpflichtet. Die Einrichtungen der Weiterbildung haben das Recht auf selbständige Lehrplangestaltung; die Freiheit der Lehre wird gewährleistet. Die Förderung von Einrichtungen in privater Trägerschaft setzt die staatliche Anerkennung voraus, die an bestimmte gesetzlich vorgegebene Voraussetzungen gebunden ist. Das Landesinstitut für Schule und Weiterbildung unterstützt die Weiterbildungseinrichtungen durch Dienstleistungen und grundlegende Entwicklungsangebote.

Das 1985 in Kraft getretene nordrhein-westfälische Arbeitnehmerweiterbil- **5** dungsgesetz räumt jedem Arbeitnehmer den Anspruch auf fünf Tage bezahlte Freistellung vom Beruf zum Zwecke der beruflichen und politischen Bildung im Jahr ein. Auf eine Klage von Arbeitgeberseite hat das Bundesverfassungsgericht dieses Gesetz mit Entscheidung vom 15. 12. 1987 für verfassungsgemäß erklärt, weil seine Regelungen durch Gründe des Allgemeinwohls gerechtfertigt seien (BVerfGE 77, 308 ff.). Wegen einer Reihe von Auslegungsfragen zu dem Gesetz besteht allerdings weiterhin eine nicht geringe Rechtsunsicherheit. Die Freistellungen nach dem Arbeitnehmerweiterbildungsgesetz stiegen zwar zunächst von 28 000 im Jahre 1985 auf 41 000 im Jahre 1990 an; der Anteil der Frauen erhöhte sich in diesem Zeitraum von 31,3 auf 45 %. Seither stagnieren diese Zahlen allerdings (1995: 44 371; 1997: 41 733 Freistellungen). Damit macht weniger als ein Prozent der Anspruchsberechtigten Gebrauch von der Freistellungsmöglichkeit. Der Anteil der Frauen liegt mittlerweile bei 50 Prozent.

Artikel 18
[Kultur, Kunst und Wissenschaft, Sport]

(1) Kultur, Kunst und Wissenschaft sind durch Land und Gemeinden zu pflegen und zu fördern.

(2) Die Denkmäler der Kunst, der Geschichte und der Kultur, die Landschaft und Naturdenkmale stehen unter dem Schutz des Landes, der Gemeinden und Gemeindeverbände.

(3) Sport ist durch Land und Gemeinden zu pflegen und zu fördern.

1 Der in Artikel 18 Abs. 1 enthaltene Auftrag an Land und Gemeinden stellt ein Gegenstück zu der in Artikel 5 Abs. 3 GG garantierten Freiheit von Kunst und Wissenschaft dar. Nach der Kompetenzverteilung des Grundgesetzes ist die *Kulturpflege Sache der Länder;* zu ihr gehören auch der *Sport* und die *Denkmalspflege.* Dem Bund steht nach Artikel 74 Nr. 5 GG lediglich die Befugnis zur konkurrierenden Gesetzgebung zum Schutz deutschen Kulturgutes gegen Abwanderung ins Ausland zu. Ferner kann er Rahmenvorschriften über Naturschutz und Landschaftspflege erlassen. Diese verfassungsrechtliche Zuständigkeitsordnung lässt sich auch nicht durch die Bestellung eines Bundeskulturbeauftragten zugunsten des Bundes verschieben. Das Kulturleben in Deutschland ist in besonderer Weise durch die Vielgestaltigkeit der Regionen, ihrer Geschichte und Traditionen und ihre kreativen Kräfte geprägt. Eine deutsche „Bundeskultur" gibt es nicht; sie ist auch nicht wünschbar, da das kulturelle Leben in der modernen Medienkultur auch ohne sie ausreichenden Nivellierungstendenzen ausgeliefert ist.

2 Die Förderung von *Kultur, Kunst und Wissenschaft* ist Bestandteil der staatlichen Förderung der freien Entfaltung der Persönlichkeit der im Lande lebenden Menschen. Alle Formen künstlerischer Kreativität sind Ausdruck einer individuellen menschlichen Betätigung. Die Aufgabe des Staates in der Kulturpolitik muss darin bestehen, künstlerische Schaffensprozesse als Ausdruck kultureller Pluralität und die Teilhabe des und der einzelnen am kulturellen Leben zu ermöglichen und zu fördern. Traditionell wird Kulturpolitik in Nordrhein-Westfalen in erster Linie von den Kommunen betrieben und getragen. Die

Konzeption und die Förderungspolitik des Landes ist auf Zusammenarbeit (Beratung und Koordinierung kulturpolitischer Konzepte) und Unterstützung (Zuschüsse) angelegt. Grundsätzlich betreibt das Land seine Kulturförderung subsidiär, indem es die Gemeinden über Zuweisungen so ausstattet, dass die Städte und Gemeinden im Rahmen ihrer kommunalen Selbstverwaltung in eigener Verantwortung entscheiden, welche Aufgaben im kulturellen Bereich sie mit diesen Mitteln finanzieren wollen.

Die Ruhrgebietsstädte sind dank der von ihnen mit Unterstützung des Landes **3** betriebenen Kulturpolitik auf dem Bereich des Schauspiels, des Musiktheaters und des Tanzes nach Einschätzung der UNESCO zu einer der fünf bedeutendsten Theater-Regionen der Welt geworden. Nordrhein-Westfalen verfügt über eine vielfältige Museenlandschaft. 1999 gab es im Lande insgesamt 540 (1991: 491) Museen. Als Landesgalerie besonders zu nennen ist die Kunstsammlung Nordrhein-Westfalen in Düsseldorf, die auf der Grundlage der 1960 von der Landesregierung erworbenen Sammlung von 88 Werken Paul Klees entstanden ist und sich auf die Malerei des 20. Jahrhunderts konzentriert. In Köln wird Kunst des 20. Jahrhunderts in den international renommierten Sammlungen des Museums Ludwig und des Wallraf-Richartz-Museums gezeigt. An der Entwicklung der Musikpflege aller Genres haben der WDR und die dichte Medienszene einen entscheidenden Anteil. Die musikalische Ausbildung an den 180 Musikschulen (davon 137 in kommunaler Trägerschaft) wird zu 60 Prozent von den Gemeinden finanziert; 35 Prozent werden durch Unterrichtsgebühren gedeckt. Das Land fördert in diesem Bereich nur besondere Aufgaben.

Einen hohen Anteil an der regionalen Kulturpflege haben die 1953 gegründeten **4** *Landschaftsverbände* in Köln und Münster (s. zu den Landschaftsverbänden auch Anm. 3 zu Artikel 78). Bei ihnen sind die Landesdenkmalämter Rheinland (mit Sitz in Bonn) und Westfalen-Lippe (Münster) angesiedelt. Die Landschaftsverbände unterhalten je ein aus preußischer Zeit stammendes Landesmuseum für Kunst und Kulturgeschichte, bei denen auch die archäologische Grabungshoheit liegt. Sie haben jeweils ein Museumsamt zur Beratung der kleineren Museen. Sie sind auch Träger der Freilicht-Museen in Kommern (Eifel), Detmold, Hagen und Xanten und zweier Industrie-Museen in Oberhausen und Dortmund. Eine besondere Form der vom Land geförderten kommunalen Zusammenarbeit zur Kulturpflege sind die Sekretariate für gemeinsame Kulturarbeit in Wuppertal und Gütersloh. Sie ermöglichen und vermitteln Veranstaltungen und Projekte. Ihre Aktivitäten haben die Kulturlandschaft in Nordrhein-Westfalen außerordentlich belebt.

Rechtsgrundlage für den Schutz und die Erhaltung von Bau- und Kunstdenk- **5** mälern sowie von Bodendenkmälern ist das Denkmalschutzgesetz vom 11.3.1980. Aufgabe von Denkmalschutz und Denkmalpflege ist es danach, Denkmäler zu schützen, zu pflegen, sinnvoll zu nutzen und wissenschaftlich zu erforschen. Neben dem Erhalt archäologischer Stätten und historischer Stadtkerne verdienen im Industrieland Nordrhein-Westfalen zahlreiche technische

Baudenkmäler eine besondere Beachtung. Hierzu gehören z. B. alte Industrie-gelände, Fördertürme und Mühlen. Ende 2000 waren rund 75 000 (1991: 59 014) Baudenkmäler, mehr als 4 700 (1991: 3 181) Bodendenkmäler und rund 600 (1991: 446) bewegliche Denkmäler in die gemeindlichen Denkmallisten eingetragen. Seit 1986 fördert die Nordrhein-Westfalen-Stiftung Naturschutz, Heimat und Kulturpflege Projekte, die dem Erhalt der Natur und Landschaft, von Denkmälern und Kulturgütern dienen. Die ersten drei Initiativen betrafen die Restaurierung des Marienschreins im Aachener Dom, die Erhaltung zweier denkmalgeschützter Zechentürme im Ruhrgebiet und die Sicherung von Feuchtwiesen in den Weserauen. Die Stiftung will dazu beitragen, das Heimat-gefühl zu stärken und das Landesbewusstsein zu fördern.

6 In Nordrhein-Westfalen sind 14 Naturparks gelegen, die mit einer Fläche von 10 000 km^2 knapp 30 Prozent der Fläche des Landes ausmachen. 1999 hatte das Land 1 528 rechtsverbindlich festgelegte Naturschutzgebiete, in denen Natur und Landschaft in ihrer Ganzheit und bestimmte wildwachsende Pflanzen- oder wildlebende Tierarten besonders geschützt sind. Auf der Grundlage der Na-turschutz-Leitlinie „Natur 2000" entwickelt das Land gegenwärtig sechs Großlandschaften mit zwölf Naturreservaten und zwei Freiraumreservaten. Wichtige Naturschutzprogramme sind das Ökologieprogramm Emscher-Lip-pe, das Feuchtwiesen-Schutzprogramm NRW und das Gewässerauenpro-gramm. Nordrhein-Westfalen investiert zur Verwirklichung des Naturschutzes und der Landschaftpflege jährlich mehr als 50 Mio. Euro.

7 Als erstes der alten Länder hat Nordrhein-Westfalen im November 1992 auf Antrag von SPD und CDU den *Sport* in der Landesverfassung verankert. Der Sport als öffentliche Aufgabe, die dem Gemeinwohl dient, ist Staatsziel gewor-den. Die integrative Wirkung des Sports ist in der modernen Gesellschaft von erheblicher kultureller und politischer Bedeutung. Die Anerkennung dieser Bedeutung stellt eine Vorgabe für die Auslegung und Fortbildung des Planungs-und des Nachbarrechts und die Verzahnung mit den Belangen des Umwelt-schutzes dar, wobei die Landesverfassung darauf verzichtet, den grundsätzlichen Vorrang der einen öffentlichen Aufgabe vor den anderen festzulegen. Kollidie-ren Vorhaben der Sportförderung mit Belangen des Umweltschutzes (z. B. bei von Sportstätten ausgehender Lärmbelästigung oder wegen der Belastung des Wasserkreislaufs durch Einsatz von Chemikalien auf Golfplätzen), so kommt es auf eine Abwägung der Belange im Einzelfall an. Die Befürchtung einer Beein-trächtigung von Umweltschutzbelangen in derartigen Fällen hat die Fraktion der GRÜNEN im nordrhein-westfälischen Landtag dazu veranlasst, der Einfü-gung des Staatsziels der Sportförderung die Zustimmung zu versagen. In Nord-rhein-Westfalen trieben 1999 rund 4,9 Mio Menschen in mehr als 20 000 Vereinen Sport. In Zusammenarbeit mit den Sportorganisationen werden vom Land mit dem „Aktionsprogramm Breitensport" Sportangebote für unter-schiedliche Alters- und Bevölkerungsgruppen entwickelt. 1992 wurde im Kreis Borken eine „Europäische Akademie des Sports" gegründet, deren Hauptziel der Erfahrungsaustausch mit europäischen Partnerregionen ist.

Im Zentrum der Aktivitäten des Landes zur *Förderung der Wissenschaft* stehen die **8**
Universitäten und Hochschulen des Landes und die Beiträge, die das Land zur
Unterhaltung der beiden großen von Bund und Ländern gemeinsam getragenen
Institutionen der Wissenschaftsförderung, der Deutschen Forschungsgemein-
schaft und der Max-Planck-Gesellschaft, aufbringt. Nordrhein-Westfalen hat
eine hochentwickelte Forschungsinfrastruktur mit 38 staatlichen und 14 staatlich anerkannten privaten Hochschulen, elf Max-Planck-Instituten, sechs In-
stituten der Fraunhofer Gesellschaft und mehr als 90 rechtlich selbständigen,
meist den Hochschulen angegliederten Forschungseinrichtungen. Dem wissenschaftlichen Gedankenaustausch unter Gelehrten aller Disziplinen und mit
Vertretern des politischen und wirtschaftlichen Lebens dient die im Jahre 1970
gegründete und vom Land getragene Nordrhein-Westfälische Akademie der
Wissenschaften, die aus der bereits 1950 gebildeten Arbeitsgemeinschaft für
Forschung hervorgegangen ist. Daneben fördert und koordiniert sie Langzeit-
projekte der Grundlagenforschung. Ihrem interdisziplinären Ansatz entsprechend und anders als die älteren deutschen wissenschaftlichen Akademien hatte
sie die Ingenieurwissenschaften ursprünglich in ihre naturwissenschaftliche
Klasse integriert. Zum 1. April 2000 hat sich die Akademie eine neue Struktur
gegeben, in der nunmehr eine Klasse für Ingenieur- und Wirtschaftswissen-
schaften gebildet ist. Mit der Gründung des Wissenschaftszentrums in Düsseldorf, unter dessen Dach das Institut Arbeit und Technik in Gelsenkirchen, das
Kulturwissenschaftliche Institut in Essen und das Wuppertal Institut für Klima,
Umwelt, Energie GmbH miteinander verbunden sind, verfolgt das Land die
Konzeption, die Entwicklung von Technik und Wissenschaft selbst wissenschaftlich zu begleiten, damit sie letztlich gesellschaftlich-politisch verantwort-
lich werden kann. Eine kritische Stellungnahme des Wissenschaftsrats hat inzwischen zu Überlegungen über eine Umstrukturierung dieser Einrichtungen
geführt (2002). In Nordrhein-Westfalen gab es 1997 mehr als 2 700 Bibliotheken; davon waren 211 wissenschaftliche Bibliotheken.

Artikel 19
[Freie Religionsausübung]

**(1) Die Freiheit der Vereinigung zu Kirchen oder Religionsgemein-
schaften wird gewährleistet. Der Zusammenschluss von Kirchen oder
Religionsgemeinschaften innerhalb des Landes unterliegt keinen Beschränkungen.**

**(2) Die Kirchen und die Religionsgemeinschaften ordnen und verwalten
ihre Angelegenheiten selbständig innerhalb der Schranken des für alle
geltenden Gesetzes. Sie haben das Recht, ihre Ämter ohne Mitwirkung
des Staates und der politischen Gemeinden zu verleihen oder zu entziehen.**

Die Behandlung des *Verhältnisses von Staat und Kirche* in der nordrhein-westfäli- **1**
schen Landesverfassung ist durch das Ineinandergreifen der kirchenpolitischen

Bestimmungen der Weimarer Reichsverfassung (WRV), die über Artikel 22 LV und Artikel 140 GG Bestandteil des Landesverfassungsrechts sind, und einzelner Sondernormen gekennzeichnet, in denen die Landesverfassung ergänzende Regelungen trifft. Sinn dieses Vorgehens war es, eine Sicherung der Rechtslage auch für den Fall eines Außerkrafttretens des Grundgesetzes zu bewirken. Daneben sollte die Zuständigkeit des Verfassunggerichtshofs für Streitigkeiten in diesem Bereich begründet werden (s. dazu Artikel 75 Nr. 2). Die Artikel 19 bis 22 gehen nicht auf Vorschläge der Regierungsvorlage, sondern auf einen gemeinsamen Antrag von CDU und Zentrum zurück.

2 Das System des Staatskirchenrechts in Deutschland, in das sich die Regelung der nordrhein-westfälischen Landesverfassung einfügt, beruht auf der Religionsfreiheit, der Trennung von Staat und Kirche, der Anerkennung des kirchlichen Selbstbestimmungsrechts und der unbefangenen Zusammenarbeit des Staates mit Religionsgemeinschaften als Ausfluss der religiös-weltanschaulichen Neutralität. Absatz 1 gewährleistet die *Freiheit der Vereinigung zu Kirchen und Religionsgemeinschaften* als Ausdrucksform der individuellen Religionsfreiheit, die in Artikel 4 Abs. 2 GG verankert ist (dieser ist durch Artikel 4 in die Landesverfassung inkorporiert). Geschützt ist auch das Vereinigungsrecht von Ausländern. Von Artikel 137 Abs. 2 Satz 1 WRV unterscheidet sich die Formulierung dadurch, dass die Landesverfassung nebeneinander Kirchen und Religionsgemeinschaften nennt, während dort der umfassendere Begriff der „Religionsgesellschaften" gebraucht wird. Ein inhaltlicher Widerspruch zwischen beiden Regelungen besteht jedoch nicht, auch wenn die Landesverfassung mit der ausdrücklichen Nennung der Kirchen stärker an das unterschiedliche Selbstverständnis der Glaubensgemeinschaften anknüpft. Zudem verzichtet sie auf die in Artikel 137 Abs. 1 WRV enthaltene ausdrückliche Aussage, dass keine Staatskirche besteht. Dass sie gleichwohl von der organisatorischen Trennung von Staat und Kirche ausgeht, ergibt sich nicht nur aus Artikel 22, der diese Aussage mitumfasst, sondern auch aus der Verbürgung des Selbstbestimmungsrechts der Glaubensgemeinschaften in Absatz 2. Der Staat ist zu weltanschaulich-religiöser Neutralität verpflichtet; die Privilegierung bestimmter Bekenntnisse ist ihm untersagt (BVerfGE 19, 206; 55, 207, 230; 74, 244, 252).

3 Die Formulierungsunterschiede gegenüber der Weimarer Reichsverfassung deuten auf eine gegenüber der Weimarer Zeit veränderte Grundeinstellung des Staates zu den Kirchen hin. Während die Praxis der Kirchenpolitik der Weimarer Republik die staatliche Neutralität gegenüber den Kirchen betonte, ist das Verhältnis des Staates zu den Kirchen nach der Landesverfassung bei aller gewollten Scheidung der Aufgabengebiete von Aufgeschlossenheit und dem Willen zur Kooperation gekennzeichnet („Koordinationsordnung"). Der Staat ist als Kulturstaat zur Wahrung seiner kulturellen Quellen, also auch der christlichen Kirche, verpflichtet, was keine Identifikation mit einer bestimmten Kirche oder Religionsgemeinschaft bedeutet. Gleichzeitig fördert er als Sozialstaat die verschiedenen freien Träger, somit auch die Kirchen, im Rahmen ihrer pluralistischen Teilhabe an sozialer Aktivität (Krankenhäuser, Kindergärten, Erwachsenenbildung u.ä.). Der Staat berücksichtigt die Kirchen auch in politischen Angelegenheiten als einflussreiche und geistig bedeutsame Erscheinung des öffentlichen Lebens. Daraus folgt, dass sie sich auch im politischen Raum zu Wort melden können. Ein Anspruch auf Beteiligung und Berücksichtigung in Rundfunkprogrammen ist daraus allerdings nicht abzuleiten.

Absatz 2 garantiert den Kirchen und Religionsgemeinschaften – wie schon **4** Artikel 137 Abs. 3 WRV – und den von ihnen getragenen Einrichtungen das *Selbstbestimmungsrecht* zur Ordnung und Verwaltung ihrer eigenen Angelegenheiten. Damit ist nicht nur die dem Staat gegenüber bestehende Unabhängigkeit – die Freiheit vom Staat –, sondern darüber hinaus auch die positive Anerkennung der Eigenständigkeit, der Freiheit zum Wirken in eigener Verantwortung, gemeint (s. dazu BVerfGE 53, 366 ff.; in dieser Entscheidung hat das Bundesverfassungsgericht einzelne organisationsrechtliche Bestimmungen des nordrhein-westfälischen Krankenhausgesetzes für mit Artikel 137 Abs. 3 WRV unvereinbar erklärt). Ausdruck dieser positiven Seite des Selbstbestimmungsrechts sind das in Artikel 6 Abs. 3 anerkannte Mitwirkungsrecht der Kirchen und Religionsgemeinschaften in den Angelegenheiten der Familienpflege und Jugendfürsorge, die Anerkennung der Kirchen als Träger der Erwachsenenbildung (Artikel 17) und der generellen Hochschulfähigkeit der Kirchen und Religionsgemeinschaften in Artikel 16 Abs. 2.

Im Rahmen von Absatz 2 steht den Kirchen und Religionsgemeinschaften die **5** *Befugnis zur Rechtssetzung* und zur *Eigengerichtsbarkeit* im eigenen Wirkungskreis zu. Der nach innerkirchlichem Recht notwendige Auftrag an den Religionslehrer – die sog. missio canonica bzw. vocatio – kann beispielsweise nicht durch einen staatlichen Akt ersetzt werden. Anders als die übrigen Körperschaften des öffentlichen Rechts unterstehen die Kirchen und Religionsgemeinschaften (soweit ihnen dieser Status verliehen ist, s. dazu die Anmerkungen zu Artikel 22) keiner umfassenden Aufsicht des Staates, sondern nur insoweit, als dies in Kirchenverträgen oder besonderen staatlichen Gesetzen ausdrücklich festgelegt ist. Der ihnen in der Landesverfassung verliehene Selbstbestimmungsstatus geht über den Unabhängigkeitsgrad anderer öffentlich-rechtlicher Körperschaften hinaus. Die Eigenständigkeit und Andersartigkeit der kirchlichen Rechtsetzungsbefugnis wird allgemein dahin verstanden, dass sie zwar auf staatlicher Anerkennung beruht, den Kirchen und Religionsgemeinschaften aber nicht vom Staat delegiert ist. Dabei differenziert die nordrhein-westfälische Landesverfassung nicht zwischen den Kirchen und Religionsgemeinschaften; beide haben die gleiche Rechtsstellung. Das hindert das Land freilich nicht daran, bei dem Abschluss von Kirchenverträgen und der Verleihung des Status der Körperschaft öffentlichen Rechts einer tatsächlich bestehenden Verschiedenheit zwischen den großen Kirchen und kleineren Religionsgemeinschaften Rechnung zu tragen.

Die Eigenständigkeit der Kirchen und Religionsgemeinschaften besteht nur in **6** *eigenen Angelegenheiten.* Dazu gehören in erster Linie Bekenntnis und Lehre,

Kultus, Seelsorge, Mission, Diakonie und Caritas (s. BVerfGE 53, 366 ff.), Aufbau der Gemeinde, die Bestimmung ihrer Mitglieder und die Verfassung der Gemeinschaft. In diesen Bereich darf der Staat nicht eingreifen, weshalb insoweit auch kein staatlicher Rechtsschutz in Anspruch genommen werden kann. Eine weitere Einschränkung besteht darin, dass sie nur innerhalb der Schranken des für alle geltenden Gesetzes gewährleistet ist. Die Tragweite dieser Einschränkung ist schwer zu bestimmen und wiederholt zum Gegenstand von Präzisierungsversuchen durch die Rechtsprechung geworden. Nach einer vom Bundesgerichtshof (BGHZ 22, 383, 387) geprägten, sehr engen und nicht unumstrittenen Formel sind die Kirchen und Religionsgemeinschaften (lediglich) an alle staatlichen Gesetze gebunden, die „sich als Ausprägungen und Regelungen grundsätzlicher, für unseren sozialen Rechtsstaat unabdingbarer Postulate darstellen". Zu den auch für die Kirchen und Religionsgemeinschaften verbindlichen Gesetzen gehören aber über die Formel des Bundesgerichtshofs hinaus z. B. auch die Strafgesetze, Vorschriften des bürgerlichen Rechts in den Außenbeziehungen der Glaubensgemeinschaften, Vorschriften des Arbeits- und Sozialversicherungsrechts im Verhältnis zu ihren gewöhnlichen Arbeitnehmern (BVerfGE 70, 165), Baurechts-, Gesundheits- und Straßenverkehrsvorschriften. Nach der im Vereinsrecht im Jahre 2001 vorgenommenen Aufgabe des sog. Religionsprivilegs in Folge der terroristischen Anschläge vom 11. September 2001 auf das World Trade Center unterliegen die Religionsgemeinschaften nunmehr auch den Regelungen dieses Gesetzes. Nicht zu den für alle geltenden Gesetzen sind die für den Staat geltenden Rechtsvorschriften, insbesondere die staatlichen Beamtengesetze, das Betriebsverfassungsgesetz und das Arbeitskampfrecht zu zählen. In das staatliche Datenschutzrecht sind die Kirchen nach geltender Rechtslage nicht einbezogen; jedoch zeichnet sich auf Grund europarechtlicher Vorgaben ab, dass sich dieser Rechtszustand nicht wird auf Dauer halten lassen.

7 Neben den eigenen gibt es Angelegenheiten der Kirchen, die auch staatliche Belange berühren, die sog. *gemeinsamen Angelegenheiten*. Zu ihnen gehören z. B. die Kirchensteuer, die Anstaltsseelsorge, der Religionsunterricht an öffentlichen Schulen und die theologischen Fakultäten an den Universitäten. Die Maßgeblichkeit des staatlichen Rechts oder der eigenständigen kirchlichen Regelungen ist unter Abwägung zwischen den staatlichen und den kirchlichen Belangen zu bestimmen. So hat es das Bundesverfassungsgericht für mit der Glaubensfreiheit nicht vereinbar angesehen, dass ein Prozessbeteiligter entgegen der eigenen religiösen Überzeugung einen Rechtsstreit in einem mit einem Kreuz ausgestatteten (nordrhein-westfälischen) Gerichtssaal führen musste (BVerfGE 35, 366, 375). Der Einrichtung eines Diplomstudiengangs „Katholische Theologie" ohne kirchliche Zustimmung steht das Selbstverwaltungsrecht der Kirche entgegen, das die Rücksichtnahme auf die berührten kirchlichen Belange erfordert (vgl. BVerwG, DVBl. 1996, 1375 und *Muckel,* DVBl. 1997, 873). Zu schwierigen Abwägungsfragen kann es bei einem Nebeneinander staatlicher und kirchlicher Dienstverhältnisse, sog. doppelter Dienstverhältnisse, etwa im Bereich der Anstaltsseelsorge (Artikel 20) und des Religionsunterrichts (Artikel 14), kommen.

Nach Absatz 2 Satz 2 umfasst das Selbstbestimmungsrecht die Befugnis der **8** Kirchen und Religionsgemeinschaften, ihre Ämter ohne Mitwirkung des Staates und der politischen Gemeinden zu verleihen oder zu entziehen. Demnach ist es ausschließlich Sache der Kirchen und Religionsgemeinschaften zu bestimmen, ob und welche kirchliche Ämter und Dienste bestehen, welchen Personen sie übertragen werden, welche Anforderungen an die Amtsinhaber zu stellen sind und welche Rechte und Pflichten diese haben (vgl. BVerfGE 70, 138 ff.). Im Rahmen des Kirchenvertragsrechts (s. dazu Artikel 23) hat sich allerdings auch für das kirchliche Dienstrecht eine Rechtslage entwickelt, in der sich einerseits der Staat auf den Inhalt innerkirchlicher Regelungen verlässt, in der aber andererseits die Kirchen in ihrem Handeln trotz ihrer eigenständigen Gestaltungsbefugnis von der Beachtung des staatlichen Rechts nicht entbunden sind, sondern sich insbesondere um eine rechtliche Gestaltung im Sinne des Rechts- und Sozialstaats bemühen müssen. Auch von kirchlicher Seite ist deshalb anerkannt, dass für die Begründung und Beendigung kirchlicher Dienstverhältnisse *rechts- und sozialstaatliche* Mindesterfordernisse zu beachten sind. Diese Mindesterfordernisse schließen vor allem eine angemessene soziale Sicherung der kirchlichen Mitarbeiter einschließlich ihrer Versorgung und die Gewährung eines geordneten Rechtsschutzes ein.

Die Garantie des kirchlichen Selbstbestimmungsrechts bedeutet nicht, dass **9** Konflikte in innergemeinschaftlichen Angelegenheiten der *Rechtskontrolle durch staatliche Gerichte* gänzlich entzogen wären. In einer jüngeren Entscheidung hat der Bundesgerichtshof klargestellt, dass aus der dem Staat obliegenden Justizgewährungspflicht folgt, dass die staatlichen Gerichte grundsätzlich zur Entscheidung aller Rechtsfragen berufen sind, deren Beurteilung sich nach staatlichem Recht richtet. Das gilt auch für Rechtsschutzbegehren gegen und zugunsten der Religionsgemeinschaften und auch dann, wenn bei der Anwendung staatlicher Rechtssätze religionsgemeinschaftliche Vorfragen zu klären sind. Deren Beurteilung richtet sich freilich nach innerkirchlichem Recht und dessen Auslegung durch die kirchlichen Organe (z. B. Schiedsgerichte), womit dem kirchlichen Selbstbestimmungsrecht Rechnung getragen ist (BGH JZ 2000, 1111 ff. m. Anm. *Maurer;* die Entscheidung wird zustimmend kommentiert von *Kästner,* NVwZ 2000, 889, und von *Nolte,* NJW 2000, 1844). Damit wird der Rechtsschutz der Staatsbürger gegenüber Maßnahmen der Religionsgemeinschaften, der bis dahin angesichts sehr unterschiedlicher gerichtlicher Entscheidungen als kaum gesichert angesehen werden konnte, deutlich verbessert, ohne dass in den innergemeinschaftlichen Bereich eingegriffen würde. Dieser ist von den staatlichen Gerichten bis zu der Grenze zu respektieren, dass eine Entscheidung willkürlich ist oder gegen fundamentale Rechtsprinzipien verstößt (BVerfGE 70, 138, 168).

Auch für das kirchliche Dienst- und Arbeitsrecht gilt im Übrigen, dass die **10** kirchliche Rechtsordnung die *Grundrechte* jedenfalls nicht vollständig ignorieren kann. Daraus ergibt sich etwa, dass der Gleichheitssatz (Artikel 3 Abs. 1 GG) auch innerkirchlich gilt und von den Kirchen und Religionsgemeinschaften sowohl bei der kirchengesetzlichen Gestaltung von Dienstverhältnissen als auch bei der Festlegung allgemeiner Arbeitsbedingungen zu beachten ist. Dagegen begründet das grundrechtliche Gebot der Gleichberechtigung von Männern und Frauen (Artikel 3 Abs. 2 GG) keine Verpflichtung der Kirchen, entgegen ihren theologischen und bekenntnismäßigen Überzeugungen Frauen zum geistlichen Amt zuzulassen. Das Grundrecht auf freie Entfaltung der Persönlichkeit (Artikel 2 Abs. 1 GG) unterliegt im kirchlichen Bereich nicht nur den im staatlichen Beamtenrecht bekannten dienstlichen Beschränkungen, sondern ist darüber hinaus vor allem durch die Zölibatsverpflichtung der katholischen Priester und Ordensleute eingeschränkt. In gleicher Weise geht die Pflicht des evangelischen Pfarrers, in seiner Lebensführung in Ehe und Familie seinen Auftrag zu beachten und dabei ggf. bei Eheschließung und Scheidung Rechtsnachteile auf sich zu nehmen, der staatsbürgerlichen Freizügigkeit vor (vgl. dazu BVerfGE 72, 138).

11 Im Jahre 1987 (Jahr der letzten Volkszählung) betrug der Anteil der katholischen Bevölkerung in Nordrhein-Westfalen 49,4 %, der evangelische Anteil 35,2 %. Der katholische Bevölkerungsteil konzentriert sich vor allem auf die Regierungsbezirke Köln und Münster, während im südlichen Westfalen und in Ostwestfalen die evangelische Konfession dominiert. Evangelische Landeskirchen gibt es für das Rheinland, Westfalen und Lippe, Diözesen der katholischen Kirche bilden Aachen, Essen und Münster; Köln und Paderborn sind Erzbistümer. Den muslimischen Glaubensgemeinschaften gehören in Nordrhein-Westfalen gegenwärtig etwa 3,2 Prozent der Bevölkerung an.

Artikel 20
[Anstaltsseelsorge]

Die Kirchen und die Religionsgemeinschaften haben das Recht, in Erziehungs-, Kranken-, Straf- und ähnlichen öffentlichen Anstalten gottesdienstliche Handlungen vorzunehmen und eine geordnete Seelsorge auszuüben, wobei jeder Zwang fernzuhalten ist.

1 Nach Artikel 20 sind die Kirchen und Religionsgemeinschaften zur Vornahme religiöser Handlungen in Krankenhäusern, Strafanstalten und sonstigen öffentlichen Anstalten zuzulassen. Anders als Artikel 141 WRV ist dieses Recht in der nordrhein-westfälischen Landesverfassung nicht von der Feststellung eines Bedürfnisses abhängig. Diese Abweichung ist unschädlich, weil Artikel 141 nur als Mindestgewährleistung zu verstehen ist und das Land nicht daran hindert, der kirchlichen Handlungsfreiheit größeren Raum zu lassen.

2 Ihre Grundlage findet die Gewährleistung der *Anstaltsseelsorge* in der Religionsfreiheit. Auch denjenigen Personen, die notwendigerweise oder durch staatlichen Zwang in einer Anstalt untergebracht sind, soll die Möglichkeit zur Religionsausübung gegeben werden; das setzt ihre Betreuung durch Seelsorger

ihrer Glaubensgemeinschaft in der Anstalt voraus. Der Anstaltsträger ist zur Unterstützung der Religionsgemeinschaften berechtigt und – soweit das für eine geordnete Betreuung erforderlich ist – verpflichtet. Der Seelsorger hat das Recht auf freien Zugang, sofern die Betreuung nicht ausdrücklich abgelehnt wird. Der Zugang darf nicht von dem Wunsch des Insassen nach religiöser Betreuung abhängig gemacht werden. Jedoch muss der Anstaltsseelsorger die Anstaltsordnung, insbesondere die Sicherheitsbestimmungen in den Strafanstalten, beachten; die Anstaltsseelsorge darf dem Anstaltszweck nicht zuwiderlaufen und ihn nicht behindern. Die Entscheidung über Ort, Zeit und Dauer von Gottesdienst und Besuchszeiten liegt in der Zuständigkeit der Anstaltsleitung.

Träger der Anstaltsseelsorge können sowohl die Kirchen und Religionsgemein- **3** schaften selbst als auch der Anstaltsträger sein. Bei der amtlichen Anstaltsseelsorge richtet der Anstaltsträger die Seelsorge in einer Anstalt selbst ein, indem er Geistliche beruft und anstellt. Da diese zugleich in einem kirchlichen Dienstverhältnis stehen, kommt es zu „doppelten Dienstverhältnissen", wobei die Einstellung durch den Anstaltsträger nur im Einvernehmen mit der betreffenden Kirche erfolgt. Der Seelsorger verbleibt unter der geistlichen und disziplinarischen Aufsicht der Kirche. In Nordrhein-Westfalen sind die Seelsorger in den Justizvollzugsanstalten Landesbeamte.

Artikel 21
[Leistungen an die Kirchen]

Die den Kirchen oder den Religionsgemeinschaften gemäß Gesetz, Vertrag oder anderen Rechtstiteln zustehenden Leistungen des Staates, der politischen Gemeinden oder Gemeindeverbände können nur durch Vereinbarungen abgelöst werden; soweit solche Vereinbarungen das Land betreffen, bedürfen sie der Bestätigung durch Landesgesetz.

Artikel 138 WRV, der über Artikel 22 LV und Artikel 140 GG geltendes **1** Landesverfassungsrecht ist, sieht zur weiteren *Trennung von Staat und Kirche* die Ablösung der auf Gesetz, Vertrag oder auf sonstiger Rechtsgrundlage beruhenden Staatsleistungen durch die Landesgesetzgebung vor. Ablösung bedeutet Aufhebung gegen angemessene Entschädigung. Die in Artikel 138 Abs. 1 Satz 2 WRV genannten Grundsätze für die Ablösung, für die jetzt der Bundesgesetzgeber zuständig wäre, sind nie erlassen worden. Artikel 21 LV sieht insoweit vor, dass eine Ablösung derartiger Staatsleistungen nur durch Vereinbarungen erfolgen kann; sie bedürfen, soweit sie das Land betreffen, der Bestätigung durch Landesgesetz.

Artikel 21 bezieht die *politischen Gemeinden und Gemeindeverbände* ausdrücklich in **2** die Ablösungs-Regelung ein (Artikel 138 WRV erwähnt die Gemeinden demgegenüber nicht). Der nordrhein-westfälische Verfassungsgerichtshof hat dazu festgestellt, dass die Garantie der kommunalen Selbstverwaltung durch die Kirchenartikel der Weimarer Reichsverfassung nicht verletzt ist. Danach fallen auch örtliche Kirchenbaulasten, d. h. Verpflichtungen der politischen (im Gegensatz zu den kirchlichen) Gemeinden zur Unterhaltung kirchlicher Gebäude (Kirchen, Pfarrhäuser usw.), unter die in Artikel 21 LV angesprochenen staatlichen Leistungen. Das gilt auch für Kirchenbaulasten, die auf Gewohnheitsrecht beruhen; sie können nur gegen Entschädigung beseitigt werden (VerfGH, DVBl. 1982,1043 ff.). Nach zehnjährigen Verhandlungen haben sich 1997 das Land, das Erzbistum Paderborn und 41 politische sowie 186 Kirchengemeinden vertraglich über die Ablösung der sog. Paderborner Observanz verständigt. Die Dotationen auf Grund vertraglicher Verpflichtungen an die großen Kirchen beliefen sich im Jahre 2000 (einschließlich Pfarrbesoldungszuschüssen) auf rund 39 Mio. DM. Die staatlichen Leistungen an die jüdischen Kultusgemeinden haben sich auf vertraglicher Grundlage bis zum Jahr 2000 auf jährlich 5,3 Mio. DM erhöht (1995: 3,5 Mio. DM).

Artikel 22
[Weimarer Verfassung als Landesrecht]

Im übrigen gilt für die Ordnung zwischen Land und Kirchen oder Religionsgemeinschaften Artikel 140 des Bonner Grundgesetzes für die Bundesrepublik Deutschland vom 23. Mai 1949 als Bestandteil dieser Verfassung und unmittelbar geltendes Landesrecht.

1 Artikel 22 enthält eine *doppelte Verweisung:* Er erklärt Artikel 140 GG zum Bestandteil der nordrhein-westfälischen Landesverfassung. Da diese Bestimmung ihrerseits die Kirchenartikel der Weimarer Reichsverfassung in das Grundgesetz inkorporiert hat, sind diese Regelungen in Nordrhein-Westfalen unmittelbar geltendes Landesverfassungsrecht. Die maßgebenden Vorschriften haben folgenden Wortlaut:

Artikel 140 GG
[Recht der Religionsgesellschaften]

Die Bestimmungen der Artikel 136, 137, 138, 139 und 141 der deutschen Verfassung vom 11. August 1919 sind Bestandteil dieses Grundgesetzes.

Artikel 136 WRV

(1) Die bürgerlichen und staatsbürgerlichen Rechte und Pflichten werden durch die Ausübung der Religionsfreiheit weder bedingt noch beschränkt.

(2) Der Genuss bürgerlicher und staatsbürgerlicher Rechte sowie die Zulassung zu öffentlichen Ämtern sind unabhängig von dem religiösen Bekenntnis.

(3) Niemand ist verpflichtet, seine religiöse Überzeugung zu offenbaren. Die Behörden haben nur soweit das Recht, nach der Zugehörigkeit zu einer Religionsgesellschaft zu fragen, als davon Rechte und Pflichten abhängen oder eine gesetzlich angeordnete statistische Erhebung dies erfordert.

(4) Niemand darf zu einer kirchlichen Handlung oder Feierlichkeit oder zur Teilnahme an religiösen Übungen oder zur Benutzung einer religiösen Eidesform gezwungen werden.

Artikel 137 WRV

(1) Es besteht keine Staatskirche.

(2) Die Freiheit der Vereinigung zu Religionsgesellschaften wird gewährleistet. Der Zusammenschluss von Religionsgesellschaften innerhalb des Reichsgebiets unterliegt keinen Beschränkungen.

(3) Jede Religionsgesellschaft ordnet und verwaltet ihre Angelegenheiten selbständig innerhalb der Schranken des für alle geltenden Gesetzes. Sie verleiht ihre Ämter ohne Mitwirkung des Staates oder der bürgerlichen Gemeinde.

(4) Religionsgesellschaften erwerben die Rechtsfähigkeit nach den allgemeinen Vorschriften des bürgerlichen Rechtes.

(5) Die Religionsgesellschaften bleiben Körperschaften des öffentlichen Rechtes, soweit sie solche bisher waren. Anderen Religionsgesellschaften sind auf ihren Antrag gleiche Rechte zu gewähren, wenn sie durch ihre Verfassung und die Zahl ihrer Mitglieder die Gewähr der Dauer bieten. Schließen sich mehrere derartige öffentlich-rechtliche Religionsgesellschaften zu einem Verbande zusammen, so ist auch dieser Verband eine öffentlich-rechtliche Körperschaft.

(6) Die Religionsgesellschaften, welche Körperschaften des öffentlichen Rechtes sind, sind berechtigt, auf Grund der bürgerlichen Steuerlisten nach Maßgabe der landesrechtlichen Bestimmungen Steuern zu erheben.

(7) Den Religionsgesellschaften werden die Vereinigungen gleichgestellt, die sich die gemeinschaftliche Pflege einer Weltanschauung zur Aufgabe machen.

(8) Soweit die Durchführung dieser Bestimmungen eine weitere Regelung erfordert, liegt dies der Landesgesetzgebung ob.

Artikel 138 WRV

(1) Die auf Gesetz, Vertrag oder besonderen Rechtstiteln beruhenden Staatsleistungen an die Religionsgesellschaften werden durch die Landesgesetzgebung abgelöst. Die Grundsätze hierfür stellt das Reich auf.

(2) Das Eigentum und andere Rechte der Religionsgesellschaften und religiösen Vereine an ihren für Kultus-, Unterrichts- und Wohltätigkeitszwecke bestimmten Anstalten, Stiftungen und sonstigen Vermögen werden gewährleistet.

Artikel 139 WRV

Der Sonntag und die staatlich anerkannten Feiertage bleiben als Tage der Arbeitsruhe und der seelischen Erhebung gesetzlich geschützt.

Artikel 141 WRV

Soweit das Bedürfnis nach Gottesdienst und Seelsorge im Heer, in Krankenhäusern, Strafanstalten oder sonstigen öffentlichen Anstalten besteht, sind die Religionsgesellschaften zur Vornahme religiöser Handlungen zuzulassen, wobei jeder Zwang fernzuhalten ist.

2   Artikel 140 GG hat die Weimarer Kirchenartikel in das Grundgesetz übernommen, nachdem sich im Parlamentarischen Rat ergeben hatte, dass angesichts kirchenpolitischer Gegensätze eine Neuformulierung des Verhältnisses von Staat und Kirche nicht möglich war. Demgegenüber enthält die nordrhein-westfälische Landesverfassung in den Artikeln 19 bis 21 auf der Grundlage eines gemeinsamen Antrages von CDU und Zentrum einige Akzentverschiebungen gegenüber den Weimarer Regelungen, die das gewandelte Verhältnis des demokratischen Staates zu den Kirchen und Religionsgemeinschaften erkennen lassen. Nach den Erfahrungen mit einem totalitären Regime während des Dritten Reichs und unter dem Eindruck der kommunistischen Bedrohung spiegelt die nordrhein-westfälische Landesverfassung in diesen Regelungen – wie auch in den ursprünglichen schulpolitischen Bestimmungen – ein „eigentümliches Anlehnungsbedürfnis" des politischen Gemeinwesens an die Kirchen wider. Den Kirchen als wertvermittelnden Instanzen wird in der nordrhein-westfälischen Landesverfassung eine größere Bedeutung zugemessen als in der Weimarer Zeit, auch wenn der liberale Gehalt der Kirchenartikel der Weimarer Reichsverfassung für das Verhältnis zwischen Staat und Kirche bestimmend geblieben ist.

3   *Artikel 136 WRV* hat nur noch geringe Bedeutung, da die in ihm enthaltenen Bestimmungen Bestandteil spezieller Formulierungen des Grundgesetzes – insbesondere in Artikel 33 Abs. 3 und Artikel 4 – sind, die über die Gewährleistung der Grundrechte in Artikel 4 LV und das Homogenitätsprinzip (Artikel 28 Abs. 1 GG) bereits ohnehin Bestandteil des nordrhein-westfälischen Landesrechts sind. Bemerkenswert ist allenfalls, dass Absatz 3 zur Frage der religiösen Überzeugung eine spezielle Verbürgung des Rechts auf informationelle Selbstbestimmung enthält.

132

Zu den Regelungen in *Artikel 137 Abs. 1 bis 3 WRV* enthält die Landesverfassung in Artikel 19 eigene Bestimmungen (s. Anmerkungen dort). Den Kirchen und Religionsgemeinschaften ist der Erwerb der Rechtsfähigkeit garantiert (Absatz 4). Die Gewährleistung des Status als Körperschaften des öffentlichen Rechts (Absatz 5) erklärt sich aus dem staatlichen Interesse an der Wertgebundenheit der Bürgerinnen und Bürger und an funktionierenden Religionsgemeinschaften, die an der Gestaltung des gesellschaftlichen Lebens aktiv teilnehmen. Der Körperschaftsstatus bedeutet nicht, dass die Kirchen und Religionsgemeinschaften ihre Existenz, Aufgaben und Befugnisse vom Staat ableiten, sondern nur das Anerkenntnis der Fähigkeit, Träger gewisser staatstypischer Rechte zu sein. Auf Grund dieser Fähigkeit sind ihnen vom Staat besondere Rechte verliehen worden, von denen das Besteuerungsrecht besondere Hervorhebung verdient. Auf Grund ihres Körperschaftsstatus sind auch die örtlichen Kirchengemeinden grundrechtsfähig und befugt, zur Verteidigung ihrer Rechte Verfassungsbeschwerde zum Bundesverfassungsgericht zu erheben (BVerfGE 53, 366 ff. – nordrhein-westfälisches Krankenhausgesetz). **4**

In Nordrhein-Westfalen besitzen den *Status einer Körperschaft des öffentlichen Rechts* die Evangelische Kirche im Rheinland, die Evangelische Kirche von Westfalen und die Lippische Landeskirche sowie die ihnen angehörenden Ortsgemeinden, die Diözesen der katholischen Kirche in Aachen, Essen und Münster, die Erzbistümer Köln und Paderborn sowie auch die ihnen angehörenden katholischen Ortsgemeinden, die Evangelisch-lutherische (altlutherische) Kirche, das Katholische Bistum der Altkatholiken in Deutschland, einige Gemeinden des Bundes Evangelisch-Freikirchlicher Gemeinden in Deutschland (dem Bund selbst ist der Körperschaftsstatus durch das Land Hessen, in dem er seinen Sitz hat, verliehen worden), die Methodistenkirche in Deutschland, die Evangelische Gemeinschaft in Preußen, die Russisch-Orthodoxe Diözese des Orthodoxen Bischofs von Berlin und Deutschland, die Neuapostolische Kirche, der Bund Freier evangelischer Gemeinden, die Freireligiöse Landesgemeinde, die Gemeinschaft der Siebenten-Tags-Adventisten, die Herrnhuter Brüdergemeine in Nordrhein-Westfalen (seit 1994), die Mennonitengemeinde zu Krefeld und der Landesverband der Jüdischen Gemeinden von Nordrhein, der Landesverband der Jüdischen Kultusgemeinden Westfalen und die Synagogen-Gemeinde Köln. Die Verleihung der Körperschaftsrechte erfolgt durch einen Verwaltungsakt der Landesregierung. **5**

Mit der Verleihung des Körperschaftsstatus öffentlichen Rechts ist die hoheitliche Befugnis zur *Erhebung von Kirchensteuern* verbunden (Artikel 137 Abs. 6 WRV). Inhalt und Umfang des Kirchensteuerrechts werden durch das Landesrecht bestimmt. Die Kirchensteuern sind in der Praxis mit der Lohn- und Einkommensteuer verbunden. Zur Kirchensteuer können nur Personen herangezogen werden, die der betreffenden Kirche angehören. **6**

Zu *Artikel 138 WRV* (Ablösung von Staatsleistungen) enthält die nordrhein-westfälische Landesverfassung in Artikel 21 eine eigene Regelung. Der Schutz **7** des Sonntags und der Feiertage *(Artikel 139 WRV)* ist in Artikel 25 LV besonders ausgestaltet. Die Anstaltsseelsorge *(Artikel 141 WRV)* ist in Artikel 20 LV gleichfalls Gegenstand einer besonderen landesrechtlichen Regelung (s. die Erläuterungen zu den genannten Bestimmungen).

Artikel 23
[Kirchenverträge]

(1) Die Bestimmungen der Verträge mit der Katholischen Kirche und der Evangelischen Kirche der Altpreußischen Union, die im früheren Freistaat Preußen Geltung hatten, werden für die Gebiete des Landes Nordrhein-Westfalen, die zum ehemaligen Preußen gehörten, als geltendes Recht anerkannt.

(2) Zur Änderung dieser Kirchenverträge und zum Abschluss neuer Verträge ist außer der Zustimmung der Vertragspartner ein Landesgesetz erforderlich.

1 Artikel 23 erklärt die in seinem Absatz 1 genannten *Kirchenverträge* für die Gebiete Nordrhein-Westfalens, die zum ehemaligen Land Preußen gehören, zu geltendem Recht und bestimmt in Absatz 2, dass der Abschluss und die Änderung von Kirchenverträgen eines Landesgesetzes bedarf (letzteres würde auch ohnehin schon nach Artikel 66 gelten).

2 Die nach Absatz 1 weitergeltenden Kirchenverträge sind das Preußische Konkordat von 1929 und der Preußische Evangelische Kirchenvertrag von 1931. Sie gewährten den Kirchen einen Ausgleich für die im Zuge der Säkularisation zu Beginn des 19. Jahrhunderts mit der Einziehung des Kirchenvermögens verbundene Schmälerung der kirchlichen Finanzbasis. In dem Vertrag des Freistaates Preußen mit dem Heiligen Stuhl vom 14. 6. 1929 (Preußisches Konkordat) werden die Diözesangrenzen bestimmt (durch den Vertrag des Landes mit dem Heiligen Stuhl vom 19. 12. 1956 ist zusätzlich die Diözese Essen begründet worden, s. Anmerkung 4). Nach Artikel 4 des Konkordats ist das Land zur Leistung jährlicher Dotationen (Geldleistungen) an die Diözesen verpflichtet. In der sog. politischen Klausel des Konkordats (Artikel 6 und 7) ist dem Staat das Recht zugestanden worden, gegen vom Kapitel bereits gewählte, aber vom Heiligen Stuhl noch nicht ernannte Bewerber für einen Erzbischöflichen oder Bischöflichen Stuhl Bedenken geltend zu machen, wobei die Kirche sich verpflichtet, diese Bedenken zu beachten (auf diese Klausel stützten sich die Landesregierungen von Nordrhein-Westfalen und Rheinland-Pfalz im Zusammenhang mit der Ernennung des Kölner Erzbischofs Joachim Meisner im Jahre 1988). Das Preußische Konkordat enthält auch Regelungen über Ausbildungsvoraussetzungen für die Anstellung von Geistlichen durch die Kirche und über die theologische Hochschulausbildung. Der Bestand der katholisch-theologischen Fakultäten an den Universitäten Bonn und Münster ist durch Artikel 12 Abs. 1 des Konkordats gewährleistet.

Der Vertrag des Freistaates Preußen mit den Evangelischen Kirchen der Alt- **3** preußischen Union vom 11. 5. 1931 *(Evangelischer Kirchenvertrag)* entstand unter dem Vorzeichen des staatspolitischen Paritätsprinzips zwischen den großen Kirchen als Parallelvertrag zum Preußischen Konkordat von 1929. Wie dieses enthält er eine Dotationsregelung und eine politische Klausel zur Besetzung kirchlicher Ämter. Außerdem gibt er dem Staat Aufsichtsrechte über die Vermögensverwaltung der Kirchen; ähnliche Regelungen enthält gegenüber der katholischen Kirche ein als Landesrecht weitergeltendes preußisches Gesetz vom 24. 7. 1924.

Nach der Gründung des Landes Nordrhein-Westfalen ist es zu einer Reihe **4** weiterer Kirchenverträge gekommen. Zu nennen sind insoweit:
– Vertrag mit dem Heiligen Stuhl vom 19. 12. 1956 über die Begründung des Ruhrbistums Essen und die Gewährung zusätzlicher Dotationen;
– Vertrag mit der Evangelischen Kirche im Rheinland und der Evangelischen Kirche von Westfalen vom 9. 9. 1957 über die Erhöhung der Dotationen in Parellele zu dem vorgenannten Vertrag mit dem Heiligen Stuhl;
– Vertrag mit der Lippischen Landeskirche vom 6. 3. 1958, die bis dahin keine vertraglichen Bindungen mit dem Staat eingegangen war; er führte zu einer rechtlichen und finanziellen Gleichstellung der Lippischen Landeskirche mit den beiden anderen evangelischen Kirchen in Nordrhein-Westfalen;
– Vertrag mit dem Landesverband der Jüdischen Gemeinden von Nordrhein, dem Landesverband der Jüdischen Kultusgemeinden von Westfalen und der Synagogen-Gemeinde Köln vom 1. 12. 1992 (fortgeschrieben durch Änderungsverträge vom 18. Februar 1997 und vom 25. April 2001) über die Gewährung von Landesleistungen zur Erhaltung und Pflege des jüdischen Kulturlebens in Nordrhein-Westfalen.

Neben den Kirchenverträgen sind in Nordrhein-Westfalen auch andere Fragen **5** durch Vereinbarungen zwischen Staat und Kirche geregelt worden. Sie betreffen insbesondere Einzelheiten des Religionsunterrichts an den staatlichen Schulen, der staatlichen Mitwirkung an der Bildung und Veränderung kirchlicher Gemeinden und die Polizeiseelsorge.

Nach Absatz 2 ist zur *Änderung dieser Kirchenverträge* außer der Zustimmung der **6** Vertragspartner ein Landesgesetz erforderlich. Eine derartige Änderung liegt vor, wenn der Inhalt der Anpassung nach Umfang und Intensität eine über die Regelung technischer Einzelfragen hinausgehende Bedeutung für die Grundlagen und die Ausgestaltung sowie für die Stellung der Vertragspartner des staatskirchenrechtlichen Systems hat. Eine solche Bedeutung ist nicht gegeben, wenn Veränderungen der Diözesanorganisation – wie sie im Zusammenhang mit der Neubildung der katholischen Kirchenprovinz Hamburg hinsichtlich der Diözesen Osnabrück (bisher Kirchenprovinz Köln) und Hildesheim (bisher Kirchenprovinz Paderborn) stattgefunden haben – außerhalb des Gebietes des Landes Nordrhein-Westfalen stattfinden und sie zu keiner grundlegenden Änderung des bestehenden und durch die Kirchenverträge geregelten Verhältnisses zwischen dem Land Nordrhein-Westfalen und dem kirchlichen Vertragspartner führen.

Vierter Abschnitt
Arbeit, Wirtschaft, Umwelt

Artikel 24
[Arbeit, Lohn, Urlaub]

(1) Im Mittelpunkt des Wirtschaftslebens steht das Wohl des Menschen. Der Schutz seiner Arbeitskraft hat den Vorrang vor dem Schutz materiellen Besitzes. Jedermann hat ein Recht auf Arbeit.

(2) Der Lohn muss der Leistung entsprechen und den angemessenen Lebensbedarf des Arbeitenden und seiner Familie decken. Für gleiche Tätigkeit und gleiche Leistung besteht Anspruch auf gleichen Lohn. Das gilt auch für Frauen und Jugendliche.

(3) Das Recht auf einen ausreichenden, bezahlten Urlaub ist gesetzlich festzulegen.

1 Die Bedeutung des Artikel 24 liegt darin, dass er – wenn auch in sehr knapper Form – die *Grundkonzeption einer Wirtschafts- und Sozialordnung* enthält, die sich als programmatische Aussage an den Landesgesetzgeber und die Landesregierung richtet. Indem Absatz 1 in den Sätzen 1 und 2 das Wohl des Menschen in den Mittelpunkt des Wirtschaftslebens stellt, enthält er eine klare Absage an den schrankenlosen Wirtschaftsliberalismus älterer Prägung. Die menschliche Arbeitskraft ist das wichtigste und am meisten schutzbedürftige Mittel zur Sicherung des Existenzminimums und zur beruflichen Selbstverwirklichung; sie steht höher als materieller Besitz und Eigentum. Ziel der Bestimmung ist damit die Gewährleistung sozialer Gerechtigkeit im Wirtschaftsleben. Die Möglichkeiten des Landes, zu ihrer Verwirklichung beizutragen, sind allerdings begrenzt, da das Arbeits- und Arbeitsschutzrecht zur konkurrierenden Gesetzgebung gehört und seine Ausgestaltung weitgehend durch Bundesrecht erfolgt ist.

2 Absatz 1 Satz 3 enthält das *soziale Staatsziel des Rechts auf Arbeit*. Trotz ihrer darauf hin deutenden Formulierung begründet die Vorschrift kein einklagbares Grundrecht auf Zuteilung irgendeiner oder sogar einer bestimmten Arbeit. Denn nach der freiheitlichen Wirtschaftsordnung des Grundgesetzes und der Konzeption der Landesverfassung, die sich gegen die Einführung einer staatlichen Planwirtschaft entschieden haben, ist der Staat nicht in der Lage, die Schaffung von Arbeitsplätzen und ihre Vergabe selbst zu regulieren und einen Grundrechtsanspruch einzelner Bürger auf Arbeit zu befriedigen. Absatz 1 Satz

3 ist deshalb lediglich als Programmsatz zu verstehen, der alle staatlichen Stellen auf das Ziel verpflichtet, ihre Möglichkeiten zur Schaffung von Arbeitsplätzen im Rahmen der freiheitlich-sozialen Wirtschaftsordnung auszuschöpfen. Er geht insoweit aber weiter als das Grundgesetz, das eine entsprechende Aussage nicht enthält. Ihre nachträgliche Einfügung in das Grundgesetz ist zuletzt im Rahmen der Diskussion um die Verfassungsreform des Jahres 1994 gefordert worden, fand aber in der Gemeinsamen Verfassungskommission von Bundestag und Bundesrat nicht die erforderliche Zweidrittelmehrheit (s. dazu schon die Anmerkungen 11 ff. zu Artikel 4).

Absatz 2 enthält *programmatische Aussagen zur Lohngestaltung* im Arbeitsleben. Der **3** Lohn soll sich nach dem Leistungsprinzip richten, dabei aber mindestens den angemessenen Lebensbedarf der Arbeitnehmer und ihrer Familien abdecken. Da die Ausgestaltung der Lohntarife in der sozialen Marktwirtschaft grundsätzlich den tarifvertraglichen Vereinbarungen der Sozialpartner (Gewerkschaften und Arbeitgeberverbände) überlassen ist, kann sich in diesem Bereich eine Handlungspflicht für das Land nur bei grober Außerachtlassung sozialer Gesichtspunkte ergeben. Das in den Sätzen 2 und 3 von Absatz 2 enthaltene Gleichbehandlungsgebot stellt eine Konkretisierung des allgemeinen Gleichheitssatzes (Artikel 3 GG) dar. Es gewährleistet, dass bei der unteren Lohngrenze für gleiche Arbeit nicht unterschiedlich – etwa nach Geschlecht oder Alter – verfahren wird, steht aber einer Lohndifferenzierung nach oben unter Leistungsgesichtspunkten nicht entgegen.

In Absatz 3 begründet die Landesverfassung eine Verpflichtung für den Landes- **4** gesetzgeber, eine gesetzliche Regelung über einen *ausreichenden bezahlten Urlaub* zu schaffen. Sie soll dem Schutz und Erhalt der Arbeitskraft als der primären Erwerbsquelle der Bürgerinnen und Bürger dienen. Der Landesgesetzgeber hat den Verfassungsauftrag mit dem Urlaubsgesetz vom 27. 11. 1956 erfüllt, das jedoch im Jahre 1963 mit dem Inkrafttreten des Bundesurlaubsgesetzes hinfällig geworden ist, durch das der Arbeitsurlaub bundeseinheitlich geregelt worden ist.

Artikel 25
[Sonn- und Feiertage]

(1) Der Sonntag und die staatlich anerkannten Feiertage werden als Tage der Gottesverehrung, der seelischen Erhebung, der körperlichen Erholung und der Arbeitsruhe anerkannt und gesetzlich geschützt.

(2) Der 1. Mai als Tag des Bekenntnisses zu Freiheit und Frieden, sozialer Gerechtigkeit, Völkerversöhnung und Menschenwürde ist gesetzlicher Feiertag.

Der *Schutz des Sonntags und der staatlich anerkannten Feiertage* ist bereits durch **1** Artikel 139 der Weimarer Reichsverfassung gewährleistet, der über Artikel 140 GG Bestandteil des Bundesverfassungsrechts ist, das auch die Länder bindet.

Artikel 25 Abs. 1 LV geht über die bundesrechtliche Regelung hinaus, indem er die religiösen und ethischen Werte stärker betont, deren Pflege die Anerkennung des Sonntags- und Feiertagsschutzes dient. Aus der Stellung der Bestimmung in dem Abschnitt der Landesverfassung über Arbeit, Wirtschaft und Umwelt ergibt sich aber zugleich auch ihre Bedeutung für das Arbeitsrecht.

2 Die Landesverfassung legt in Absatz 2 lediglich den *1. Mai* als staatlichen Feiertag fest. Die übrigen landesrechtlichen Feiertage sind in dem Gesetz über die Sonn- und Feiertage bestimmt. Dieses ist zuletzt im Jahre 1995 geändert worden (Abschaffung des Buß- und Bettages als staatlich anerkannter Feiertag im Zusammenhang mit der Einführung der Pflegeversicherung). Staatlich anerkannte Feiertage sind in Nordrhein-Westfalen danach derzeit neben dem 1. Mai der Neujahrstag, der Karfreitag, der Ostermontag, der Christi-Himmelfahrtstag, der Pfingstmontag, der Fronleichnamstag, Allerheiligen und der erste und zweite Weihnachtstag. Hinzu kommt als nationaler Feiertag der 3. Oktober (Tag der deutschen Einheit). Der Volkstrauertag und der Totensonntag sind Gedenk- und Trauertage. Das Feiertagsgesetz enthält Verhaltensregeln und Verbote zum Schutz der Sonntags- und Feiertagsruhe.

3 Dem Schutzauftrag nach Artikel 140 GG in Verbindung mit Artikel 139 WRV (und mittelbar auch des Artikel 25 LV) dienen die Regelungen der Gewerbeordnung über die Arbeit an Sonn- und Feiertagen (§§ 105 a bis 105 j). Diese sehen vor, dass die Arbeit an Sonn- und Feiertagen ganz allgemein als Ausnahme gilt. Die nähere Ausgestaltung der Ausnahmeregelungen ist seit längerem Gegenstand der politischen Diskussion, die unter den Stichworten „Flexibilisierung des Arbeitszeitrechts" und „Wirtschaftsstandort Deutschland" geführt wird. Ihr liegt die Forderung von Unternehmensseite zugrunde, die Maschinenlaufzeiten zur Verbesserung der internationalen Wettbewerbsfähigkeit der deutschen Industrie zu erhöhen. Eine Nivellierung von Werktagen auf der einen und Sonn- und Feiertagen auf der anderen Seite mit der Folge, dass der Sonntag ein Tag wie jeder andere wäre, würde jedoch einen Verstoß gegen die Landesverfassung begründen. Ausnahmen von dem Verbot der Sonntagsarbeit können deshalb nicht allein aus Gründen der Rentabilität zugelassen werden, sondern müssen der Abwendung darüber hinausgehender, schwerwiegender Nachteile dienen. Auch die Tarifpartner können nichts Abweichendes vereinbaren. Der Sonn- und Feiertagsschutz hat seine wirtschaftlichen Kosten, die von der Landesverfassung (wie auch vom Grundgesetz) gewollt sind und in Kauf genommen werden müssen. Demgegenüber gibt es hinsichtlich der Arbeit an Samstagen keine verfassungsrechtlichen Beschränkungen.

Artikel 26
[Mitbestimmungsrecht]

Entsprechend der gemeinsamen Verantwortung und Leistung der Unternehmer und Arbeitnehmer für die Wirtschaft wird das Recht der Ar-

beitnehmer auf gleichberechtigte Mitbestimmung bei der Gestaltung der wirtschaftlichen und sozialen Ordnung anerkannt und gewährleistet.

Dem *Mitbestimmungsrecht der Arbeitnehmer* liegt der schon in Artikel 24 zum **1** Ausdruck gebrachte Gedanke zugrunde, dass der Mensch und seine Arbeit im Mittelpunkt des Wirtschaftslebens stehen und Vorrang vor der Herrschaft des materiellen Besitzes beanspruchen können. Gesellschaftspolitisches Ziel der Ordnung des Arbeits- und Wirtschaftslebens muss es daher sein, die Arbeitnehmerinnen und Arbeitnehmer aus einer Situation zu befreien, in der sie nur Objekt von Entscheidungen der Unternehmensführungen sind. Die Mitbestimmung der Arbeitnehmer strebt ihre möglichst paritätische Beteiligung an der unternehmerischen Verantwortung und Entscheidung und damit eine demokratische Einbindung der Bürgerinnen und Bürger in die Arbeitswelt an. In konkreterer Form hatte bereits Artikel 165 der Weimarer Reichsverfassung diese programmatische Forderung ausgedrückt.

Die Verankerung des Gedankens der Mitbestimmung in der Landesverfassung **2** war während ihrer Entstehung nicht streitig. Unterschiedliche Auffassungen gab es allerdings über die Frage, wie bindend die Bestimmung ausgestaltet werden solle. Der Haupteinwand gegen eine konkretere Fassung ging dahin, dass dem Landesgesetzgeber nur ein geringer Handlungsspielraum zur Gewährleistung der Mitbestimmung verbleibe, wenn der Bundesgesetzgeber von seiner Gesetzgebungskompetenz zur bundeseinheitlichen Regelung des Betriebsverfassungsrechts und des Mitbestimmungsrechts Gebrauch mache, was schon damals absehbar war. Nachdem der Bundesgesetzgeber (mit dem Montanmitbestimmungsgesetz von 1951 und dem Betriebsverfassungsgesetz von 1952) entsprechende Regelungen getroffen und sie den sich wandelnden Bedingungen angepasst hat, hat sich die Bedeutung von Artikel 26 letztlich darauf reduziert, der Landesregierung die Verpflichtung aufzuerlegen – und ihr unabhängig von den Mehrheitsverhältnissen im Landtag die Legitimation zu verleihen –, sich für die möglichst weitgehende Erhaltung der Mitbestimmung im Bundesrecht und in der Wirklichkeit des Wirtschaftslebens einzusetzen. Das ist gegenwärtig von besonderer Bedeutung, weil der Geltungsbereich der paritätischen Mitbestimmung in den Montanunternehmen durch Unternehmenszusammenschlüsse und Umstrukturierungen allmählich an Bedeutung verliert. Als Kernland der Montanmitbestimmung ist Nordrhein-Westfalen das Land, in dem der Gedanke der demokratischen Beteiligung der Arbeitnehmer am Wirtschaftsleben innerhalb der Bundesrepublik Deutschland am stärksten ausgeprägt und verwirklicht worden ist. Diese Tatsache erklärt die Heftigkeit der Reaktion von Arbeitnehmern und Gewerkschaften auf Konzentrationsvorgänge in der Wirtschaft, die inzwischen zu einer Verringerung des Arbeitnehmereinflusses auf die Unternehmensentscheidungen geführt haben.

Artikel 27
[Monopolbetriebe und Kartelle]

(1) Großbetriebe der Grundstoffindustrie und Unternehmen, die wegen ihrer monopolartigen Stellung besondere Bedeutung haben, sollen in Gemeineigentum überführt werden.

(2) Zusammenschlüsse, die ihre wirtschaftliche Macht missbrauchen, sind zu verbieten.

1 Mit dem Auftrag an den Landesgesetzgeber, die Großbetriebe der Grundstoffindustrie und die Monopolunternehmen in Gemeineigentum zu überführen (Sozialisierung), greift Artikel 27 Abs. 1 eine Forderung auf, die so oder ähnlich auch in mehreren anderen Landesverfassungen (Bayern, Bremen, Hessen, Rheinland-Pfalz, Saarland) enthalten ist oder war. Auch die CDU legte sich in ihrem Ahlener Programm auf diese Forderung fest. Ihr Hintergrund waren nicht zuletzt die Erfahrungen während der nationalsozialistischen Gewaltherrschaft, in der sich Teile der deutschen Großindustrie mit der Diktatur verbündet und ihre wirtschaftliche Machtposition unter Ausbeutung deutscher und ausländischer Arbeiter ausgebaut und missbraucht hatten. Darüber hinaus war das Vertrauen in die Regulierungsmöglichkeiten des Staates in der Wirtschaft in den ersten Nachkriegsjahren noch größer, als es heute der Fall ist. Tatsächlich war aber der Versuch der Sozialisierung von Bergbau und Schwerindustrie in Nordrhein-Westfalen bereits im August 1948 im Landtag gescheitert. Inzwischen kann das Postulat einer Vergesellschaftung der Produktionsmittel in den westeuropäischen und einem großen Teil auch der osteuropäischen Staaten als überwunden gelten. An seine Stelle sind umfängliche Privatisierungen getreten, die auch solche Unternehmensbereiche erfasst haben, die traditionell staatlich organisiert waren (Bahn, Post).

2 Artikel 27 Abs. 1 hat in der Praxis keine Bedeutung erlangt. Seine Umsetzung hätte zudem die Vorgaben in Artikel 15 GG zu beachten, der das Grundrecht auf Eigentumsschutz weniger stark einschränkt. Die im nordrhein-westfälischen Landtag in den Jahren 1962, 1986 und 1989 gestellten Anträge der FDP, die Bestimmung ganz zu streichen, fanden gleichwohl keine Unterstützung der anderen Fraktionen, weil Artikel 27 Abs. 1 für das soziale Klima im Lande nicht ohne Bedeutung sei. In der Tat würde sich eine zeitgerechte Fortschreibung der Wirtschaftsverfassung kaum auf die isolierte Streichung einer Einzelbestimmung beschränken können. Sie müsste vielmehr die im europäischen Binnenmarkt und auf Grund des grundsätzlichen Strukturwandels in Nordrhein-Westfalen veränderten Rahmenbedingungen aufgreifen und die sich sowohl für die im Arbeits- und Wirtschaftsleben tätigen Menschen als auch für die staatlichen Organe daraus ergebenden Folgerungen ziehen.

3 Die in Absatz 2 an den Landesgesetzgeber enthaltene Weisung, Zusammenschlüsse zu verbieten, die ihre wirtschaftliche Macht missbrauchen, kann von diesem nicht vollzogen werden, weil dieses Rechtsgebiet durch das Gesetz gegen Wettbewerbsbeschränkungen (sog. Kartellgesetz) und durch europäisches Recht (Artikel 85, 86 EWG-Vertrag) geregelt ist. Diese Gesetze sehen Eingriffsmöglichkeiten des Staates gegenüber derartigen Zusammenschlüssen vor, deren Anordnung bei der Europäischen Kommission und beim Bundeskartellamt liegt.

Artikel 28
[Förderung des Mittelstandes]

Die Klein- und Mittelbetriebe in Landwirtschaft, Handwerk, Handel und Gewerbe und die freien Berufe sind zu fördern. Die genossenschaftliche Selbsthilfe ist zu unterstützen.

Artikel 28 enthält „ein freundliches Wort an die Klein- und Mittelbetriebe" und **1** knüpft damit, wie mehrere Landesverfassungen auch, an Artikel 164 der Weimarer Reichsverfassung an. Die Handlungsmöglichkeiten des Landes in diesem Bereich sind allerdings begrenzt, weil die einschlägigen Regelungsbereiche in die konkurrierende Gesetzgebung fallen und der Bund seine Regelungskompetenz umfänglich ausgeübt hat. Da sich die Wirtschaftspolitik aber nicht auf die Handlungsform der Gesetzgebung beschränkt, kommt Artikel 28 durchaus eine Bedeutung für die Landespolitik und für die Gemeinden zu, die umso größer ist, als das Innovationspotential der nordrhein-westfälischen Wirtschaft zu einem großen Teil in der mittelständischen Wirtschaft liegt. Dieser Bedeutung trägt die Bezeichnung des Wirtschaftsministeriums seit 1961 Rechnung, indem der Mittelstand im Namen dieses Ressorts ausdrücklich erwähnt ist. Die etwa 663 000 (1987: noch lediglich 510 000) mittelständischen Unternehmen mit 73 Prozent aller Arbeitnehmer (Stand: Jahr 2000) erwirtschafteten etwa die Hälfte (47 Prozent) der Bruttowertschöpfung in Nordrhein-Westfalen und bildeten 80 Prozent der Lehrlinge aus.

Artikel 28 greift nur einen Einzelaspekt der wirtschaftspolitischen Aufga- **2** benstellung des Landes auf. Nordrhein-Westfalen ist nach wie vor das industrielle Herz der Bundesrepublik Deutschland. Es hat seit seiner Gründung einen durchgreifenden Strukturwandel erlebt, den die Landesregierung im Rahmen ihrer Wirtschaftspolitik angeregt und unterstützt hat. 1968 wurde mit dem „Entwicklungsprogramm Ruhr" ein umfassender Versuch gemacht, die wirtschaftliche Entwicklung des Landes von staatlicher Seite aus zu steuern. Das „Nordrhein-Westfalen-Programm 1975" und das von Bund, Land, Gemeinden, von Wirtschaft, Handwerk, Gewerkschaften und Verbänden getragene „Aktionsprogramm Ruhr 1980 bis 1984" schlossen sich an. 1984 wurde, ihnen folgend, die „Initiative Zukunftstechnologien" des Landes ins Leben gerufen, um auf den Feldern Umwelttechnologien, Energietechnologien, Mikroelektronik, Mess- und Regeltechnik, Informations- und Kommunikationstechnologien neue Wachstums- und Beschäftigungsimpulse zu geben. Nach der erneuten Verschärfung der Probleme der Stahlindustrie in der zweiten Hälfte der

80er Jahre beschloss die Landesregierung im Juni 1987 die „Zukunftsinitiative Montanregion" (ZIM), die 1989 als „Zukunftsinitiative Nordrhein-Westfalen" (ZIN) auf das ganze Land ausgedehnt wurde. Mit ihr wurde ein zusätzlicher Innovationsschub auf wichtigen strukturpolitischen Feldern ausgelöst. Im Rahmen dieser Programme hatte die Förderung von Klein- und Mittelbetrieben einen hohen Stellenwert. Im Herbst 1996 wurde die „Zukunftsinitiative Textil NRW" (ZiTex) als Gemeinschaftsaktivität von Unternehmen, Verbänden und Gewerkschaften ins Leben gerufen. Zu nennen sind ferner die „Verbundinitiative Automobil NRW (VIA NRW)", die Landesinitiative Bio- und Gentechnik e. V. in Köln und die Mikrostruktur-Initiative NRW. Wichtiges Instrument der Wirtschaftsförderung ist die Gesellschaft für Wirtschaftsförderung, ein Landesbetrieb im Sinne von Artikel 81 Abs. 2 Satz 1 LV in der Form einer Gesellschaft mit beschränkter Haftung im Besitz des Landes. Internationale Beachtung hat die Internationale Bauausstellung Emscher Park (IBA) als „Werkstatt für die Zukunft von Industrieregionen" gefunden. In der zehnjährigen Laufzeit der IBA sind mehr als 120 Projekte für den Strukturwandel realisiert worden. Insgesamt sind etwa fünf Mrd. DM an Investitionen in die IBA-Projekte geflossen. Rund ein Drittel davon sind private Investitionen. Zwei Drittel sind Gelder, die aus den Förderprogrammen des Landes NRW und der Europäischen Union sowie aus den Kassen der Kommunen kommen.

Artikel 29
[Siedlungswesen]

(1) Die Verbindung weiter Volksschichten mit dem Grund und Boden ist anzustreben.

(2) Das Land hat die Aufgabe, nach Maßgabe der Gesetze neue Wohn- und Wirtschaftsheimstätten zu schaffen und den klein- und mittelbäuerlichen Besitz zu stärken.

(3) Die Kleinsiedlung und das Kleingartenwesen sind zu fördern.

1   Artikel 29 stellt einen Programmsatz auf, der eine Umschichtung des privaten Grundeigentums auf möglichst viele Bürgerinnen und Bürger zum Ziel hat. Den Erlass entsprechender Regelungen hatte die britische Besatzungsmacht schon im September 1947 mit der Verordnung Nr. 103 verlangt. Auf der Grundlage des schließlich vor Inkrafttreten der Landesverfassung im Herbst 1949 zustandegekommenen Bodenreformgesetzes und des gleichzeitig erlassenen Siedlungsgesetzes sind ca. 40 000 Hektar Land neuen Zwecken zugeführt worden, die im Sinne der Bodenreform lagen. Angesichts der nicht nur in Nordrhein-Westfalen aufgetretenen Zweifel über die Vereinbarkeit dieser Gesetze mit dem Grundgesetz wurden sie im Jahre 1962 aufgehoben.

2   Die in Absatz 2 genannte *Förderung des Wohnungsbaus* ist eine Aufgabe, die Bund, Ländern, Gemeinden und Gemeindeverbänden nach dem 2. Wohnungsbauge-

setz gemeinsam obliegt, wobei der soziale Wohnungsbau vordringlich zu fördern ist. Dadurch sollen Wohnungsmangel beseitigt und breit gestreutes Eigentum geschaffen werden. In Nordrhein-Westfalen besteht als wichtiges Instrument der Wohnungsversorgung die Wohnungsbauförderungsanstalt, die das Wohnungs- und Kleinsiedlungswesen durch die Gewährung von Darlehen und Zuschüssen oder durch die Übernahme von Bürgschaften fördert. Die Wohnungsbauprogramme für den sozialen Wohnungsbau des Landes sahen für 1990 die Förderung von 27 100 Wohnungen, für 1991 die Förderung von 28 500 Wohnungen und für 1992 die Förderung von 25 500 Wohnungen vor. Auch in den Folgejahren lag die Zahl der geförderten Wohnungen jeweils über 27 000 (Stand: 1999). Nordrhein-Westfalen gab damit seit langem für den sozialen Wohnungsbau jährlich mehr Mittel aus, als der Bund allen alten Ländern zusammen zur Verfügung stellte.

Mehr als ein liebenswürdiges Ornament, vielmehr Ausdruck echter Fürsorge **3** des Landesverfassungsgebers für die arbeitenden Menschen im Industrierevier an Rhein und Ruhr, ist die in Absatz 3 enthaltene Hervorhebung der Kleinsiedlung und des Kleingartenwesens. Gerade in den städtischen Ballungsregionen ist der Kleingarten für viele Menschen eine wichtige Stätte der Erholung und der Freizeitgestaltung. In Nordrhein-Westfalen gibt es rund 100 000 Kleingärten, die überwiegend in Bebauungsplänen festgelegt und vor Veränderungen gesichert sind. Das Land fördert bestehende Dauerkleingartenanlagen und den Erwerb von Land durch Darlehen und Zuschüsse.

Artikel 29 a
[Umweltschutz]

(1) Die natürlichen Lebensgrundlagen und die Tiere stehen unter dem Schutz des Landes, der Gemeinden und Gemeindeverbände.

(2) Die notwendigen Bindungen und Pflichten bestimmen sich unter Ausgleich der betroffenen öffentlichen und privaten Belange. Das Nähere regelt das Gesetz.

Mit dem durch Gesetz vom 19. 3. 1985 eingefügten Artikel 29a hat der nord- **1** rhein-westfälische Verfassungsgeber weit früher als das Grundgesetz, das erst im Zuge der Verfassungsreform von 1994 durch Einfügung des Artikels 20 a um eine vergleichbare Regelung ergänzt worden ist, und auch eher als die Mehrzahl der Länderparlamente den *Schutz der natürlichen Lebensgrundlagen (Umweltschutz)* zu einem Staatsziel mit Verfassungsrang erhoben. Die Landesverfassung trägt damit dem Umstand Rechnung, dass mit der wachsenden Industrialisierung und dem steigenden Verbrauch der natürlichen Ressourcen ein wirkungsvoller Umweltschutz zu einem vorrangigen Problemfeld der Politik geworden ist. Gleichzeitig mit der Einfügung von Artikel 29a ist in Artikel 7 Abs. 2 die Verantwortung des einzelnen für die Erhaltung der natürlichen Lebensgrundlagen zu einem Erziehungsziel erklärt worden. Durch Gesetz vom 3. Juli 2001 ist der Tierschutz ausdrücklich in den Geltungsbereich der Bestimmung einbezogen worden.

2 Umwelt- und Tierschutz sind, wie schon die Stellung des Artikel 29a in dem Abschnitt über Arbeit, Wirtschaft und Umwelt verdeutlicht, als objektiv-rechtliche Staatsziele und nicht als subjektive Grundrechte ausgestaltet worden. Artikel 29a begründet daher für die einzelnen Bürgerinnen und Bürger keinen einklagbaren Anspruch auf ganz bestimmte Umweltentscheidungen oder auf konkrete Leistungen. Er enthält vielmehr einen an das Land, die Gemeinden und die Gemeindeverbände gerichteten Handlungsauftrag zur Gestaltung der Lebensverhältnisse in Nordrhein-Westfalen. Absatz 2 stellt dabei klar, dass sich die notwendigen Bindungen und Verpflichtungen unter Ausgleich der betroffenen öffentlichen und privaten Belange bestimmen. Weder die Staatsziele des Umwelt- und des Tierschutzes noch die „betroffenen Belange" haben also Anspruch auf prinzipiellen Vorrang; sie sind vielmehr gegeneinander abzuwägen. Der Schutz der natürlichen Lebensgrundlagen ist notwendige Voraussetzung für die wirtschaftliche Entwicklung im Lande und für die Schaffung einer ausreichenden Zahl von Arbeitsplätzen. Keines dieser Ziele lässt sich ohne Berücksichtigung der anderen zum Wohle der Menschen im Lande erreichen. Auch im Verhältnis zur Sportförderung (Artikel 18 Abs. 3) genießt der Umweltschutz nach der Entscheidung des Verfassungsgebers keinen Vorrang. Der Verfassungsgeber geht davon aus, dass sich das Spannungsverhältnis zwischen Forschungs- und Tierschutzinteressen im Regelfall angemessen ausgleichen lässt. Bei unüberwindbaren Interessenkonflikten ist die Forschung für den Schutz menschlichen Lebens höher zu bewerten als der Tierschutz. Damit bleiben Tierversuche prinzipiell zulässig, soweit sie der Entwicklung von Arzneimitteln und therapeutische Methoden dienen. In seinem Urteil vom 15. 1. 2002 (1 BvR 1783/99 – www.bundesverfassungsgericht.de) hat das Bundesverfassungsgericht der Klage eines muslimischen Metzgers auf Erteilung einer Ausnahmegenehmigung von dem allgemeinen gesetzlichen Verbot stattgegeben, Tiere ohne Betäubung zu schlachten (zu schächten). Diese Entscheidung entfaltet auch in Nordrhein-Westfalen Wirkung, weil die Verankerung des Tierschutzes in der Landesverfassung ihre Grenze an Bundesverfassungsrecht findet. Dieses gebietet im Fall eines muslimischen Metzgers nach der Entscheidung des Bundesverfassungsgerichts eine Abwägung mit dem Recht auf Berufsausübung (Artikel 12 GG) und dem Recht auf die eigene Religionsüberzeugung. Diese könnten sich gegenüber dem Tierschutzgedanken im Ergebnis durchsetzen.

3 Nach Absatz 2 Satz 2 ist das Nähere der Regelung durch den Gesetzgeber vorbehalten. Zu den wichtigsten Landesumweltgesetzen gehören das Landesplanungsgesetz mit seinen Regelungen über die Raumordnung, das Landesabfallgesetz, das Landes-Immissionsschutzgesetz, das Landeswassergesetz, ferner die zahlreichen Regelungen im Bereich der Landschaftspflege und des Naturschutzes, der Lärmbekämpfung, der Lebensmittelüberwachung, der Luftreinhaltung und des Strahlenschutzes. Am 1. Januar 1999 ist die Novelle des Landesabfallgesetzes in Kraft getreten, die einen grundlegenden Schritt zu einer rohstoffschonenden und kostensparenden Kreislaufwirtschaft darstellt. Ein Kernpunkt des Gesetzes ist die landesweit flächendeckende Sammlung und Verwertung von Bioabfall. Das Landeswassergesetz ist 1995 mit dem Ziel der ortsnahen Beseitigung des Niederschlagswassers reformiert worden. Durch Landesverordnungen aus den Jahren 1997 und 1998 sind wichtige EG-Richtlinien über die Trinkwassergewinnung aus Oberflächengewässern, über Fischgewässer, über die Behandlung kommunalen Abwassers und zum Schutz der Gewässer vor Verunreinigungen durch Nitrat aus landwirtschaftlichen Quellen (Gülle) für NRW umgesetzt worden. Die Umweltpolitik der Landesregierung, deren Regierungsprogramm 1985 unter das Motto: „Wir erneuern Nordrhein-Westfalen ökologisch und ökonomisch" gestellt war, bildet innerhalb der Landesaufgaben einen Schwerpunkt mit weiter wachsender Bedeutung. Seit 1992 stützt sich die Politik der ökologischen Modernisierung auf die zentralen Aussagen des Erd- und Umweltgipfels von Rio, die in der sog. „Agenda 21" zusammenfließen. In der 12. Legislaturperiode (1995–2000) stellte die Landesregierung im Rahmen des „Zukunftsinvestitionsprogramms Arbeit und Umwelt" Fördermittel von 13 Mrd. DM bereit. Mit der „Effizienzagentur NRW" werden kleine und mittlere Betriebe bei der Untersuchung und Realisierung von Potenzialen zur Einsparung von Ressourcen unterstützt.

Der nordrhein-westfälische Verfassungsgerichtshof hat sich mehrfach mit der **4** Tragweite des in Artikel 29 a verankerten Staatsziels Umweltschutz zu befassen gehabt. Nach seiner Entscheidung vom 17. 12. 1990 (DVBl. 1991, 488) gehört es zu den notwendigen Bindungen und Pflichten, die sich aus dem Schutzauftrag ergeben, dass die Gemeinden die im Landeswassergesetz getroffene Entscheidung, bestimmte Aufgaben der Abwasserbeseitigung den Abwasserverbänden zuzuordnen, trotz der damit verbundenen Einschränkung ihrer Planungshoheit hinzunehmen haben (s. auch Anm. 8 zu Artikel 78). Die Vertretbarkeit der Entscheidung des Gesetzgebers ergebe sich insbesondere aus der Berücksichtigung der natürlichen Bedingungen des Wasserkreislaufs und aus den in den letzten Jahren erheblich gestiegenen Anforderungen an eine ordnungsgemäße, der verfassungsrechtlichen Wertung des Artikel 29 a entsprechende Wasserbewirtschaftung. In gleicher Weise hat der Verfassungsgerichtshof die im Landesplanungsgesetz und im Landesentwicklungsprogramm enthaltenen Beschränkungen der kommunalen Planungshoheit unter Berufung auf Artikel 29 a in einem Fall für verfassungskonform angesehen, in dem der Gebietsentwicklungsplan für den Regierungsbezirk Düsseldorf eine Gemeindefläche als Agrarbereich, Erholungsbereich und Bereich für den Schutz der Landschaft ausgewiesen hatte, für die die betroffene Gemeinde die Ausweisung als Gewerbe- und Industrieansiedlungsgebiet wünschte (VerfGH, NWVBl. 1990, 51). Auch bei der in einem Gebietsentwicklungsplan vorgesehenen Ausweisung eines Standorts für eine Mülldeponie im Regierungsbezirk Detmold hat er im Interesse umweltrelevanter Gesichtspunkte die damit verbundenen Beschränkungen der kommunalen Planungshoheit gerechtfertigt (VerfGH, DVBl. 1992, 710). Eine vom nordrhein-westfälischen Umweltminister Anfang 1990 durchgeführte

Anzeigenaktion, mit der Empfehlungen zur Müllvermeidung gegeben wurden, hat der Verfassungsgerichtshof als von dem Schutzauftrag des Artikel 29 a gedeckt angesehen (VerfGH, NWVBl. 1992, 14). Die einstweilige Sicherstellung des „Schackumer Bachtals" im Gebietsentwicklungsplan für den Regierungsbezirk Düsseldorf als Naturschutzgebiet hat der Verfassungsgerichtshof allerdings wegen fehlerhafter Abwägung der überörtlichen mit den gemeindlichen Planungsbelangen aufgehoben (DVBl. 1993, 649).

DRITTER TEIL
Von den Organen und Aufgaben des Landes

Erster Abschnitt
Der Landtag

Artikel 30
[Volksvertreter]

(1) Der Landtag besteht aus den vom Volk gewählten Abgeordneten.

(2) Die Abgeordneten stimmen nach ihrer freien, nur durch die Rücksicht auf das Volkswohl bestimmten Überzeugung; sie sind an Aufträge nicht gebunden.

1 Der Landtag ist *die gewählte Vertretung des Volkes von Nordrhein-Westfalen*. Er ist, da er sich auf die unmittelbare Legitimation durch das Volk berufen kann, das oberste Staatsorgan des Landes und verkörpert das demokratische Prinzip, nach dem alle Staatsgewalt vom Volke ausgeht. Zu den wichtigsten Aufgaben des Landtags gehören das Recht zur Gesetzgebung, das Budgetrecht (also das Recht, über den Landeshaushalt zu beschließen, in den alle Einnahmen und Ausgaben des Landes aufzunehmen sind), die Wahl des Ministerpräsidenten, die Kontrolle der vollziehenden Gewalt und die Verhandlung öffentlicher Angelegenheiten.

2 Die *Rolle des Landtags als Gesetzgebungsorgan,* einst seine zentrale Funktion, hat mit der zunehmenden Verschiebung der Gesetzgebungsbefugnisse auf den Bund und durch die Übertragung zahlreicher Kompetenzen auf die Europäische Union seit Gründung des Landes an Bedeutung erheblich abgenommen. Den Ländern steht, wie bereits bei Artikel 1 dargestellt ist (s. dort Anm. 5), die Gesetzgebungsbefugnis nur für einen begrenzten Bereich zu, der an Gewicht verloren hat. Mit dieser Entwicklung verbunden ist eine Gefährdung des Gleichgewichts der Gewalten, das sich zugunsten der Exekutive verschoben hat, da diese über den Bundesrat auch auf diejenigen Politikbereiche Einfluss nehmen kann, für die die Gesetzgebung beim Bund und bei der Europäischen Union liegt. Der Landtag bemüht sich, dieser Entwicklung durch eine Intensivierung der Regierungskontrolle entgegenzuwirken, die freilich die Gefahr einer Gewaltenvermischung durch Formen des „Mitregierens" heraufbeschwört (s. hierzu bereits Anm. 3 und 4 zu Artikel 3). Eine besondere Problematik ist mit der Kontrolle der Landesregierung verbunden, soweit sie deren Mitwirkung an der Bundesgesetzgebung und an den Angelegenheiten der Europäischen Union betrifft. Diese Mitwirkung erfolgt über das von den Ländern getragene Bundesorgan Bundesrat, in dem die Länder durch die Landesregierungen vertreten sind (Artikel 50 und 51 GG). Die parlamentarische Kontrolle durch den Landtag bezieht sich auch auf diesen Bereich der Aufgabenwahrnehmung durch die Landesregierung, jedoch ist diese an Weisungen des Landtags nicht gebunden. Sie nimmt insoweit ihr im Grundgesetz zugewiesene eigene Aufgaben auf der gesamtstaatlichen Ebene wahr, auf die die Legitimation des Landtags sich nicht erstreckt. Der Landtag kann das Verhalten der Landesregierung insoweit freilich gleichwohl zum Gegenstand politischer Bewertungen bis hin zu der Sanktion des konstruktiven Misstrauensvotums nach Artikel 61 LV machen.

Der *Aufgabenbereich des Landtags* ist nicht allumfassend: im System der Gewal- **3** tenteilung sind seine Befugnisse ebenso in die Kompetenzverteilung eingebunden wie diejenigen der vollziehenden und der rechtsprechenden Gewalt. So steht der Landesregierung im Verhältnis zum Landtag ein autonomer Bereich exekutiver Eigenverantwortung zu, in den der Landtag nicht unmittelbar eingreifen darf, und auch die Rechtsprechung ist im demokratischen Rechtsstaat vor Eingriffen des Landtags in die Entscheidung von Rechtsfällen geschützt. Zum Wesen der repräsentativen Demokratie gehört es, dass die Sitzungen des Landtags grundsätzlich öffentlich sind (Artikel 42) und er sich seine Meinung durch Meinungsaustausch und Diskussion bildet, dass er seine Befugnisse selbst wahrnimmt und nicht auf die Ausschüsse delegiert (diese haben also nur die Funktion, die Entscheidungen des Landtags vorzubereiten) und dass er sich aus unabhängigen Abgeordneten zusammensetzt.

Der Landtag besteht aus den *vom Volke gewählten Abgeordneten*. Die Landesver- **4** fassung legt keine bestimmte Zahl der Abgeordneten fest. In Absatz 2 ist der Grundsatz des freien Mandats niedergelegt. Als Vertreter des ganzen Volkes sind die Abgeordneten nicht Vertreter eines Wahlkreises, einer Partei oder sonstiger Bevölkerungsgruppen. Oberstes Gebot ihres Mandats ist vielmehr das Wohl des ganzen Volkes von Nordrhein-Westfalen. Weisungen und Aufträgen sind die Abgeordneten nicht unterworfen; wo solche gleichwohl erteilt werden, sind sie rechtlich unverbindlich. Das gilt auch für das Verhältnis der Abgeordneten zu ihrer Partei und gegenüber ihrer Fraktion (zum Begriff der Fraktion s. Anm. 4 zu Artikel 38). Ein förmlicher Fraktionszwang, mit dem die Abgeordneten durch das Androhen oder die Anwendung von Sanktionen bei Zuwiderhandlung zu einem bestimmten Abstimmungsverhalten veranlasst werden sollen, wäre als Verstoß gegen den Grundsatz des freien Mandats verfassungswidrig. Zulässig ist dagegen die parlamentarische Übung empfehlender Fraktionsbeschlüsse (die gemeinhin als „Fraktionszwang" bezeichnet werden), solange sie die letzte Entscheidungsfreiheit der Abgeordneten respektieren. Ein sog. „imperatives Mandat" ist jedoch mit der Landesverfassung nicht vereinbar. Dazu gehört auch, dass die Abgeordneten weder von der Wählerschaft noch von den Parteien und Fraktionen abberufen werden können. Der Ausschluss oder Austritt aus der Fraktion oder aus der Partei lassen das Abgeordnetenmandat unberührt.

5 Aus der Auftrags- und Weisungsfreiheit der Abgeordneten folgt auch, dass sie rechtlich von ihren Parteien unabhängig sind. Das schließt die Unabhängigkeit der einzelnen Abgeordneten und der Fraktionen gegenüber Parteitagsbeschlüssen ein. Andererseits gilt das den politischen Parteien in Artikel 21 GG garantierte Recht zur Mitwirkung an der Willensbildung des Volkes auch für den demokratischen Willensbildungsprozess auf der Landesebene. Aus diesem Grunde entspricht die in der Verfassungswirklichkeit die Regel darstellende Einbindung der Abgeordneten in ihre Parteien und Fraktionen durchaus den Intentionen der Landesverfassung. Das gilt völlig unabhängig davon, ob der oder die Abgeordnete das Mandat durch direkte Wahl in einem Wahlkreis oder über die Landesliste seiner oder ihrer Partei erlangt hat.

6 Da die Abgeordneten einen *eigenen verfassungsrechtlichen Status* besitzen, sind sie in sog. Organstreitverfahren vor dem Verfassungsgerichtshof nach Artikel 75 Nr. 2 LV parteifähig, soweit ihre Rechte betroffen sind. Zum sog. Interpellationsrecht (Frage- und Auskunftsrecht) der Abgeordneten, das zu den verfassungsrechtlich gewährleisteten Rechten der Abgeordneten gehört, s. die Ausführungen in Anm. 6 zu Artikel 45.

Artikel 31
[Wahl]

(1) Die Abgeordneten werden in allgemeiner, gleicher, unmittelbarer, geheimer und freier Wahl gewählt.

(2) Wahlberechtigt ist, wer das 18. Lebensjahr vollendet hat. Wählbar ist, wer das Alter erreicht hat, mit dem die Volljährigkeit eintritt.

(3) Die Wahl findet an einem Sonntag oder einem gesetzlichen Feiertag statt.

(4) Das Nähere wird durch Gesetz geregelt.

1 Die *Wahl des Landtags* ist die wichtigste Form der politischen Willensbildung des Volkes in Nordrhein-Westfalen. Auf ihr baut alle Staatsgewalt im Lande auf. Ihren politischen Auswirkungen nach greifen Landtagswahlen allerdings über den Bereich des Landes hinaus. Für Nordrhein-Westfalen, das bevölkerungsreichste Land der Bundesrepublik Deutschland, gilt das in besonderem Maße. Die Landtagswahlen entscheiden zwar in erster Linie über die politische Richtung im Lande, insbesondere also über die Zusammensetzung der Regierung und der Opposition im Landtag von Nordrhein-Westfalen. Sie sind jedoch zugleich maßgebend für die Zusammensetzung des Bundesrates und diejenige der Bundesversammlung, die den Bundespräsidenten wählt. Ihre politische Bedeutung liegt zudem darin, dass sie nicht selten als Testwahlen für den Bund interpretiert werden. Landtagswahlen sind ohne bundespolitische Einflüsse nicht denkbar. Die Themen in den Landtagswahlkämpfen sind regelmäßig nicht auf die landesspezifischen Angelegenheiten begrenzt, sondern werden in vielfältiger Weise durch bundespolitische Themenstellungen mitgeprägt.

Zum Begriff der *Wahl* gehört die Möglichkeit, eine oder mehrere Personen aus **2** einem größeren Personenkreis auszuwählen. Nach Absatz 1 werden die Abgeordneten gewählt, nicht also Parteien. Auch bei der Listenwahl werden nur die auf der Liste aufgeführten Personen und nicht andere Parteivertreter gewählt. Absatz 1 enthält dieselben Wahlgrundsätze wie Artikel 38 Abs. 1 Satz 1 GG: Die Wahl muss allgemein, gleich, unmittelbar, geheim und frei sein.

I. Wahlgrundsätze

Nach dem Grundsatz der *Allgemeinheit der Wahl* muss das Wahlrecht grundsätz- **3** lich allen Staatsbürgerinnen und -bürgern zustehen. Der Ausschluss bestimmter Gruppen (z. B. nach Rasse, Konfession, politischer Zugehörigkeit, Beruf) ist unzulässig. Das Wahlrecht darf auch nicht von Voraussetzungen abhängig gemacht werden, die nicht jedermann erfüllen kann (z. B. Vermögen, Einkommen, Bildung). Zulässig ist es allerdings, das Wahlrecht und die Wählbarkeit von dem Erreichen eines bestimmten Wahlalters abhängig zu machen, wie Absatz 2 es tut. Auch der Ausschluss von Geisteskranken und von Personen, denen das Wahlrecht oder die Wählbarkeit durch straf- oder verfassungsgerichtliches Urteil aberkannt worden ist, verstößt nicht gegen den Grundsatz der allgemeinen Wahl.

Der Grundsatz der *Unmittelbarkeit* der Wahl besagt, dass sich zwischen die **4** Wähler und die Bestimmung der Abgeordneten kein fremder Wille schieben darf, etwa durch Einschaltung von Wahlmännern oder durch die Volksvertretungen anderer Gebietskörperschaften (z. B. die Gemeinderäte). Vom Beginn der Stimmabgabe an darf das Wahlergebnis nur noch von der Entscheidung der Wähler abhängen. Das bedeutet beispielsweise, dass bei der Listenwahl die Reihenfolge der Ersatzkandidaten unabänderlich festgelegt sein muss und die Parteien ihre Reihenfolge nicht etwa nachträglich ändern können.

Der Grundsatz der *freien* Wahl bedeutet, dass die Wähler ihren Willen bei der **5** Wahl unverfälscht zum Ausdruck bringen können. Sie müssen gegen Zwang, Druck und alle die freie Willensentscheidung ernstlich beeinträchtigenden Wahlbeeinflussungen von staatlichen und nichtstaatlichen Stellen geschützt werden. Ein Parteienmonopol für Wahlvorschläge würde gegen den Grundsatz

der freien Wahl verstoßen. Nach der Rechtsprechung des Bundesverfassungsgerichts gehört zur Freiheit der Wahl auch die Möglichkeit der Mitglieder von
Parteien und Wählergruppen, an der Kandidatenaufstellung mitzuwirken
(BVerfGE 42, 282). Voraussetzung einer freien Wahl ist auch die ungehinderte
Wahlwerbung und die Freiheit der öffentlichen Meinungsäußerung. Die Landesregierung darf sie zur Wahrung der gebotenen Chancengleichheit und wegen des Verbots, staatliche Mittel zweckentfremdet einzusetzen, nicht durch
einseitige werbende Parteinahme für eine Partei beeinträchtigen (BVerfGE 44,
125 ff.; 63, 230 ff.). Die Freiheit der Wahl wird allerdings nach einer Entscheidung des nordrhein-westfälischen Verfassungsgerichtshofs nicht dadurch verletzt, dass die Landesregierung während der Vorwahlzeit im Rahmen der
Wahrnehmung ihrer Regierungsaufgaben auch das Mittel der Öffentlichkeits-
arbeit einsetzt, um ein bestimmtes Regierungsziel, beispielsweise die Vermeidung von Abfall, zu erreichen (VerfGH, DVBl. 1992, 129 ff. – Müllvermei-
dungskampagne der Landesregierung im Jahre 1990).

6 Der Grundsatz der *gleichen* Wahl bedeutet, dass im Rahmen des Wahlsystems
jede Wählerstimme den gleichen Einfluss auf das Wahlergebnis (den gleichen
Erfolgswert) haben muss. Abweichungen hiervon sind nur aus zwingenden
Gründen und in engen Grenzen zulässig. Einen zwingenden Grund dieser Art
stellt die Funktionsfähigkeit des Parlaments dar; aus diesem Grunde ist zur
Vermeidung der parlamentarischen Parteizersplitterung oberhalb der kommunalen Ebene (für diese hat der Verfassungsgerichtshof im Juli 1999 die
Sperrklausel für verfassungswidrig erklärt) die Einführung von sog. Sperr-
klauseln zulässig, die jedoch höchstens bei 5 v. H. der abgegebenen Stimmen
liegen dürfen. Die Gleichheit der Wahl ist nicht verletzt, wenn neuen Parteien
und Wählergruppen zum Nachweis ausreichender Unterstützung in der Bevölkerung die Beibringung einer angemessenen Zahl von Wählerunterschriften
für ihre Zulassung zur Wahl auferlegt wird. Zur Wahlgleichheit gehört auch,
dass alle Staatsbüger und -bürgerinnen unabhängig von einer Parteizugehörig-
keit die gleiche Chance haben, Mitglied des Parlaments zu werden. Die Parteien
haben einen Anspruch auf Gleichbehandlung. Die Gleichheit der Wahlchancen
darf nicht durch die Bildung von Wahlkreisen mit deutlich unterschiedlicher
Anzahl der Wahlberechtigten beeinträchtigt werden. Die Landesregierung ist
zur strikten Neutralität im Wahlkampf verpflichtet.

7 Nach dem Grundsatz der *geheimen* Wahl müssen alle Wählerinnen und Wähler
ihr Wahlrecht so ausüben können, dass andere Personen keine Kenntnis von
ihrer Wahlentscheidung erhalten. Die Wähler müssen ihre Stimme entsprechend den für die Wahlhandlung geltenden Bestimmungen geheim abgeben,
können ihre Wahlentscheidung jedoch selbst offenbaren. Jeder Druck, die
Wahlentscheidung zu offenbaren, ist jedoch unzulässig. Die Zulassung der
Briefwahl ist mit dem Grundsatz der geheimen Wahl vereinbar; sie setzt jedoch
besondere Vorkehrungen zur Wahrung des Wahlgeheimnisses voraus.

II. Aktives und passives Wahlrecht

Nach dem 1969 neu gefassten Absatz 2 hat das *Wahlrecht* jeder und jede Deutsche **8**
im Sinne von Artikel 116 Abs. 1 GG, der und die am Wahltag das achtzehnte
Lebensjahr vollendet hat; nach § 1 des Landeswahlgesetzes ist weitere Voraussetzung, dass er (sie) seit mindestens drei Monaten einen Wohnsitz in Nordrhein-Westfalen hat. Auch die Wählbarkeit knüpft – seit 1974 – an das Erreichen
des achtzehnten Lebensjahres (Volljährigkeit gemäß § 2 BGB) an. Schon am
22. 2. 1954 hatte die KPD einen Gesetzentwurf zur Herabsetzung des aktiven
und passiven Wahlalters eingebracht, der aber damals keine Mehrheit fand. Nach
der Entscheidung des Bundesverfassungsgerichts zum schleswig-holsteinischen
Kommunalwahlrecht kann Ausländern und Staatenlosen die Wahlberechtigung
zum Landtag auch nicht durch eine Änderung der Landesverfassung eingeräumt
werden (BVerfGE 83, 37 ff., 60 ff.).

III. Wahltermin

In Absatz 3 schreibt Artikel 31 vor, dass Wahltag ein Sonntag oder ein gesetzli- **9**
cher Feiertag ist. Sinn dieser Vorschrift ist es, die Möglichkeit zur Teilnahme an
der Wahl nicht von der Inanspruchnahme durch berufliche Verpflichtungen
abhängig zu machen. Die Festlegung von Feiertagen ist Landesangelegenheit;
für Nordrhein-Westfalen ist das Gesetz über die Sonn- und Feiertage maßgebend. Der Wahltag wird nach § 7 des Landeswahlgesetzes durch die Landesregierung festgesetzt und im Gesetz- und Verordnungsblatt bekanntgemacht. Die
Wahlzeit dauert in der Regel von 8 bis 18 Uhr.

IV. Landeswahlgesetz

In Absatz 4 überlässt die Landesverfassung es dem Gesetzgeber, das Nähere der **10**
Wahl durch Gesetz zu regeln. Maßgebend sind in erster Linie das Gesetz über die
Wahl zum Landtag des Landes Nordrhein-Westfalen (Landeswahlgesetz) und
das Gesetz über die Wahlkreiseinteilung für die Wahl zum Landtag des Landes
Nordrhein-Westfalen (Wahlkreisgesetz). Weitere Rechtsgrundlagen enthalten
das Gesetz über die Prüfung der Wahlen zum Landtag des Landes Nordrhein-
Westfalen und die vom Innenminister erlassene Landeswahlordnung.

In Nordrhein-Westfalen wird nach einem *Mischsystem aus Persönlichkeits- bzw.* **11**
Mehrheitswahl und Verhältniswahl gewählt, wobei sich die Zusammensetzung des
Landtags jedoch letztlich nach dem Grundsatz der Verhältnismäßigkeit richtet.
Das Land ist in 151 nach der Bevölkerungszahl etwa gleich große Wahlkreise
aufgeteilt. In den Wahlkreisen des Landes wird je ein Kandidat oder eine Kan-
didatin direkt gewählt, während 50 Abgeordnete über die von den Parteien
aufgestellten Landesreservelisten in den Landtag einziehen. Jeder Wähler und
jede Wählerin hat *eine* Stimme, die er (sie) einem Wahlkreisbewerber oder einer

Wahlkreisbewerberin geben kann. Mit der Stimmabgabe für einen Bewerber oder eine Bewerberin wählt er (sie) gleichzeitig und notwendig die Landesliste derjenigen Partei, für die der Wahlkreisbewerber (die Bewerberin) aufgestellt ist, es sei denn, es handelt sich um einen parteiunabhängigen Einzelbewerber oder eine Einzelbewerberin. Anders als bei der Bundestagswahl hat jeder Wähler und jede Wählerin also nur eine Stimme. Ein sog. „Stimmensplitting" wie auf der Bundesebene ist daher in Nordrhein-Westfalen ausgeschlossen. Das Landeswahlgesetz sieht eine Sperrklausel von 5 Prozent der im Land abgegebenen Stimmen vor; jedoch behalten Wahlkreisbewerber und -bewerberinnen ihr direkt gewonnenes Mandat auch dann, wenn ihre Partei die 5-Prozent-Grenze verfehlt. Erringt eine Partei mehr Direktmandate, als ihr nach dem Gesamtergebnis im Verhältnis zu den anderen Parteien zustehen, so wird die sich daraus ergebende Differenz durch sog. Überhangmandate ausgeglichen. Dadurch kann die Zahl der Mitglieder des Landtages mehr als 201 betragen, was mehrfach geschehen ist. Dies ist einer der Gründe, weshalb seit längerem über eine Verringerung der Mandatszahl nachgedacht wurde. Durch eine Änderung des Landeswahlgesetzes ist nunmehr eine Verkleinerung des Landtags ab 2005 vorgesehen. Künftig gibt es statt 151 nur noch 128 Wahlkreise und 53 Abgeordnete, die über die Landesliste ihrer Partei in den Landtag kommen. Insgesamt werden dem Landtag nur noch 181 Abgeordnete angehören. Überhang- und Ausgleichsmandate gibt es künftig nicht mehr.

12 Im Landeswahlgesetz finden sich die Einzelheiten über die Aufstellung der Wahlbewerber, die Wahlorgane, die Einreichung von Wahlvorschlägen, die Wahlberechtigung und des Wahlverfahrens selbst, ferner Regelungen über Nach- und Wiederholungswahlen und das sog. Nachrückverfahren für ausgeschiedene Abgeordnete.

V. Wahlkampfkosten

13 Die Durchführung von Wahlen ist sowohl für den Staat als auch für die Parteien mit erheblichen Kosten verbunden. Die Parteien können ihre Kosten nur zu einem geringen Teil aus ihren Mitgliederbeiträgen, Spenden und Pflichtabgaben ihrer Mandatsträger decken. Da sie als notwendige politische Akteure eine verfassungsmäßige Aufgabe erfüllen, indem sie an der politischen Willensbildung des Volkes auf allen Ebenen des öffentlichen Lebens mitwirken, werden auch ihre Landtagswahlkosten zu einem erheblichen Teil aus öffentlichen Mitteln finanziert. Die Zulässigkeit und insbesondere die Bemessung der Wahlkampfkostenerstattung gehören wie diejenige der allgemeinen Parteienfinanzierung zu den in Deutschland seit langem umstrittensten Verfassungsfragen überhaupt. Während das Bundesverfassungsgericht es ursprünglich für unzulässig erklärt hatte, dass der Staat den Parteien Mittel für die Finanzierung der ihnen allgemein obliegenden Tätigkeit gewährt (BVerfGE 20, 56, 102 ff.), hat es dieses Bedenken in einer Entscheidung aus dem Jahre 1992 (BVerfGE 85, 264 ff.) aufgegeben, zugleich aber festgestellt, dass der Grundsatz der Staatsfreiheit nur eine Teilfinanzierung der allgemeinen Tätigkeit der politischen Parteien aus staatlichen Mitteln erlaubt. Zur Erstattung von Wahlkampfkosten hat es die Gewährung eines sog. „Sockelbetrages" für unzulässig erklärt, den jede Partei mit einer Mindestzahl von Wählerstimmen als Bestandteil der Kostenerstattung erhielt. Mit ähnlicher Begründung hat der nordrhein-westfälische Verfassungsgerichtshof am 19. 5. 1992 (NWVBl. 1992, 275 ff.) die im Landeswahlkampfkostengesetz enthaltene Regelung über die Gewährung von Sockelbeträgen und auch die Leistung eines höheren Pauschalbetrages je Wähler, als ihn das Parteiengesetz des Bundes gestattet, für unzulässig erklärt. Der Landesgesetzgeber hat dem inzwischen durch eine Neufassung des genannten Gesetzes Rechnung getragen.

Artikel 32
[Wahlverbot für Umstürzler]

(1) Vereinigungen und Personen, die es unternehmen, die staatsbürgerlichen Freiheiten zu unterdrücken oder gegen Volk, Land oder Verfassung Gewalt anzuwenden, dürfen sich an Wahlen und Abstimmungen nicht beteiligen.

(2) Die Entscheidung darüber, ob diese Voraussetzungen vorliegen, trifft auf Antrag der Landesregierung oder von mindestens fünfzig Abgeordneten des Landtags der Verfassungsgerichtshof.

Artikel 32 ist Ausdruck des Selbstverständnisses der Landesverfassung als der Grundordnung einer *streitbaren Demokratie,* die sich politischen Vereinigungen nicht ohne Widerstand ausliefert, die es unternehmen, das demokratische System mit den eigenen Mitteln zu schlagen. Nach Artikel 75 Nr. 1 LV entscheidet der Verfassungsgerichtshof über den Ausschluss von Wahlen und Abstimmungen. Die Bestimmung ist bislang nicht praktisch geworden.

Artikel 33
[Wahlprüfung]

(1) Die Wahlprüfung ist Sache des Landtags.

(2) Ihm obliegt auch die Feststellung, ob ein Abgeordneter des Landtags die Mitgliedschaft verloren hat.

(3) Die Entscheidung kann durch Beschwerde beim Verfassungsgerichtshof angefochten werden.

(4) Das Nähere wird durch Gesetz geregelt.

Die Wahlprüfung, d. h. die *Prüfung der Gültigkeit der Wahlen,* ist eine Aufgabe, die **1** der Landtag in Autonomie wahrnimmt. Als Beschwerdeinstanz gegenüber seinen Entscheidungen ist der Verfassungsgerichtshof vorgesehen, um der Gefahr „politisch getrübter" Entscheidungen vorzubeugen (s. dazu auch Artikel 75

Nr. 1 LV). Gegenstand der Wahlprüfung sind alle Vorgänge, die zum Erwerb einer Mitgliedschaft im Landtag erforderlich sind, also nicht nur das Verhalten der Wahlorgane und Wahlbehörden, sondern ebenso das der Wähler, der Wahlbewerber, der Parteien und überhaupt alles, was in rechtswidriger Weise verfälschend auf den wirklichen Wählerwillen einwirken kann.

2   Nach dem Gesetz über die Prüfung der Wahlen zum Landtag des Landes Nord-rhein-Westfalen aus dem Jahre 1951 findet eine Prüfung der Wahlen durch den Landtag nur auf Einspruch statt, der innerhalb eines Monats nach der Bekannt-machung des endgültigen Wahlergebnisses (durch den Landeswahlleiter) und der Namen der gewählten Bewerber und Bewerberinnen eingelegt und be-gründet werden muss. Antragsberechtigt ist jede und jeder Wahlberechtigte, daneben die Parteien, der Präsident des Landtags und der Landeswahlleiter. Um einen Mißbrauch des Wahlprüfungsverfahrens zu vermeiden, ist für Einsprüche einzelner Wahlberechtigter vorgesehen, dass sie der vorherigen schriftlichen Zustimmung von mindestens 50 weiteren Wahlberechtigten bedürfen. Die Wahlprüfung dient allein der Rechtskontrolle; ihr Ziel ist in erster Linie die Gewährleistung des öffentlichen Interesses an einer gesetzmäßigen Bildung der Volksvertretung und nicht der Rechtsschutz der einzelnen Beteiligten.

3   Zur Prüfung der Einsprüche setzt der Landtag einen Ausschuss ein. Dieser bereitet die Entscheidung des Landtags in einem prozessähnlichen Verfahren vor. Dieses muss vorsehen, dass eine Nachzählung öffentlich erfolgt (VerfGH, NVwZ 1991, 1175). Aus Anlass eines Wahlprüfungsverfahrens zur Landtagswahl vom 13. 5. 1990 im Wahlkreis 151 (Märkischer Kreis IV) hat das Bundesverfas-sungsgericht entschieden, dass es bei sehr geringem Stimmenabstand geboten sein kann, die Stimmen in allen Stimmbezirken nachzuzählen, aus denen sich das beanstandete Wahlergebnis ergibt, wenn in einem Stimmbezirk Verfahrensfehler festgestellt worden sind (BVerfGE 85, 148). Das Beschwerdeverfahren vor dem Verfassungsgerichtshof (Absatz 3) ist im Gesetz über den Verfassungsgerichtshof näher geregelt. Der Kreis der Beschwerdeberechtigten ist dabei enger gezogen als der zum Wahleinspruch Berechtigten. Das in Artikel 33 LV vorgesehene Wahlprüfungsverfahren hat Ausschließlichkeitscharakter: Kein anderes – ge-richtliches oder behördliches – Verfahren kann in das Ergebnis der Landtagswahl eingreifen. Absatz 2 stellt klar, dass das auch für die Feststellung gilt, ob ein Abgeordneter des Landtags (nachträglich) seine Mitgliedschaft verloren hat.

Artikel 34
[Wahlperiode]

Der Landtag wird auf fünf Jahre gewählt. Die Neuwahl findet im letzten Vierteljahr der Wahlperiode statt.

1   Eine Volksvertretung muss in ihrer Zusammensetzung dem sich verändernden Willen des Volkes entsprechen. Es gehört deshalb zu den grundlegenden Prin-

zipien des freiheitlichen demokratischen Rechtsstaates, dass die Volksvertretung in regelmäßigen, im Voraus bestimmten Abständen durch Wahlen abgelöst und neu legitimiert wird (BVerfGE 18, 151, 154). Nach Artikel 34 LV findet alle fünf Jahre eine Gesamterneuerung des Landtags statt. Sämtliche Befugnisse des Landtags sind auf die Dauer der Wahlperiode befristet. Es ist ihm verwehrt, der parlamentarischen Willensbildung in der nächsten Wahlperiode vorzugreifen. Man spricht insoweit von der sog. Diskontinuität der Wahlperioden; diese gilt nur für den Landtag, nicht für die Landesregierung (s. dazu die Erläuterungen zu Artikel 62).

Die *Dauer* der Wahlperiode betrug ursprünglich vier Jahre und ist – nach einem **2** vergeblichen ersten Anlauf 1963 – im Jahre 1969 auf fünf Jahre verlängert worden. Abkürzungen können sich ergeben, wenn sich der Landtag nach Artikel 35 Abs. 1 LV durch eigenen Beschluss auflöst oder wenn die Landesregierung den Landtag im Zusammenhang mit einem Volksentscheid im Verfahren nach Artikel 68 Abs. 3 auflöst. Im übrigen darf die Wahlperiode nur im Wege der Verfassungsänderung verkürzt oder verlängert werden. Eine Änderung der laufenden Wahlperiode ist aber auch durch Verfassungsänderung nicht zulässig, weil sie zu einem Eingriff des Landtags in die unmittelbare Wahlentscheidung des Volkes führen würde, die diese für eine ganz bestimmte Zeitspanne getroffen hat. Zudem würde sie in unzulässiger Weise in die verfassungsrechtlich gesicherte Rechtsstellung der einzelnen Abgeordneten eingreifen. Die Wahlperiode beginnt nach Artikel 36 mit dem *ersten* Zusammentreten des Landtags, nicht mit dem Wahltag.

Die *Neuwahl* muss nach dem 1969 neu gefassten Satz 2 im letzten Vierteljahr der **3** Wahlperiode stattfinden. Die rechtzeitige Durchführung der Neuwahl ist eine verfassungsrechtliche Pflicht, für deren Erfüllung der Landtag das Landeswahlgesetz geschaffen hat. Nach diesem erfolgt die Festsetzung des Wahltages durch die Landesregierung. Kommt diese ihrer Pflicht nicht rechtzeitig nach, so kann der Landtag den Wahltag durch Gesetz selbst bestimmen.

Mit dem Ende der Wahlperiode verlieren die Mitglieder des Landtags ihre **4** Abgeordneteneigenschaft, soweit die Landesverfassung nicht Ausnahmen hiervon vorsieht (solche Ausnahmen sind beispielsweise in Artikel 40 Satz 3 und in Artikel 48 Abs. 4 vorgesehen). Nach der Geschäftsordnung des Landtags gelten mit Ablauf der Wahlperiode alle Vorlagen als erledigt (Grundsatz der sachlichen Diskontinuität). Nicht verabschiedete Gesetzesvorlagen müssen deshalb im neuen Landtag erneut eingebracht werden. Auch die Geschäftsordnung des Landtags gilt jeweils nur für die Dauer der Wahlperiode; sie muss vom neuen Landtag – mit oder ohne Änderungen – erneut beschlossen werden. Das *Petitionsrecht* wird demgegenüber vom Grundsatz der Diskontinuität nicht erfasst; Petitionen sind, soweit sie in der abgelaufenen Wahlperiode nicht endgültig behandelt werden konnten, nunmehr vom neugewählten Landtag zu behandeln. Gleiches gilt für Volksbegehren, die sich mit dem Ablauf einer Wahlperiode nicht erledigen.

Artikel 35
[Auflösung des Landtags]

(1) Der Landtag kann sich durch eigenen Beschluss auflösen. Hierzu bedarf es der Zustimmung der Mehrheit der gesetzlichen Mitgliederzahl.

(2) Der Landtag kann auch gemäß Artikel 68 Abs. 3 aufgelöst werden.

(3) Nach der Auflösung des Landtags muss die Neuwahl binnen sechzig Tagen stattfinden.

1 Im Unterschied zum Grundgesetz sieht die nordrhein-westfälische Landesverfassung in Artikel 35 ein *Selbstauflösungsrecht* des Landtags vor, von dem der Landtag jedoch bislang noch in keinem Fall Gebrauch gemacht hat. Sein ausschließliches Ziel ist die Erzwingung von Neuwahlen. Die Selbstauflösung ist von der Zustimmung der Mehrheit der gesetzlichen Mitgliederzahl (absoluten Mehrheit) abhängig gemacht, damit keine Zufallsmehrheit der Anwesenden über diese für das Land so wichtige Frage entscheidet und durch Wahl eines ihr günstig erscheinenden Termins die Auflösung in der Erwartung beschließt, gestärkt aus den Neuwahlen hervorzugehen.

2 Die Neuwahl nach Auflösung des Landtags muss binnen 60 Tagen erfolgen (Absatz 3). Die Frist rechnet vom Tage des Wirksamwerdens der Auflösung an und endet an dem letzten Sonn- oder Feiertag innerhalb der Frist. Absatz 2 enthält einen Hinweis auf die Auflösungsmöglichkeit, die der Landesregierung im Zusammenhang mit einem Volksentscheid nach Artikel 68 Abs. 3 zur Verfügung steht (s. dort).

Artikel 36
[Beginn der Legislaturperiode]

Die Wahlperiode des neuen Landtags beginnt mit seiner ersten Tagung.

Artikel 36 stellt klar, dass die Wahlperiode eines neu gewählten Landtags nicht mit dem Wahltag, sondern mit dem ersten Zusammentreten des neuen Landtags beginnt. Dieser Zeitpunkt ist für die Berechnung der fünfjährigen Wahlperiode nach Artikel 34 Satz 1 von Bedeutung.

Artikel 37
[Zusammentritt des Landtags]

Der Landtag tritt spätestens am zwanzigsten Tage nach der Wahl, jedoch nicht vor dem Ende der Wahlperiode des letzten Landtags zusammen.

Nach Artikel 37, der seine jetzige Fassung durch das Gesetz vom 16. 7. 1969 **1**
erhalten hat, tritt der Landtag spätestens am 20. Tag nach der Wahl, jedoch nicht
vor dem Ende der Wahlperiode des letzten Landtags zusammen. Auch wenn die
Wahl zu einem frühen Zeitpunkt innerhalb des letzten Vierteljahres der alten
Wahlperiode, innerhalb dessen sie nach Artikel 34 Satz 2 durchgeführt werden
muss, stattfindet, führt dies also nicht zu einer Verkürzung der alten Wahlperiode; der neue Landtag kann nicht parallel zu dem alten Landtag tagen. Andererseits steht bei einem frühen Wahltermin die in der Vorschrift genannte
Zwanzig-Tage-Frist nicht noch zusätzlich zu der zu respektierenden aus-
laufenden Wahlperiode zur Verfügung: findet die Wahl früher als zwanzig Tage
vor Ende der alten Wahlperiode statt, so muss der Landtag am ersten Tage
nach Ende der alten Wahlperiode erstmals zusammentreten. Die volle Zwanzig-Tage-Frist ist demgemäß nur dann von Bedeutung, wenn das Ende der
alten Wahlperiode und der Wahltag genau zusammenfallen. Artikel 37 bewirkt, dass die parlamentslose Zeit sehr kurz ist (das Grundgesetz sieht in Artikel
39 Abs. 2 für das erste Zusammentreten des Bundestages eine Dreißig-Tage-
Frist vor).

Die Vorbereitung, Terminbestimmung und Einberufung zum ersten Zusam- **2**
mentreten des neuen Landtags ist eine Aufgabe des Präsidenten des alten Landtags. Mit dem ersten Zusammentritt endet nach Artikel 62 Abs. 2 LV das Amt des
Ministerpräsidenten und das der Minister (s. dort).

Artikel 38
[Präsidium, Geschäftsordnung, Einberufung]

**(1) Der Landtag wählt den Präsidenten, dessen Stellvertreter und die
übrigen Mitglieder des Präsidiums. Er gibt sich seine Geschäftsordnung.**

**(2) Bis zur Wahl des neuen Präsidiums führt das bisherige Präsidium die
Geschäfte weiter.**

(3) Der Landtag wird jeweils durch den Präsidenten einberufen.

**(4) Auf Antrag der Landesregierung oder eines Viertels seiner Mitglieder
muß der Landtag unverzüglich einberufen werden.**

In den Artikeln 38 bis 45 enthält die Landesverfassung nur wenige Festlegungen **1**
zur inneren Organisation und Arbeitsweise des Landtags. Der Landtag ist insoweit in hohem Maße autonom; er hat das Recht, seine Geschäftsführung selbst
und unabhängig von anderen Staatsorganen zu regeln. Von dieser Regelungs-
autonomie macht er durch Verabschiedung der Geschäftsordnung Gebrauch,
die den Rechtscharakter einer autonomen Satzung hat, also eine rechtliche
Regelung („Verfassungssatzung") darstellt.

I. Parlamentsorgane

2 Das *Präsidium* setzt sich zusammen aus dem Präsidenten oder der Präsidentin, den Vizepräsidenten, deren Zahl zu Beginn einer Wahlperiode bestimmt wird, und aus den Schriftführerinnen und Schriftführern; ihre Zahl und Zusammensetzung kann von Wahlperiode zu Wahlperiode variieren und hängt von dem Stärkeverhältnis der Fraktionen ab. Das Präsidium wird parlamentarischem Brauch entsprechend stets in der ersten (konstituierenden) Sitzung des Landtags gewählt. In § 8 Abs. 2 enthält die Geschäftsordnung (seit 1995) nun auch eine Regelung über die Abwahl der Mitglieder des Landtagspräsidiums. Der Präsident oder die Präsidentin gehört regelmäßig der stärksten Landtagsfraktion an. Sie wechseln sich mit den Vizepräsidenten in der Leitung der Sitzungen ab. Nach Absatz 3 gehört es zu den Aufgaben des Präsidenten oder der Präsidentin, den Landtag einzuberufen; er (sie) ist dabei allerdings nicht frei, sondern an (Mehrheits-)Beschlüsse des Landtags und nach Absatz 4 auch an den Antrag einer Landtagsminderheit gebunden. Im übrigen sind die Aufgaben und Befugnisse des Präsidenten oder der Präsidentin in Artikel 39 LV und in der Geschäftsordnung näher bestimmt (s. die Erläuterungen zu Artikel 39). Die in Absatz 2 vorgesehene Regelung über das sog. Interimspräsidium will die Kontinuität zwischen dem alten und dem neuen Landtag sicherstellen.

3 Die Geschäftsordnung sieht neben dem Präsidium noch *weitere Unterorgane* des Landtags vor. In den Sitzungen des Landtags bilden der amtierende Präsident und die amtierenden Schriftführer das *geschäftsführende Präsidium* (§ 9 GO LT). Ihm obliegt die Entscheidung über die Beschlussfähigkeit des Landtags und die Feststellung der Abstimmungsergebnisse. Das politisch wichtigste Führungsorgan des Landtags ist der *Ältestenrat* (§§ 18 ff. GO LT). Er legt die Tagesordnungen der Plenarsitzungen und die Redezeiten fest. Ihm gehören nicht unbedingt die ältesten, sondern die (nach Auffassung der sie entsendenden Fraktionen) erfahrenen und maßgebenden Parlamentarierinnen und Parlamentarier an. Neben dem Präsidenten oder der Präsidentin und den Vizepräsidenten sind das in der Regel die Fraktionsvorsitzenden, ihre Stellvertreterinnen und Stellvertreter und die Parlamentarischen Geschäftsführer der Fraktionen. Anders als die Ausschüsse des Landtags beruht seine Zusammensetzung nach der Geschäftsordnung des Landtags nicht auf einem Plenarbeschluss. Im Ältestenrat verständigt man sich über die organisatorischen Voraussetzungen für einen geordneten Ablauf der parlamentarischen Tätigkeit. An seinen Sitzungen nimmt für die Landesregierung gewöhnlich der Chef der Staatskanzlei teil.

4 Abgeordnete derselben Partei bilden im Landtag *Fraktionen,* die nach der Geschäftsordnung (§ 15 Abs. 1) aus mindestens fünf vom Hundert der Mitglieder des Landtags bestehen müssen. Fraktionen sind ständige Gliederungen, aber keine Organe des Parlaments. Obwohl sie in der Verfassung – ebenso wie die als „Opposition" bezeichnete Minderheit im Landtag – nicht erwähnt sind, bestimmen und verwirklichen sie die Politik ihrer Partei im Parlament. Man kann sie als Bindeglied zwischen Partei und Parlament bezeichnen. Nach dem Stärkeverhältnis der Fraktionen bemessen sich die ihnen zugemessenen Räumlichkeiten im Landtagsgebäude, die Redezeiten im Plenum und die Mitgliedschaft in den Ausschüssen. Ebenso wie die Parteien können sie die Abgeordneten nicht zu einem bestimmten Abstimmungsverhalten zwingen; ein förmlicher Fraktionszwang würde den Grundsatz des freien Mandats verletzen. Zulässig ist aber die Übung einer gewissen Fraktionsdisziplin durch empfehlende Fraktionsbeschlüsse unter Wahrung letztlicher Entscheidungsfreiheit der Abgeordneten, die nicht nur für „Gewissensfragen" gilt. Zulässig ist auch der Fraktionsausschluss bei schwerwiegenden politischen Meinungsverschiedenheiten, die eine Fortsetzung der Gemeinschaft als unzumutbar erscheinen lassen. Durch ihn verringern sich die parlamentarischen Handlungsmöglichkeiten eines oder einer Abgeordneten erheblich, weil die Arbeit in den Fraktionen einen wesentlichen Teil der politischen Diskussionen im Parlament ausmacht, indem sie der internen Meinungsbildung dient und den Ablauf der Plenar- und Ausschusssitzungen vorstrukturiert. Auch fraktionslosen Abgeordneten müssen im Landtag aber ausreichende Möglichkeiten zur Teilnahme an der parlamentarischen Arbeit, z. B. durch Zuweisung eines Sitzes in einem Ausschuss, eingeräumt werden.

Die Landesverfassung enthält keine allgemeinen Bestimmungen über die *Ausschüsse* des Landtags. Wegen ihrer besonderen Stellung haben lediglich der Ständige Ausschuss (Artikel 40), die Untersuchungsausschüsse (Artikel 41) und der Petitionsausschuss (Artikel 41a) eine gesonderte verfassungsrechtliche Grundlage erhalten. In den Ausschüssen leisten die Abgeordneten aber die entscheidende Vorarbeit für die Landtagssitzungen. Der Landtag verfügt von Wahlperiode zu Wahlperiode über eine unterschiedliche Anzahl von Fachausschüssen, die für bestimmte Politikbereiche gebildet werden. Die Zusammensetzung der Ausschüsse richtet sich nach dem Stärkeverhältnis der Fraktionen (Grundsatz der sog. Spiegelbildlichkeit), die ihrerseits darüber entscheiden, welche Mitglieder sie in die einzelnen Ausschüsse entsenden. Landtagsabgeordnete sind zumeist Mitglied von zwei, manchmal auch drei Ausschüssen. **5**

II. Geschäftsordnung des Landtags

Die Geschäftsordnung, die sich der Landtag nach Artikel 38 Abs. 1 Satz 2 gibt, ist die Verfassungs- und Verfahrensordnung des Parlaments. Sie gilt jeweils nur für eine Wahlperiode und muss vom neu gewählten Landtag jeweils neu erlassen werden (aktuelle Fassung: Beschluss des Landtags vom 5. Juni 2000, geändert durch Beschluss vom 6. Dezember 2000, LT-Drs. 13/1200). In ihrer Ausgestaltung ist der Landtag im wesentlichen frei; eine Ausnahme gilt für den Grundsatz der Öffentlichkeit der Sitzungen des Landtags, die in Artikel 42 zwingend vorgeschrieben ist und von der nur unter Voraussetzungen abgewichen werden kann, die die Landesverfassung selbst festgelegt hat. Die Geschäftsordnung regelt das innere Verfahren; das ist zunächst die Entscheidung darüber, wer die dem Landtag zustehenden Rechte wahrnehmen kann. Der Landtag hat nur Rechte, **6** die ihm selbst als Verfassungsorgan zustehen. Wenn etwa ein einzelner Abgeordneter in der Fragestunde eine Frage an einen Minister stellt, so übt er ein an sich nicht ihm selbst, sondern dem Landtag zustehendes Recht aus und kann dies nur, weil die Geschäftsordnung ihn hierzu unter bestimmten Voraussetzungen ermächtigt. Die Grenzen der Geschäftsordnung ergeben sich daraus, dass sich ihre Regelungen nur an die Mitglieder des Parlaments richten. Sie können keine allgemeinen Rechte oder Pflichten für die Bürgerinnen und Bürger begründen und auch die Landesregierung zu nichts verpflichten, was nicht bereits in der Landesverfassung verankert ist. Der Zweck des Geschäftsordnungsrechts besteht also darin, die täglich wiederkehrenden Vorgänge der parlamentarischen Praxis in einen bestimmten Rahmen einzuordnen und die Voraussetzungen dafür zu schaffen, dass in gleich gelagerten Fällen auf dieselbe Weise unter Berücksichtigung aller Gesichtspunkte der Wille der Mehrheit gefunden und zu einer Entscheidung geführt wird. Die Geschäftsordnung enthält die „Turnierregeln", die sich die parlamentarische Gemeinschaft der Abgeordneten des Landtags gibt.

III. Parlamentspraxis und Parlamentsreform

7 Der nordrhein-westfälische Landtag entspricht, wie der Bundestag und die anderen Landesparlamente auch, eher dem Typ eines „Arbeitsparlaments" als dem eines „Redeparlaments" nach britischem Vorbild. Der Schwerpunkt der parlamentarischen Arbeit liegt in den Beratungen in den Ausschüssen und Fraktionen und nicht, wie in Großbritannien, in der öffentlichen Plenardebatte. Die Fraktionen haben sich als wichtigste parlamentarische Gliederung erwiesen, die den Landtag erst arbeitsfähig machen, den parlamentsinternen Entscheidungsablauf im wesentlichen steuern und die Beziehungen zur Landesregierung, zu Parteien, Verbänden und Öffentlichkeit kontrollieren und stabilisieren. Das findet in den Regelungen der Geschäftsordnung in vielfältiger Weise seinen Niederschlag. Diese Entwicklung hat einerseits Vorteile für die Wirksamkeit der Regierungskontrolle, indem sie den Landtag in die Lage versetzt, auch bei der Festlegung der Einzelheiten gesetzlicher Regelungen entscheidenden Einfluss auf die Landesgesetzgebung zu nehmen. Sie hat aber auch Nachteile für die Stellung der einzelnen Abgeordneten und für die Lebhaftigkeit der parlamentarischen Arbeit, die auch in Nordrhein-Westfalen zu Kritik an einer zu geringen Präsenz der Abgeordneten in den Sitzungen des Landtagsplenums und an der mangelnden Transparenz der parlamentarischen Arbeit geführt hat.

8 Die schon seit langem anhaltende Diskussion über eine *Parlamentsreform* hat auch den nordrhein-westfälischen Landtag wiederholt beschäftigt und mehrfach zu Änderungen der Geschäftsordnung geführt. Gegen Ende der 11. Wahlperiode kam es 1994 nach schwierigen Beratungen zu einem vorläufigen Abschluss der Reformbemühungen. Ziel der Änderungen war dabei die Straffung der Plenardebatten, eine flexiblere Ausgestaltung des Rede- und Initiativrechts einzelner Abgeordneter und von Gruppen von Abgeordneten sowie der Fragestunden und der sog. Aktuellen Stunden des Landtags. Die Neufassung der Geschäftsordnung enthält auch Erleichterungen für die Abhaltung öffentlicher Ausschusssitzungen und die Einsetzung von Enquête-Kommissionen. Ferner ermöglicht sie eine wirksamere Einflussnahme des Landtags auf die Entscheidungen der Landesregierung in Angelegenheiten des Bundesrats und der Europäischen Union. Der neugefaßte § 25 Abs. 3 GO LT ermächtigt die zuständigen Fachausschüsse nunmehr, in dringenden Fällen Beschlüsse in diesen Angelegenheiten anstelle des Plenums zu fassen, um die Handlungsfähigkeit des Landtags zu erhöhen. Gegenstand und Ablauf der Diskussionen über die Parlamentsreform machen deutlich, dass das Geschäftsordnungsrecht des Landtags durchaus nicht den Charakter rein arbeitstechnischer Regelungen hat, sondern von herausragender Bedeutung für die Funktionsfähigkeit der parlamentarischen Demokratie und die Gewichtsverteilung zwischen Parlament und Regierung im Lande ist.

Artikel 39
[Landtagsverwaltung]

(1) In Rechtsgeschäften und Rechtsstreitigkeiten der Landtagsverwaltung vertritt der Präsident das Land. Er verfügt über die Einnahmen und Ausgaben der Landtagsverwaltung nach Maßgabe des Haushalts.

(2) Dem Präsidenten steht die Annahme und Entlassung der Angestellten und Arbeiter sowie im Benehmen mit dem Präsidium die Ernennung der Beamten des Landtags zu. Er hat die Dienstaufsicht und Dienststrafgewalt über die Beamten, Angestellten und Arbeiter des Landtags. Er übt das Hausrecht und die Polizeigewalt im Landtagsgebäude aus.

(3) Im übrigen werden die Rechte und Pflichten des Präsidenten durch die Geschäftsordnung bestimmt.

Artikel 39 umschreibt die Befugnisse des Präsidenten (der Präsidentin) des **1** Landtags als oberstes Hilfsorgan des Landtags zur Erfüllung seiner zivil- und verwaltungsrechtlichen Aufgaben. Die Bestimmung seiner (ihrer) staatsrechtlich wesentlichen Funktion als Leiter(in) der parlamentarischen Verhandlungen überlässt Artikel 39 in Absatz 3 der Geschäftsordnung des Landtags. Diese überträgt ihm (ihr) in § 10 die Aufgabe, die Würde und Rechte des Landtags zu wahren, seine Arbeiten zu fördern, die Verhandlungen gerecht und unparteiisch zu leiten und die Ordnung des Hauses zu wahren. Dem Präsidenten und der Präsidentin stehen das Hausrecht und die Polizeigewalt in allen Gebäuden und Grundstücken zu, die der Erfüllung der Aufgaben des Landtags dienen. Das Ordnungsrecht verleiht ihnen die Befugnis, notfalls Abgeordnete unter Nennung des Namens zur Ordnung zu rufen, ihnen das Wort zu entziehen oder sie bei gröblicher Verletzung der Landtagsordnung von der Plenarsitzung auszuschließen. Nach dem Bannmeilengesetz vom 25. 2. 1969 sind innerhalb eines befriedeten Bannkreises öffentliche Versammlungen unter freiem Himmel und

Aufzüge verboten; hiervon kann der Präsident (die Präsidentin) des Landtags im Benehmen mit dem Innenministerium Ausnahmen zulassen.

2 Den Kern der Regelungen von Artikel 39 bilden die Befugnisse des Präsidenten (der Präsidentin) als Leiter(in) der Landtagsverwaltung. Die Landtagsverwaltung ist eine Behörde, in der Beamte und nichtbeamtete Bedienstete zusammengefasst sind, um die äußeren und technischen Voraussetzungen zur Erfüllung der parlamentarischen Aufgaben des Landtags zu schaffen. Zur Erfüllung seiner (ihrer) Leitungsaufgaben werden Präsident und Präsidentin vom Direktor oder von der Direktorin des Landtags unterstützt. Im allgemeinen Rechtsverkehr vertritt der Präsident (die Präsidentin) das Land. Er (sie) verfügt über die Einnahmen und Ausgaben der Landtagsverwaltung entsprechend den Festlegungen im Landeshaushalt, die in einem den Landtag betreffenden Einzelplan zusammengefasst sind. Die Beamten, Angestellten und Arbeiter der Landtagsverwaltung sind Bedienstete des Landes (nicht des Landtags; Absatz 2 ist insoweit missverständlich formuliert). Sie unterliegen damit den allgemein für alle Landesbediensteten geltenden Rechtsvorschriften. Hinsichtlich der Ernennung von Beamten ist der Präsident (die Präsidentin) an das „Benehmen" des Präsidiums gebunden; das bedeutet, dass er (sie) zwar nicht die Zustimmung des Präsidiums benötigt, diesem aber Gelegenheit zur Stellungnahme geben muss.

Artikel 40
[Ständiger Ausschuss]

Der Landtag bestellt einen ständigen Ausschuss (Hauptausschuss). Dieser Ausschuss hat die Rechte der Volksvertretung gegenüber der Regierung zu wahren, solange der Landtag nicht versammelt ist. Die gleichen Rechte stehen ihm zwischen dem Ende einer Wahlperiode oder der Auflösung des Landtags und dem Zusammentritt des neuen Landtags zu. Er hat in dieser Zeit die Rechte eines Untersuchungsausschusses. Seine Zusammensetzung wird durch die Geschäftsordnung geregelt. Seine Mitglieder genießen die in den Artikeln 47 bis 50 festgelegten Rechte.

Die verfassungsrechtliche Bedeutung von Artikel 40 liegt darin, dass dem Ständigen Ausschuss die Wahrnehmung bestimmter Aufgaben des Landtags während der parlamentslosen Zeit übertragen ist. Die Geschäftsordnung bestimmt seit 1995 in § 21 Abs. 3 den Ältestenrat zum ständigen Ausschuss im Sinne dieser Vorschrift. Das dürfte verfassungsrechtlich nicht unbedenklich sein, weil der Ältestenrat nach der Geschäftsordnung des Landtags nicht notwendig vom Landtagsplenum gewählt, sondern von den einzelnen Landtagsfraktionen „beschickt" wird, während die Landesverfassung erkennbar eine Legitimation des Ständigen Ausschusses durch das Landtagsplenum voraussetzt. Die praktische Bedeutung des Ständigen Ausschusses als Interimsparlament ist allerdings gering, weil die Zeit zwischen den Wahlperioden in der Regel kurz ist. Artikel 40 gilt nicht auch für die Fälle, in denen der Landtag während einer laufenden Wahlperiode nicht zu Sitzungen zusammentritt; auch während dieser Zeit gilt der Landtag im Rechtssinne als „versammelt".

Artikel 41
[Untersuchungsausschüsse]

(1) Der Landtag hat das Recht und auf Antrag von einem Fünftel der gesetzlichen Zahl seiner Mitglieder die Pflicht, Untersuchungsausschüsse einzusetzen. Diese Ausschüsse erheben in öffentlicher Verhandlung die Beweise, die sie oder die Antragsteller für erforderlich erachten. Sie können mit Zweidrittelmehrheit die Öffentlichkeit ausschließen. Die Zahl der Mitglieder bestimmt der Landtag. Die Mitglieder wählt der Landtag im Wege der Verhältniswahl. Das Nähere über die Einsetzung, die Befugnisse und das Verfahren wird durch Gesetz geregelt.

(2) Die Gerichte und Verwaltungsbehörden sind zur Rechts- und Amtshilfe verpflichtet. Sie sind insbesondere verpflichtet, dem Ersuchen dieser Ausschüsse um Beweiserhebungen nachzukommen. Die Akten der Behörden und öffentlichen Körperschaften sind ihnen auf Verlangen vorzulegen.

(3) Das Brief-, Post- und Fernmeldegeheimnis bleiben unberührt.

(4) Die Beschlüsse der Untersuchungsausschüsse sind der richterlichen Erörterung entzogen. In der Feststellung und in der rechtlichen Beurteilung des der Untersuchung zugrunde liegenden Sachverhalts sind die Gerichte frei.

Die Einsetzung von Untersuchungsausschüssen stammt aus der englischen Parlamentspraxis und stellt das schärfste Kontrollmittel der Volksvertretung gegenüber der Landesregierung dar. Während das Parlament sonst grundsätzlich auf Informationen der Landesregierung angewiesen ist, um seine Kontrollaufgabe zu erfüllen (z. B. durch das Fragerecht), gibt ihm der Untersuchungsausschuss die Möglichkeit, die Tatsachenermittlung in die eigenen Hände zu nehmen und dabei auch hoheitliche Zwangsmittel einzusetzen. Ursprünglich wurden Untersuchungsausschüsse vor allem zur Aufdeckung von Missständen in Regierung und Verwaltung eingesetzt. In der jüngeren parlamentarischen Geschichte auch in Nordrhein-Westfalen sind die Untersuchungsausschüsse allerdings mehr und mehr zu einer Stätte der Auseinandersetzung zwischen Opposition und Regierungsmehrheit geworden, was dadurch erleichtert wird, dass ihre Einsetzung schon von einer Landtagsminderheit erzwungen werden kann (nach Artikel 41 Abs. 1 Satz 1 genügt hierfür der Antrag von einem Fünftel der gesetzlichen Zahl der Mitglieder des Landtags). Die Arbeit von Untersuchungsausschüssen findet regelmäßig ein lebhaftes öffentliches Interesse. Artikel 41 ist durch das Gesetz vom 18. 12. 1984 (GVBl. 1985 S. 14) neu gefasst worden. **1**

2 Wie jeder andere Ausschuss ist der Untersuchungsausschuss ein Hilfsorgan des Parlaments. Er dient dazu, die Aufgaben des Landtags durch Beschaffen von Tatsachenmaterial erfüllen zu helfen. Er ist an den im Einsetzungsbeschluss formulierten Auftrag des Landtags gebunden; dieser muss das Untersuchungsthema genau bezeichnen und kann dies nicht dem Untersuchungsausschuss selbst überlassen. Häufig geht das Bemühen der antragstellenden Landtagsminderheit allerdings dahin, den Auftrag möglichst weit zu formulieren, um die Untersuchung während der laufenden Arbeit des Ausschusses auf neu auftauchende Tatsachenkomplexe ausdehnen zu können. Das ist jedoch unzulässig, weil das Untersuchungsthema schon vor der Einsetzung des Ausschusses konkret bezeichnet sein muss; dem Untersuchungsausschuss darf kein praktisch unbegrenztes Ermittlungsrecht gegenüber der Landesregierung eingeräumt werden. Als Untersuchungsgegenstand kommen nur abgeschlossene Lebenssachverhalte in Betracht, weil die begleitende Kontrolle der Regierungstätigkeit die Gewaltenteilung zwischen Regierung und Parlement aufheben würde.

3 Der Untersuchungsausschuss ist kein Organ der Rechtspflege, kein gerichtsähnliches Instrument (BVerfGE 77, 1, 42, 51). Da die Sachverhaltsermittlung nicht durch neutrale Dritte mit der Distanz des Unbeteiligten, sondern durch ein politisch zusammengesetztes Hilfsorgan des Parlaments vorgenommen wird, ist der Untersuchungsausschuss vielmehr ein Instrument der politischen Auseinandersetzung. Zu seinen Aufgaben gehört neben der Sachverhaltsermittlung auch die rechtliche und politische Beurteilung der von ihm ermittelten Tatsachen und die Erarbeitung von Vorschlägen an das Landtagsplenum. Der Landtag ist allerdings weder an die Feststellungen noch an die Wertungen des Untersuchungsausschusses gebunden.

4 Der Untersuchungsausschuss wird durch Beschluss des Landtags auf Antrag eingesetzt. Den Antrag kann jeder Abgeordnete stellen, sofern der Antrag von drei Abgeordneten unterzeichnet ist. Eine Pflicht zur Einsetzung des Ausschusses besteht allerdings nur, wenn der Antrag von mindestens einem Fünftel der gesetzlichen Mitgliederzahl des Landtags unterzeichnet ist. Die Einsetzung kommt auch bei einem Minderheitsantrag nicht schon mit der Antragstellung zustande, sondern bedarf eines ausdrücklichen (Mehrheits-)Beschlusses des Landtags, in dessen Rahmen der Landtag auch die Zulässigkeit des Antrages zu prüfen hat (bedeutsam ist insoweit vor allem Absatz 2, der beispielsweise die Einsetzung eines Untersuchungsausschusses zu einer Angelegenheit verbietet, für die der Bund und nicht das Land zuständig ist). Jedoch kann die Landtagsmehrheit den Antrag dann nur aus Rechtsgründen ablehnen und nicht etwa mit der Begründung, dass die Untersuchung unzweckmäßig sei. Der Verfassungsgerichtshof hat es dabei für unzulässig erachtet, dass der Landtag Teile des Untersuchungsauftrags streiche, weil er sie – etwa wegen Verstoßes gegen das Bestimmtheitsgebot – für verfassungswidrig halte, während er andere Teile passieren lasse. Er dürfe den Einsetzungsantrag in einem solchen Falle nicht selbst abändern, sondern nur insgesamt ablehnen und es der antragstellenden Minderheit überlassen, ob sie einen der Mehrheitsauffassung entsprechenden reduzierten Antrag stellen oder den Verfassungsgerichtshof anrufen wolle (VerfGH DÖV 2001, 207 ff. – HDO-Ausschuss). Diese Entscheidung vermag kaum zu überzeugen, weil sie es der Mehrheit verwehrt, den aus ihrer Sicht zulässigen Teil des Antrags deutlich zu definieren und sie entweder zu einem gar nicht gewollten Streit über den gesamten Einsetzungsantrag oder aber zum Passieren lassen eines teilweise unzulässigen (z. B. sehr dehnbaren) Einsetzungsauftrags zwingt. Das kann zu unerwünschter politischer Zuspitzung führen und wird sich im Ergebnis eher zu Lasten der Mehrheit auswirken, die sich nur ungern dem (optisch nur schwer vermeidbaren, wenn auch ggf. unrichtigen) Anschein wird aussetzen wollen, sie scheue die Einsetzung des Untersuchungsausschusses insgesamt. – Die Landtagsmehrheit darf dem Untersuchungsgegenstand auch keine andere Zielrichtung geben, indem sie ihn in seinem Kern gegen den Willen der Landtagsminderheit verändert. Notfalls kann die Landtagsminderheit die Frage der rechtlichen Zulässigkeit des Untersuchungsverfahrens vom Verfassungsgerichtshof überprüfen lassen. Der Landtag darf die Abstimmung über den Einsetzungsantrag nicht unangemessen verzögern; die Herbeiführung der Beschlussunfähigkeit durch Auszug aus dem Sitzungssaal wäre eine unzulässige Vereitelung des Antragsrechts.

Dem Untersuchungsausschuss können nur Mitglieder des Landtags und keine **5** außenstehenden Personen (z. B. Sachverständige) angehören. Der Ausschuss kann Sachverständige allerdings anhören. Die Zahl der Mitglieder des Ausschusses wird vom Landtag beschlossen; dieser ist insoweit nicht an die etwa im Antrag der Landtagsminderheit genannte Mitgliederzahl gebunden. Die Fraktionen müssen in dem Ausschuss allerdings entsprechend ihrer Stärke entsprechend vertreten sein; hieraus kann sich im Einzelfall eine bestimmte Mindestgröße ergeben. Nach parlamentarischer Übung gehören Abgeordnete, die ein Regierungsamt bekleiden, und solche, die selbst in den zu untersuchenden Fall verwickelt sind, einem Untersuchungsausschuss grundsätzlich nicht an.

Die Einzelheiten des Untersuchungsverfahrens sind in dem Gesetz über die **6** Einsetzung und das Verfahren von Untersuchungsausschüssen des Landtags Nordrhein-Westfalen vom 18. 12. 1984 (GVBl. 1985 S. 26) geregelt. Der Vorsitzende des Ausschusses und sein Stellvertreter werden nach dem für alle Ausschüsse üblichen Verfahren gewählt; dabei richtet sich der Ältestenrat hinsichtlich seines Vorschlags an das Landtagsplenum für den Vorsitzenden nach der Reihenfolge, die sich unter Zugrundelegung der Stärke der Fraktionen ergibt. Das bedeutet insbesondere, dass die antragstellende Landtagsminderheit keinen Anspruch darauf hat, den Vorsitz in dem von ihr durchgesetzten Untersuchungsausschuss zu beanspruchen; dieser kann auch einer die Regierung stützenden Fraktion zufallen, die den Untersuchungsausschuss eigentlich nicht will. Die Sitzungen des Untersuchungsausschusses sind grundsätzlich öffentlich (Absatz 1 Satz 2). Der Landesregierung steht, anders als in den Sitzungen des Landtags selbst und in denen seiner übrigen Ausschüsse, kein Teilnahme- und Rederecht im Untersuchungsausschuss zu (s. Artikel 45 Abs. 3).

7 Nach Absatz 2 sind die Gerichte und Verwaltungsbehörden zur Rechts- und Amtshilfe verpflichtet und müssen insbesondere dem Ersuchen des Ausschusses um Beweiserhebungen nachkommen. Der Untersuchungsausschuss kann auch die Vorlage von Akten der (Landes-)Behörden und öffentlichen Körperschaften, also auch solche der Landesregierung, verlangen; dieses Recht steht ihm jedoch nicht hinsichtlich der Akten und Unterlagen von Privatpersonen und privaten Gesellschaften (z. B. Banken) zu. Soweit der Untersuchungsausschuss die Rechts- und Amtshilfe von Bundesbehörden oder von Stellen anderer Länder in Anspruch nehmen will, kann er sich hierzu nur auf Artikel 35 Abs. 1 GG stützen; Artikel 41 Abs. 2 gilt nur für Landesbehörden und -körperschaften. Zudem beschränkt sich das Aktenvorlagerecht des Ausschusses auf abgeschlossene Vorgänge und erfasst auch solche Akten nicht, die erst nach dem Einsetzungsbeschluss entstanden sind. Der Landtag darf im Rahmen der Untersuchung nicht in die laufenden Regierungsgeschäfte und in den verfassungsrechtlich geschützten Kernbereich der Regierungstätigkeit (den sog. Arkanbereich der geheimen Initiativ- und Beratungstätigkeit der Regierung) eingreifen (BVerfGE 67, 100, 139). Zu diesem vor parlamentarischer Ausforschung geschützten Bereich gehören etwa Kabinettprotokolle und Unterlagen, die in Vorbereitung der Antwort auf eine parlamentarische Anfrage entstanden sind und in denen die interne Willensbildung der Landesregierung dokumentiert ist. Für Beschlagnahmen und Durchsuchungen ist er auf ein Antragsrecht an das örtlich zuständige Amtsgericht beschränkt.

8 Dieselbe Angelegenheit kann Gegenstand sowohl eines parlamentarischen Untersuchungsverfahrens und eines staatsanwaltlichen Ermittlungs- und Gerichtsverfahrens sein; beide Verfahren können auch gleichzeitig stattfinden, wobei beide Instanzen voneinander unabhängig sind. In diesem Fall können die Ermittlungen des Untersuchungsausschusses jedoch durch die Ausübung des Aussageverweigerungsrechts beeinträchtigt werden, das einem Beschuldigten im Strafverfahren zusteht und das auch der Untersuchungsausschuss zu achten hat. Aus Gründen der Gewaltenteilung dürfen Untersuchungsausschüsse jedoch keine strafrechtlichen „Vorverurteilungen" vornehmen. In Absatz 4 Satz 1 ist festgelegt, dass die Beschlüsse der Untersuchungsausschüsse der richterlichen Erörterung entzogen sind. Darin liegt eine Einschränkung der in Artikel 19 Abs. 4 GG garantierten Rechtsschutzgarantie: Selbst wenn jemand durch einen Untersuchungsausschuss in seinen Rechten verletzt werden sollte, kann er hiergegen nicht klagen. Ob das auch bei schwerwiegenden Grundrechtseingriffen gelten kann, erscheint allerdings zweifelhaft, zumal nicht immer gesichert erscheint, dass Untersuchungsausschüsse im politischen Kampf ausreichend auf die Wahrung individueller Rechte Rücksicht nehmen.

Artikel 41 a
[Befugnisse des Petitionsausschusses]

(1) Zur Vorbereitung der Beschlüsse über Petitionen gemäß Artikel 17 des Grundgesetzes sind die Landesregierung und die Körperschaften, Anstalten und Stiftungen des öffentlichen Rechts sowie Behörden und sonstige Verwaltungseinrichtungen, soweit sie unter der Aufsicht des Landes stehen, verpflichtet, dem Petitionsausschuss des Landtags auf sein Verlangen jederzeit Zutritt zu ihren Einrichtungen zu gestatten.

(2) Die in Absatz 1 genannten Stellen sind verpflichtet, dem Petitionsausschuss auf sein Verlangen alle erforderlichen Auskünfte zu erteilen und Akten zugänglich zu machen. Der Petitionsausschuss ist berechtigt, den Petenten und beteiligte Personen anzuhören. Nach näherer Bestimmung der Geschäftsordnung kann der Petitionsausschuss Beweise durch Vernehmung von Zeugen und Sachverständigen erheben. Die Vorschriften der Strafprozessordnung finden sinngemäß Anwendung. Das Brief-, Post- und Fernmeldegeheimnis bleibt unberührt.

(3) Nach Maßgabe der Geschäftsordnung kann der Petitionsausschuss die ihm gemäß Absatz 1 und 2 zustehenden Befugnisse mit Ausnahme der eidlichen Vernehmung auf einzelne Mitglieder des Ausschusses übertragen; auf Antrag des Petitionsausschusses beauftragt der Präsident des Landtags Beamte der Landtagsverwaltung mit der Wahrnehmung dieser Befugnisse. Artikel 45 Abs. 1 und 2 findet sinngemäß Anwendung.

Artikel 17 GG, der über Artikel 4 Abs. 1 LV unmittelbar geltendes Landesverfassungsrecht ist, garantiert das *Petitionsrecht aller Bürgerinnen und Bürger* (s. die Erläuterungen 74, 75 zu Artikel 4). Über die Art und Weise, wie diesem Recht Geltung verschafft werden sollte, enthielt die Landesverfassung ursprünglich keine Aussage. Die CDU-Fraktion beantragte in der 6. Wahlperiode die verfassungsmäßige Einrichtung eines Landtagsbeauftragten für Verwaltungskontrolle. Letztlich einigte man sich dann durch das Gesetz vom 11. 3. 1969 auf die Einfügung einer Bestimmung über den parlamentarischen Petitionsausschuss. Auch in das Grundgesetz ist die Bestimmung über den Petitionsausschuss (Artikel 45 c) erst nachträglich, und zwar im Jahre 1975, eingefügt worden. **1**

Der Petitionsausschuss soll eine wichtige Kontakstelle zwischen Bürgern und Staat sein. Vielfach ist er allerdings nur eine Art „Kummerkasten", der sich mit einer Vielzahl von Eingaben zu beschäftigen hat, von denen nur eine relativ geringe Zahl zu über den Einzelfall hinausreichenden Erkenntnissen führt. Immerhin ist ihm durch das allen Bürgerinnen und Bürgern offenstehende Eingaberecht eine plebiszitäre Komponente eigen, die den Rechtsschutz gerade für solche Bürgerinnen und Bürger erhöhen kann, die sich mit den komplizierten Mechanismen der Staatsorganisation nicht zurechtfinden. **2**

3 Dem Petitionsausschuss stehen im Verhältnis zur Landesregierung und Verwaltung besondere Informationsrechte zu. Ebenso wie die Rechte der Untersuchungsausschüsse finden sie ihre Grenze an den Grundsätzen der Gewaltenteilung: die Petitionsausschuss hat den Kernbereich der Eigenverantwortung der Landesregierung in gleicher Weise zu achten wie die Zuständigkeiten und die Unabhängigkeit der Gerichte (kein Eingriff in schwebende Verfahren). Das Petitionsrecht erstreckt sich auch auf Gnadenentscheidungen des Ministerpräsidenten nach Artikel 59 LV, dies allerdings nur hinsichtlich der Rechtmäßigkeit der Wahrnehmung dieses Rechts, die letztlich nur eine Kontrolle unter dem Gesichtspunkt der gleichmäßigen Gnadenpraxis zuläßt. Der Petitionsausschuss kann sein eigenes Ermessen nicht an die Stelle der Entscheidung des Ministerpräsidenten setzen und dessen Gnadenentscheidung auch nicht durch eine eigene ersetzen; er ist auf eine Stellungnahme beschränkt, die der Landtag zum Anlass für eine politische Bewertung nehmen kann.

4 Die von jedem neugewählten Landtag zu erlassende Geschäftsordnung des Landtags enthält (derzeit in den §§ 100 bis 103) besondere Verfahrensvorschriften zum Petitionsverfahren. Darin ist bespielsweise geregelt, dass anonyme Petitionen, die eine sachliche Prüfung der Petition unmöglich machen, zurückgewiesen werden können. Gleiches gilt für Petitionen, die (etwa weil sie beleidigenden Inhalts sind) einen Straftatbestand erfüllen oder die bereits einmal beschieden worden sind, ohne dass ein neuer Sachverhalt vorgebracht worden wäre. Der Beschluss über die Petition wird dem Petenten vom Landtagspräsidenten (oder der Präsidentin) mitgeteilt. Die Beschlüsse des Ausschusses werden dem Landtag mindestens vierteljährlich in einer Übersicht zur Bestätigung vorgelegt. Eine Minderheit von einem Viertel der gesetzlichen Mitgliederzahl des Landtags kann eine Behandlung einer Petition im Landtagsplenum verlangen. Im übrigen findet mindestens jährlich eine mündliche Berichterstattung über die Tätigkeit des Petitionsausschusses im Landtag statt.

Artikel 42
[Öffentlichkeit]

Die Sitzungen des Landtags sind öffentlich. Auf Antrag der Landesregierung oder von zehn Abgeordneten kann der Landtag mit Zweidrittelmehrheit der Anwesenden die Öffentlichkeit für einzelne Gegenstände der Tagesordnung ausschließen. Über den Antrag wird in geheimer Sitzung verhandelt.

1 Die Öffentlichkeit der Landtagssitzungen dient der Transparenz der parlamentarischen Willensbildung. Die öffentliche Debatte dient der Darlegung und Begründung der Politik vor den Bürgerinnen und Bürgern des Landes und ist wesentlicher Bestandteil ihrer Teilhabe an den öffentlichen Angelegenheiten. Die Bedeutung des Öffentlichkeitsgrundsatzes hat allerdings infolge der weitgehenden Verlagerung der parlamentarischen Arbeit in die grundsätzlich nichtöffentlich tagenden Ausschüsse und infolge der vielfältigen nichtöffentlich stattfindenden Meinungsbildungs- und Abstimmungsprozesse in den Parteien und Fraktionen, die den Entscheidungen des Landtagsplenums vorausgehen, abgenommen. Gleichwohl kommt ihm nach wie vor eine grundlegende Bedeutung zu, indem er das Parlament zumindest zur Rechtfertigung seiner Entscheidungen zwingt und der Opposition ein Forum für ihre kritische Bewertung der Regierungstätigkeit bietet.

Mit dem Öffentlichkeitsgrundsatz verbunden ist ein allgemeines Zutrittsrecht **2** zu den Sitzungen des Landtags, das freilich durch den vorhandenen Platz begrenzt ist. Er begründet zugleich ein Recht für Presse, Rundfunk und Fernsehen zur Berichterstattung über die Sitzungen des Landtags, das auch das Recht zur Direktübertragung einschließt, soweit die Öffentlichkeit nicht nach Satz 2 zulässigerweise ausgeschlossen worden ist. Der Öffentlichkeitsgrundsatz ist nicht dadurch verletzt, dass der Landtag nach Maßgabe entsprechender Bestimmungen geheim abstimmt (z. B. über die Wahl des Ministerpräsidenten nach Artikel 52 Abs. 1).

Der Öffentlichkeitsgrundsatz gilt grundsätzlich nur für die Plenarsitzungen des **3** Landtags , nicht auch für die Sitzungen seiner Ausschüsse. Die Sitzungen der Ausschüsse gliedern sich gemäß § 30 Abs. 1 GO in einen öffentlichen und in einen nichtöffentlichen Teil. Die Nichtöffentlichkeit ist herzustellen, wenn überwiegende Belange des öffentlichen Wohls oder schutzwürdige Interessen Einzelner dies erfordern.

Artikel 43
[Parlamentsberichterstattung]
Wegen wahrheitsgetreuer Berichte über öffentliche Sitzungen des Landtags und seiner Ausschüsse kann niemand zur Verantwortung gezogen werden.

Artikel 43 dient der Publizität der Tätigkeit des nordrhein-westfälischen Landtags und ist eine *Ausprägung des Öffentlichkeitsgrundsatzes,* nach dem die Sicherung einer möglichst weitgehenden Öffentlichkeit der Beratungen des Parlaments wesentlicher Bestandteil der repräsentativen Demokratie ist. Dem gleichen Ziel dient die bundesrechtliche Regelung in § 36 des Strafgesetzbuchs, der gleichfalls die wahrheitsgetreue Berichterstattung über Gesetzgebungsorgane eines Landes von jeder Verantwortung freistellt. Auch die Wiedergabe ehrverletzender Äußerungen (Beleidigungen, Verleumdungen) ist durch das Privileg des Artikel 43 (anders als in Bayern) geschützt.

Artikel 44
[Beschlussfassung]

(1) Der Landtag ist beschlussfähig, wenn mehr als die Hälfte der gesetzlichen Mitgliederzahl anwesend ist.

(2) Der Landtag fasst seine Beschlüsse mit Stimmenmehrheit.

1 Nach Artikel 44 Abs. 1 ist der Landtag nur beschlussfähig, wenn mehr als die Hälfte der gesetzlichen Mitgliederzahl anwesend ist. Die Geschäftsordnung des Landtags sieht in § 48 Abs. 1 allerdings vor, dass die Beschlussfähigkeit nur unmittelbar vor einer Abstimmung angezweifelt werden kann. Dadurch wird vermieden, dass die Frage der Beschlussfähigkeit erst im Lichte eines unerwünschten Abstimmungsergebnisses nachträglich zum Problem erklärt wird. Um die Herstellung der Beschlussfähigkeit zu ermöglichen, räumt § 48 Abs. 3 der Geschäftsordnung dem Präsidenten außerdem das Recht ein, die Abstimmung auf kurze Zeit auszusetzen. Ergibt sich die Beschlussunfähigkeit bei einer Abstimmung, so wird die Abstimmung in der nächsten Sitzung durchgeführt. Bei der Frage der Beschlussfähigkeit kommt es auf die Zahl der anwesenden Abgeordneten unabhängig davon an, ob sie sich an der Abstimmung beteiligen oder der Stimme enthalten (wollen).

2 Das in Absatz 2 enthaltene Mehrheitsprinzip ist ein wesensnotwendiger Grundsatz der demokratischen Staatsordnung. Ihm liegt die Überzeugung zugrunde, dass ein besseres Entscheidungskriterium als die Mehrheit nicht gefunden werden kann, da es die Möglichkeit für die Verwirklichung der Gerechtigkeit am ehesten garantiert, auch wenn eine Mehrheitsentscheidung im Einzelfall nicht zu einem gerechten Ergebnis führen sollte. Der Begriff der Stimmenmehrheit in Artikel 44 Abs. 2 bedeutet, dass es auf die Mehrheit der tatsächlich abgegebenen Stimmen ankommt. In Übereinstimmung mit der allgemeinen Auffassung zu Artikel 42 Abs. 2 GG werden dabei Stimmenthaltungen nicht mitgezählt. Entscheidend ist danach nur, dass die Zahl der Ja-Stimmen diejenige der Nein-Stimmen übersteigt (sog. Abstimmungsmehrheit im Gegensatz zur sog. Anwesensmehrheit, nach der die Mehrheit der Stimmen aller anwesenden Abgeordneten von Bedeutung wäre; diese ist in der Landesverfassung nur ausnahmsweise vorgesehen, z. B. in Artikel 42 bei Entscheidungen über den Ausschluss der Öffentlichkeit und in Artikel 63 Abs. 1 Satz 3 für die Beschlussfassung über die Erhebung der Ministeranklage).

3 Die Landesverfassung enthält keine Regelungen über die Abstimmungsformen. Insoweit sieht die Geschäftsordnung des Landtags als Regelform die offene Abstimmung durch Erhebung von den Sitzen oder durch Handaufheben vor. Daneben kennt sie die namentliche Abstimmung, die auf Antrag einer Fraktion oder von einem Viertel der anwesenden Mitglieder durchgeführt wird.

Artikel 45
[Rechte und Pflichten der Landesregierung]

(1) Die Mitglieder der Landesregierung und die von ihnen Beauftragten können den Sitzungen des Landtags und seiner Ausschüsse beiwohnen. Sie unterstehen der Ordnungsgewalt des Vorsitzenden. Den Mitgliedern der Landesregierung ist jederzeit, auch außerhalb der Tagesordnung, das Wort zu erteilen.

(2) Der Landtag und seine Ausschüsse können die Anwesenheit jedes Mitgliedes der Landesregierung verlangen.

(3) Die Vorschrift des Absatzes 1, Satz 1 und 3 gilt nicht für Sitzungen der Untersuchungsausschüsse.

Nach dem in Artikel 3 LV verankerten Grundsatz der Gewaltenteilung sind der **1** Landtag und die Landesregierung Inhaber selbständiger Staatsgewalten, die ihre Funktionen getrennt voneinander wahrnehmen. Die Trennung der Gewalten ist aber nicht strikt durchgeführt, und sie darf es auch nicht sein, weil keine der Staatsgewalten ihre Aufgaben erfüllen könnte, wenn sie nicht mit den anderen zum Wohle des Landes zusammenwirken würde. Der Landtag – und das gilt sowohl für die Regierungsmehrheit als auch für die Opposition – könnte seine Kontrollfunktion gegenüber der Landesregierung nicht wirksam ausüben, wenn diese und ihre Mitglieder nicht zur Sitzungsteilnahme und Berichterstattung im Landtag verpflichtet wären. Andererseits muss auch die Landesregierung die Möglichkeit haben, durch die Darstellung ihrer Politik im Landtag Klarheit darüber zu erhalten, ob ihre Maßnahmen von der parlamentarischen Mehrheit getragen und gebilligt werden. Artikel 45 schafft die dafür notwendigen Voraussetzungen.

Nach Absatz 1 haben die Mitglieder der Landesregierung und die von ihnen **2** Beauftragten (also die Mitarbeiter und Mitarbeiterinnen in den Ministerien) ein allgemeines *Zutrittsrecht* zu den Sitzungen des Landtags und seiner Ausschüsse. Dieses Zutrittsrecht gilt auch für nichtöffentliche Sitzungen; nach dem 1965 eingefügten Absatz 3 sind von dem Zutrittsrecht ausgenommen allerdings die Sitzungen von Untersuchungsausschüssen (dies im Unterschied zu der Regelung auf der Bundesebene, vgl. Artikel 43 Abs. 2 GG). Keine Ausschüsse im Sinne der Landesverfassung sind der Ältestenrat und das Präsidium des Landtags, zu denen demnach ein verfassungsrechtlich abgesichertes Zutrittsrecht der Landesregierung nicht besteht. Das gilt erst recht für die Sitzungen der Fraktionen; allerdings ist es insoweit wegen der engen politischen Zusammenarbeit zwischen den Mehrheitsfraktionen und der Landesregierung durchaus üblich, dass den Mitgliedern der Landesregierung und bei entsprechender Vereinbarung auch ihren Beauftragten eine Teilnahme an Fraktionssitzungen der Mehrheitsfraktionen ermöglicht wird. Diese Praxis darf freilich nicht zur Benachteiligung der Opposition führen, indem diese etwa von wichtigen das Parlament insgesamt betreffenden Informationen ausgeschlossen wird.

3 Die Mitglieder der Landesregierung haben nach Absatz 1 Satz 3 ein *jederzeitiges Rederecht* im Landtag und seinen Ausschüssen, das sie auch außerhalb der Tagesordnung ausüben können (d. h. auch zu Gegenständen, die gar nicht auf der Tagesordnung stehen). Im Unterschied zur Regelung im Bund (Artikel 43 Abs. 2 Satz 2 GG) steht dieses Rederecht aber den Beauftragten der Regierung (Ministerialbürokratie) nicht zu. Der ständigen parlamentarischen Praxis entspricht es allerdings, den Beauftragten der Regierung in den Ausschüssen das Rederecht einzuräumen. Obwohl ihnen in Nordrhein-Westfalen der Kabinettrang nicht zugebilligt ist, dürfte Absatz 1 Satz 3 wegen der von ihnen wahrgenommenen politischen Funktion auf Parlamentarische Staatssekretäre anzuwenden sein. Nach der Geschäftsordnung des Landtags gilt eine zuvor bereits abgeschlossene Beratung als wiedereröffnet, wenn ein Regierungsmitglied das Wort ergreift. Im übrigen beziehen die Absprachen des Ältestenrates über die Verteilung der Redezeit, die auf die einzelnen Fraktionen entfällt, auch die Landesregierung ein, dies mit dem Ziel zu verhindern, dass sich durch das verfassungsrechtlich nicht beschränkbare Rederecht der Landesregierung ein zu krasses Ungleichgewicht zwischen Landtagsmehrheit und Regierung auf der einen und der Opposition auf der anderen Seite ergibt. Eine Ausnahme vom Zutritts- und Rederecht der Mitglieder der Landesregierung sieht der erst 1965 eingefügte Absatz 3 für die Sitzungen der Untersuchungsausschüsse vor. Die Untersuchungsausschüsse können also unter Ausschluss der Landesregierung und ihrer Vertreter gegen die Exekutive ermitteln. Andererseits können sie aber die Anwesenheit der Landesregierung verlangen.

4 Aus dem Anwesenheits- und Rederecht der Landesregierung ergibt sich auch eine Verpflichtung des Landtags, die Landesregierung über die beabsichtigten Sitzungen und deren Gegenstand so frühzeitig und umfassend zu unterrichten, dass ihr die Wahrnehmung ihrer Rechte und die Erfüllung ihrer Pflichten möglich ist. In der Praxis geschieht das für die Landtagssitzungen durch die Teilnahme des Chefs der Staatskanzlei an den Sitzungen des Ältestenrates.

5 Dem Landtag und seinen Ausschüssen steht das sog. *Zitierrecht* zu. Sie können also die Anwesenheit jedes Mitglieds der Landesregierung verlangen. Mit diesem Recht verbunden ist auch ein verfassungsrechtlich gesichertes *Auskunftsrecht des Landtags*. Das Zitierrecht der Ausschüsse besteht auch gegenüber Mitgliedern der Landesregierung, die nach deren Geschäftsverteilung für die Angelegenheiten des Ausschusses selbst nicht zuständig sind, es sei denn, dass die Ausübung des Rechts im Einzelfall offensichtlich missbräuchlich ausgeübt würde. Einzelne Abgeordnete oder die Minderheit des Landtags oder eines Ausschusses können die Anwesenheit von Regierungsmitgliedern allerdings nicht erzwingen; es bedarf immer eines Mehrheitsbeschlusses. Der Landtag und die Abgeordneten können der Landesregierung „Kleine" oder „Große Anfragen" zur Beantwortung vorlegen, die die Landesregierung nach den Regelungen der Geschäftsordnung des Landtags innerhalb bestimmter Fristen beantworten muss. Das Auskunftsrecht des Parlaments findet seine Grenze allerdings im Gewaltenteilungsprinzip. So kann die Landesregierung die Auskunft über den

Stand der internen Willensbildung über einen noch nicht nach Artikel 56 Abs. 1 beschlossenen Gesetzentwurf verweigern, wenn ihre Überlegungen noch andauern. Auch braucht sie dem Landtag nicht alle bei der Vorbereitung eines Gesetzentwurfs entstandenen Gesetzesmaterialien (z. B. Gutachten) vorzulegen, die ihrer internen Meinungsbildung gedient haben.

Auch den einzelnen Abgeordneten steht ein *Fragerecht* zu (sog. *Interpellations-* **6** *recht)*, das sich allerdings nicht aus Artikel 45, sondern aus den allgemeinen „Statusrechten" der Abgeordneten nach Artikel 30 Abs. 2 LV ergibt. Es stärkt den Schutz der parlamentarischen Minderheit und die Ausübung der Opposition, steht aber auch den Angehörigen der Regierungsfraktionen zu. Zu seiner Reichweite und der ihm entsprechenden Antwortpflicht der Landesregierung hat der nordrhein-westfälische Verfassungsgerichtshof am 4. 10. 1993 (NWVBl. 1994, 10) eine Entscheidung getroffen, nachdem die Landesregierung sich bei der Beantwortung mehrerer parlamentarischer Anfragen wegen eines gleichzeitig eingesetzten Untersuchungsausschusses im wesentlichen darauf beschränkt hatte, auf dessen Untersuchungen zu verweisen. Nach dieser Entscheidung schließt der in Artikel 30 Abs. 2 gewährleistete Status der einzelnen Abgeordneten einen Anspruch auf vollständige und zutreffende Beantwortung ihrer parlamentarischen Anfragen ein. Allerdings hat die Landesregierung einen Einschätzungsspielraum, was die Art und Weise und den Zeitpunkt der Antwort angeht, wobei sie insbesondere auf die Belastung durch zahlreiche Anfragen Rücksicht nehmen darf. Sie kann deshalb den einzelnen Abgeordneten bei thematischer Übereinstimmung seiner Fragen mit dem Gegenstand einer Untersuchung unter Umständen auf die Aufklärungsmaßnahmen des Untersuchungsausschusses verweisen. Für den konkret zu entscheidenden Fall (er betraf Entscheidungen der Landesregierung zur sog. „Neuen Mitte Oberhausen", zu einem Entwicklungs- und Forschungszentrum in Bochum und zu einer Abfallvermeidungskampagne des Umweltministeriums) hat der Verfassungsgerichtshof eine solche Verweisung auf den Untersuchungsausschuss für zulässig gehalten.

Artikel 46
[Ansprüche der Abgeordneten]

(1) Abgeordnete dürfen an der Übernahme und Ausübung ihres Mandats nicht gehindert oder hierdurch in ihrem Amt oder Arbeitsverhältnis benachteiligt werden. Insbesondere ist unzulässig, sie aus diesem Grunde zu entlassen oder ihnen zu kündigen.

(2) Beamte, Angestellte und Arbeiter bedürfen zu der mit den Obliegenheiten ihres Mandats als Mitglieder des Landtags verbundenen Tätigkeit keines Urlaubs. Bewerben sie sich um einen Sitz im Landtag, so ist ihnen der zur Vorbereitung ihrer Wahl erforderliche Urlaub zu gewähren.

(3) Die Wählbarkeit von Beamten, Angestellten des öffentlichen Dienstes und Richtern im Lande Nordrhein-Westfalen kann gesetzlich beschränkt werden.

1 Zur Sicherung ihrer in Artikel 30 Abs. 2 garantierten Unabhängigkeit gibt Artikel 46 den Abgeordneten und Wahlbewerbern für den Landtag bestimmte Rechte, die sie vor Behinderungen ihrer parlamentarischen Arbeit und Kandidatur schützen sollen. Das *Behinderungsverbot* gilt schon für die Phase der ernsthaften Wahlbewerbung und unabhängig davon, ob ein Direktmandat oder ein Listenplatz angestrebt wird. Ein Arbeits- oder Beamtenverhältnis darf nicht wegen der Kandidatur oder wegen der Übernahme und Ausübung des Mandats gelöst werden. Lohn- und Gehaltskürzungen wegen des Ausfalls der geschuldeten Arbeitsleistung sind aber möglich. Freiberufliche Gesellschaftsverträge (z. B. Anwaltssozietäten) können ggf. gekündigt werden.

2 Wahlbewerber haben einen *Urlaubsanspruch* (Absatz 2 Satz 2); der Urlaub kann jedoch nicht eigenmächtig genommen werden. Der Bewerber oder die Bewerberin muss im Zeitpunkt des Urlaubsantrages grundsätzlich mindestens von einer vorschlagsberechtigten Partei oder Gruppierung in den Wahlvorschlag aufgenommen worden sein. Ein Anspruch auf Weiterzahlung der Vergütung wird durch die Bestimmung allerdings nicht begründet.

3 Absatz 3 ermächtigt den Landesgesetzgeber, die Wählbarkeit von Beamten, Angestellten des öffentlichen Dienstes und Richtern im Landesdienst für den Landtag gesetzlich einzuschränken (vgl. für die Bundesebene Artikel 137 Abs. 1 GG). Die Bestimmung ist wiederholt (1954, 1965 und 1972; eine weitere Initiative der FDP zur Änderung der Bestimmung scheiterte Ende 1969) mit dem Ziel geändert worden, Interessenkollisionen zu verhindern und dafür zu sorgen, dass Angehörige des öffentlichen Dienstes sich nicht selbst kontrollieren. Die völlige Nichtwählbarkeit eines oder einer Landesbediensteten kann das Gesetz allerdings nicht vorsehen, weil das passive Wahlrecht in Artikel 31 Abs. 2 Satz 2 ausdrücklich garantiert ist. Zulässig ist nur die Festlegung von Unvereinbarkeiten (Inkompatibilitäten) mit dem Ziel, aus Gründen der Gewaltenteilung die gleichzeitige aktive Betätigung im Parlament und in der Exekutive oder Rechtsprechung auszuschließen. Der nordrhein-westfälische Gesetzgeber hat von der Ermächtigung des Artikel 46 Abs. 3 durch das Rechtsstellungsgesetz vom 25. 4. 1972 Gebrauch gemacht. Gewählte Richter und Beamte treten mit dem Tage der Wahl in den Ruhestand, haben aber nach Beendigung des Mandats einen Anspruch auf Reaktivierung; eine vergleichbare Regelung gilt für die Angestellten.

4 Die in dem ursprünglichen Text der Landesverfassung in *Absatz 4* enthaltene Regelung der Abgeordnetenentschädigung wurde durch Gesetz vom 27. 7. 1965 aufgehoben. Siehe dazu Artikel 50.

Artikel 47
[Indemnität]

Kein Abgeordneter darf zu irgendeiner Zeit wegen seiner Abstimmung oder wegen Äußerungen in Ausübung seines Mandats gerichtlich oder dienstlich verfolgt oder sonst außerhalb der Versammlung zur Verantwortung gezogen werden. Dies gilt nicht für verleumderische Beleidigungen.

Das Recht der sog. Indemnität sichert die uneingeschränkte freie Ausübung des **1** Abgeordnetenmandats durch Abstimmungen oder durch Ausführungen im Landtag und in einem seiner Ausschüsse. Es soll verhindern, dass ein Abgeordneter von der Wahrnehmung seiner parlamentarischen Aufgaben dadurch ausgeschaltet wird, dass er in langwierige Gerichtsverfahren verstrickt wird. Das Institut der Indemnität findet sich auch in Artikel 46 Abs. 1 GG und in allen anderen Landesverfassungen. Es bedeutet, dass die Abgeordneten für bestimmte Handlungen, die sie in Ausübung ihres Mandats vorgenommen haben, nicht zur Verantwortung gezogen werden dürfen, und zwar auch nicht nach Beendigung ihrer Zugehörigkeit zum Landtag. Eine Ausnahme gilt nur für verleumderische Äußerungen. Der Schutz der Indemnität ist in § 11 des Strafgesetzbuches wiederholt, was deshalb erforderlich ist, weil die Bestimmung der *Landes*verfassung nicht ausreichen würde, um sich auf dem Gebiete des Strafrechts, das *bundes*gesetzlich geregelt ist, gegen eine anderslautende Regelung durchzusetzen.

Der Indemnitätsschutz ist ein reines Abgeordnetenprivileg, das nicht erweiternd **2** auf andere Personen erstreckt werden kann. In seiner Entscheidung vom 5. 5. 1981 (NJW 1981, 2117) zu einem Hearing, das am 29. 4. 1976 vor dem Hauptausschuss des nordrhein-westfälischen Landtags zum Thema „Pressekonzentration in Nordrhein-Westfalen" stattgefunden hatte, hat der Bundesgerichtshof allerdings ausgeführt, dass bei der Bewertung kritischer Äußerungen eines Sachverständigen der Schutz der Freiheit der Meinungsäußerung besonders weitgehen könne. Es müsse nämlich berücksichtigt werden, dass eine unbefangene, unabhängige und vorbehaltlose Erfüllung des dem Sachverständigen vom Parlament erteilten Auftrages kaum zu erwarten sei, wenn dieser stets die Folgen einer späteren Unterlassungsklage bedenken müsse. Danach ist bei der Erörterung einer die Öffentlichkeit besonders angehenden Angelegenheit der Einsatz auch starker Ausdrücke, polemisierender Wendungen und überspitzter, plakativer Wertungen nicht unzulässig, so lange der Kritiker nur dem eigenen Standpunkt Nachdruck zu verleihen sucht und sie nicht einsetzt, um den Gegner zu diffamieren.

Artikel 48
[Immunität]

(1) Kein Abgeordneter kann ohne Genehmigung des Landtags während der Wahlperiode wegen einer mit Strafe bedrohten Handlung zur Unter-

suchung gezogen, festgenommen oder verhaftet werden, es sei denn, dass er bei der Ausübung der Tat oder spätestens im Laufe des nächstfolgenden Tages ergriffen wird oder ein Fall der Ehrverletzung nach Artikel 47 vorliegt.

(2) Die gleiche Genehmigung ist bei jeder anderen Beschränkung der persönlichen Freiheit erforderlich, die die Ausübung des Abgeordnetenmandats beeinträchtigt.

(3) Jedes Strafverfahren gegen einen Abgeordneten und jede Haft oder sonstige Beschränkung seiner persönlichen Freiheit wird auf Verlangen des Landtags entweder für die gesamte Dauer oder bestimmte Zeitabschnitte der Wahlperiode ausgesetzt.

(4) Diese Bestimmungen gelten auch in der Zeit zwischen zwei Wahlperioden. Die Rechte des Landtags werden durch den Hauptausschuss ausgeübt.

1   Das Institut der Immunität geht historisch auf einen Beschluss der französischen Nationalversammlung vom 26. Juni 1790 zurück. Ihr ursprünglicher Zweck war es, die Mitglieder der Parlamente vor tendenziösen Verfolgungen durch die vollziehende Gewalt und damit die Parlamente selbst vor schikanöser Beeinträchtigung ihrer politischen Wirksamkeit zu schützen. Sie sollte verhindern, dass die Exekutive bei einem Konflikt mit der Volksvertretung unter dem Vorwand, eine strafbare Handlung zu verfolgen, politisch missliebige Abgeordnete an der Erfüllung ihrer Aufgaben hinderte. Seitdem in den parlamentarischen Demokratien die Regierungen vom Vertrauen des Parlaments abhängig sind, hat die Abwehr tendenziöser Verfolgungen von Abgeordneten freilich an Bedeutung verloren. In Zeiten schwerer politischer Spannungen ist diese Gefahr allerdings nicht sicher auszuschließen. Zudem können behördliche Maßnahmen gegen Abgeordnete die Funktionsfähigkeit des Parlaments auch dann stören, wenn sie an sich korrekt sind. In diesen Fällen soll der Landtag als oberstes Staatsorgan des Landes darüber befinden, ob sein Interesse an der ungestörten Mitarbeit der betroffenen Abgeordneten gegenüber anderen öffentlichen Belangen, besonders gegenüber dem Interesse an einer gleichmäßig und gerecht wirkenden Strafrechtspflege, überwiegt.

2   Die in Artikel 48 verankerte Immunität der Abgeordneten bedeutet, dass sie wegen strafbarer Handlungen – auch solcher außerhalb des Parlaments – während ihrer Amtszeit nicht verfolgt, nicht verhaftet und auch sonst keinerlei Freiheitsbeschränkungen unterworfen werden können. Mit Beendigung ihres Abgeordnetenmandats ist dieses Verfolgungshindernis beseitigt. Die Immunität kann aber schon während ihrer Amtszeit aufgehoben werden, wenn der Landtag dies genehmigt. Bei schweren Delikten ist das regelmäßig der Fall. Ohne Aufhebung der Immunität zulässig sind nach allgemeiner parlamentarischer Praxis beispielsweise die Entgegennahme einer Anzeige, die Unfallaufnahme, die Entnahme von Blutproben, die Verhängung von Geldbußen für Ordnungs-

widrigkeiten, die Erteilung von Verwarnungen und die Verhängung von Verwarnungsgeldern.

Artikel 49
[Zeugnisverweigerungsrecht]

(1) Die Abgeordneten sind berechtigt, über Personen, die ihnen in ihrer Eigenschaft als Abgeordnete oder denen sie in dieser Eigenschaft Tatsachen anvertraut haben sowie über diese Tatsachen selbst das Zeugnis zu verweigern. Soweit dieses Zeugnisverweigerungsrecht reicht, ist die Beschlagnahme von Schriftstücken unzulässig.

(2) Eine Durchsuchung oder Beschlagnahme darf in den Räumen des Landtags nur mit Genehmigung des Präsidenten vorgenommen werden.

Artikel 49 hat den Sinn, die Entscheidungsfreiheit und das Informationsbedürfnis der Abgeordneten zu schützen. Sie sollen nicht dadurch in Verlegenheit gebracht werden können, dass sie ihre Informationsquellen oder ihre Informationen preisgeben müssen. Die Bestimmung begründet nur ein Recht der Abgeordneten zur Zeugnisverweigerung, keine Pflicht, vor allem keine Verpflichtung gegenüber der Kontaktperson. Das Recht zur Zeugnisverweigerung dauert auch nach Beendigung der Mitgliedschaft im Landtag fort. Das Beschlagnahmeverbot für Schriftstücke gilt nach der gebotenen liberaleren Auslegung auch für solche Dokumente, die sich im Besitz dritter Personen befinden (das ist allerdings umstritten). **1**

Absatz 2 begründet ein Vorrecht für den Landtag, nicht für die einzelnen Abgeordneten. Durchsuchungen, Beschlagnahmen, darüber hinaus Festnahmen und Verhaftungen (auch von Personen, die nicht dem Landtag angehören), bedürfen der Zustimmung des Landtagspräsidenten oder der Landtagspräsidentin. Die Bestimmung schützt das Hausrecht im Parlament. Die Genehmigung des Präsidenten/der Präsidentin ersetzt nicht eine etwa notwendige Aufhebung der Immunität der oder des Abgeordneten durch den Landtag nach Artikel 48; diese ist also ggf. zusätzlich erforderlich. **2**

Artikel 50
[Freie Fahrt und Entschädigung]

Die Mitglieder des Landtags erhalten das Recht zur freien Fahrt auf allen Eisenbahnen und sonstigen Beförderungsmitteln der Deutschen Bundes-Bahn im Lande Nordrhein-Westfalen sowie Entschädigung nach Maßgabe eines Gesetzes. Ein Verzicht auf diese Rechte ist unzulässig.

1 Der Hauptinhalt von Artikel 50 liegt in der Begründung eines Entschädigungsanspruchs, der auf die Zahlung der sog. Abgeordnetendiäten gerichtet ist. Erhielten die Abgeordneten sie nicht, so würde sich das Parlament wohl vorwiegend aus begüterten Persönlichkeiten zusammensetzen, was mit dem Demokratieprinzip nicht zu vereinbaren wäre. Die Diäten sollen die Unabhängigkeit und Entscheidungsfreiheit der Abgeordneten sichern, die auch durch wirtschaftliche Abhängigkeit gefährdet werden könnte (VerfGH, DVBl. 1995, 921). Im sog. „Diätenurteil" hat das Bundesverfassungsgericht im Jahre 1975 festgestellt, dass die Abgeordneten (des Deutschen Bundestages) eine Hauptbeschäftigung ausüben, für die sie eine der Bedeutung ihres Amtes angemessene „Alimentation" aus der Staatskasse verlangen können, die der Besteuerung zu unterwerfen ist (BVerfGE 40, 296, 311 ff.). Diese Aussage gilt weitgehend auch für die Mitglieder des nordrhein-westfälischen Landtags, dies allerdings mit gewissen Abstrichen, da unter ihnen die Zahl derjenigen, die ihren ursprünglichen Beruf auch während ihrer Parlamentszugehörigkeit wenigstens teilweise beibehalten, größer ist als bei den Mitgliedern des Bundestages. Nach dem Gesetz über die Rechtsverhältnisse der Mitglieder des Landtags Nordrhein-Westfalen (Abgeordnetengesetz) erhalten die Abgeordneten eine zu versteuernde Entschädigung und zur Abgeltung der durch das Mandat veranlassten Aufwendungen eine sog. – steuerfreie – Amtsausstattung (Aufwandsentschädigung), die u. a. ihre Bürokosten, Fahrtkosten und Mehraufwendungen am Sitz der Landesregierung abdecken soll.

2 Die Bestimmung der Höhe der Abgeordnetendiäten hat die Öffentlichkeit besonders seit dem „Diätenurteil" des Bundesverfassungsgerichts aus dem Jahre 1975 und den danach erfolgten Änderungen in den Abgeordnetengesetzen des Bundes und der Länder in hohem Maße beschäftigt. Die Diskussion steht im Zusammenhang mit den wiederholten Versuchen, durch gesetzliche Neuregelung eine verfassungskonforme Parteienfinanzierung zu Wege zu bringen, die nach einem Urteil des Bundesverfassungsgerichts aus dem Jahre 1992 notwendig wurde. Der Staatsrechtler *Hans Herbert von Arnim* fasst die von ihm konstatierten Mängel der Politikfinanzierung unter dem Stichwort „Politikfinanzierung: Selbstbedienung aus der Staatskasse" zusammen. Dabei ist der Vorwurf der „Selbstbedienung" zumindest insofern unberechtigt, als er nahelegt, den Parlamenten stünde die Möglichkeit offen, die Bestimmung der Höhe der Abgeordnetenentschädigung anderen Stellen zu überlassen, die selbst nicht betroffen seien. Das Bundesverfassungsgericht hat aber ausdrücklich festgestellt, dass es sich in einer parlamentarischen Demokratie nicht vermeiden lässt, dass das Parlament in eigener Sache entscheidet, wenn es um die Festsetzung der Höhe der Abgeordnetendiäten geht (BVerfGE 40, 296, 327). Weil dies so sei, müsse der Willensbildungsprozess im Parlament zu diesem Thema aber besonders transparent ausgestaltet werden (ebenso VerfGH, DVBl. 1995, 921 f.).
Der gesamte Willensbildungsprozess muss gerade bei der Entschädigung der Abgeordneten für den Bürger durchschaubar sein und das Ergebnis vor den Augen der Öffentlichkeit beschlossen werden. In den Parlamenten auf Bundes- und Landesebene hat es gerade unter dem Eindruck des von den Abgeordneten

als ungerecht empfundenen Selbstbedienungsvorwurfs Versuche gegeben, das Verfahren zur Festsetzung der Entschädigungshöhe – etwa durch die Koppelung der Diäten an andere Indizes oder durch Einsetzung von unabhängigen Kommissionen – zu objektivieren. Für die Bundesebene hat der Bundestag im Jahre 1995 eine solche Koppelung der Abgeordnetendiäten an die Gehälter von Bundesrichtern beschlossen; der Bundesrat hat jedoch der dazu notwendigen Änderung des Artikels 48 Abs. 3 GG unter dem Eindruck heftiger öffentlicher Kritik die Zustimmung versagt. In der öffentlichen Diskussion wird vielfach verkannt, dass die Funktionsfähigkeit des Parlaments und eine effektive Regierungskontrolle nur sicherzustellen sind, wenn die Abgeordnetenentschädigung ihrer Höhe nach mit den Gehältern für Führungsfunktionen in der staatlichen Verwaltung und in der Wirtschaft konkurrieren kann, weil sich andernfalls qualifizierte Persönlichkeiten kaum für die parlamentarische Arbeit gewinnen lassen, weil ja immer das Risiko der Nichtwiederwahl besteht und die Rückkehr in den früheren Beruf vielfach nur unter Inkaufnahme eines „Karriereknicks" möglich sein wird. Wenn das Verfahren zur Bestimmung der Entschädigung durchschaubar gestaltet wird (was auch die zulässigen Nebeneinkünfte einschließen müsste), wird sich hierfür auch in der Öffentlichkeit Verständnis finden lassen.

Die Freifahrt der Abgeordneten findet ihr erstes Vorbild in einer entsprechenden **3** Regelung für die Mitglieder des Reichstages aus dem Jahre 1884. Der Anspruch der Abgeordneten richtet sich gegen das Land und nicht gegen die Deutsche Bahn (bis 1994: Deutsche *Bundes*bahn), die der Regelungsgewalt des Landesverfassungsgebers schon vor ihrer Privatisierung nicht unterlag. Es ist also Sache des Landes, gegenüber der Deutschen Bahn die Freifahrt der Abgeordneten sicherzustellen. Die Übertragung der Regionalbahnen auf andere Verkehrsträger führt nicht dazu, dass sich der Freifahrtanspruch der Abgeordneten auch auf ihre Benutzung erstreckt. Dies kann allerdings durch einfaches Gesetz vorgesehen werden.

Zweiter Abschnitt
Die Landesregierung

Artikel 51
[Zusammensetzung]

Die Landesregierung besteht aus dem Ministerpräsidenten und den Landesministern.

Die Landesregierung ist ein selbständiges oberstes Landesorgan mit einem ei- **1** genen Aufgaben- und Wirkungsbereich. Innerhalb der in Artikel 3 verankerten Gewaltenteilung ist sie das oberste Organ der vollziehenden Gewalt (Exekutive) und übt die Verwaltungsfunktionen aus. Mit dem Landtag teilt sie sich aber auch die politische Staatsführung, indem sie die politischen Ziele der Staatstätigkeit des Landes Nordrhein-Westfalen bestimmt. Hierzu gehört das Ergreifen von Initiativen, das Steuern der Entwicklung und die Planung in allen Politikbereichen. Sie verfügt zugleich über wesentliche Teile der Organisationsgewalt im Bereich der Verwaltung. Eine erhebliche Bedeutung kommt der Mitwirkung der Landesregierung an der Gesetzgebung und Verwaltung des Bundes und an den Angelegenheiten der Europäischen Union im Bundesrat zu (s. dazu die Anmerkungen 8 und 9 zu Artikel 1).

2 Die Landesregierung ist vom Vertrauen des Landtags abhängig, auch wenn der Landtag nur den Ministerpräsidenten wählt (Artikel 52 Abs. 1) und seine Zustimmung zur Ernennung der Minister nicht vorgesehen ist. Der Landtag überwacht die vollziehende Gewalt und damit die Landesregierung. Gleichwohl steht die Landesregierung zum Landtag nicht im Verhältnis rechtlicher Unterordnung. Der Landtag kann die Regierungsgeschäfte nicht an sich ziehen und der Landesregierung auch keine Weisungen erteilen, die diese rechtlich binden würden. Seine Kontrolle ist politischer Art und kann sich in Anregungen, Ersuchen, Kritik und dem Aussprechen von Erwartungen niederschlagen. Als schärfstes Mittel steht dem Landtag der Sturz der Landesregierung durch das sog. konstruktive Misstrauensvotum zur Verfügung (Artikel 61 Abs. 1).

3 Die Landesregierung ist ein Kollegialorgan, in dem der Ministerpräsident oder die Ministerpräsidentin und die Ministerinnen und Minister Sitz und Stimme haben. Anders als in einigen süddeutschen Ländern haben die Staatssekretäre in Nordrhein-Westfalen keinen Kabinettsrang. Innerhalb der Landesregierung hat der Ministerpräsident eine herausgehobene Stellung, weil er es ist, der die Ministerinnen und Minister ernennt und entlässt (Artikel 52 Abs. 3), weil mit seinem Ausscheiden aus dem Amt auch die übrigen Mitglieder der Regierung ihr Amt verlieren (Artikel 62 Abs. 2), weil er die Richtlinien der Politik bestimmt (Artikel 55 Abs. 1) und weil seine Stimme bei Stimmengleichheit im Kabinett den Ausschlag gibt (Artikel 54 Abs. 1 Satz 2). Die Zuständigkeit der Landesregierung als Kollegium wird durch das sog. Ressortprinzip begrenzt, nach dem die Ministerinnen und Minister ihr Ressort innerhalb der vom Ministerpräsidenten bestimmten Richtlinien selbständig leiten (Artikel 55 Abs. 2).

Artikel 52
[Regierungsbildung]

(1) Der Landtag wählt aus seiner Mitte in geheimer Wahl ohne Aussprache den Ministerpräsidenten mit mehr als der Hälfte der gesetzlichen Zahl seiner Mitglieder.

(2) Kommt eine Wahl gemäß Absatz 1 nicht zustande, so findet innerhalb von 14 Tagen ein zweiter, gegebenenfalls ein dritter Wahlgang statt,

in dem der gewählt ist, der mehr als die Hälfte der abgegebenen Stimmen erhält. Ergibt sich keine solche Mehrheit, so findet eine Stichwahl zwischen den beiden Vorgeschlagenen statt, die die höchste Stimmenzahl erhalten haben.

(3) Der Ministerpräsident ernennt und entlässt die Minister. Er beauftragt ein Mitglied der Landesregierung mit seiner Vertretung und zeigt seine Entscheidungen unverzüglich dem Landtag an.

Die Bildung der Landesregierung ist im Verfassungsausschuss sehr intensiv dis- **1** kutiert worden. Die Mehrheit der Landesregierung, die den Verfassungsentwurf vorgelegt hatte, wünschte sich eine starke Stellung des Ministerpräsidenten, während die Minderheit, der SPD folgend, für eine stärkere Abhängigkeit der Regierung vom Landtag eintrat. Auf ihre Vorstellungen, die auch der Auffassung der britischen Militärregierung entsprachen, ist es zurück zu führen, dass der Ministerpräsident in jedem Fall Mitglied des Landtags sein muss. Die Abgeordneteneigenschaft ist eine unverzichtbare Grundlage des Amtes mit der Folge, dass ein nachträglicher Verlust des Mandats die Beendigung des Amtes bewirkt. Diese Koppelung des Amtes des Ministerpräsidenten mit der Abgeordnetenstellung findet sich nur in der nordrhein-westfälischen Landesverfassung und hat in andere deutsche Verfassungen keinen Eingang gefunden. Mit dem Grundgesetz ist sie aber unbedenklich vereinbar.

Nach Absatz 1 wählt der Landtag den Ministerpräsidenten mit der sog. absoluten **2** Mehrheit seiner Stimmen, also unabhängig von der Zahl der anwesenden Mitglieder mit mehr als der Hälfte der gesetzlichen Zahl seiner Mitglieder. Für die entsprechende Regelung des Grundgesetzes für die Kanzlerwahl in Artikel 63 Abs. 2 hat sich die Bezeichnung Kanzlermehrheit eingebürgert; man könnte also bei Artikel 52 Abs. 1 der Landesverfassung von einer notwendigen Ministerpräsidentenmehrheit sprechen. Kommt diese Mehrheit nicht zustande, so finden innerhalb von vierzehn Tagen ein zweiter und ggf. ein dritter Wahlgang statt. Hierbei genügt anders als im ersten Wahlgang die Mehrheit der abgegebenen Stimmen, die niedriger sein kann als die Mehrheit der gesetzlichen Zahl der Mitglieder (Absatz 2 Satz 1); dabei zählen Stimmenthaltungen und ungültige Stimmen nicht mit. Führen auch diese Wahlgänge zu keinem Ergebnis, so findet nach Absatz 2 Satz 2 eine Stichwahl zwischen den beiden Kandidaten statt, die die höchste Stimmenzahl erhalten haben. Im zweiten und dritten Wahlgang können neue Kandidaten aufgestellt werden. Zu einer Stichwahl kann es nur kommen, wenn im dritten Wahlgang mindestens zwei Kandidaten zur Wahl standen. Endet die Stichwahl mit Stimmengleichheit, so muss die gesamte Prozedur des Artikel 52 Abs 1 und 2 wiederholt werden.

Die Wahl der Ministerpräsidenten erfolgt ohne Aussprache und in geheimer **3** Wahl. Das Verbot einer Personaldebatte soll einen dadurch etwa eintretenden Ansehensverlust des später Gewählten vermeiden helfen. Die geheime Wahl sichert den Abgeordneten ein besonderes Maß an Unabhängigkeit. In der

Entstehungsphase der Landesverfassung war die SPD dem gegenüber dafür eingetreten, den Ministerpräsidenten in offener Abstimmung zu wählen, weil nur das eine Kontrolle der Abgeordneten durch die Wähler möglich mache; die Abgeordneten sollten sich nicht in die Anonymität flüchten können. Für die geltende Regelung kann angeführt werden, dass die Stellung des Ministerpräsidenten dadurch gestärkt wird, wenn er auch trotz der Möglichkeit abweichender Stimmen im Schutze der geheimen Wahl die volle Unterstützung der Landtagsmehrheit erhält.

4   Das Amtsverhältnis des Ministerpräsidenten oder der Ministerpräsidentin wird dadurch begründet, dass der oder die gewählte Abgeordnete die Wahl annimmt. Eine Ernennung und die Aushändigung einer Urkunde ist in der Landesverfassung nicht vorgesehen. Allerdings bestimmt § 2 des Landesministergesetzes, dass der Ministerpräsident eine vom Präsidenten oder der Präsidentin des Landtags unterzeichnete Urkunde erhält; ihr kommt aber keine rechtliche Bedeutung zu.

5   Nach Absatz 3 liegt das Recht zur Ernennung und Entlassung der Ministerinnen und Minister allein beim Ministerpräsidenten, der der Zustimmung des Landtags nicht bedarf. Diese Lösung, die im Verfassungsausschuss sehr kontrovers diskutiert worden ist und von den Regelungen anderer Länder abweicht, gibt dem Ministerpräsidenten eine starke Stellung bei der Kabinettsbildung. Der Landtag könnte sie auch durch gesetzliche Regelung außerhalb der Landesverfassung nicht einschränken. Die Zugehörigkeit zum Landtag ist keine Voraussetzung für die Übernahme eines Ministeramtes, steht ihr aber auch nicht entgegen. Mitglied des Bundestags kann ein Mitglied der Landesregierung allerdings nicht gleichzeitig sein (Artikel 64 Abs. 4). Ernennung und Entlassung unterliegen keinen Formvorschriften, sind also auch unabhängig von der Aushändigung einer Urkunde wirksam, die das Landesministergesetz allerdings vorsieht.

6   Auch das Recht zur Beauftragung eines Regierungsmitglieds mit seiner Vertretung liegt beim Ministerpräsidenten; die Bestimmung des Absatzes 3 Satz 2 begründet zugleich eine dahingehende Verpflichtung. Die gleichzeitige Bestellung mehrerer stellvertretender Ministerpräsidenten lässt die Landesverfassung demgegenüber nicht zu. Bei seiner Auswahl ist der Ministerpräsident frei.

7   Der Ministerpräsident hat jede Ernennung und Entlassung von Ministerinnen und Ministern dem Landtag unverzüglich mitzuteilen. Es handelt sich um eine Informationspflicht, deren Einhaltung aber für die Wirksamkeit der Ernennung oder Entlassung ohne Bedeutung ist.

8   Aus dem Recht zur Berufung der Ministerinnen und Minister ergibt sich indirekt zugleich das *Recht des Ministerpräsidenten zur Organisation der Landesregierung*. Er bestimmt die Zahl der Ministerämter und die Abgrenzung der Ressortzuständigkeiten zwischen den einzelnen Ministerien. Der Landtag kann in die Regierungsorganisation selbst durch gesetzliche Regelungen nicht eingrei-

fen. Dementsprechend beschränkt sich § 4 Abs. 2 des Landesorganisationsgesetzes auf die Aussage, dass der Ministerpräsident die Geschäftsbereiche der obersten Landesbehörden im Gesetz- und Verordnungsblatt bekanntgibt, und enthält sich selbst einer Regelung dieses Bereichs. Der Verfassungsgerichtshof NRW hat allerdings in seinem Urteil vom 9. Februar 1999 (NJW 1999, 1243) die Zusammenlegung des Justiz- mit dem Innenministerium durch den Ministerpräsidenten für mit der Landesverfassung nicht vereinbar erklärt. Die darin liegende Beschränkung der Organisationsgewalt des Ministerpräsidenten hat er mit der vom Bundesverfassungsgericht entwickelten sog. „Wesentlichkeitstheorie" begründet, nach der die grundsätzlichen Entscheidungen, aus denen sich Auswirkungen auf die Grundrechtsgewährung der Bürgerinnen und Bürger ergeben können, dem Gesetzgeber vorbehalten sind (vgl. dazu Art. 65 Anm. 1). Diese Entscheidung des VerfGH und ihre Begründung sind im Schrifttum zu Recht auf Kritik gestoßen (vgl. *Sendler,* NJW 1999, 1232 ff.; *Böckenförde,* NJW 1999, 1235 ff.; *Isensee,* JZ 1999, 1113 ff.; anders dagegen *von Arnauld,* Archiv für öffentliches Recht – AöR – 1999, 658 ff.); sie vermögen nicht zu überzeugen. Ein grundrechtsähnlicher Anspruch des einzelnen Bürgers auf eine ganz bestimmte Organisation der Justizverwaltung lässt sich weder dem Grundrechtskatalog noch dem Gewaltenteilungs- oder dem Rechtsstaatsprinzip entnehmen. Der Staatsrechtswissenschaft war der Gedanke bis zu der Entscheidung des VerfGH fremd; er ist von ihr auch seither nicht aufgegriffen worden. Es ist zudem nicht evident, dass die Wahrung der Unabhängigkeit der Rechtspflege besser gewährleistet wäre, wenn das Letztentscheidungsrecht in Organisationsfragen nicht beim Ministerpräsidenten, sondern beim Landtag angesiedelt würde. Denn alle drei Staatsgewalten stehen naturgemäß in einem Spannungsverhältnis zueinander, das Konfliktsituationen heraufbeschwören kann. Die organisatorische Sicherung der Unabhängigkeit der Dritten Gewalt liegt dabei in Deutschland traditionell bei der Exekutive; deren Organisationshoheit ist auch insoweit Bestandteil einer gesicherten deutschen Verfassungstradition. Diese hat sich durchaus bewährt. Dass die organisatorische Trennung der Zuständigkeiten für die Polizei und die Rechtsprechung innerhalb der Landesregierung bestimmten Interessengegensätzen besser gerecht wird als ihre Bündelung, lässt sich allerdings kaum bestreiten. Diese Überlegung ist jedoch nur verfassungspolitischer Natur und vermag die verfassungsrechtliche Entscheidungskompetenz des Ministerpräsidenten nach zutreffender Auffassung, der die zitierte Entscheidung des VerfGH nunmehr allerdings entgegensteht, nicht zu beschränken. – Gewisse Einwirkungsmöglichkeiten auf die Regierungsorganisation stehen dem Landtag freilich insofern zur Verfügung, als er nach Artikel 81 für den Haushaltsplan des Landes zuständig ist (sog. Budgetrecht). Er darf es aber nicht in einer Weise ausüben, die in das Organisationsrecht des Ministerpräsidenten für die Landesregierung eingreifen würde. Der Landtag muss deshalb die für die Bildung der vom Ministerpräsidenten beschlossenen Ministerien erforderlichen Haushaltsmittel zur Verfügung stellen, was im Streitfall durch Anrufung des Verfassungsgerichtshofes durchgesetzt werden könnte.

Artikel 53
[Amtseid]

Die Mitglieder der Landesregierung leisten beim Amtsantritt vor dem Landtag folgenden Amtseid:

„Ich schwöre, dass ich meine ganze Kraft dem Wohle des deutschen Volkes widmen, seinen Nutzen mehren, Schaden von ihm wenden, das mir übertragene Amt nach bestem Wissen und Können unparteiisch verwalten, Verfassung und Gesetz wahren und verteidigen, meine Pflichten gewissenhaft erfüllen und Gerechtigkeit gegen jedermann üben werde. So wahr mir Gott helfe."

Der Eid kann auch ohne religiöse Beteuerung geleistet werden.

1 Gemäß Artikel 52 Abs. 3 Satz 1 LV ernennt und entlässt der Ministerpräsident die Minister. Diese leisten nach Artikel 53 „beim Amtsantritt" vor dem Landtag einen Amtseid. Die Eidesleistung ist nicht Voraussetzung, sondern Folge der Berufung in das Ministeramt; sie hat keine konstitutive (rechtsbegründende) Wirkung. Das folgt zum einen schon aus dem Wortlaut von Artikel 53 („beim Amtsantritt"); ein Amtsantritt kann aber nur erfolgen, wenn bereits zuvor ein rechtsbegründender Ernennungsakt stattgefunden hat. Hinzu kommt, dass es zu Artikel 52 Abs. 3 eine langwierige Diskussion darüber gegeben hatte, ob etwa die Ernennung (und Entlassung) von Ministern von der Zustimmung des Landtags abhängig gemacht werden sollte. Der Verfassungsgeber entschied sich gegen diese Lösung, die sich etwa in der bayerischen und in der niedersächsischen Landesverfassung findet; er wollte den Ministerpräsidenten insoweit grundsätzlich von allen Bindungen freistellen. Die Eidesleistung ist daher keine für den Amtsantritt notwendige Voraussetzung.

2 Artikel 53, der die Eidesleistung zwingend vorsieht, hat gleichwohl eine rechtliche Bedeutung, indem ein Regierungsmitglied, das die Eidesleistung ablehnt, eine Verfassungsverletzung begeht. Zu Artikel 64 Abs. 2 GG wird in der Kommentarliteratur daraus der Schluss gezogen, dass ohne die Eidesleistung die Amtsgeschäfte nicht aufgenommen werden dürften. Richtig dürfte aber die Gegenauffassung sein, die an die einhellige Auffassung des Schrifttums zu Artikel 42 der Weimarer Reichsverfassung anknüpft: Da die rechtlich wirksame Amtsbegründung nach Artikel 52 Abs. 3 Satz der Eidesleistung zeitlich stets vorauszugehen hat, haben die Worte „beim Amtsantritt" nur die Bedeutung einer Zeitbestimmung in dem Sinne, dass die Eidesleistung in engem zeitlichen Zusammenhang mit der Amtsübernahme stehen muss. In der Regel wird deshalb die Eidesleistung in der ersten Landtagssitzung nach der Ernennung der Minister stattfinden müssen.

3 Die Eidesformel, die von allen Mitgliedern der Landesregierung vor dem Landtag zu leisten ist, konkretisiert die Grundpflichten, die das Amt den Mitgliedern der Landesregierung auferlegt. Bemerkenswert ist an ihr, dass sie das „Wohl des deutschen Volkes" und nicht das des nordrhein-westfälischen Landesvolkes zu dem Bezugspunkt macht, an dem sich die Mitglieder der Landesregierung bei ihrer Amtsführung auszurichten haben. Obwohl die Landesverfassung den Mitgliedern der Landesregierung wegen der beschränkten Zuständigkeit des Landesgesetzgebers keine Verantwortung für die gesamtstaatliche Politik übertragen kann, begründet sie doch ihre Pflicht, sich im Rahmen ihrer Aufgabenerfüllung für das Land auch für die Belange des ganzen deutschen Volkes einzusetzen. Hierin liegt eine besondere Ausformung des Grundsatzes der Bundestreue, die alle staatliche Landesgewalt ebenso bindet wie die Bundesorgane.

Artikel 54
[Vorsitz im Kabinett]

(1) Der Ministerpräsident führt den Vorsitz in der Landesregierung. Bei Stimmengleichheit entscheidet seine Stimme.

(2) Er leitet die Geschäfte nach einer von der Landesregierung beschlossenen Geschäftsordnung.

Die Artikel 54 und 55 regeln die innere Ordnung der Landesregierung. Das **1** Landeskabinett hat diejenigen Regierungsaufgaben wahrzunehmen, die weder der Ministerpräsident noch die einzelnen Minister in eigener Verantwortung erfüllen können. Welche Aufgaben das sind, ist im einzelnen in der Geschäftsordnung der Landesregierung geregelt. Zu ihnen gehören alle Angelegenheiten von allgemeinpolitischer, wirtschaftlicher, sozialer, finanzieller oder kultureller Bedeutung, insbesondere alle Entwürfe von Landesgesetzen und sonstige Vorlagen, die dem Plenum des Landtags zur Beschlussfassung zugeleitet werden, alle Entwürfe von Rechtsverordnungen der Landesregierung, Entwürfe von Bundesgesetzen und sonstiger Bundesratsinitiativen des Landes und – was Artikel 55 Abs. 3 LV ausdrücklich sagt – alle Angelegenheiten, die die Geschäftsbereiche mehrerer Ministerien berühren, wenn es über sie zu Meinungsverschiedenheiten kommt. Auch die wichtigsten Personalentscheidungen hinsichtlich der Beamten und Angestellten des Landes trifft das Landeskabinett und nicht die einzelne Ministerin oder der Minister.

Der Ministerpräsident wird bei der Leitung der Landesregierung durch die **2** *Staatskanzlei* unterstützt, die unter der Leitung eines Ministers oder Staatssekretärs, des Chefs der Staatskanzlei, steht. Der Vorbereitung der Kabinettsitzungen dient die sog. Ressortabstimmung, d. h. die Beratung zwischen den beteiligten Ministerien unter Einbeziehung der Staatskanzlei auf der Beamten-, ggf. aber auch auf der politischen Ebene der Staatssekretäre oder der Minister. An den Sitzungen des Kabinetts nehmen neben den Ministerinnen und Ministern regelmäßig der Chef der Staatskanzlei und der Regierungssprecher sowie als Protokollführer ein Beamter der Staatskanzlei teil. Am Tage vor der Kabinettsitzung, die regelmäßig am Dienstag einer jeden Woche abgehalten wird, findet eine vorbereitende Sitzung der Staatssekretäre aller Ressorts statt. Unproblematische Kabinettbeschlüsse können auch im Umlaufverfahren getroffen werden.

3 Auch wenn in der Landesregierung das *Stimmgewicht* aller Mitglieder gleich ist, gibt es doch unter ihnen einige Abstufungen. So entscheidet nach Artikel 54 Abs. 1 Satz 2 bei Stimmengleichheit im Kabinett die Stimme des Ministerpräsidenten. Der Finanzminister hat nach § 18 der GO der Landesregierung in Fragen von finanzieller Bedeutung ein Widerspruchsrecht, mit dem er eine erneute Beschlussfassung des Kabinetts erzwingen kann. Zudem bedarf eine Reihe von Beschlüssen nach der Landesverfassung und der Haushaltsordnung seiner ausdrücklichen Einwilligung, was auf ein echtes Vetorecht hinausläuft. Auch Innenminister und Justizminister können eine erneute Beschlussfassung der Landesregierung erzwingen, wenn sie deren Handeln für mit dem geltenden Recht unvereinbar halten. Auch wenn diese besonderen Befugnisse einzelner Minister in der Verfassungspraxis nur sehr selten angewandt werden, kommt ihnen doch eine erhebliche Bedeutung im Vorfeld von Kabinettentscheidungen zu, weil sie den Einwänden dieser Ressorts ein besonderes disziplinierendes Gewicht verschaffen. Zudem können in diesen Fällen Finanzminister, Innenminister und Justizminister in der zweiten Sitzung nur durch eine Mehrheit überstimmt werden, der auch der Ministerpräsident angehört, dem damit zusammen mit dem betreffenden Fachminister ein Vetorecht zugestanden wird.

Artikel 55
[Verantwortung]

(1) Der Ministerpräsident bestimmt die Richtlinien der Politik und trägt dafür die Verantwortung.

(2) Innerhalb dieser Richtlinien leitet jeder Minister seinen Geschäftsbereich selbständig und unter eigener Verantwortung.

(3) Bei Meinungsverschiedenheiten über Fragen, die den Geschäftsbereich mehrerer Mitglieder der Landesregierung berühren, entscheidet die Landesregierung.

1 Die innere Regierungsstruktur in Nordrhein-Westfalen ist, wie im deutschen Verfassungsrecht allgemein, von der Kombination dreier Prinzipien bestimmt: dem Kanzlerprinzip (hier: Ministerpräsidentenprinzip), dem Ressortprinzip und dem Kollegialprinzip. Diese drei Prinzipien stehen in einem ausbalancierten Spannungsverhältnis zueinander, das dem Zusammenwirken der drei Staatsgewalten in der Gewaltenteilung ähnelt.

2 Ausdruck des *Ministerpräsidentenprinzips* ist – neben den ihm in Artikel 52 und 54 zugestandenen Rechten – vor allem die Richtlinienkompetenz des Ministerpräsidenten nach Artikel 55 Abs. 1. Ihr unterfallen alle Fragen von politischer Bedeutung. Dabei ist der Ministerpräsident nicht auf allgemeine Grundsätze,

Rahmenanweisungen oder allgemeine Regeln beschränkt; vielmehr kann sich die politische Bedeutung einer Sache auch in einem Einzelfall niederschlagen, der dann der Richtlinienkompetenz unterliegt. Von der Herstellung eines Einvernehmens mit dem Landtag oder dessen Mehrheit ist die Ausübung der Richtlinienkompetenz durch den Ministerpräsidenten nicht abhängig (so zutr. *Peters,* DÖV 1951, 255). Nach § 1 der Geschäftsordnung der Landesregierung sind die vom Ministerpräsidenten bestimmten Richtlinien der Landespolitik für die Minister verbindlich. In durchgängiger Staatspraxis beansprucht der Ministerpräsident die Richtlinienkompetenz nur äußerst zurückhaltend.

Nach Artikel 55 Abs. 2 leitet jeder Minister und jede Ministerin den eigenen **3** Geschäftsbereich innerhalb der vom Ministerpräsidenten bestimmten Richtlinien selbständig und unter eigener Verantwortung (sog. *Ressortprinzip).* Daraus ergibt sich, dass die Richtlinienkompetenz des Ministerpräsidenten nicht so weit geht, dass er seine Anweisungen an die Minister etwa selbst in deren Geschäftsbereich umsetzen bzw. die einzelne Angelegenheit an sich ziehen könnte. Andererseits müssen die Mitglieder der Landesregierung dem Ministerpräsidenten die Möglichkeit geben, von seiner Leitungskompetenz Gebrauch zu machen. Sie sind deshalb nach § 1 Abs. 2 der Geschäftsordnung der Landesregierung verpflichtet, ihn aus ihrem Geschäftsbereich über alle Maßnahmen und Vorhaben von landespolitischer Bedeutung frühzeitig zu unterrichten, insbesondere über solche Maßnahmen und Vorhaben, die für die Bestimmung der politischen Richtlinien sowie für die Leitung der Geschäfte der Landesregierung von Bedeutung sein können.

Das *Kollegialprinzip* findet seine stärkste Ausprägung darin, dass Entscheidungen **4** der Landesregierung mit Mehrheit getroffen werden, wie sich indirekt aus Artikel 54 Abs. 1 Satz 2 ergibt. Die Landesverfassung weist dem Kabinett in den Artikel 56 bis 58 bestimmte Rechte zu, von denen das Recht zur Initiierung von Gesetzentwürfen nicht delegiert werden kann. Der Ministerpräsident kann Entscheidungen des Kabinetts nicht unter Berufung auf seine Richtlinienkompetenz umstoßen oder abändern. Im Übrigen darf der Ministerpräsident seine Richtlinienkompetenz auch nicht in einer Weise ausüben, die für die Entscheidungen des Kabinetts keinen Raum mehr lässt.

Die nach Absatz 2 begründete Ressortzuständigkeit umfasst die sog. Organisa- **5** tionsgewalt und Organisationsverantwortung des Ministerpräsidenten und der Mitglieder der Landesregierung für ihren Geschäftsbereich. Er umfasst die innere Organisation der Ministerien und die Ausgestaltung der Landesbehörden und sonstigen Einrichtungen, die nach dem Landesorganisationsgesetz gebildet werden. Die nordrhein-westfälischen Ministerien sind traditionell in Abteilungen gegliedert. Die bis dahin bestehende Gruppenstruktur ist im Zuge der Binnenmodernisierung der Landesverwaltung in der 13. Wahlperiode aufgegeben worden. Unterhalb der Abteilungsebene angesiedelt sind nunmehr unmittelbar die Referate, die regelmäßig unter Leitung eines dem höheren Dienst angehörenden Referatsleiters stehen. Für die organisatorischen Ebenen ist bestimmt, welche Angelegenheiten sie in eigener Verantwortung erledigen und welche sie zur Entscheidung durch die höhere Ebene vorzulegen haben. Im Rahmen des „Neuen Steuerungsmodells" vollzieht sich die Aufgabenzuweisung und –erledigung zunehmend auf der Grundlage von Zielvereinbarungen (Kontraktmanagement).

6 Mit der in Absatz 3 vorgesehenen Regelung wird sichergestellt, dass über Meinungsverschiedenheiten in Angelegenheiten, die die Geschäftsbereiche mehrerer Mitglieder der Landesregierung berühren, das Kabinett entscheidet, und zwar auch dann, wenn die Angelegenheit ansonsten in der Ressortverantwortung des oder der Minister und Ministerinnen läge.

Artikel 56
[Gesetzesvorlagen]

(1) Die Landesregierung beschließt über Gesetzesvorlagen, die beim Landtag einzubringen sind.

(2) Die Landesregierung erlässt die zur Ausführung eines Gesetzes erforderlichen Verwaltungsverordnungen, soweit das Gesetz diese Aufgaben nicht einzelnen Ministern zuweist.

1 Die Landesverfassung sieht in Artikel 66 vor, dass Gesetzentwürfe sowohl von der Landesregierung als auch aus der Mitte des Landtags eingebracht werden können (Recht zur Gesetzesinitiative). Die Bedeutung von Artikel 56 Abs. 1 besteht darin klarzustellen, dass die Landesregierung von ihrem Recht, über Gesetzesvorlagen zu beschließen, nur als Kollegialorgan Gebrauch machen kann. Sie kann dieses Recht nicht auf einen einzelnen oder mehrere Minister delegieren, und auch der Ministerpräsident kann es – etwa unter Berufung auf seine Richtlinienkompetenz – nicht an sich ziehen.

2 In der Verfassungspraxis kommt die Mehrzahl (mehr als drei Viertel) der Landesgesetze auf Initiative der Landesregierung zustande, und auch die auf Parlamentsinitiative in Gang gesetzten Gesetzgebungsverfahren beruhen in erheblichem Umfang auf Referentenentwürfen oder sonstigen Vorarbeiten in den Landesministerien. Das ist in Nordrhein-Westfalen nicht anders als im Bund und in den anderen Ländern. Die Ursache für diese Verteilung der Gewichte liegt in dem Vorsprung der Exekutive, sich bei der Formulierung von Entwürfen auf das Fachwissen in den Ministerien und in den Landesbehörden stützen und auch externen Sachverstand hinzuziehen zu können. Üblicherweise findet vor der förmlichen Beschlussfassung auf der Grundlage eines sog. Referentenentwurfes eine Anhörung von Verbänden statt, deren Ergebnis die Durchsetzbarkeit der Regierungsvorlage noch erhöhen kann. Andererseits beruht ein Teil der von der Landesregierung beschlossenen Gesetzentwürfe auf politischen Aufträgen der Mehrheit des Landtags, mit der diese Entwürfe vielfach auch schon vor der formellen Beschlussfassung des Kabinetts in den Mehrheitsfraktionen politisch abgestimmt werden. In der Gesetzgebungsarbeit stehen sich daher besonders häufig Landesregierung und Landtagsmehrheit einerseits und die Opposition im Landtag andererseits gegenüber. Das schließt nicht aus, dass die Landesregierung auf deren Wunsch auch die Opposition im Landtag bei der Formulierung von Änderungsanträgen fachlich unterstützt; hierzu ist sie sogar unter dem Gesichtpunkt des sog. parlamentsfreundlichen Verhaltens verpflichtet.

Artikel 56 Abs. 2 enthält selbst keine Ermächtigung zum Erlass von Verwaltungsverordnungen, sondern bestimmt nur die Zuständigkeiten zu deren Erlass innerhalb der Landesregierung. Die Ermächtigung zum Erlass von Verwaltungsverordnungen ergibt sich schon aus dem allgemeinen Verfassungsauftrag an die Landesregierung, die Verwaltung wahrzunehmen. Allerdings kann der Landtag seinerseits beschließen, bestimmte Gegenstände durch Gesetz zu regeln und damit aus der Zuständigkeit der Landesregierung an sich zu ziehen. Eine Delegation des Erlasses von Verwaltungsverordnungen zur Ausfüllung von Landesgesetzen von der Landesregierung auf einzelne Minister ist nur bei entsprechender gesetzlicher Ermächtigung möglich. **3**

Artikel 57
[Vertretungsbefugnis]

Die Landesregierung vertritt das Land Nordrhein-Westfalen nach außen. Sie kann diese Befugnis auf den Ministerpräsidenten, auf ein anderes Mitglied der Landesregierung oder auf nachgeordnete Stellen übertragen.

Gemäß Artikel 57 Satz 1 liegt die staatsrechtliche Außenvertretung des Landes Nordrhein-Westfalen bei der Landesregierung (also nicht beim Landtag und auch nicht allein beim Ministerpräsidenten). Dabei ist der Begriff der Außenvertretung im rechtlichen und nicht im protokollarischen Sinne zu verstehen; er betrifft die Vertretung gegenüber dem Bund, den Ländern und anderen Staaten. Hauptanwendungsfälle der Vertretung des Landes nach außen sind der Abschluss von Staatsverträgen und Verwaltungsabkommen. Zu welchen vertraglichen Beziehungen die Landesregierung verfassungsrechtlich befugt ist, ergibt sich allerdings nicht aus Artikel 57, sondern aus den entsprechenden Bestimmungen des Grundgesetzes. Zu nennen sind hier vor allem Artikel 24 Abs. 1 a, der es dem Land ermöglicht, im Rahmen seiner Zuständigkeiten mit Zustimmung der Bundesregierung Hoheitsrechte auf grenznachbarschaftliche Einrichtungen zu übertragen, und Artikel 32 Abs. 3, der ihm im Rahmen seiner Gesetzgebungszuständigkeiten den Abschluss völkerrechtlicher Verträge mit Zustimmung der Bundesregierung gestattet. Die der Bundesregierung jeweils vorbehaltene Zustimmungsbefugnis soll sicherstellen, dass die vom Land abgeschlossenen Verträge den außenpolitischen Handlungsspielraum des Gesamtstaates nicht beeinträchtigen. Ferner gehören hierzu beispielsweise die Bund-Länder-Abkommen im Rahmen der Gemeinschaftsaufgaben (Artikel 91 a und 91 b GG) und Ver- **1** einbarungen über die Zusammenarbeit mit der Bundesregierung in Angelegenheiten der Europäischen Union auf der Grundlage von Artikel 23 GG.

2 Die Landesregierung kann ihre Befugnis zur Vertretung des Landes nach außen auf den Ministerpräsidenten, ein anderes Mitglied der Landesregierung oder eine nachgeordnete, ihrer Weisung unterstehende Stelle übertragen. Das ist durch Beschluss der Landesregierung vom 3. 2. 1960 (GVBl. S. 13) geschehen, in dem die Auáenvertretung grundsätzlich auf den Ministerpräsidenten übertragen worden ist. Eine Übertragung durch den Gesetzgeber ist nicht zulässig; ihm stehen insoweit keine Befugnisse zu.

Artikel 58
[Beamtenernennung]

Die Landesregierung ernennt die Landesbeamten. Sie kann die Befugnis auf andere Stellen übertragen.

1 Artikel 58 weist das Recht zur Ernennung der Landesbeamten der Landesregierung zu. Die Ernennungsbefugnis erstreckt sich auch auf die Richterinnen und Richter des Landes, obwohl diese – anders als in Artikel 60 Abs. 1 GG – nicht ausdrücklich genannt sind; insoweit folgt die Landesverfassung dem traditionellen Sprachgebrauch, der mit dem Beamtenbegriff auch die Richter meint. Hinsichtlich der Ernennung der Richter war allerdings, um deren Auswahl in die gemeinsame Verantwortung von Landesregierung und Landtag zu legen, auch die Einführung eines parlamentarischen Wahlverfahrens erörtert, letztlich jedoch verworfen worden (vgl. dazu näher Anm. 4 zu Artikel 72).

2 Das Ernennungsrecht umfasst die sachliche Entscheidung über die Auswahl der Bewerberinnen und Bewerber; dies gilt jedoch nicht für die Mitglieder des Landesrechnungshofes, die nach Artikel 87 Abs. 2 vom Landtag gewählt und von der Landesregierung nur formell ernannt werden. Eine weitere Sonderregelung enthält Artikel 39 Abs. 2 für die Beamten des Landtages. Auch Beförderungs- und Versetzungsentscheidungen sowie Entlassungen aus dem Beamtenverhältnis gehören zum Inhalt des Ernennungsrechts.

3 Das Ernennungsrecht steht der Landesregierung als Kollegium zu, nicht dem Ministerpräsidenten und nicht den einzelnen Ministern. In der Geschäftsordnung der Landesregierung ist neben dem Entscheidungsverfahren des Kabinetts geregelt, in welchem Umfang das Ernennungsrecht den einzelnen Ressortministern im Wege der Delegation überlassen ist.

4 In der Ausübung ihres Ernennungsrechts ist die Landesregierung durch das Rahmenrecht des Bundes (insbesondere das Beamtenrechtsrahmengesetz und das Deutsche Richtergesetz), das Landesbeamtengesetz, das Landesrichtergesetz und weitere landesrechtliche Bestimmungen gebunden. Herausragende Auswahlkriterien sind danach die fachliche Leistung und die persönliche und fachliche Eignung der Bewerberinnen und Bewerber für öffentliche Ämter; die Landesregierung kann sie nicht durch andere, insbesondere etwa politische Kriterien ersetzen. Bei ihren Entscheidungen hat sie die gleichberechtigte Beteiligung von Frauen und Männern an der Erwerbsarbeit (Artikel 5 Abs. 2 Satz 2) anzustreben. Der Landesgesetzgeber kann das materielle und formelle Ernennungsrecht der Landesregierung nicht durch Gesetz an sich ziehen. Daraus folgt auch, dass die Einführung eines parlamentarischen Richterwahlausschusses nicht ohne Änderung des Artikels 58 vorgesehen werden kann, da es die der Landesregierung vorbehaltene Ernennungsbefugnis einschränken würde; eine derartige Verfassungsänderung wäre aber in den Grenzen des Artikel 98 Abs. 4 GG zulässig. Aus Artikel 58 ergibt sich auch, dass das Selbstverwaltungsrecht der Hochschulen (Artikel 16) die Personalhoheit der Landesregierung nicht verdrängt. Der Landesregierung muss auch bei der Ernennung von Hochschullehrern, an deren Berufung die Hochschulen mitwirken, immer ein Entscheidungsspielraum verbleiben. Allerdings ist sie hier wie bei der Ernennung von Richtern in besonderem Maße gehalten, ihre beamtenrechtlichen Befugnisse in einer Weise auszuüben, die den besonders geschützten Wirkungsbereich der Angehörigen des Wissenschaftsbereichs und der Justiz achtet.

Artikel 59
[Recht der Begnadigung]

(1) Der Ministerpräsident übt das Recht der Begnadigung aus. Er kann die Befugnis auf andere Stellen übertragen. Zugunsten eines Mitglieds der Landesregierung wird das Recht der Begnadigung durch den Landtag ausgeübt.

(2) Allgemeine Straferlasse und die Niederschlagung einer bestimmten Art anhängiger Strafsachen dürfen nur auf Grund eines Gesetzes ausgesprochen werden.

Das dem Ministerpräsidenten zur Ausübung zustehende Recht der Begnadigung (Gnadenrecht) besteht in der Befugnis, im Einzelfall eine durch die Gerichte rechtskräftig erkannte Strafe ganz oder teilweise zu erlassen, sie umzuwandeln oder ihre Vollstreckung gänzlich oder zur Bewährung auszusetzen. Es erfasst nicht nur Maßnahmen im Bereich des Kriminalstrafrechts, sondern gilt auch für die Milderung und Aufhebung von Disziplinarstrafen, Ehrengerichtsstrafen, Ordnungsstrafen, Geldbußen und sonstige gleichartige Nachteile. Mit der Ausübung des Gnadenrechts greift der Ministerpräsident nicht in die Rechtsprechung selbst ein, auch wenn seine Entscheidungen den Geltungsanspruch gerichtlicher Urteile berühren; vielmehr weist ihm die Landesverfassung einen begrenzten Teil der Vollzugsaufgaben zu, die im Übrigen – was die Entscheidungen der Strafgerichte angeht – von der Justizverwaltung unter der Verantwortung des Justizministers wahrgenommen werden. Das Gnadenrecht bezieht sich nur auf Strafen, die von Gerichten des Landes verhängt worden sind. **1**

2 Entgegen der früher herrschenden Auffassung von der außerrechtlichen Natur des Gnadenaktes ist der Ministerpräsident bei der Ausübung der Gnadenbefugnis nicht gänzlich frei. Er darf sie nur im Rahmen der verfassungsmäßigen Ordnung und mit Erwägungen ausüben, die sich an der Gerechtigkeitsidee orientieren; gleichwohl steht ihm hierbei ein weiter Ermessensspielraum zur Verfügung. Nicht abschließend geklärt ist die Frage einer gerichtlichen Überprüfbarkeit von Gnadenentscheidungen. Das Bundesverfassungsgericht hat bisher eine Klagemöglichkeit nur beim Widerruf von Gnadenerweisen anerkannt (BVerfGE 30, 109, 111; BVerfG NStZ 1995, 205 f.), nicht dagegen bei der Ablehnung von Gnadengesuchen (BVerfGE 25, 352, 358 ff.; diese Entscheidung ist allerdings bei Stimmengleichheit im 2. Senat gegen das abweichende Votum von vier Verfassungsrichtern ergangen).

3 Der Ministerpräsident unterliegt bei der Ausübung seiner Gnadenbefugnis der politischen Kontrolle des Landtags. Dieser kann sich auch mit Petitionen in Gnadensachen befassen; seine Empfehlungen binden den Ministerpräsidenten jedoch nicht. Der Ministerpräsident kann die Gnadenbefugnis auf andere Stellen übertragen, die Übertragung aber auch jederzeit widerrufen. Von der Übertragungsmöglichkeit hat der Ministerpräsident durch einen Erlass zum Teil Gebrauch gemacht, sich das Gnadenrecht bei Verurteilungen zu lebenslanger Freiheitsstrafe und besonders schwerwiegenden Straftaten jedoch selbst vorbehalten. Der Justizminister hat eine Gnadenordnung erlassen, die das Verfahren in Gnadensachen regelt.

4 Wenn es sich um Mitglieder der Landesregierung handelt, steht das Begnadigungsrecht dem Landtag zu. Hierdurch soll der Ministerpräsident vor Interessenkonflikten geschützt werden.

5 Nach Absatz 2 bedürfen allgemeine Straferlasse (Amnestien) eines Gesetzes. Das beruht darauf, dass die allgemeine Gewährung von Straffreiheit als Korrektur des Rechts selbst empfunden wird. Die Befugnis des Landesgesetzgebers zum Erlass eines Amnestiegesetzes stößt dort auf Schranken, wo der Bundesgesetzgeber von seiner im Rahmen der konkurrierenden Gesetzgebung bestehenden Befugnis zu einer bundesrechtlichen Regelung Gebrauch gemacht hat.

Artikel 60
[Gesetzgebungsnotstand]

(1) Ist der Landtag durch höhere Gewalt gehindert, sich frei zu versammeln, und wird dies durch einen mit Mehrheit gefassten Beschluss des Landtagspräsidenten und seiner Stellvertreter festgestellt, so kann die Landesregierung zur Aufrechterhaltung der öffentlichen Ruhe und Ordnung oder zur Beseitigung eines Notstandes Verordnungen mit Gesetzeskraft, die der Verfassung nicht widersprechen, erlassen.

(2) Diese Verordnungen bedürfen der Zustimmung des Hauptausschusses, es sei denn, dass auch dieser nach einer entsprechend Absatz 1 zu treffenden Feststellung am Zusammentritt verhindert ist.

(3) Verordnungen ohne Beteiligung des Hauptausschusses sind nur mit Gegenzeichnung des Landtagspräsidenten rechtswirksam. Die Gegenzeichnung erfolgt oder gilt als erfolgt, sofern der Landtagspräsident und seine Stellvertreter dies mit Mehrheit beschließen.

(4) Die Feststellung des Landtagspräsidenten und seiner Stellvertreter ist jeweils nur für einen Monat wirksam und, wenn die Voraussetzungen des Notstandes fortdauern, zu wiederholen.

(5) Die Verordnungen sind dem Landtage bei seinem nächsten Zusammentritt zur Genehmigung vorzulegen. Wird die Genehmigung versagt, so sind die Verordnungen durch Bekanntmachung im Gesetz- und Verordnungsblatt unverzüglich außer Kraft zu setzen.

Zur Bewältigung von Notstands- und Krisensituationen, in denen der Landtag **1** an der Wahrnehmung seiner Gesetzgebungsaufgaben gehindert ist, räumt die Landesverfassung in Artikel 60 der Landesregierung ein außerordentliches Notverordnungsrecht ein. Dieses ist aber, da eine derart radikale Aufhebung der Gewaltenteilung immer die Gefahr des Missbrauchs mit sich bringt, an besonders erschwerte Voraussetzungen gebunden, die sicherstellen sollen, dass die Landesregierung diese Befugnisse nicht nach eigenem Gutdünken ausüben kann.

Die Notverordnungsbefugnis der Landesregierung setzt nach Absatz 1 voraus, **2** dass der Landtag durch höhere Gewalt gehindert ist, sich frei zu versammeln. Unter dem Begriff der höheren Gewalt ist ein ungewöhnliches Ereignis zu verstehen, das dem Einfluss des Landtags und auch der Landesregierung entzogen ist (z. B. Naturkatastrophen, Unruhen). Solange die Landesregierung in der Lage ist oder bei pflichtgemäßem Handeln auch nur in der Lage wäre, die Hinderungsgründe zu beseitigen, liegt ein Fall höherer Gewalt nicht vor. Er fehlt auch, wenn der Landtag etwa außerhalb der Landeshauptstadt zusammentreten könnte. Das Vorliegen dieser Voraussetzungen muss durch einen Mehrheitsbeschluss des Landtagspräsidenten und seiner Stellvertreter (engeres Landtagspräsidium im Sinne von Artikel 38 Abs. 1 Satz 1) ebenso festgestellt werden wie die Erforderlichkeit von Regelungen zur Behebung der sich daraus ergebenden Gefahren.

Trifft das engere Landtagspräsidium eine derartige Feststellung, so kann die **3** Landesregierung zur Aufrechterhaltung der öffentlichen Ruhe und Ordnung oder zur Beseitigung eines Notstandes Verordnungen erlassen, denen Gesetzeskraft zukommt. Sie ist dabei an die Beachtung der Landesverfassung, insbesondere also auch an die Grundrechtsbestimmungen, gebunden und kann auch nicht in Bundesrecht eingreifen. Die Notverordnungen bedürfen zu ihrer Rechtswirksamkeit grundsätzlich der Zustimmung des Hauptausschusses im

Sinne von Artikel 40, es sei denn, das engere Landtagspräsidium stellt fest, dass auch dieser an einem freien Zusammentreten gehindert ist (Absatz 2); in diesem Fall bedürfen sie der Gegenzeichnung des engeren Landtagspräsidiums (Absatz 3).

4   Die zeitliche Geltung von Notverordnungen ist nach Absatz 4 jeweils auf einen Monat beschränkt. Absatz 5 sieht ein vereinfachtes Verfahren zu ihrer Aufhebung durch den Landtag vor, sobald dieser wieder zusammentritt. Notverordnungen sind ebenso bekanntzumachen wie „normale" Gesetze und Verordnungen auch, nämlich durch Verkündung im Gesetz- und Verordnungsblatt (Artikel 71 Abs. 3).

Artikel 61
[Konstruktives Misstrauensvotum]

(1) Der Landtag kann dem Ministerpräsidenten das Misstrauen nur dadurch aussprechen, dass er mit der Mehrheit der abgegebenen Stimmen einen Nachfolger wählt.

(2) Zwischen dem Antrag auf Abberufung und der Wahl müssen mindestens achtundvierzig Stunden liegen.

1   Ebenso wie das Grundgesetz (Artikel 67 Abs. 1 Satz 1) sieht die Landesverfassung vor, dass der Regierungschef (und mit ihm wegen Artikel 62 Abs. 2 die Landesregierung insgesamt) nur im Wege eines sog. konstruktiven Misstrauensvotums gestürzt werden kann. Während der Entstehungsphase der Landesverfassung war diese Lösung, die sich bereits im Entwurf des Innenministers Menzel (SPD) fand, nicht unumstritten. Während die FDP für eine während der laufenden Legislaturperiode unabsetzbare Landesregierung eintrat, sahen die Kommunisten im konstruktiven Misstrauensvotum eine unhaltbare Einschränkung der Kontrollrechte des Landtags gegenüber der Landesregierung. Die CDU entschied sich erst nach der Verabschiedung des Bonner Grundgesetzes für den Menzel'schen Vorschlag. Es setzte sich letztlich die Überzeugung durch, dass die Möglichkeit, dass eine völlig heterogene Augenblicksmehrheit im Landtag die Regierung stürzen könne, eine zu große Gefährdung für ein stabiles Verfassungssystem darstelle.

2   In der bisherigen Landesgeschichte ist es zweimal zur Abberufung von Ministerpräsidenten durch konstruktive Miátrauensvoten gekommen. Am 20. 2. 1956 berief der Landtag Ministerpräsident Karl Arnold (CDU) durch Wahl von Fritz Steinhoff (SPD) ab. Ministerpräsident Franz Meyers (CDU) wurde am 8. 12. 1966 durch Wahl von Heinz Kühn (SPD) von seinem Amt abberufen. Zu beiden Regierungswechseln kam es durch den Übergang der FDP aus der Koalition mit der CDU zu einer solchen mit der SPD.

Der Antrag auf Abgabe des Misstrauensvotums kann, da die Landesverfassung **3** und die Geschäftsordnung des Landtages nichts anderes vorschreiben, von jedem Mitglied des Landtags und jeder Fraktion gestellt werden (§ 87 Abs. 1 Satz 1 GO LT). Er ist als Dringlichkeitsantrag auf die nächste Tagesordnung zu setzen (§ 93 GO LT). Gewählt wird ebenso wie bei der Wahl des Ministerpräsidenten nach Artikel 52 Abs. 1 ohne Aussprache und in geheimer Wahl; jedoch ist zur Abberufung des amtierenden Ministerpräsidenten eine Aussprache zulässig.

Zwischen dem Antrag und der Wahl müssen mindestens 48 Stunden liegen. Mit **4** dieser Atempause soll Gelegenheit gegeben werden, den Landtag vollzählig zu versammeln und dadurch Überraschungsergebnisse zu verhindern, die zu einer nicht tragfähigen Zufallsmehrheit führen könnten.

Die Wahl des Nachfolgers bewirkt automatisch den Amtsverlust des Vorgängers; **5** einer besonderen Abberufung oder Entlassung oder eines Rücktritts bedarf es nicht. Die Entlassungsurkunde, die der Landtagspräsident dem abberufenen Ministerpräsidenten nach dem Landesministergesetz auszuhändigen hat, hat nur deklaratorische Bedeutung. Für den Beschluss über die Wahl des Nachfolgers genügt (anders als bei Artikel 52 Abs. 1) die einfache Mehrheit der abgegebenen Stimmen, wobei Stimmenthaltungen nicht gezählt werden. Es findet nur ein Wahlgang statt; die Möglichkeit einer Stichwahl besteht nicht. Wird die einfache Mehrheit nicht erreicht, so ist die Wahl gescheitert und der bisherige Ministerpräsident bleibt im Amt.

Gegen einzelne Minister kann der Landtag kein Misstrauensvotum im Sinne von **6** Artikel 61 Abs. 1 richten. Umstritten ist, ob er zumindest eine Aufforderung an den Ministerpräsidenten richten kann, einen Minister aus dem Amt zu entlassen; das wird zu bejahen sein, weil es das Recht des Ministerpräsidenten nach Artikel 52 Abs. 3 unberührt lässt, über die Entlassung des Ministers in eigener Zuständigkeit zu entscheiden. Auch schlichte Tadels- und Missbilligungsbeschlüsse des Landtags gegen einzelne Minister oder gegen den Ministerpräsidenten selbst sind nicht unzulässig; sie äußern allerdings nur politische und keine rechtlichen Wirkungen.

Artikel 62
[Beendigung des Ministeramtes]

(1) Der Ministerpräsident und die Minister können jederzeit zurücktreten.

(2) Das Amt des Ministerpräsidenten und der Minister endet in jedem Falle mit dem Zusammentritt eines neuen Landtags, das Amt eines Ministers auch mit jeder anderen Erledigung des Amtes des Ministerpräsidenten.

(3) Im Falle des Rücktritts oder einer sonstigen Beendigung des Amtes haben die Mitglieder der Landesregierung bis zur Amtsübernahme des Nachfolgers ihr Amt weiterzuführen.

1 Nach Artikel 62 Abs. 1 sind die Mitglieder der Landesregierung berechtigt, jederzeit von ihrem Amt zurückzutreten. Die Absätze 2 und 3 regeln sonstige Fälle der Beendigung eines Regierungsamtes und die Geschäftsführung bis zur Amtsübernahme des Nachfolgers.

2 Den *Rücktritt* eines Regierungsmitglieds regelt die Landesverfassung an zwei Stellen: neben dem in Artikel 62 Abs. 1 gemeinten freiwilligen Rücktritt kennt sie den im Zusammenhang mit einem Volksentscheid gem. Artikel 68 Abs. 3 Satz 2 Halbsatz 2 erzwungenen Rücktritt der Landesregierung (s. dort). Der freiwillige Rücktritt kann jederzeit erfolgen, ist an keine Voraussetzungen geknüpft und bedarf keiner Begründung. Er wird gegenüber dem Verfassungsorgan erklärt, das die Berufung ins Amt vollzogen hat; der Ministerpräsident richtet seine Rücktrittserklärung demgemäß an den Landtag, und die einzelnen Ministerinnen und Minister richten ihre Erklärung an den Ministerpräsidenten. Mit dem Zugang der Erklärung wird diese wirksam. Bei dem in der politischen Wirklichkeit nicht selten vorkommenden Rücktrittsangebot eines Ministers gegenüber dem Ministerpräsidenten handelt es sich um eine lediglich politische Bereitschaftserklärung, die rechtliche Bedeutung erst erlangt, wenn der Ministerpräsident sie annimmt. Ein Minister kann sein Amt aber auch ohne eine solche Zustimmung aufgeben. Der Rücktritt des Ministerpräsidenten hat, wie sich aus der 2. Alternative in Absatz 2 ergibt, automatisch den Amtsverlust aller Minister zur Folge. Im Übrigen kann der Ministerpräsident sein Amt auch durch Verlust der Abgeordneteneigenschaft verlieren, weil Artikel 52 Abs. 1 von seiner Zugehörigkeit zum Parlament ausgeht und diese gesteigerte Vertrauensbasis nicht nur für den Zeitpunkt seiner Wahl von Bedeutung ist.

3 Ein weiterer Beendigungsgrund für ein Regierungsamt ist der Zusammentritt des neuen Landtags, mit dem nach der Regelung in Artikel 36 die Wahlperiode des neuen Landtags beginnt. Das gilt unabhängig davon, ob der Landtag bereits in dieser Sitzung einen neuen Ministerpräsidenten wählt oder nicht.

4 In Absatz 3 sieht die Landesverfassung zur Sicherung der Kontinuität der Regierungstätigkeit vor, dass die Mitglieder der Landesregierung im Falle der Beendigung ihres Regierungsamtes dieses Amt bis zur Amtsübernahme durch den Nachfolger geschäftsführend weiterzuführen haben. Die Pflicht des Ministerpräsidenten zur Weiterführung seines Amtes besteht auch im Falle des konstruktiven Misstrauensvotums, weil sich die tatsächliche Amtsübernahme durch den Nachfolger verzögern kann. Beim Ausscheiden eines Ministers kann der Ministerpräsident ihm die Weiterführung der Geschäfte dadurch ersparen, dass er ein anderes Kabinettsmitglied bis zur Amtsübernahme eines Nachfolgers mit der Wahrnehmung der Geschäfte betraut. Ohne die Amtsübernahme durch einen (zumindest geschäftsführenden) Nachfolger kann sich kein Mitglied der

Regierung seiner Amtspflichten entledigen; ein „einfaches Hinschmeißen der Brocken" lässt die Landesverfassung nicht zu.

Auch eine nur geschäftsführende Regierung unterliegt der uneingeschränkten **5** parlamentarischen Kontrolle. Entsprechendes gilt für die einzelnen geschäftsführenden Minister. Ein konstruktives Misstrauensvotum nach Artikel 61 Abs. 1 kommt allerdings begrifflich nicht mehr in Frage. Die Befugnisse der geschäftsführenden Landesregierung sind nicht geringer als die der von einem gewählten Ministerpräsidenten gebildeten Regierung. Ob sie sich wegen ihrer mangelnden parlamentarischen Legitimation stärker zurückhält, ist eine Frage des politischen Takts. Ein nur geschäftsführender Ministerpräsident kann allerdings keine neuen Minister ernennen, sondern allenfalls noch einen amtierenden Minister mit der Wahrnehmung der Geschäfte eines anderen Ressorts betrauen.

Artikel 63
[Ministeranklage]

(1) Der Ministerpräsident und die Landesminister können wegen vorsätzlicher oder grobfahrlässiger Verletzung der Verfassung oder eines anderen Gesetzes vor dem Verfassungsgerichtshof angeklagt werden. Der Antrag auf Erhebung der Anklage muss von mindestens einem Viertel der Mitglieder des Landtags gestellt werden. Der Beschluss auf Erhebung der Anklage bedarf der Mehrheit von zwei Dritteln der anwesenden Mitglieder des Landtags. Die Anklage wird von einem Beauftragten des Landtags vertreten.

(2) Stellt der Verfassungsgerichtshof fest, dass der angeklagte Ministerpräsident oder Minister einer vorsätzlichen oder grobfahrlässigen Verletzung der Verfassung oder eines anderen Gesetzes schuldig ist, so kann er ihn des Amtes für verlustig erklären. Durch einstweilige Anordnung kann er nach Erhebung der Anklage bestimmen, dass der Ministerpräsident oder Minister an der Ausübung seines Amtes verhindert ist.

Die Ministeranklage als verfassungsrechtliches Mittel, ein Regierungsmitglied **1** aus seinem Amt zu entfernen, ist in der parlamentarischen Demokratie kaum mehr als eine „verfassungsgeschichtliche Reminiszenz", denn dem Landtag stehen mit dem konstruktiven Misstrauensvotum (Artikel 61) und mit den Mitteln politischen Drucks auf die und innerhalb der Regierungsfraktion(en) Instrumente zur Beendigung eines Ministeramtes zur Verfügung, die leichter zu handhaben sind. Bei eindeutigen vorwerfbaren Verfassungs- oder Gesetzesverstößen, bei denen eine mit Zweidrittelmehrheit der anwesenden Mitglieder des Landtags zu beschließende Anklageerhebung zu erwarten ist, wird es der Ministerpräsident kaum auf eine Anklageerhebung ankommen lassen, sondern einen Minister von sich aus entlassen. Seit der Gründung des Landes hat es noch keinen Fall einer Ministeranklage, wohl aber Rücktritte von Ministern gegeben.

2 Über Ministeranklagen entscheidet der Verfassungsgerichtshof (Artikel 63 Abs. 2 und Artikel 75 Nr. 1). Voraussetzung für eine Amtsenthebung ist die Feststellung eines vorsätzlichen oder grobfahrlässigen Verfassungs- oder Gesetzesverstoßes des Regierungsmitglieds, der in engster Beziehung zu seiner Amtsführung stehen und von erheblichem Gewicht sein muss. Prüfmaßstab für die Rechtsverletzung sind sowohl das Landes- als auch das Bundesrecht. Die Einzelheiten des gerichtlichen Verfahrens sind in dem Gesetz über den Verfassungsgerichtshof (§ 13 Nr. 3, §§ 35 bis 40) geregelt.

Artikel 64
[Rechtsverhältnisse der Minister]

(1) Besoldung, Ruhegehalt und Hinterbliebenenversorgung der Mitglieder der Landesregierung werden durch Gesetz geregelt.

(2) Mit dem Amte eines Mitgliedes der Landesregierung ist die Ausübung eines anderen öffentlichen Amtes oder einer anderen Berufstätigkeit in der Regel unvereinbar. Die Landesregierung kann Mitgliedern der Landesregierung die Beibehaltung ihrer Berufstätigkeit gestatten.

(3) Die Wahl in den Vorstand, Verwaltungsrat oder Aufsichtsrat industrieller oder ähnlicher den Gelderwerb bezweckender Unternehmungen dürfen Mitglieder der Landesregierung nur mit besonderer Genehmigung des Hauptausschusses annehmen. Der Genehmigung durch die Landesregierung bedarf es, wenn sie nach ihrem Eintritt in die Landesregierung in dem Vorstand, Verwaltungsrat oder Aufsichtsrat einer der erwähnten Unternehmungen tätig bleiben wollen. Die erteilte Genehmigung ist dem Landtagspräsidenten anzuzeigen.

(4) Ein Mitglied der Landesregierung kann nicht gleichzeitig Mitglied des Bundestages oder der Bundesregierung sein.

1 Artikel 64 enthält Bestimmungen über die persönliche Rechtsstellung der Mitglieder der Landesregierung. Nach seinem Absatz 2 wird das Regierungsamt grundsätzlich als Hauptamt wahrgenommen und ist deshalb mit der gleichzeitigen Ausübung eines anderen Berufes nicht vereinbar. Ausnahmen zur Übernahme eines anderen öffentlichen Amtes bedürfen der Genehmigung der Landesregierung (Beispiele etwa: Mitgliedschaft im Programmbeirat des Westdeutschen Rundfunks, in den Verwaltungsräten öffentlich-rechtlicher Wohnungsbau- oder Verkehrsträger). Dementsprechend sieht das in Ausführung von Absatz 1 ergangene Landesministergesetz neben Amtsbezügen, die der laufenden Lebensführung der Mitglieder der Landesregierung dienen, auch eine Alterssicherung und Hinterbliebenenversorgung vor. Ruhegehalt erhält danach, wer das Amt eines Mitglieds der Landesregierung mindestens vier Jahre bekleidet hat. Das Gesetz bestimmt auch, in welchem Umfang Vergütungen abgeführt werden müssen, die ein Regierungsmitglied für die Zugehörigkeit zu Wirtschaftsunternehmen erhält, wenn diese im Zusammenhang mit dem Regierungsamt steht.

Um einer Verquickung von wirtschaftlicher und politischer Machtposition **2**
entgegenzuwirken, ist die Annahme und Beibehaltung von derartigen Funktionen nach Absatz 3 von Genehmigungen des Hauptausschusses des Landtags
bzw. der Landesregierung abhängig. Die parallele Mitgliedschaft in Aufsichts-
räten stellt den Ausnahmefall dar. Hierdurch soll die innere Entscheidungsfreiheit und Objektivität der Regierungsmitglieder gesichert werden (VerfGH,
NWVBl. 1994, 292 ff.). Absatz 3 nennt – anders als andere Landesverfassungen –
keine Kriterien für die Erteilung der Genehmigung durch den Hauptausschuss
(Ältestenrat, s. Artikel 40) des Landtags oder die Landesregierung. Die Genehmigung kann grundsätzlich erteilt werden, wenn eine Pflichten- oder Interes-
senkollision nicht zu befürchten ist. Eine solche Gefahr kann etwa für den
Wirtschaftsminister bei der Übernahme eines Aufsichtsratsmandats in einem
staatlich geförderten oder kontrollierten Unternehmen bestehen, wenn er für
Entscheidungen über staatliche Förderleistungen zuständig ist. Für eine Genehmigung nicht erforderlich ist, dass das Land an dem Unternehmen wirt-
schaftlich beteiligt ist. Zulässig ist danach insbesondere die im öffentlichen
Interesse liegende Übernahme des Mandats als „weiteres" (neutrales) Auf-
sichtsratsmitglied in Unternehmen, die der Montanmitbestimmung unterliegen.

Absatz 4 stellt klar, dass ein *Mitglied der Landesregierung nicht gleichzeitig Mitglied des* **3**
Bundestages oder der Bundesregierung sein kann. Eine entsprechende Regelung für
Bundesminister ist in § 4 des Bundesministergesetzes enthalten. Der Grund
dafür liegt in der im Grundgesetz vorgesehenen Aufgabenverteilung zwischen
Bund und Ländern, die die gegenseitige Unabhängigkeit von Bundes- und
Landesebene voraussetzt. Wird ein Mitglied der Landesregierung in den Deut-
schen Bundestag gewählt, muss es sich innerhalb einer angemessenen Frist für
eine der miteinander unverträglichen Funktionen entscheiden.

Das föderale Bindeglied zwischen Bundes- und Landesebene ist der *Bundesrat,* **4**
der zwar ein Bundesorgan ist, nach Artikel 51 Abs. 1 GG aber aus Mitgliedern
der Landesregierungen besteht. Folgerichtig bezieht sich die Unvereinbarkeits-
(Inkompatibilitäts-)Regelung in Absatz 4 nicht auf die Mitgliedschaft im Bundesrat. Im Übrigen können die Mitglieder der Landesregierung in Nordrhein-
Westfalen auch Mitglieder des Landtags sein; anders als in einigen Ländern
(Bremen, Hamburg) ruht ihr Landtagsmandat nicht während ihrer Zugehörigkeit zum Parlament. Zwingend vorgeschrieben ist die Zugehörigkeit zum
Landtag allerdings nur für den Ministerpräsidenten (Artikel 52 Abs. 1 LV). Über
die Frage, ob es im Sinne einer stärkeren Gewaltentrennung zwischen der
Landesregierung und dem sie kontrollierenden Landtag wünschenswert wäre,
die gleichzeitige aktive Mitgliedschaft in beiden Verfassungsorganen auszuschließen, bestehen unterschiedliche Auffassungen. Für die auch im Grundgesetz für die Bundesebene vorgesehene Vereinbarkeit von Regierungs- und
Abgeordnetenfunktion lässt sich anführen, dass sie die feste Verankerung der
regelmäßig von der Parlamentsmehrheit getragenen Regierung im Parlament
sicherstellt und damit auch eine intensive parlamentarische Kontrolle der Re-

gierung erleichtert. Die Gegenposition verweist darauf, dass diese feste Verankerung auch zu einer Verfestigung von Machtstrukturen führen könne, die eine
effektive Kontrolltätigkeit des Parlaments eher behindere.

Dritter Abschnitt
Die Gesetzgebung

Artikel 65
[Gesetzgebungsinitiative]

**Gesetzentwürfe werden von der Landesregierung oder aus der Mitte
des Landtags eingebracht.**

1 Im Rechtsstaat sind der staatlichen Verwaltung Eingriffe in die Freiheit und das
Eigentum der Bürgerinnen und Bürger nur auf Grund einer gesetzlichen Regelung gestattet (sog. Vorbehalt des Gesetzes, s. dazu BVerfGE 40, 237, 248).
Auch sonst muss der Gesetzgeber bei der Ordnung eines bestimmten Lebens-
bereichs alle wesentlichen Entscheidungen selbst treffen und darf sie nicht anderen Stellen überlassen (sog. Wesentlichkeitstheorie des Bundesverfassungsgerichts, vgl. BVerfGE 49, 89, 126 f.; VerfGH, DVBl. 1995, 921). Der in
Gesetzesform geäußerte Wille des Staates geht allen anderen staatlichen Wil-
lensäußerungen vor (Vorrang des Gesetzes). Im Bundesstaat ist die Gesetzgebungsbefugnis zwischen dem Bund und den Ländern verteilt; die wichtigsten
Zuständigkeitsregelungen sind in den Artikeln 70 ff. des Grundgesetzes enthalten. Neuartig ist die 1994 in Artikel 80 Abs. 4 GG vorgesehene Möglichkeit,
dass das Land von einer durch Bundesgesetz eröffneten Verordnungsermächtigung durch Landesgesetz Gebrauch macht. Seit Inkrafttreten des Grundgesetzes
hat sich das Schwergewicht der Gesetzgebung auf den Bund und auf die Europäische Union verschoben, so dass den Ländern nur noch begrenzte Gesetzge-
bungsrechte verblieben sind (vgl. dazu die Ausführungen in Anm. 4 ff. zu Artikel
1 und Anm. 3 zu Artikel 3).

2 Nach Artikel 65 liegt das Recht zur Gesetzesinitiative bei der Landesregierung
und beim Landtag. Eine Ausnahme gilt nach Artikel 81 nur für den Entwurf des
Haushaltsplans, der nur von der Landesregierung eingebracht werden kann.

3 Eine *Gesetzesinitiative der Landesregierung* setzt nach Artikel 56 Abs. 1 einen
Kabinettbeschluss voraus. Das Verfahren zur Vorbereitung eines Gesetzentwurfs
ist in der Geschäftsordnung der Landesregierung und der Gemeinsamen Geschäftsordnung der Landesministerien geregelt. Danach ist der Ministerpräsident über wichtige Gesetzesvorhaben, die ein Ministerium plant, vorab zu
unterrichten. Diese sind vor ihrer Vorlage an das Kabinett unter den fachlich
betroffenen Ministerien zunächst auf Beamtenebene zur Bereinigung von

Meinungsverschiedenheiten abzustimmen (sog. Ressortabstimmung). Ferner ist in den regierungsinternen Vorschriften geregelt, unter welchen Bedingungen eine Anhörung von Verbänden und eine Unterrichtung der Öffentlichkeit über Gesetzentwürfe, die die Landesregierung noch nicht förmlich beschlossen hat, stattfinden kann und soll. Mit der Einbringung des Gesetzentwurfs im Landtag, die durch Übersendung durch den Ministerpräsidenten an den Präsidenten des Landtags geschieht, geht die Verfügungsmacht über den Entwurf von der Landesregierung auf den Landtag über. Änderungen sind nunmehr nur noch durch den Landtag möglich. Allerdings kann die Landesregierung den Gesetzentwurf danach noch zurückziehen, dies nach § 90 Abs. 2 der Geschäftsordnung des Landtags (der die Landesregierung zulässigerweise bindet) freilich grundsätzlich nur bis zur Berichterstattung durch den federführenden Landtagsausschuss an das Landtagsplenum.

Das *parlamentarische Initiativrecht* „aus der Mitte des Landtags" ist in der Landes-   **4** verfassung selbst nicht an ein bestimmtes Antragsquorum gebunden. Die Geschäftsordnung des Landtags sieht in § 87 Abs. 1 vor, dass Gesetzentwürfe von mindestens sieben Abgeordneten unterzeichnet oder von einer Fraktion gestellt werden müssen. Ebenso wie die Entwürfe der Landesregierung muss ein Initiativentwurf einen vollständig durchformulierten Gesetzestext enthalten. Eine Begründung ist üblich, aber nicht zwingend vorgeschrieben (anders als bei Volksbegehren, vgl. Artikel 68 Abs. 1 Satz 2). Gesetzesinitiativen des Landtags sind in der Praxis seltener als solche der Landesregierung, auf deren Entwürfe etwa 70 bis 80 Prozent aller Landesgesetze zurückgehen. Weil diese über den Apparat der Fachbeamten in den Ministerien verfügt, erhält sie nicht selten von der Landtagsmehrheit den Auftrag zur Vorlage bestimmter Gesetzentwürfe.

Artikel 66
[Beschlussfassung]

Die Gesetze werden vom Landtag beschlossen. Staatsverträge bedürfen der Zustimmung des Landtags.

Nach Satz 1 werden die Landesgesetze vom Landtag, der gesetzgebenden Kör-   **1** perschaft Nordrhein-Westfalens, beschlossen. Nur die Vollversammlung des Landtags, das sog. Plenum, kann über Gesetzesvorlagen beschließen. Das Beratungsverfahren im Landtag ist in der Landesverfassung nicht geregelt; bei seiner Ausgestaltung ist der Landtag autonom. Insbesondere schreibt die Landesverfassung nicht vor, dass ein Gesetzentwurf in mehreren Lesungen behandelt werden müsste. Auch die Entscheidung, welche Verbände und Sachverständigen bei einem Anhörungsverfahren zu Wort kommen sollen, ist dem Ermessen des Landtags und seiner Ausschüsse überlassen.

Die Einzelheiten des Beratungsverfahrens im Landtag sind in der *Geschäftsord-*   **2** *nung des Landtags* enthalten, die der Landtag jeweils zu Beginn seiner Legislaturperiode neu beschließt. Danach wird ein (von der Landesregierung oder aus der Mitte des Landtags eingebrachter) Gesetzentwurf von dem Landtagspräsidenten in Absprache mit dem Ältestenrat auf die Tagesordnung einer Plenarsitzung gesetzt (s. zu den Organen des Landtags näher die Anm. zu Artikel 38). Dort wird er vor der Öffentlichkeit begründet und in einer meist kurzen Grundsatzdebatte, der sog. *Ersten Lesung*, beraten (§ 78 GO LT). Schon nach dieser Grundsatzdebatte kann der Gesetzentwurf von der Mehrheit des Landtags abgelehnt werden und ist damit erledigt; das ist aber der Ausnahmefall. Meistens werden Gesetzesvorlagen am Ende der Ersten Lesung zur weiteren Erörterung an einen oder mehrere Ausschüsse überwiesen (§ 78 Abs. 2). Dort werden die Einzelheiten des Gesetzentwurfs in enger Zusammenarbeit von Ausschussmitgliedern, Experten und Landesregierung beraten. Im Rahmen der Ausschussberatungen können Sachverständige gehört (§ 31) und öffentliche Anhörungen (§ 32) durchgeführt werden. Danach empfiehlt der zuständige (federführende) Ausschuss dem Landtagsplenum entweder die unveränderte Annahme, die Annahme mit Änderungen oder die Ablehnung des Entwurfs. In der folgenden *Zweiten Lesung* werden vor dem Landtag die strittigen Einzelpunkte ausführlich diskutiert; auch hier können noch Änderungen an dem Entwurf vorgenommen werden (§ 79). Kommt eine Einigung über den Entwurf nicht zustande, so kann auf Antrag einer Fraktion oder eines Viertels der Abgeordneten eine Dritte Lesung stattfinden, die erneut durch Ausschussberatungen vorbereitet werden kann (§ 81). In der Regel findet aber schon am Ende der Zweiten Lesung die Schlussabstimmung statt. Zur Annahme eines Gesetzes genügt die einfache Mehrheit. Verfassungsänderungen bedürfen jedoch einer Zweidrittelmehrheit der gesetzlichen Mitgliederzahl des Landtags (Artikel 69 Abs. 1 Satz 2 LV).

3 Nach Satz 2 bedürfen *Staatsverträge* der Zustimmung des Landtags. Die Befugnis zum Abschluss von Staatsverträgen (mit anderen völkerrechtlichen Subjekten, also mit anderen Ländern der Bundesrepublik, mit Kirchen, mit auswärtigen Staaten) liegt bei der Landesregierung und ergibt sich aus ihrer Zuständigkeit zur Vertretung des Landes nach außen (Artikel 57 Satz 1). Allerdings macht Artikel 32 Abs. 3 GG den Abschluss von Staatsverträgen mit auswärtigen Staaten von der Zustimmung der Bundesregierung abhängig, die grundsätzlich vor Abschluss des Vertrages vorliegen muss. Zudem dürfen sich solche Staatsverträge nur auf Gegenstände beziehen, für die eine Gesetzgebungszuständigkeit des Landes begründet ist. Ob der Bund seinerseits Staatsverträge auf dem Gebiete der ausschließlichen Landesgesetzgebung schließen darf, ist in der Staatsrechtslehre sehr umstritten. Der Bund und die Länder haben hierzu das sog. Lindauer Abkommen geschlossen, durch das sichergestellt ist, dass derartige Staatsverträge (die sehr häufig die Zusammenarbeit der Bundesrepublik mit ausländischen Staaten auf kulturellem Gebiet, etwa dem Schüler- und Studentenaustausch, umfassen) nur mit Zustimmung aller Länder geschlossen werden dürfen. Dem Land steht ferner nach Artikel 24 Abs. 1 a GG die Befugnis zu, mit Zustimmung der Bundesregierung Hoheitsrechte auf grenznachbarschaftliche Einrichtungen zu übertragen und die dazu notwendigen völkerrechtlichen Vereinbarungen zu treffen. Im Vollzug dieser Verfassungsnorm in Zusammenarbeit mit der Bundesregierung ergeben sich dabei allerdings wie schon vor ihrer Einführung erhebliche Probleme, weil das Auswärtige Amt den Vorrang der Außenvertretung durch den Bund zäh verteidigt und sich durch den Gesichtspunkt der Sachnähe (etwa bei der Ausweisung grenzübergreifender Gewerbegebiete) kaum beeindrucken lässt.

Die Zustimmung des Landtags zu Staatsverträgen bedarf nicht der Form eines **4** Gesetzesbeschlusses. Ausreichend ist ein mit einfacher Mehrheit gefasster schlichter Zustimmungsbeschluss am Ende der Zweiten Lesung (§ 77 Abs. 1 GO LT).

Artikel 67
[Bedenken der Landesregierung]

Gegen ein vom Landtag beschlossenes Gesetz kann die Landesregierung innerhalb von zwei Wochen Bedenken erheben. Der Landtag entscheidet sodann, ob er den Bedenken Rechnung tragen will.

Artikel 67 ist Ausdruck des Gedankens der wechselseitigen Machtkontrolle **1** zwischen Landtag und Landesregierung. Er gibt der Landesregierung die Möglichkeit, den Landtag zu einer nochmaligen sachlichen Überprüfung eines Gesetzesbeschlusses zu veranlassen, wenn sie innerhalb von zwei Wochen Bedenken erhebt. Hat sie das Gesetz allerdings schon gemäß Artikel 71 ausgefertigt und verkündet, steht ihr das Recht nach Artikel 67 nicht mehr zu. Seine Ausübung bedarf nach der Geschäftsordnung der Landesregierung eines ausdrücklichen Kabinettbeschlusses; die kurze Zweiwochenfrist kann in Eilfällen auch durch mündliche Erklärung nach Artikel 45 Abs. 1 Satz 3 LV vor dem Landtag gewahrt werden. Der Landtag beschließt nach Artikel 67 Satz 2 nicht über das gesamte Gesetz erneut, sondern entscheidet nur, ob er den konkreten Bedenken der Landesregierung Rechnung tragen will. Hierzu kann er eine erneute Ausschussberatung durchführen. Die Bedeutung von Artikel 67 ist in der Staatspraxis des Landes gering geblieben. Die Landesregierung machte von ihrem Recht, Bedenken zu erheben, im Zusammenhang mit der Änderung des Artikels 46 Abs. 3 LV durch Gesetz vom 21. 3. 1972 aus verfassungsrechtlichen Gründen Gebrauch; der Landtag trug ihrem Bedenken Rechnung, die sich auf das Datum des Inkrafttretens des Änderungsgesetzes bezogen.

Artikel 67 a
[Volksinitiative]

(1) Volksinitiativen können darauf gerichtet sein, den Landtag im Rahmen seiner Entscheidungszuständigkeit mit bestimmten Gegenständen der politischen Willensbildung zu befassen. Einer Initiative kann auch ein mit Gründen versehener Gesetzentwurf zu Grunde liegen.

(2) Volksinitiativen müssen von mindestens 0,5 vom Hundert der Stimmberechtigten unterzeichnet sein. Artikel 31 Abs. 1 und Abs. 2 Satz 1 über das Wahlrecht findet auf das Stimmrecht entsprechende Anwendung.

(3) Das Nähere wird durch Gesetz geregelt.

1   Artikel 67 a ist durch Gesetz vom 5. 3. 2002 (GVBl. NW S. 108) in die Landesverfassung eingefügt worden. Er sieht als neues Instrument direkter Demokratie die Volksinitiative vor. Sie soll dazu beitragen, dass sich der Volkswille einerseits nachhaltiger als durch Petitionen und andererseits außerhalb des Gesetzgebungsverfahrens artikulieren kann (auch wenn sich die Bestimmung im Abschnitt über die Gesetzgebung findet). Damit sollen die Bürgerinnen und Bürger die Möglichkeit erhalten, den Landtag verbindlich mit bestimmten Gegenständen der politischen Willensbildung zu befassen. Das kann auch durch Einreichung eines ausformulierten Gesetzentwurfs geschehen, der allerdings – das sagt der Verfassungstext ausdrücklich – mit Gründen versehen sein muss. Eine Volksinitiative ist nur insoweit zulässig, als sie sich auf einen Gegenstand bezieht, der in die Entscheidungszuständigkeit des Landtags gehört. Damit kann sie den Landtag grundsätzlich nicht zur Behandlung bundespolitischer Themen veranlassen. Zweifelsfragen können sich hier allenfalls dann ergeben, wenn die Volksinitiative den Landtag veranlassen will, das Stimmverhalten der Landesregierung im Bundesrat zu beeinflussen, was nicht unzulässig ist. Die Landesregierung würde jedoch durch eine entsprechende Volksinitiative ebenso wenig gebunden wie durch einen Beschluss des Landtages, da ihr das Stimmrecht im Bundesrat durch das Grundgesetz (Artikel 51) verliehen ist, das eine Einschränkung des Stimmrechts durch andere Verfassungsorgane der Länder nicht vorsieht.

2   Der Entwurf der Koalitionsfraktionen SPD und BÜNDNIS 90/DIE GRÜNEN (LT-Drs. 13/462) hatte für die Volksinitiative dieselben Einschränkungen vorgesehen, die seit je für Volksbegehren bestehen. Danach sollte sich eine Volksinitiative nicht auf Finanzfragen, Abgabengesetze und Besoldungsordnungen erstrecken können (vgl. die entsprechende Regelung in Artikel 68 Abs. 1 Satz 4). Auf Grund der Anhörung im Hauptausschuss ist auf diese Einschränkung verzichtet worden, weil sich der Landtag mit den entsprechenden Gesetzen ohnehin regelmäßig besonders intensiv zu befassen hat und Volksinitiativen in diesem Bereich deshalb auch ohne die Einführung formeller Hürden kaum große Bedeutung erlangen werden.

3   Zur Ausführung von Absatz 3 ist am 5. 3. 2002 das Gesetz über das Verfahren bei Volksinitiative, Volksbegehren und Volksentscheid (GVBl. NW S. 100) ergangen. Es sieht vor, dass die Volksinitiative die Unterschriften von mindestens 3 000 Stimmberechtigten tragen muss. Die Landesregierung entscheidet grundsätzlich innerhalb von sechs Wochen über die Zulassung der Volksinitiative. Die Zulassungsentscheidung kann bis zu sechs Monaten ausgesetzt werden, wenn innerhalb eines Monats seit Eingang ein beantragter Gesetzentwurf beim Landtag eingebracht ist. Mit dieser Regelung soll einerseits einer Verzögerung des Verfahrens vorgebeugt, der Landesregierung andererseits aber die Möglichkeit zur Einbringung eines eigenen (auch rechtsförmlich geprüften) Gesetzentwurfs ermöglicht werden. Dem Landtag steht ein Zeitraum von sechs Monaten zur Behandlung einer zugelassenen Volksinitiative zur Verfügung. Die Versäumung dieser Frist unterliegt allerdings keiner Sanktion.

Artikel 68
[Volksbegehren und Volksentscheid]

(1) Volksbegehren können darauf gerichtet werden, Gesetze zu erlassen, zu ändern oder aufzuheben. Dem Volksbegehren muss ein ausgearbeiteter und mit Gründen versehener Gesetzentwurf zugrunde liegen. Ein Volksbegehren ist nur auf Gebieten zulässig, die der Gesetzgebungsgewalt des Landes unterliegen. Über Finanzfragen, Abgabengesetze und Besoldungsordnungen ist ein Volksbegehren nicht zulässig. Über die Zulässigkeit entscheidet die Landesregierung. Gegen die Entscheidung ist die Anrufung des Verfassungsgerichtshofes zulässig. Das Volksbegehren ist nur rechtswirksam, wenn es von mindestens 8 vom Hundert der Stimmberechtigten gestellt ist.

(2) Das Volksbegehren ist von der Landesregierung unter Darlegung ihres Standpunktes unverzüglich dem Landtag zu unterbreiten. Entspricht der Landtag dem Volksbegehren nicht, so ist binnen zehn Wochen ein Volksentscheid herbeizuführen. Entspricht der Landtag dem Volksbegehren, so unterbleibt der Volksentscheid.

(3) Auch die Landesregierung hat das Recht, ein von ihr eingebrachtes, vom Landtag jedoch abgelehntes Gesetz zum Volksentscheid zu stellen. Wird das Gesetz durch den Volksentscheid angenommen, so kann die Landesregierung den Landtag auflösen; wird es durch den Volksentscheid abgelehnt, so muss die Landesregierung zurücktreten.

(4) Die Abstimmung kann nur bejahend oder verneinend sein. Es entscheidet die Mehrheit der abgegebenen Stimmen, sofern diese Mehrheit mindestens 15 vom Hundert der Stimmberechtigten beträgt.

(5) Die Vorschriften des Artikels 31 Abs. 1 bis 3 über das Wahlrecht und Wahlverfahren finden auf das Stimmrecht und das Abstimmungsverfahren entsprechende Anwendung. Das Nähere wird durch Gesetz geregelt.

Nach dem Scheitern der mit zahlreichen Elementen direkter Demokratie versehenen Weimarer Verfassungsordnung waren die Mitglieder des Parlamentarischen Rates von einem tiefen Misstrauen gegen die Fähigkeit des Volkes zur *plebiszitären Willensbildung* erfüllt. Das Grundgesetz sieht deshalb eine unmittelbare Beteiligung der Bürgerinnen und Bürger an der Gesetzgebung nur in Artikel 29 im Zusammenhang mit Maßnahmen zur Neugliederung des Bun-

1

desgebietes vor. Versuche, zusätzliche Elemente direkter Bürgerbeteiligung in das Grundgesetz einzufügen, sind in der Gemeinsamen Verfassungskommission von Bundestag und Bundesrat und in der anschließenden Verfassungsreform von 1994 ergebnislos geblieben. Gegen ihre Aufnahme in das Grundgesetz ist geltend gemacht worden, das System der parlamentarisch-repräsentativen Demokratie könne durch plebiszitäre Verfahren nachhaltig geschwächt werden, weil sie die Gefahr einer schleichenden Abwertung des Parlaments in sich trügen. Nachteilig sei auch, dass Plebiszite nur dem Ja oder Nein zugänglich seien. Gerade die pluralistische Demokratie fordere aber Entscheidungs- und Gesetzgebungsverfahren, die auf ein Höchstmaß an Kompromissfindung und Kompromisssuche angelegt seien. Solche Kompromisse ermögliche nur das parlamentarische Verfahren (s. dazu den Bericht der Gemeinsamen Verfassungskommission vom 5. 11. 1993, Bundesrats-Drucksache 800/93, S. 85 f.).

2 Demgegenüber kannte die nordrhein-westfälische Landesverfassung schon in ihrer Ursprungsfassung in den Artikeln 2 und 68 mit dem *Volksbegehren* und dem *Volksentscheid* zwei Instrumente, mit denen die Bürgerinnen und Bürger unmittelbar an der Gesetzgebung teilnehmen können und die in der Verfassungspraxis des Landes Bedeutung erlangt haben. Bereits vor Erlass der Landesverfassung waren beide Instrumente durch ein mit breiter Mehrheit angenommenes Gesetz vom 27. 7. 1948 eingeführt worden. Sie finden sich auch in den meisten anderen Landesverfassungen. Durch das Gesetz vom 5. 3. 2002, das erst nach langen kontroversen Diskussionen zustande kam, ist mit der *Volksinitiative* (Artikel 67 a) ein weiteres Instrument hinzugekommen, das eine unmittelbare Teilnahme der Bürgerinnen und Bürger an der politischen Willensbildung eröffnet. Zugleich sind die in Artikel 68 enthaltenen Hürden für Volksbegehren und Volksentscheid abgesenkt worden. In Nordrhein-Westfalen haben bislang zwei Versuche unmittelbarer Volksgesetzgebung stattgefunden. Bei dem Volksbegehren gegen die Gebietsreform (Wattenscheid-Gesetz) im Jahre 1974 wurde mit 6,02 % die von Artikel 68 Abs. 1 geforderte Anzahl von einem Fünftel der Stimmberechtigten bei weitem nicht erreicht. Erfolgreich war hingegen das Volksbegehren gegen die Einführung der Kooperativen Schule, für das sich im Jahre 1978 29,8 Prozent der stimmberechtigten Bürgerinnen und Bürger aussprachen. Darauf hin hob der Landtag das Gesetz zur Einführung dieses Schultyps auf Vorschlag der Landesregierung auf.

3 Mit dem *Volksbegehren* kann sich ein Teil der nordrhein-westfälischen Bürgerinnen und Bürger mit dem Verlangen (zunächst) an die Landesregierung wenden, ein Gesetz zu erlassen, zu ändern oder aufzuheben. Gegenstand des Begehrens muss ein förmliches Gesetz sein (also keine Verordnung, keine Verwaltungsvorschrift), für das dem Land die Gesetzgebungszuständigkeit zusteht (das hat der Verfassungsgerichtshof für ein Volksbegehren gegen Atomanlagen verneint, für die die Gesetzgebungszuständigkeit beim Bund liegt, s. VerfGH, in: OVGE 39, 299 ff.). Nicht zulässig sind Volksbegehren zu Gesetzen über Finanzfragen (s. dazu VerfGH, NVwZ 1982, 188 f.), Abgaben (Steuern, Gebühren) und Besoldungsordnungen sowie über Staatsverträge. Dem

Volksbegehren muss ein ausgearbeiteter und mit Gründen versehener Gesetzentwurf zugrundeliegen. Durch diese Voraussetzung soll verhindert werden, dass sich Landesregierung und Landtag mit schlagwortartigen und undurchdachten Formulierungen zu befassen haben. Rechtstechnische Mängel des Gesetzentwurfs machen das Volksbegehren aber nicht unzulässig.

Das *Verfahren für die Zulassung und Durchführung eines Volksbegehrens* ist in Artikel **4** 68 nur in seinen Grundzügen geregelt; die Einzelheiten sind in dem nach Absatz 5 Satz 2 erlassenen Gesetz über das Verfahren bei Volksbegehren und Volksentscheiden vom 3. 8. 1951 (geändert durch das – versehentlich bereits vor der ihm zugrunde liegenden Verfassungsänderung vom selben Tage, GVBl. NW S. 108, verkündete – Gesetz vom 5. 3. 2002, GVBl. NW S. 100), in der dazu ergangenen Durchführungsverordnung und in den entsprechend anzuwendenden Vorschriften des Landeswahlgesetzes enthalten. Danach ist zunächst ein von mindestens 3000 Stimmberechtigten unterzeichneter Antrag auf Zulassung der Auslegung von Eintragungslisten an den nordrhein-westfälischen Innenminister zu richten, dem der Gesetzentwurf beigefügt ist und in dem ein Vertrauensmann und dessen Stellvertreter für die Entgegennahme von behördlichen Mitteilungen benannt sein sollen. Die Landesregierung entscheidet über den Zulassungsantrag und teilt ihre Entscheidung der Vertrauensperson mit. Gegen eine ablehnende Entscheidung (z. B. wegen Fehlens eines ausformulierten Gesetzentwurfs oder wegen fehlender Gesetzgebungsbefugnis des Landes) kann die Vertrauensperson innerhalb eines Monats Beschwerde beim Verfassungsgerichtshof einlegen.

Wird dem Antrag stattgegeben, so erfolgt unverzüglich eine Bekanntmachung **5** im Ministerialblatt. Innerhalb von vier Wochen nach der Verkündung haben die Gemeindebehörden Eintragungslisten entgegenzunehmen. Diese sind anschließend in der Regel zwei Wochen lang für die Stimmberechtigten, die das Volksbegehren unterstützen wollen, zur eigenhändigen Eintragung auszulegen. Die Auslegungszeiten können anders festgelegt werden als bei der Abhaltung von Wahlen und sich z. B. auf die Kernarbeitszeiten der Behörden beschränken; die Zahl der Eintragungsstätten braucht nicht der Zahl der Wahllokale bei Landtags- oder Gemeindewahlen zu entsprechen (VerfGH, in: OVGE 30, 288 ff.). Die Beschaffung und Versendung der Listen ist Sache der Antragsteller, deren Kosten nur bei einem wirksam zustandegekommenen und erfolgreichen Volksbegehren zu erstatten sind. Das Ergebnis der Abstimmung wird durch den Landeswahlleiter und den Landeswahlausschuss festgestellt, geprüft und veröffentlicht.

Das Volksbegehren bedarf seit der Neufassung von 2002 nur noch der Unter- **6** stützung von 8 Prozent der Stimmberechtigten in Nordrhein-Westfalen. Damit liegt das in der nordrhein-westfälischen Verfassung geforderte Quorum im Mittelfeld der deutschen Länder. Kommt das Quorum von 8 Prozent nicht zustande, so ist das Volksbegehren gescheitert. Die Feststellung hierüber obliegt der Landesregierung; sie ist im Ministerialblatt zu veröffentlichen und kann vor dem Verfassungsgerichtshof angefochten werden. Der Landtag ist an die Feststellung gebunden.

7 Wirklicher Adressat des Volksbegehrens ist der Landtag. Um der Landesregierung jedoch Gelegenheit zur Prüfung der Rechtswirksamkeit des Volksbegehrens und zur sachlichen Stellungnahme zu geben, sieht Artikel 68 Abs. 2 vor, dass seine (unverzügliche) Zuleitung an den Landtag durch die Landesregierung erfolgt. Nach der Zuleitung muss der Landtag sich sachlich mit dem Volksbegehren befassen. Hat er innerhalb von zwei Monaten keinen Beschluss gefasst, gilt das Volksbegehren als abgelehnt. Entspricht er dem Volksbegehren ohne sachliche Änderungen (rein redaktionelle Änderungen sind unschädlich), so kommt das Landesgesetz wie jedes andere durch Ausfertigung und Verkündung durch die Landesregierung (Artikel 71) zustande.

8 Zu einem *Volksentscheid* kommt es im Anschluss an ein Volksbegehren nur, wenn ihm der Landtag nicht entsprochen hat (Artikel 68 Abs. 2 Satz 2). Ziel des Volksentscheids ist ein Gesetzesbeschluss der Bürgerinnen und Bürger anstelle des Landtags. Das Gesetz kommt in diesem Falle durch die Annahme des Entwurfs mit der Mehrheit der abgegebenen Stimmen zustande, dies allerdings nur, wenn diese Mehrheit mindestens 15 vom Hundert der Stimmberechtigten beträgt (Absatz 4 Satz 2). Mit diesem Quorum soll eine gewisse Repräsentativität des Volksentscheids sicher gestellt werden. Über die Angemessenheit dieser Hürde herrschte im Gesetzgebungsverfahren zur Verfassungsänderung von 2002 allerdings bis zuletzt Streit. Das Gesetz ist bei Erreichen dieser Mehrheit sodann von der Landesregierung nach Artikel 71 auszufertigen und zu verkünden (Bedenken nach Artikel 67 kann die Landesregierung in diesem Verfahren nicht vorbringen). Hat der Landtag allerdings anstelle des mit dem Volksbegehren geforderten Gesetzes ein anderes beschlossen, so ist bei der Abstimmung über den Volksentscheid auch die Frage zu stellen, ob das begehrte Gesetz an die Stelle des beschlossenen treten soll. Wird diese Frage von der Mehrheit bejaht, so gilt das vom Landtag beschlossene Gesetz als aufgehoben. Für Verfassungsänderungen durch Volksentscheid enthält Artikel 69 Abs. 3 Satz 2 und 3 eine Sonderregelung.

9 Absatz 3 regelt den Sonderfall eines *Konflikts zwischen Landesregierung und Landtag* im Gesetzgebungsverfahren. Er eröffnet der Landesregierung die Möglichkeit, die ablehnende Entscheidung des Landtags über einen von ihr eingebrachten Gesetzentwurf auf dem Wege über einen Volksentscheid überstimmen zu lassen. Gelingt ihr das, kann sie darüber hinaus den Landtag auflösen. Der Landtag kann die Auflösung durch die Wahl eines neuen Ministerpräsidenten nach Artikel 61 abwenden. Wird das Gesetz demgegenüber auch im Volksentscheid abgelehnt, so muss der Ministerpräsident zurücktreten; damit verlieren zugleich alle Minister ihr Amt (Artikel 62 Abs. 2).

Artikel 69
[Verfassungsänderung]

(1) Die Verfassung kann nur durch ein Gesetz geändert werden, das den Wortlaut der Verfassung ausdrücklich ändert oder ergänzt. Änderungen der Verfassung, die den Grundsätzen des republikanischen, demokratischen und sozialen Rechtsstaates im Sinne des Grundgesetzes für die Bundesrepublik Deutschland widersprechen, sind unzulässig.

(2) Für eine Verfassungsänderung bedarf es der Zustimmung einer Mehrheit von zwei Dritteln der gesetzlichen Mitgliederzahl des Landtags.

(3) Kommt die Mehrheit gemäß Absatz 2 nicht zustande, so kann sowohl der Landtag als auch die Regierung die Zustimmung zu der begehrten Änderung der Verfassung durch Volksentscheid einholen.

Die Verfassung kann auch durch Volksentscheid aufgrund eines Volksbegehrens nach Artikel 68 geändert werden. Das Gesetz ist angenommen, wenn mindestens die Hälfte der Stimmberechtigten sich an dem Volksentscheid beteiligt und mindestens zwei Drittel der Abstimmenden dem Gesetzentwurf zustimmen.

Artikel 69 ist durch Gesetz vom 5. März 2002 neu gefasst worden, mit dem der **1** Landtag den Bürgerinnen und Bürgern mehr direkten Einfluss auf die Gesetzgebung eingeräumt hat. Absatz 1 Satz 1 begründet den Grundsatz „Keine Verfassungsänderung ohne Änderung des Verfassungstextes". Damit ist – anders als in der Weimarer Zeit und übereinstimmend mit Artikel 79 Abs. 1 Satz 1 GG – die Verfassungsdurchbrechung in Form einzelner mit verfassungsändernder Mehrheit beschlossener Gesetze verboten. Dem Artikel 28 Abs. 1 GG entsprechend hält Satz 2 des ersten Absatzes nun ausdrücklich fest, dass Verfassungsänderungen unzulässig sind, wenn sie bestimmten verfassungsrechtlichen Grundsätzen widersprechen. Auch mit Zweidrittelmehrheit kann daher in Nordrhein-Westfalen keine Monarchie und kein Einparteienstaat errichtet oder die Dreiteilung der staatlichen Gewalten aufgehoben werden. Eine vergleichbare Grenze zulässiger Verfassungsänderungen enthält für die Bundesebene Artikel 79 Abs. 3 GG.

Es gehört zum Wesen und Sinn eines Verfassungsgesetzes, dass es ein hohes Maß **2** an Beständigkeit aufweist. Die Verfassung soll sich auf die fundamentalen Grundsätze beschränken, die – wie die Grundrechte und die Grundregeln der Staatsorganisation – mehr oder weniger zeitlos für das Zusammenleben der Menschen Geltung haben. Sie soll auch einen stabilen und berechenbaren Rahmen für die Selbstbestimmung des Volkes und der in ihm wirkenden politischen Strömungen und Überzeugungen bieten. Zur inneren Autorität einer Verfassung gehört es deshalb, dass sie nicht nach Belieben geändert wird und geändert werden kann. Freilich ist es auch Aufgabe der Landesverfassung, den Bürgerinnen und Bürgern eine ethische Orientierung über die sozialen Grundwerte und Staatsziele zu bieten; da diese dem gesellschaftlichen Wandel unterliegen, ist es eine verfassungspolitische Aufgabe, die möglichst enge Übereinstimmung zwischen rechtlicher Grundordnung und sozialer Wirklichkeit sicherzustellen. Verfassungsänderungen bedürfen aber eines breiten Konsenses. Absatz 2 trägt dem Rechnung, indem er für eine Änderung der Landesverfassung die Zustimmung einer Zweidrittelmehrheit der gesetzlichen Mitgliederzahl (also nicht nur der an der Abstimmung teilnehmenden Mitglieder) des Landtags verlangt. Einer Bestätigung der Verfassungsänderung durch das Volk (etwa in Form eines Volksentscheids) bedarf es in diesem Falle – anders als etwa in Bayern, Hessen und Bremen – nicht.

3   Anders als das Grundgesetz und über die bisherige Fassung hinaus gehend lässt Artikel 69 in der seit dem 6. April 2002 geltenden Fassung in Absatz 3 Satz 2 nunmehr eine *Verfassungsänderung durch Volksentscheid* aufgrund eines Volksbegehrens zu. Die Hürde für diesen Weg der Verfassungsänderung ist gegenüber der früheren Fassung (die nur einen vom Landtag oder der Landesregierung initiierten Volksentscheid kannte) deutlich abgesenkt worden. Nunmehr ist nur noch die Beteiligung mindestens der Hälfte der Stimmberechtigten erforderlich, von denen sich zwei Drittel für den verfassungsändernden Gesetzentwurf entscheiden. Wie bisher schon kann, wenn sich im Landtag eine Zweidrittelmehrheit für eine Verfassungsänderung nicht gefunden hat, ein Volksentscheid auch vom Landtag oder der Landesregierung angestoßen werden (Absatz 3 Satz 1). Das notwendige Quorum entspricht dem des Satzes 2. Im Hinblick darauf, dass der Landesregierung in diesen Fällen, anders als bei Gesetzesbeschlüssen des Landtags, die Befugnis, Bedenken gegen das Gesetz zu erheben (Artikel 67 der Landesverfassung), nicht zusteht, drückt sich in der Neufassung von Artikel 69 ein hohes Maß an Vertrauen des Parlaments in die demokratische Reife der Wahlbevölkerung aus.

4   Seit ihrem Inkrafttreten hat die nordrhein-westfälische Landesverfassung bisher die folgenden Änderungen erfahren:
1. Gesetz vom 11. 5. 1954, GVBl. NW S. 131: Einfügung von *Absatz 3* in *Artikel 46;*
2. Gesetz vom 27. 7. 1965, GVBl. NW S. 220: Einfügung von *Absatz 3* in *Artikel 45* und Aufhebung von *Artikel 46 Abs. 4;*
3. Gesetz vom 5. 3. 1968, GVBl. NW 36: Neufassung von *Artikel 12;*
4. Gesetz vom 11. 3. 1969, GVBl. NW S. 146: Einfügung von *Artikel 41 a;*
5. Gesetz vom 24. 6. 1969, GVBl. NW S. 448: Neufassung von *Artikel 15;*
6. Gesetz vom 16. 7. 1969, GVBl. NW S. 530: Neufassung der *Artikel 34* und *37,* Einfügung von *Artikel 92;*
7. Gesetz vom 16. 7. 1969, GVBl. NW S. 535: Neufassung von *Artikel 31 Abs. 2;*
8. Gesetz vom 14. 12. 1971, GVBl. NW S. 393: Neufassung der *Artikel 81 Abs. 2, 81 Abs. 3, 82, 83, 85, 86* und *87;*
9. Gesetz vom 21. 3. 1972, GVBl. NW S. 68: Neufassung von *Artikel 46 Abs. 3;*
10. Gesetz vom 24. 6. 1974, GVBl. NW S. 220: Neufassung von *Artikel 31 Abs. 2;*

11. Gesetz vom 19. 12. 1978, GVBl. NW S. 632: Neufassung von *Artikel 4,* Einfügung von *Artikel 77 a;*
12. Gesetz vom 18. 12. 1984, GVBl. NW S. 14: Neufassung von *Artikel 41;*
13. Gesetz vom 19. 3. 1985, GVBl. NW S. 255: Neufassung von *Artikel 7 Abs. 2* und Einfügung von *Artikel 29 a;*
14. Gesetz vom 20. 6. 1989, GVBl. NW S. 428: Neufassung von *Artikel 5 Abs. 2;*
15. Gesetz vom 24. 11. 1992, GVBl. NW S. 448: Neufassung von *Artikel 18*
16. Gesetz vom 3. 7. 2001, GVBl. NW S. 456: Neufassung von *Artikel 7 Abs. 2* und *Artikel 29 a Abs. 1.*
17. Gesetz vom 29. 1. 2002, GVBl. NW S. 52: Neufassung von *Artikel 6.*
18. Gesetz vom 5. 3. 2002, GVBl. NW S. 108: Einfügung bzw. Neufassung von *Artikel 67 a, 68 und 69.*

Eine Anzahl weiterer Versuche der Verfassungsänderung – überwiegend auf Initiativen der jeweiligen Opposition zurückgehend – fanden entweder nicht die erforderliche Mehrheit oder erledigten sich durch Ablauf der Legislaturperiode. In einem Fall verfehlte ein Gesetzentwurf zur Änderung der Landesverfassung (am 23. 4. 1969) wegen zu geringer Anwesenheit im Plenum die Zweidrittelmehrheit nur um eine Stimme. Dem Anliegen – Änderung des Artikels 15 über die Lehrerausbildung – wurde durch erneute Einbringung des Entwurfs durch die Landesregierung doch noch zum Durchbruch verholfen; im zweiten Anlauf fand der Entwurf am 14. 5. 1969 ohne erneute Aussprache die notwendige Mehrheit.

Artikel 70
[Rechtsverordnungen]

Die Ermächtigung zum Erlass einer Rechtsverordnung kann nur durch Gesetz erteilt werden. Das Gesetz muss Inhalt, Zweck und Ausmaß der erteilten Ermächtigung bestimmen. In der Verordnung ist die Rechtsgrundlage anzugeben. Ist durch Gesetz vorgesehen, dass eine Ermächtigung weiter übertragen werden kann, so bedarf es zu ihrer Übertragung einer Rechtsverordnung.

Sinn des Artikels 70 ist es, den Gesetzgeber zu entlasten, indem ihm die Übertragung eines Teils der Rechtsetzung (vor allem von technischen Detailregelungen) auf die Exekutive ermöglicht wird. Andererseits beugt er angesichts historischer Erfahrungen während der Weimarer Zeit einer Selbstentmachtung des Parlaments vor, indem er die Delegationsbefugnis des Landtags begrenzt. Rechtsverordnungen stehen in ihrem Geltungsanspruch im Rang unter dem Gesetz. **1**

Die *Kernaussage* von Artikel 70 geht dahin, dass jeder von der Landesregierung, einem Landesminister oder einer nachrangigen Landesbehörde erlassene Rechtssatz, der Rechte oder Pflichten von Bürgern begründet, einer gesetzli- **2** chen Ermächtigung bedarf. Eine gesetzesunabhängige Verordnungsbefugnis der Exekutive im Sinne von Artikel 56 Abs. 2 besteht nur auf verwaltungsinternem Gebiet (Verwaltungsverordnungen). Mit der Delegation der Regelungsbefugnis auf die Exekutive verliert der Landtag nicht das Recht, die Ermächtigung zurückzunehmen und selbst eine gesetzliche Regelung zu treffen.

3 Die Befugnis zum Erlass einer Rechtsverordnung kann auf die Landesregierung als Ganzes, ebenso aber auch auf einen oder auf mehrere Landesminister gemeinsam übertragen werden. Zulässig ist auch die Übertragung auf andere Behörden der Landesverwaltung. Inhalt, Zweck und Ausmaß der Ermächtigung müssen in dem Gesetz „bestimmt" angegeben werden (s. zur Bestimmtheit der Verordnungsermächtigung für die Festsetzung von Klassenrichtwerten nach dem nordrhein-westfälischen Schulfinanzierungsgesetz VerfGH, NWVBl. 1993, 460 ff.).

4 In der Verfassungspraxis wird die Ermächtigung zum Erlass einer Rechtsverordnung nicht selten an eine *Mitwirkung des Landtags* gebunden. Mögen gegen derartige Beteiligungsverordnungen auch unter dem Gesichtspunkt der Gewaltenteilung verfassungssystematische Einwände geltend gemacht werden, so wird diese Praxis doch ganz überwiegend für zulässig gehalten, da der Landtag sich die Regelung auch selbst vorbehalten könnte und die Exekutive durch eine nur teilweise Delegation der Regelungsbefugnis in ihren Rechten nicht berührt ist. Problematisch ist es allerdings, wenn die gesetzliche Ermächtigung das Zustandekommen der Rechtsverordnung an eine Mitwirkung nicht des Landtagsplenums, sondern nur eines Ausschusses bindet. Denn der Landtag darf seine Rechtsetzungsbefugnis nicht intern auf einen Ausschuss delegieren. Die Ausschüsse haben nur die Aufgabe, Beschlüsse des gewählten Landtags vorzubereiten, sind aber selbst nicht Inhaber der Gesetzgebungsgewalt. Aus diesem Grunde kann das Zustandekommen einer Rechtsverordnung – dies entgegen der wiederholt praktizierten Übung – an sich nicht wirksam an die Zustimmung eines Landtagsausschusses gebunden werden. Da der Landesregierung aber in einem solchen Fall eine uneingeschränkte Regelungsbefugnis nicht übertragen ist, kann sie die Rechtsverordnung letztlich gleichwohl nicht ohne Billigung des Landtagsausschusses erlassen.

5 Satz 3 schreibt vor, dass die Rechtsverordnung die gesetzliche Ermächtigungsgrundlage ausdrücklich nennen muss (Zitiergebot). Dadurch soll die Prüfung erleichtert werden, ob sich die Verordnung im Rahmen der Ermächtigung hält. Satz 3 gilt nur für förmliche Rechtsverordnungen, nicht dagegen für Gebietsentwicklungspläne nach dem Landesplanungsgesetz (VerfGH, NWVBl. 1990, 51 ff.). Eine Weiterübertragung der Verordnungsermächtigung (Subdelegation) ist nur möglich, wenn das Gesetz sie zulässt; außerdem muss sie in der Form einer Rechtsverordnung erfolgen.

6 Eine Rechtsverordnung kann durch das zu ihrem Erlass zuständige Exekutivorgan (Landesregierung, Landesminister, andere Landesbehörde), daneben aber durch Gesetz auch durch den Landtag geändert oder aufgehoben werden. Ihre Rechtmäßigkeit kann im Wege einer sog. abstrakten Normenkontrolle vor dem Verfassungsgerichtshof angefochten (Artikel 75 Nr. 3), aber auch von allen anderen Gerichten „inzidenter" im Rahmen anderer Rechtsstreitigkeiten überprüft werden.

Nach Artikel 80 Abs. 1 Satz 1 GG kann die Landesregierung auch durch ein **7** *Bundesgesetz* zum Erlass einer Rechtsverordnung ermächtigt werden. Diese Ermächtigung kann wegen der grundsätzlichen Trennung von Bundes- und Landesebene nicht an die Zustimmung der Bundesregierung oder eines Bundesministers gebunden werden. Der 1994 im Rahmen der Verfassungsreform in Artikel 80 GG eingefügte neue Absatz 4 sieht vor, dass im Falle einer solchen Verordnungsermächtigung die Länder die Regelung auch durch Landesgesetz treffen können. Diese als Stärkung der Landtage gedachte Regelung begründet eine der bundesstaatlichen Gewaltenteilung an sich fremde Hierarchie zwischen Bundestag und Landtag, indem sie den Landtag an die Ermächtigungsgrenzen des Bundesgesetzes bindet. In allen anderen Gesetzgebungsbereichen gilt das Landesrecht – freilich unter räumlicher Beschränkung auf das Staatsgebiet des Landes – mit dem gleichen Geltungsanspruch wie die Bundesgesetze.

Artikel 71
[Verkündung der Gesetze]

(1) Die Gesetze werden von der Landesregierung unverzüglich ausgefertigt und im Gesetz- und Verordnungsblatt verkündet. Sie werden vom Ministerpräsidenten und den beteiligten Ministern unterzeichnet.

(2) Rechtsverordnungen werden von der Stelle, die sie erlässt, ausgefertigt und im Gesetz- und Verordnungsblatt verkündet.

(3) Gesetze und Rechtsverordnungen treten, wenn nichts anderes bestimmt ist, mit dem vierzehnten Tage nach der Ausgabe der die Verkündigung enthaltenden Nummer des Gesetz- und Verordnungsblattes in Kraft.

Das Gesetzgebungsverfahren findet mit der *Ausfertigung und Verkündung* seinen **1** Abschluss. Unter *Ausfertigung* versteht man die Beurkundung des Gesetzestextes und die Feststellung, dass dieser mit dem vom Landtag (bzw. beim Volksentscheid: vom Volk) beschlossenen übereinstimmt und dass das Gesetz verfassungsgemäß zustandegekommen und inhaltlich mit der Verfassung vereinbar ist. Die Ausfertigung obliegt der Landesregierung und bedarf eines Kabinettbeschlusses nach Artikel 54. Bei Unvereinbarkeit mit dem Grundgesetz oder der Landesverfassung kann (und muss) die Landesregierung zunächst Bedenken nach Artikel 67 erheben und bei deren Nichtberücksichtigung durch den Landtag die Ausfertigung des Gesetzes verweigern. Hiergegen kann der Landtag Verfassungsorganklage beim Verfassungsgerichtshof nach Artikel 75 Nr. 2 erheben, der endgültig entscheidet. Der in der Ausfertigungsurkunde angegebene

Tag (nicht der Tag der Beschlussfassung im Landtag oder der Tag der Verkündung) ist das für die Bezeichnung des Gesetzes maßgebende Datum.

2 Im Rechtsstaat müssen sich alle Bürgerinnen und Bürger Gewissheit über die geltenden Gesetze verschaffen können. Die *Verkündung* ist deshalb ein wesentlicher Bestandteil des Gesetzgebungsverfahrens. Sie besteht in der förmlichen Veröffentlichung des Gesetzes im Gesetz- und Verordnungsblatt. Ausfertigung und Verkündung müssen unverzüglich erfolgen; die Landesregierung muss deshalb ohne schuldhaftes Zögern in die Prüfung der für die Ausfertigung maßgebenden Fragen eintreten. Hat der Landtag ein (einfaches) Gesetz beschlossen, das eine Verfassungsänderung voraussetzt, so darf das (einfache) Gesetz erst nach Inkrafttreten – d. h. nach Verkündung – der Verfassungsänderung ausgefertigt und verkündet werden. Die Ausfertigung erfolgt mit der Eingangsformel: „Der Landtag hat das folgende Gesetz beschlossen, das hiermit verkündet wird:". Diese Formel enthält bei verfassungsändernden Gesetzen einen Hinweis darauf, dass die in Artikel 69 Abs. 1 Satz 2 vorgesehene Zweidrittelmehrheit vorgelegen hat.

3 Bei *Fehlern im Verkündungsverfahren* bedarf es keiner Gesetzesänderung durch den Landtag, wenn es sich um bloße Druckfehler oder offenbare Unrichtigkeiten in der vom Landtag mitgeteilten Fassung des Gesetzes handelt. Diese können nach der Gemeinsamen Geschäftsordnung der Landesministerien (GGO) vielmehr von der Staatskanzlei im Einvernehmen mit dem Präsidenten des Landtags in einem vereinfachten Berichtigungsverfahren bereinigt werden.

4 Nach Absatz 2 sind auch *Rechtsverordnungen* auszufertigen und im Gesetz- und Verordnungsblatt zu verkünden, und zwar von der Stelle, die sie erlässt. Die Vorschrift bezieht sich allerdings nur auf Rechtsverordnungen von „Landeszentralbehörden" (Landesregierung, Minister), nicht jedoch auf nachgeordnete Landesbehörden und kommunale Verwaltungsstellen, wie der Verfassungsgerichtshof in einem seiner frühesten Urteile entschieden hat (VerfGH GVBl. NW 1953, 344; *Knobelsdorff,* DÖV 1958, 175 f.). Absatz 2 gilt nach einer Entscheidung des Verfassungsgerichtshofs auch nicht für Gebietsentwicklungspläne nach dem Landesplanungsgesetz, die nach § 16 des genannten Gesetzes den betroffenen Gemeinden zur Einsicht für jedermann zugesandt werden; ferner wird unter Hinweis hierauf die Genehmigung des Planes im Ministerialblatt bekannt gemacht (VerfGH, NWVBl. 1990, 51). Die Rechtsverordnung muss sich auf eine bei ihrer Verkündung bereits wirksame gesetzliche Ermächtigung stützen können; diese muss ihrerseits also bereits vorher verkündet worden sein. Für Verwaltungsverordnungen nach Artikel 56 gilt Artikel 71 nicht, weil diese nur verwaltungsinterne Wirkungen entfalten.

5 Der Gesetzgeber und der Verordnungsgeber müssen eine Regelung darüber treffen, an welchem Tag das Gesetz oder die Verordnung *in Kraft treten.* Fehlt eine ausdrückliche Zeitbestimmung, so treten sie nach Absatz 3 mit Beginn des 14. Tages nach Ausgabe des die Verkündung enthaltenden Gesetz- und Verordnungsblattes in Kraft. Eine rückwirkende Inkraftsetzung ist, wenn das Gesetz oder die Verordnung in belastender Weise nachträglich in bereits abgeschlossene Sachverhalte eingreift (echte Rückwirkung), grundsätzlich unzulässig. Denn zu den wesentlichen Elementen der Rechtsstaatlichkeit gehört die Rechtssicherheit, die für die Bürgerinnen und Bürger in erster Linie Vertrauensschutz bedeutet. Ausnahmen von diesem Grundsatz sind nur in engen Grenzen erlaubt, insbesondere wenn die Rückwirkung durch zwingende und unabweisbare Gründe des gemeinen Wohls gefordert ist (BVerfGE 13, 261, 272; 30, 367, 385 f.).

Vierter Abschnitt
Die Rechtspflege

Artikel 72
[Rechtsprechung]

(1) Die Gerichte urteilen im Namen des Deutschen Volkes.

(2) An der Rechtsprechung sind Männer und Frauen aus dem Volke nach Maßgabe der Gesetze zu beteiligen.

Die *Rechtsprechung* ist im demokratischen Rechtsstaat mit Gewaltenteilung als **1** dritte staatliche Funktion ausgebildet, die selbständig neben die Gesetzgebung und die Exekutive tritt. Nach Artikel 3 Abs. 3 LV wird sie von unabhängigen Richtern ausgeübt. Wegen ihres Verhältnisses zu den anderen Staatsgewalten und dem Begriff der richterlichen Unabhängigkeit wird auf die Erläuterungen zu Artikel 3 (Anm. 5) verwiesen.

Für die Mehrzahl der Gerichte liegt die Verantwortung bei den Ländern. Sie **2** erfüllen damit in ganz wesentlichem Umfang den Verfassungsauftrag, die rechtsstaatliche Ordnung zu erhalten, die Freiheit des Individuums zu wahren und den Rechtsfrieden im privaten wie im öffentlichen Bereich zu sichern. Die Bedeutung des Länderbeitrags zur Erfüllung dieser Aufgabe wird auch dadurch kaum gemindert, dass sich die Rechtsprechung der Gerichte auf gesetzlichen Grundlagen vollzieht, die weitgehend durch die Bundesgesetzgebung vorgegeben sind. Denn erst in der Rechtsanwendung wird Gerechtigkeit für den Bürger und die Bürgerin erfahrbar. Zudem sind die Länder über den Bundesrat auch an der Gesetzgebungstätigkeit des Bundes maßgeblich beteiligt, auch wenn ihr Einfluss auf die – für sie vielfach kostenträchtigen – Verfahrensgesetze darunter leidet, dass es sich bei diesen lediglich um Einspruchs- und nicht um Zustimmungsgesetze handelt. Darin liegt ein Konstruktionsfehler des Grundgesetzes, das in Artikel 84 Abs. 1 GG zwar für den Verwaltungsbereich ein Zustimmungserfordernis des Bundesrats bei bundesrechtlichen Verfahrensregelungen mit Bezug auf Landesbehörden vorsieht, eine an sich logische Parallelregelung für den Bereich der Rechtspflege aber nicht enthält.

3 In gewissem Kontrast zu der hohen Bedeutung der Rechtsprechung im Zusammenspiel der staatlichen Gewalten im Lande steht die knappe Ausgestaltung des 4. Abschnitts im 3. Teil der Landesverfassung, der sich auf wenige Einzelregelungen beschränkt. Sie erklärt sich weitgehend aus der Maßgeblichkeit der Vorgaben des Grundgesetzes, des Gerichtsverfassungsgesetzes und der Prozessgesetze des Bundes für den Bereich der Rechtspflege, die dem Landesverfassungsgeber nur einen geringen Gestaltungsspielraum belassen. Auch diesen hat die Landesverfassung nicht in allen Punkten eingehalten; das gilt beispielsweise für die in Absatz 2 enthaltene Regelung (dazu sogleich in Anm. 6).

4 Nicht in die Landesverfassung aufgenommen wurde die in der Regierungsvorlage ursprünglich als einstimmiger Kabinettvorschlag vorgesehene Einführung der *Richterwahl* durch einen parlamentarischen Ausschuss. Bestimmend dafür waren Meinungsverschiedenheiten, die sich aus Artikel 98 Abs. 4 GG ergaben, der die Beteiligung des Landesjustizministers an der Entscheidung über die Anstellung von Richtern vorsieht. Im Hinblick darauf, dass die Zuständigkeit für die Fachgerichtsbarkeiten (Verwaltungs-, Arbeits-, Sozial- und Finanzgerichtsbarkeit) in Nordrhein-Westfalen seinerzeit nicht beim Justizminister, sondern bei der Staatskanzlei, beim Arbeits- und Gesundheitsministerium und beim Finanzministerium angesiedelt war, entstand die Befürchtung, dass die Fachgerichtsbarkeiten ihre Selbständigkeit verlieren und im Verhältnis zu der zahlenmäßig weit größeren ordentlichen Gerichtsbarkeit auch ihre eigenständige Bedeutung einbüßen könnten. – Die Frage, ob die Einführung eines parlamentarischen Richterwahlausschusses auch ohne eine entsprechende Aussage der Landesverfassung durch einfaches Gesetz erfolgen könnte, ist umstritten. Während die eine Auffassung eine Verfassungsänderung unter Berufung auf die insoweit vorrangige Bestimmung in Artikel 98 Abs. 4 GG für entbehrlich hält, weil diese eine entsprechende Regelung ausdrücklich autorisiere, vertritt die wohl zutreffende Gegenauffassung den Standpunkt, eine Verfassungsänderung sei notwendig, weil die Einführung der Richterwahl die Befugnis der Exekutive (des Justizministers) einschränke, über die Anstellung von Richtern allein zu entscheiden. Hierin läge eine Verschiebung der Gewichte zwischen Exekutive und Legislative, die nur der Verfassunggeber vornehmen kann. Wegen dieser Unsicherheit und wegen unterschiedlicher Auffassungen über die wünschbare Zusammensetzung eines solchen Ausschusses ist es bislang in Nordrhein-Westfalen zu einer Einführung des Richterwahlausschusses nicht gekommen. – Nicht nur wegen der sich immer wieder neu belebenden Diskussion um die Personalauswahl im Richterdienst des Landes hat die Justizverwaltung ihrerseits zahlreiche Initiativen zur Verbesserung der Transparenz der Personalrekrutierung ergriffen. So finden Einstellungen in den richterlichen Dienst grundsätzlich auf Grund eines „Assessment-Verfahrens" statt, in das pluralistisch zusammengesetzte Kommissionen eingebunden sind und in dem die Examensnoten nur ein Element unter einer Mehrzahl von Anforderungsbestandteilen bilden. Das Justizministerium hat das Einstellungsverfahren zudem auf die Mittelinstanz (Obergerichte) delegiert und enthält sich jeder Einflussnahme im Einzelfall. Auch wird die Entwicklung von Anforderungsprofilen für unterschiedliche richterliche Funktionen zu einer besseren Durchschaubarkeit des Auswahl- und Beförderungsverfahrens sorgen. – Die Angelegenheiten der *Justizverwaltung* sind Exekutivaufgaben, die die Gerichte und Staatsanwaltschaften unter der Aufsicht des Justizministeriums und unter der parlamentarischen Kontrolle des Landtags erfüllen. Sie nehmen an der richterlichen Unabhängigkeit nicht teil, jedoch entfaltet diese insofern eine Ausstrahlungswirkung, als die Verwaltung auf die Besonderheiten der Unabhängigkeit der Rechtsprechung Rücksicht zu nehmen hat. Wiederholte Bestrebungen, die Justizverwaltungsaufgaben wegen dieser Besonderheiten gänzlich einer außerhalb der Landesregierung stehenden Körperschaft zu übertragen, sind mit den Grundsätzen der parlamentarischen Demokratie nicht zu vereinbaren, nach der jede staatliche Gewalt durch einen Wahlakt des Souveräns legitimiert sein muss.

Absatz 1 bestimmt, in wessen Namen die Gerichte urteilen, und bezieht sich auf **5** alle Gerichte. Die Vorschrift soll, wie es der SPD-Abgeordnete *Jacobi* ausdrückte, „die Sehnsucht nach einer einheitlichen deutschen Rechtsprechung zu erkennen geben". Die Bestimmung hat nur die Bedeutung einer feierlichen Bekräftigung, die als Eingangsformel in allen Urteilen der Gerichte in Erscheinung treten sollte. Durch die einschlägigen Verfahrensgesetze des Bundes, die eine Rechtsprechung „Im Namen des Volkes" vorsehen, ist die Vorschrift weitestgehend gegenstandslos geworden.

Wie Absatz 2 zu entnehmen ist, wünschte sich der Landesverfassungsgeber eine **6** bürgernahe Rechtsprechung. Nachdem die nationalsozialistische Unrechtsherrschaft vor der Justiz nicht Halt gemacht, sondern in ihr und mit dem Volksgerichtshof sogar partiell eine besondere Unterstützung gefunden hatte, erschien eine möglichst weitgehende Einbeziehung von Bürgerinnen und Bürgern in die Rechtsprechungtätigkeit auch besonders geeignet, zum Abbau eines verbreiteten Misstrauens der Bevölkerung gegen die Justiz beizutragen. Die Menschen sollten die Rechtsprechung als eine eigene Angelegenheit empfinden und sich mit ihr ebenso identifizieren können wie mit den demokratisch legitimierten Staatsgewalten der Gesetzgebung und der Exekutive. Artikel 72 Abs. 2 stellt deshalb die Beteiligung der *ehrenamtlichen Richter* an der Rechtsprechung nach Maßgabe der Gesetze besonders heraus. Ursprünglich sollte die Hinzuziehung von „Laienrichtern" (Schöffen und anderen ehrenamtlichen Richtern) sogar an allen Strafgerichten vorgesehen werden. Eine solche Bestimmung hätte allerdings in Widerspruch zu Bundesrecht gestanden, wie überhaupt Absatz 2 nur die Wirkung eines Appells entfaltet, weil die Gerichtsverfassung nach Artikel 74 Nr. 1 GG in den Bereich der konkurrierenden Gesetzgebungszuständigkeit des Bundes fällt, von der dieser umfassend Gebrauch gemacht hat.

7 Eine Beteiligung von „Männern und Frauen aus dem Volke" ist nach dem für die Länder verbindlichen Bundesrecht für die Hauptverhandlungen der Strafgerichtsbarkeit bei den Jugendschöffen- und Schöffengerichten (diese sind Spruchkörper der Amtsgerichte) und bei den Strafkammern bei den Landgerichten vorgesehen. Das ehrenamtliche Element spielt ferner bei den Kammern für Handelssachen bei den Landgerichten, in der Arbeits- und in der Sozialgerichtsbarkeit und auch bei den Verwaltungs- und Finanzgerichten eine nicht unwichtige Rolle. In Nordrhein-Westfalen wirken in den Gerichtsbarkeiten knapp 23 000 ehrenamtliche Richter und Richterinnen mit. Darüber hinaus leisten die ca. 1 250 (2000) ehrenamtlich tätigen Schiedsmänner und Schiedsfrauen bei der Beilegung von straf- und zivilrechtlichen Streitigkeiten einen wichtigen Beitrag zur außergerichtlichen Konfliktbeilegung. Das Schiedsverfahren ist in der nordrhein-westfälischen Schiedsordnung geregelt.

Artikel 73
[Richteranklage]

Wenn ein Richter im Amte oder außerhalb des Amtes gegen die Grundsätze des Grundgesetzes oder gegen die verfassungsmäßige Ordnung des Landes verstößt, so kann das Bundesverfassungsgericht mit Zweidrittelmehrheit auf Antrag der Mehrheit der gesetzlichen Mitgliederzahl des Landtags anordnen, dass der Richter in ein anderes Amt oder in den Ruhestand zu versetzen ist. Im Falle eines vorsätzlichen Verstoßes kann auf Entlassung erkannt werden.

1 Die Vorschrift über die Richteranklage beruht auf der Überlegung, dass die gehobene Stellung der Richter und Richterinnen eines besonderen Sicherheitsventils gegen Missbrauch bedarf. Die besondere Stellung ergibt sich daraus, dass die Richterinnen und Richter auf Lebenszeit ernannt und in ihrer Rechtsprechungstätigkeit unabhängig, insbesondere nicht von der Unterstützung durch eine parlamentarische Mehrheit abhängig sind. Nach den Erfahrungen des Dritten Reiches, während dessen besonders der Volksgerichtshof, große Teile des Reichsgerichts und die Sondergerichte sich in den Dienst der Diktatur gestellt hatten, wurde das Bedürfnis gesehen, die ausdrückliche Verpflichtung der Richterinnen und Richter auf die Demokratie auch durchsetzbar zu machen. Wer, einmal zum Richter auf Lebenszeit ernannt, sein Amt nicht im Geiste der Demokratie, der Menschenrechte, des sozialen Verständnisses ausübt, kann vor dem Bundesverfassungsgericht angeklagt werden und muss mit seiner Absetzung rechnen. Gegner des Instituts der Richteranklage äußerten während der Diskussion im Verfassungsausschuss das Bedenken, es könne zum Einfallstor für politisch motivierte Absetzungsversuche werden und die Richter damit zu politischen Beamten machen. Im Ergebnis wurde dieser Gefahr – entsprechend der Lösung, die Artikel 98 Abs. 2 GG für die Bundesrichter trifft –, dadurch vorgebeugt, dass für die Entscheidung des Bundesverfassungsgerichts (nicht für die Erhebung der Anklage durch den Landtag) eine qualifizierte Mehrheit vorgesehen wurde.

Zuständiges Gericht zur Entscheidung über eine Richteranklage ist das *Bun-* **2** *desverfassungsgericht*. Die Eröffnung dieses Rechtsweges hat das Grundgesetz in Artikel 98 Abs. 5 Satz 2 dem Landesverfassungsgeber ausdrücklich vorbehalten. Für die Erhebung der Anklage sieht das Gesetz über das Bundesverfassungsgericht bestimmte Fristen vor (sechs Monate für Missbrauch innerhalb des gerichtlichen Verfahrens, zwei Jahre in anderen Fällen). Die Richteranklage erlaubt keine Korrektur der gerichtlichen Entscheidung (diese kann sich aber aus den Verfahrensvorschriften der betreffenden Gerichtsbarkeit ergeben), sondern kann nur zu einer Versetzung des Richters oder der Richterin in ein anderes Amt oder in den Ruhestand sowie zur Entlassung führen.

Eine *praktische Bedeutung* hat Artikel 73 bisher in Nordrhein-Westfalen nicht **3** erlangt. Entsprechendes gilt für den Bund und die anderen Länder. Allerdings ist im Jahre 1995 im baden-württembergischen Landtag die Erhebung einer Richteranklage im Zusammenhang mit einem viel kritisierten Urteil einer Strafkammer des Landgerichts Mannheim mit politischem Bezug erwogen worden, das Zweifel an der Treue der Richter zur baden-württembergischen Verfassung begründete (Fall Deckert).

Artikel 74
[Verwaltungsgerichte]

(1) Gegen die Anordnungen, Verfügungen und Unterlassungen der Verwaltungsbehörden kann der Betroffene die Entscheidung der Verwaltungsgerichte anrufen. Die Verwaltungsgerichte haben zu prüfen, ob die beanstandete Maßnahme dem Gesetz entspricht und die Grenze des pflichtgemäßen Ermessens nicht überschreitet.

(2) Die Verwaltungsgerichtsbarkeit wird durch selbständige Gerichte in mindestens zwei Stufen ausgeübt.

I. Die Verwaltungsgerichtsbarkeit

Artikel 74 ist als *Grundrecht* ausgestaltet und enthält darüber hinaus eine *institu-* **1** *tionelle Garantie der Verwaltungsgerichtsbarkeit*, deren Aufgabe es ist, auf Anrufung durch Bürgerinnen und Bürger, die von Anordnungen, Verfügungen und Unterlassungen der Verwaltungsbehörden betroffen sind, über die Rechtmäßigkeit des Verwaltungshandelns und die pflichtgemäße Ermessensausübung durch die Behörde zu entscheiden. Da die Regelung des Zugangs zu den Verwaltungsgerichten in die Bundeszuständigkeit fällt (Artikel 74 Nr. 1 GG), kommt Artikel 74 LV nur eine geringe Bedeutung zu. Diese liegt darin, dass er das Land daran hindert, von der Ermächtigung in § 40 Abs. 1 Satz 2 der Verwaltungsgerichtsordnung Gebrauch zu machen, die es den Ländern gestattet, für öffentlich-rechtliche Streitigkeiten auf dem Gebiete des Landesrechts einen anderen Rechtsweg vorzusehen.

2 Die besondere Hervorhebung der Verwaltungsgerichtsbarkeit, deren Bestand anders als die der anderen Gerichtsbarkeiten in der Landesverfassung garantiert ist, beruht auf der noch relativ kurzen Geschichte dieser Fachgerichtsbarkeit und auf dem als besonders grundrechtsrelevant anzusehenden Rechtsverhältnis zwischen dem Staat und den Bürgerinnen und Bürgern. Ihre Entstehung verdankt die Verwaltungsgerichtsbarkeit einer Entscheidung der Deutschen Nationalversammlung in der Paulskirche. In dem Gesetz betreffend die Grundrechte vom 27. 12. 1848 wurde festgelegt, dass anders als zuvor Verwaltungsrechtsstreitigkeiten nicht von weisungsabhängigen Behörden, sondern von unabhängigen Gerichten entschieden werden sollten. Das führte in Preußen 1872/75 zur Einrichtung einer eigenständigen Verwaltungsgerichtsbarkeit auf der Kreis- und Bezirksebene mit dem Preußischen Oberverwaltungsgericht als oberster Instanz. Diese Verwaltungsgerichtsbarkeit hatte der Nationalsozialismus zwar nicht als Einrichtung beseitigt, jedoch dadurch im Kern getroffen, dass die Zulässigkeit des verwaltungsgerichtlichen Verfahrens an die Zulassung durch die Verwaltungsbehörde gebunden wurde. Maßnahmen der Staatspolizei waren den Verwaltungsgerichten gänzlich entzogen. Artikel 74 LV stellt auch eine Reaktion auf diese Aushöhlung des Rechtsschutzes gegenüber dem Staat im Dritten Reich dar.

3 Der *Aufbau der Verwaltungsgerichtsbarkeit* ist (kraft bundesgesetzlicher Regelung) dreistufig; Artikel 74 Abs. 2 LV, der eine mindestens zweistufige Ausgestaltung verlangt, ist damit genügt. In Nordrhein-Westfalen bestehen Verwaltungsgerichte in Aachen, Arnsberg, Düsseldorf, Gelsenkirchen, Köln, Minden und Münster. Über Berufungen entscheidet das Oberverwaltungsgericht für das Land Nordrhein-Westfalen in Münster. Insgesamt sind in der Verwaltungsgerichtsbarkeit des Landes 520 Berufs- und 2.100 ehrenamtliche Richterinnen und Richter tätig (2000). Für Revisionsstreitigkeiten, in denen die Verletzung von Bundesrecht behauptet wird, ist das Bundesverwaltungsgericht mit künftigem Sitz in Leipzig (derzeit noch Berlin) zuständig. Die Verwaltungsgerichtsbarkeit war in Nordrhein-Westfalen zunächst dem Geschäftsbereich des Ministerpräsidenten (Staatskanzlei) zugeordnet; seit dem 1. 3. 1970 ressortiert sie beim Justizministerium. Bei den Verwaltungsgerichten bestehen Kammern, die mit drei Berufsrichtern und zwei ehrenamtlichen Richtern besetzt sind; ein erheblicher Anteil der Rechtsstreitigkeiten kann jedoch auf den alleinentscheidenden Einzelrichter (der stets ein Berufsrichter ist) übertragen werden. Die Spruchkörper des Oberverwaltungsgerichts heißen Senate und entscheiden gleichfalls mit drei Berufs- und zwei ehrenamtlichen Richtern.

4 Der *Verwaltungsrechtsweg* ist für alle öffentlich-rechtlichen Streitigkeiten eröffnet, soweit sie nicht verfassungsrechtlicher Art sind (für diese sind der Verfassungsgerichtshof des Landes und das Bundesverfassungsgericht zuständig). Damit wird der über Artikel 4 Abs. 1 LV in die Landesverfassung übernommenen Garantie des Artikel 19 Abs. 4 GG genügt, indem allen, die durch Maßnahmen der öffentlichen Gewalt in ihren Rechten verletzt werden, der Rechtsweg offensteht. Ihrer Funktion als Kontrollinstanz der Exekutive entsprechend ist die Rechtsprechung der Verwaltungsgerichte von hoher Bedeutung für die Verwirklichung der Grundprinzipien der Verfassungen des Landes und des Bundes. Diese Bedeutung hat seit Gründung des Landes infolge der raschen technischen Entwicklung und der damit einhergehenden Ausweitung staatlicher Lenkungs- und Ordnungsmaßnahmen ständig zugenommen. Verwaltungsgerichte entscheiden über die Zulässigkeit des Baus von Einfamilienhäusern und die Einhaltung von Grenzabständen, über die Erhebung von kommunalen Gebühren und die Rechtmäßigkeit des Vergabeverfahrens von Studienplätzen ebenso wie über landesplanerische Entscheidungen von erheblicher allgemeiner Tragweite und über die Genehmigung großer Investitionsvorhaben von Wirtschaftsunternehmen. Ein sehr hoher Anteil an der Entscheidungstätigkeit der Verwaltungsgerichte betrifft auch nach der Neufassung des Asylrechts durch Artikel 16a GG Streitigkeiten über die Gewährung von Asyl an politisch verfolgte Ausländer.

II. Die anderen Gerichtsbarkeiten

Über die Verwaltungsgerichtsbarkeit und den Verfassungsgerichtshof (Artikel **5** 75 und 76) hinaus enthält die Landesverfassung *keine Bestimmungen über die (übrigen) Gerichtsbarkeiten*. Als Bestandteil der im 4. Abschnitt des 3. Teils der Landesverfassung angesprochenen Dritten Staatsgewalt kommt ihnen jedoch gleichfalls eine hohe Bedeutung zur Verwirklichung des Rechtsstaatsprinzips zu, das in Artikel 3 Abs. 3 LV mit einem Teilaspekt angesprochen ist.

Die *ordentliche Gerichtsbarkeit* ist der älteste Gerichtszweig. Heute nur noch für **6** die zivilrechtlichen Streitigkeiten, die freiwillige Gerichtsbarkeit und die Strafprozesse zuständig, waren ihr ursprünglich alle Rechtsstreitigkeiten übertragen, was ihren noch heute gebräuchlichen Namen erklärt (den Gegensatz zur ordentlichen Gerichtsbarkeit bilden die Fachgerichtsbarkeiten wie die Verwaltungs-, Finanz-, die Arbeits- und die Sozialgerichtsbarkeit, die durch eine Spezialisierung auf bestimmte Fachgebiete gekennzeichnet sind). In den ordentlichen Gerichten und den Staatsanwaltschaften sind mehr als drei Viertel der in der Rechtspflege des Landes beschäftigten Bediensteten tätig (im Jahre 2000 waren das 3.685 Berufsrichterinnen- und richter, 998 Staatsanwältinnen und Staatsanwälte sowie ca. 23 000 Bedienstete im sog. Unterstützungsbereich). Der Aufbau der ordentlichen Gerichtsbarkeit ist vierstufig: Unterste Instanz sind die Amtsgerichte. Die 19 Landgerichte des Landes werden teilweise als erstinstanzliche Gerichte und zum Teil auch als Gerichte zweiter Instanz tätig. Obere Gerichte des Landes (die sog. „Mittelinstanz") sind die Oberlandesgerichte in Düsseldorf (für die Landgerichtsbezirke Düsseldorf, Duisburg, Kleve, Krefeld, Mönchengladbach und Wuppertal), Hamm (für die Landgerichtsbezirke Arnsberg, Bielefeld, Bochum, Detmold, Dortmund, Essen, Hagen, Münster, Paderborn und Siegen) und Köln (für die Landgerichtsbezirke Aachen, Bonn und Köln). Oberstes Gericht der ordentlichen Gerichtsbarkeit ist auf der Bundesebene der Bundesgerichtshof in Karlsruhe.

7 Den Landgerichten zugeordnet sind die 19 *Staatsanwaltschaften* des Landes, die trotz fehlender voller Teilnahme an der richterlichen Unabhängigkeit Organe der Rechtspflege sind und dank des sie bindenden sog. Legalitätsprinzips eine Zwischenstellung zwischen Exekutive und Judikative einnehmen. Auf der Ebene der Oberlandesgerichte nehmen die Generalstaatsanwaltschaften in Düsseldorf, Hamm und Köln die Aufgaben der Strafverfolgung wahr; auf der Bundesebene ist dem Bundesgerichtshof der Generalbundesanwalt zugeordnet. Bei den Staatsanwaltschaften in Dortmund und Köln bestehen Zentralstellen zur Bearbeitung von nationalsozialistischen Massenverbrechen. An mehreren Staatsanwaltschaften sind Schwerpunktabteilungen zur Bekämpfung der Wirtschaftskriminalität gebildet worden. In ihrer Aufgabenwahrnehmung sind die Staatsanwaltschaften weitgehend unabhängig. Der Justizminister beschränkt seine Weisungsbefugnis in langjähriger Praxis auf die Befolgung der Gesetze (Rechtskontrolle, keine Zweckmäßigkeits- oder Ermessenskontrolle).

8 Die ordentlichen Gerichte entscheiden in allen *bürgerlichrechtlichen Streitigkeiten*, d. h. in allen Verfahren aus dem gesamten privaten Lebensbereich. Seit 1977 bestehen bei den Amtsgerichten besondere Familiengerichte, die für Ehescheidungen und andere familienrechtliche Fälle zuständig sind. Für dieses Rechtsgebiet hat sich der auf Initiative nordrhein-westfälischer Richter gegründete Deutsche Familiengerichtstag mit Sitz in Brühl bei Köln zu einem wichtigen Ort der Fachdiskussion entwickelt. Die Rechtsstreitigkeiten auf den Gebieten des Patentrechts und des Kartellrechts sind für das Land Nordrhein-Westfalen beim Landgericht und beim Oberlandesgericht Düsseldorf konzentriert, deren Rechtsprechung über das Land hinaus Ansehen und Bedeutung gewonnen hat. Die Zivilgerichtsbarkeit in Rheinschifffahrtssachen ist dem Amtsgericht Duisburg-Ruhrort und dem beim Oberlandesgericht Köln gebildeten Rheinschifffahrtsobergericht übertragen. Die Entwicklung des Bergrechts ist in erheblichem Maße von der Rechtsprechung des Oberlandesgerichts Hamm geprägt worden.

9 In der Öffentlichkeit wird das Bild der Justiz in hohem Maße von der *Strafrechtspflege* geprägt. Stärker als die anderen Gerichtszweige hat sie sich, z. B. im Majdanek-Prozeß beim Landgericht Düsseldorf, mit der Bewältigung nationalsozialistischen Unrechts zu befassen gehabt. Wegen des Sitzes der Bundesregierung in Bonn hat die Verfolgung von Straftaten mit politischem Bezug für die nordrhein-westfälischen Staatsanwaltschaften und Strafgerichte bis zum Regierungs- und Parlamentsumzug nach Berlin besondere Bedeutung erlangt (z. B. bei der Bewältigung der sog. Parteispendenaffaire, später wegen des Verfahrens gegen den früheren Bundeskanzler Helmut Kohl und andere Persönlichkeiten des politischen Lebens). Wegen des Verbleibs mehrerer Bundesministerien hat die Staatsanwaltschaft einen Teil der sitzbedingten Zuständigkeiten nicht gänzlich verloren. Einen weiteren Schwerpunkt stellt mit Rücksicht auf die hohe Konzentration bedeutender Wirtschaftsunternehmen im Rhein-Ruhr-Gebiet die Verfolgung von Wirtschafts- und Umweltdelikten dar.

Die Aufgabe, die Gesetzmäßigkeit der Besteuerung der Bürgerinnen und Bür- **10** ger durch die Finanzverwaltung zu kontrollieren, ist den *Finanzgerichten* anvertraut. Die Finanzgerichtsbarkeit wurde durch die Verordnung Nr. 179 der britischen Militärregierung mit Wirkung vom 1. 2. 1949 als besondere Verwaltungsgerichtsbarkeit eingerichtet. Nachdem die Finanzgerichte in Düsseldorf und Münster bereits im Jahre 1948 entstanden waren, wurde 1980 in Köln ein drittes Finanzgericht gebildet. Die Finanzgerichtsbarkeit war zunächst dem Geschäftsbereich des Finanzministers zugeordnet, untersteht aber seit 1970 dem Justizministerium. In ihr arbeiten 185 Berufsrichterinnen und –richter und mehr als 1 000 ehrenamtliche Richterinnen und Richter (2000).

Für die Austragung arbeitsrechtlicher Streitigkeiten besteht in Gestalt der *Ar-* **11** *beitsgerichtsbarkeit* eine besondere Fachgerichtsbarkeit. Ihr Aufbau ist dreistufig: Als Gerichte erster Instanz sind in Nordrhein-Westfalen 30 Arbeitsgerichte zuständig, an denen Kammern bestehen, die sich aus einem Berufsrichter als Vorsitzendem und zwei ehrenamtlichen Beisitzern der Arbeitnehmer- und der Arbeitgeberseite zusammensetzen. Ihnen übergeordnet sind die Landesarbeitsgerichte, an denen gleichfalls Kammern mit derselben Besetzung gebildet sind. In Nordrhein-Westfalen bestehen Landesarbeitsgerichte in Düsseldorf, Hamm und Köln. Oberste Instanz ist das Bundesarbeitsgericht mit derzeitigem Sitz in Erfurt. In der Arbeitsgerichtsbarkeit sind rund 3 400 (2000) ehrenamtliche Richter tätig. Die Zahl der Berufsrichterinnen und –richter liegt bei 215.

Die *Entstehung des Arbeitsrechts und der Arbeitsgerichtsbarkeit* ist in besonderem **12** Maße mit den Industriegebieten an Rhein und Ruhr verknüpft. Erste Ansätze für eine besondere Gerichtsbarkeit bildeten sich Anfang des 19. Jahrhunderts unter französischem Einfluss im Rheinland aus. In Frankreich hatte Napoleon 1806 in Lyon erstmals ein Sondergericht für Streitigkeiten zwischen Fabrikanten und Arbeitern eingerichtet, den Conseil de Prud'hommes. Nach seinem Vorbild wurde nach der Annexion des linken Rheinufers als erstes modernes Arbeitsgericht auf deutschem Boden 1808 in Aachen-Burtscheid ein „Rat der Gewerbeverständigen" gebildet; 1811 folgten vergleichbare Spruchkörper in Köln und Krefeld. Nach der Befreiung der Rheinlande gab Preußen diesen Gerichten auch auf dem rechten Rheinufer Verbreitung. Weitere Wurzeln der heutigen Arbeitsgerichtsbarkeit liegen in paritätischen Schiedsgerichten und in den nach 1904 eingerichteten Gewerbe- und Kaufmannsgerichten, die in erster Instanz bereits Arbeitgeber- und Arbeitnehmerbeisitzer kannten. Diese Gerichte waren bis zur ersten reichseinheitlichen Regelung durch das Arbeitsgerichtsgesetz von 1926 tätig. Dieses gab dem erstinstanzlichen Arbeitsgericht den Charakter eines selbständigen staatlichen Sondergerichts und gliederte die Rechtsmittelgerichte den ordentlichen Gerichten an. Als nach der Zeit des Nationalsozialismus die ordentlichen Gerichte ihre Tätigkeit wieder aufnahmen, wurde ihnen zunächst auch die Rechtsprechung in Arbeitssachen übertragen. 1946 führte jedoch das Kontrollratsgesetz Nr. 21 wieder eine eigene deutsche Arbeitsgerichtsbarkeit ein. Es löste die Arbeitsgerichte aus ihrer engen Verbindung mit den ordentlichen Gerichten und unterstellte sie als selbständige Sozialgerichte der Verwaltung und Dienstaufsicht der Arbeitsbehörden. Seit 1998 ressortieren die Arbeitsgerichte in Nordrhein-Westfalen (wie alle Gerichte mit Ausnahme des Verfassungsgerichtshofs) beim Justizministerium.

13 Die *Sozialgerichtsbarkeit* ist der jüngste Gerichtszweig im Rechtspflegesystem der Bundesrepublik Deutschland. Während früher die Verwaltungsbehörden (Versicherungs- und Oberversicherunsgämter) zugleich Spruchbehörden bei Streitigkeiten in Angelegenheiten der Sozialversicherung waren, sind durch das Sozialgerichtsgesetz von 1953 für diese Streitsachen gemäß dem Grundsatz der Gewaltenteilung von den Verwaltungsbehörden getrennte unabhängige Gerichte geschaffen worden. Auf der Grundlage dieses Gesetzes wurde für den gesamten Bereich des Landes Nordrhein-Westfalen nur ein Landessozialgericht errichtet, das seinen Sitz in Essen erhielt. Ferner wurden fünf Sozialgerichte an den Sitzen früherer Oberversicherungsämter eingerichtet, und zwar in Detmold, Dortmund, Düsseldorf, Köln und Münster. 1959 traten die Sozialgerichte Duisburg, Gelsenkirchen und Aachen hinzu. Bei den Sozialgerichten des Landes tragen etwa 3 300 (2000) ehrenamtliche Richter zu einer praxisnahen Rechtsprechung bei (Berufsrichter: 247). Auch die Sozialgerichtsbarkeit ist seit 1998 dem Geschäftsbereich des Justizministeriums zugeordnet. Oberste Instanz ist das Bundessozialgericht in Kassel.

Fünfter Abschnitt
Der Verfassungsgerichtshof

Artikel 75
[Klagearten]

Der Verfassungsgerichtshof entscheidet:

1. in den Fällen der Artikel 32, 33, 63,

2. über die Auslegung der Verfassung aus Anlass von Streitigkeiten über den Umfang der Rechte und Pflichten eines obersten Landesorgans oder anderer Beteiligter, die durch diese Verfassung oder in der Geschäftsordnung eines obersten Landesorgans mit eigenen Rechten ausgestattet sind,

3. bei Meinungsverschiedenheiten oder Zweifeln über die Vereinbarkeit von Landesrecht mit dieser Verfassung auf Antrag der Landesregierung oder eines Drittels der Mitglieder des Landtags,

4. in sonstigen durch Gesetz zugewiesenen Fällen.

Als „Hüter der Landesverfassung" ist der Verfassungsgerichtshof für das Land **1**
Nordrhein-Westfalen in Münster das oberste Gericht des Landes. Vor seiner
Errichtung durch Gesetz vom 4. 3. 1952 war für Verfassungsstreitigkeiten das
Oberverwaltungsgericht zuständig (§ 120 der Militär-Verordnung Nr. 165 vom
15. September 1948). In der Entstehungsphase der Landesverfassung war die
Einrichtung eines eigenen Verfassungsgerichts des Landes in Frage gestellt wor-
den, weil Artikel 99 GG dem Land auch die Möglichkeit gegeben hätte, die
Entscheidung von Landesverfassungsstreitigkeiten dem Bundesverfassungsgericht zu überlassen. Die Entscheidung für ein eigenes Verfassungsgericht ist
Ausdruck des Selbstverständnisses des Landes, die Einhaltung der Landesverfassung als eigene Aufgabe anzusehen; sie betont die Eigenstaatlichkeit Nordrhein-
Westfalens innerhalb des föderalistischen Gesamtstaates. Zugleich beinhaltet sie
ein klares Bekenntnis zum Rechtsstaat. Trotz der Einordnung der Regelungen
erst im fünften Abschnitt des dritten Teils der Landesverfassung – also nicht im
direkten Anschluss an die Bestimmungen über den Landtag und die Landesregierung und auch erst nach der Rechtspflege – war dem Verfassungsgerichtshof
schon immer der Status eines unabhängigen Verfassungsorgans zuzusprechen.
Das Gesetz über der Verfassungsgerichtshof in der seit dem 14. 12. 1989 gültigen
Fassung stellt das in § 1 Abs. 1 ausdrücklich fest („. . . ist ein allen übrigen
Verfassungsorganen gegenüber unabhängiger Gerichtshof des Landes."). Den
Begriff „selbständiger Gerichtshof" vermeidet das Gesetz nur mit Rücksicht auf
die organisatorische Verzahnung des Gerichtshofs mit dem Oberverwaltungsgericht; in der Sache ist damit keine Einschränkung des Status des Verfassungs-
gerichtshofs verbunden.

Artikel 75 zählt nur einen Teil der zulässigen *Klagearten* auf. In Nr. 4 sieht er **2**
ausdrücklich die Möglichkeit der Erweiterung der Zuständigkeit des Verfassungsgerichtshofes durch einfaches Gesetz vor. Unter Einbeziehung der Regelungen im Grundgesetz und im Gesetz über den Verfassungsgerichtshof entscheidet der Verfassungsgerichtshof in folgenden Fällen:

Ausschluss von Wahlen und Abstimmungen, Wahlprüfungsverfahren, Ministeranklage: **3**
Nr. 1 nennt drei verschiedene Verfahrensarten: Nach Artikel 32 entscheidet der
Verfassungsgerichtshof über den Ausschluss von Wahlen und Abstimmungen.
Der Antrag dazu kann von der Landesregierung oder mindestens fünfzig Abgeordneten des Landtags gestellt werden. Nach Artikel 33 ist der Verfassungsgerichtshof für die Entscheidung über Beschwerden im Wahlprüfungsverfahren
zuständig. Artikel 63 betrifft die Entscheidung über Anklagen gegen den Ministerpräsidenten oder gegen Landesminister.

Organstreitigkeiten: **4**
Nr. 2 betrifft Entscheidungen aus Anlass von sog. Organstreitigkeiten. Die Bestimmung entspricht der Regelung, die das Grundgesetz in Artikel 93 Abs. 1
Nr. 1 für entsprechende Streitigkeiten zwischen den verschiedenen Verfassungsorganen des Bundes enthält. Beteiligte eines solchen Verfahrens können
neben dem Landtag, der Landesregierung, dem Ministerpräsidenten und den

einzelnen Ministern auch andere Rechtsinhaber sein, denen die Landesverfassung oder die Geschäftsordnung eines obersten Landesorgans eigene Rechte verliehen hat. Das sind etwa die in Artikel 38 Abs. 4 und Artikel 41 Abs. 1 LV mit eigenen Rechten ausgestatteten Minderheiten des Landtags, der ständige Ausschuss gemäß Artikel 40 LV, der Ältestenrat (VerfGH, DVBl. 1995, 921), die Fraktionen des Landtags und ihnen (jedenfalls teilweise) gleichzustellende politische Gruppierungen im Landtag. Auch politische Parteien können, soweit ihnen in Artikel 21 GG das Recht auf Mitwirkung an der politischen Willensbildung eingeräumt ist, klageberechtigt sein, weil diese Bestimmung über Artikel 30 als Bestandteil des Landesverfassungsrechts zu gelten hat. Auch der oder die einzelne Abgeordnete kann die Antragsbefugnis haben. Die stimmberechtigten Bürger haben demgegenüber kein Recht zur Erhebung einer Organklage. Die Entscheidungen des Verfassungsgerichtshofs in Organstreitverfahren haben Gesetzeskraft und sind im Gesetz- und Verordnungsblatt zu verkünden.

5 *Abstrakte Normenkontrolle:*
Nr. 3 sieht die sog. abstrakte Normenkontrollklage vor, die unabhängig von einem konkreten Konflikt zur Überprüfung der Vereinbarkeit von Landesrecht mit der Landesverfassung erhoben werden kann. Antragsberechtigt sind die Landesregierung oder ein Drittel der gesetzlichen Mitgliederzahl des Landtags. Eine Popularklage, d. h. die Klage durch einzelne oder mehrere Bürgerinnen und Bürger, Parteien oder Verbände, ist ausgeschlossen. § 47 des Gesetzes über den Verfassungsgerichtshof macht die Zulässigkeit der Klage zusätzlich davon abhängig, dass der Antragsteller oder die Antragstellerin selbst die Nichtigkeit einer landesrechtlichen Norm geltend macht, weil sie mit der Landesverfassung unvereinbar sei, oder dass aus demselben Grund ein Gericht oder eine andere amtliche Stelle die Norm nicht angewendet hat. Überprüft werden können nicht nur Landesgesetze, sondern z. B. auch Rechtsverordnungen, Satzungen und Geschäftsordnungsbestimmungen. Eine vorbeugende Normenkontrolle – etwa im Rahmen eines noch nicht abgeschlossenen Gesetzgebungsverfahrens – kennt die Landesverfassung nicht; die angegriffene Bestimmung muss also verkündet sein und förmliche Geltung erlangt haben. In dem Verfahren kann der Verfassungsgerichtshof die Nichtigkeit einer landesrechtlichen Norm mit Gesetzeskraft feststellen. Die Entscheidung ist im Gesetz- und Verordnungsblatt zu veröffentlichen.

6 *Zulässigkeit und Rechtswirksamkeit von Volksbegehren:*
Nach Artikel 68 Abs. 1 Satz 6 LV entscheidet der Verfassungsgerichtshof bei Streitigkeiten über die Zulässigkeit oder Rechtswirksamkeit eines Volksbegehrens.

7 *Konkrete Normenkontrolle:*
Eine weitere Zuständigkeit des Verfassungsgerichtshofes ergibt sich aus Artikel 100 Abs. 1 GG in Verbindung mit § 50 des Gesetzes über den Verfassungsgerichtshof. Danach entscheidet der Verfassungsgerichtshof im sog. konkreten

Normenkontrollverfahren über gerichtliche Vorlagen, wenn das Gericht ein Gesetz deshalb nicht anzuwenden bereit ist, weil es selbst von einer Unvereinbarkeit des Gesetzes mit der Landesverfassung ausgeht. Durch die Vorlagepflicht der Gerichte wird sichergestellt, dass die Nichtvereinbarkeit eines Gesetzes mit der Landesverfassung nur vom Verfassungsgerichtshof mit bindender Wirkung festgestellt werden kann. Mit dieser Klageart können nur Gesetze, nicht aber Rechtsverordnungen und Satzungen auf ihre Verfassungsgemäßheit überprüft werden. Prüfmaßstab ist die Landesverfassung, nicht das Grundgesetz; jedoch sind Bestandteil des Landesverfassungsrechts auch die durch Artikel 4 Abs. 1 LV übernommenen Grundrechtsbestimmungen des Grundgesetzes. Bei Inhaltsgleichheit von Grundgesetz und Landesverfassung bestehen für die Gerichte daher nebeneinander die Vorlagemöglichkeiten zum Bundesverfassungsgericht und zum Landesverfassungsgericht. Die gerichtliche Praxis scheint in diesen Fällen der Vorlage an das Bundesverfassungsgericht den Vorzug zu geben.

Kommunale Verfassungsbeschwerde:　　　　　　　　　　　　　　　　**8**

Das Gesetz über den Verfassungsgerichtshof sieht in seinem § 52 für die Gemeinden und Gemeindeverbände die Erhebung der Verfassungsbeschwerde mit der Behauptung vor, dass Landesrecht die Vorschriften der Landesverfassung über das Recht der kommunalen Selbstverwaltung (Artikel 78, 79) verletze. Die kommunale Verfassungsbeschwerde hat in der Spruchpraxis des Verfassungsgerichtshofes eine erhebliche Bedeutung erlangt. Von den rund 250 Verfahren, die beim Verfassungsgerichtshof von 1952 bis 1990 anhängig waren, betrafen etwa 80 Prozent kommunale Verfassungsbeschwerden und zugehörige Eilanträge (s. dazu auch die Anmerkungen zu Artikel 78). Eine Verfassungsbeschwerde mit dem Ziel, eine Untätigkeit des Gesetzgebers zu rügen, sieht das Gesetz über den Verfassungsgerichtshof jedoch nicht vor (VerfGH DÖV 1959, 232).

Keine allgemeine Verfassungsbeschwerde:　　　　　　　　　　　　　**9**

Anders als das Grundgesetz (Artikel 93 Abs. 1 Nr. 4a) und die mittlerweile weit überwiegende Zahl der Landesverfassungen sieht die nordrhein-westfälische Landesverfassung die allgemeine Verfassungsbeschwerde nicht vor, durch die sich jedermann mit der Behauptung an das Verfassungsgericht wenden könnte, durch die öffentliche Gewalt in einem seiner Grundrechte oder bestimmter staatsbürgerlicher Rechte verletzt worden zu sein. Auch das Gesetz über den Verfassungsgerichtshof enthält sie nicht, wenngleich die Frage im Landtag wiederholt erwogen worden ist und die Einführung der Verfassungsbeschwerde eine Änderung der Landesverfassung nicht erfordern würde. Für eine solche Lösung ist in erster Linie geltend gemacht worden, dass sie unter föderativen Gesichtspunkten das Eigengewicht des Landes stärken und die Bedeutung der Landesverfassung für die Bürgerrechte hervorheben könne (s. dazu neuerdings *J. Dietlein,* JURA 2000, 19 ff.). Wesentliches Argument für den Verzicht auf die allgemeine Verfassungsbeschwerde zum Verfassungsgerichtshof ist die Überlegung, dass es wegen der fast vollständigen Parallelität der Grundrechtsgewährleistungen im Grundgesetz und in der Landesverfassung kein wirkliches Bedürfnis für einen zusätzlichen Zugang der Bürgerinnen und Bürger zum Verfassungsgerichtshof gibt, da ihnen nach dem Grundgesetz bereits der Weg zum Bundesverfassungsgericht offensteht und eine reine Verdoppelung des Rechtsweges nur die Gefahr von divergierenden Entscheidungen beider Gerichte heraufbeschwören würde. Der Bürger kann sich zudem an das zuständige Fachgericht wenden, das ein umstrittenes Gesetz dem Verfassungsgerichtshof zur Prüfung im Wege der konkreten Normenkontrolle (vgl. oben Rn. 7) vorlegen kann. Die Einführung einer rein „subsidiären" Verfassungsbeschwerde würde, so wird zu bedenken gegeben, bei den Bürgerinnen und Bürgern große Erwartungen hervorrufen; in der Praxis müssten diese aber ganz überwiegend enttäuscht werden, wenn sich – wie zu erwarten sei – in der Mehrzahl der Fälle ergäbe, dass sie wegen des Vorrangs des Bundesverfassungsgerichts unzulässig seien. Auf Grund dieser Überlegungen hat der Gesetzgeber auch bei der letzten Novellierung des Gesetzes über den Verfassungsgerichtshof im Jahre 1989 von einer entsprechenden Regelung abgesehen.

10 *Einstweilige Anordnung:*
Zur Abwehr schwerer Nachteile, zur Verhinderung drohender Gewalt oder aus einem anderen wichtigen Grunde kann der Verfassungsgerichtshof einen Zustand auch durch eine einstweilige Anordnung vorläufig regeln (§ 27 Abs. 1 Satz 1 VerfGHG). Die Bestimmung ist als Ausnahmevorschrift eng auszulegen (VerfGH DÖV 1959, 455).

Artikel 76
[Zusammensetzung]

(1) Der Verfassungsgerichtshof setzt sich zusammen aus dem Präsidenten des Oberverwaltungsgerichts, den beiden lebensältesten Oberlandesgerichtspräsidenten des Landes und vier vom Landtag auf die Dauer von sechs Jahren gewählten Mitgliedern, von denen die Hälfte die Befähigung zum Richteramt oder zum höheren Verwaltungsdienst haben muss.

(2) Im Verhinderungsfalle treten an die Stelle der Gerichtspräsidenten deren Stellvertreter; für die übrigen Mitglieder sind vier Vertreter zu wählen.

(3) Das Nähere bestimmt das Gesetz.

1 Die in Artikel 76 enthaltene Regelung über die Zusammensetzung des Verfassungsgerichtshofes unterscheidet sich erheblich von derjenigen in den meisten anderen Landesverfassungen, die dem Parlament eine wesentlich weitergehende Einflussmöglichkeit auf die Besetzung des Gerichts einräumen. Dem Verfassungsgerichtshof gehören mit dem Präsidenten des Oberverwaltungsgerichts und den beiden lebensältesten Präsidenten der drei nordrhein-westfälischen Oberlandesgerichte drei geborene Mitglieder an, die, da die Landesverfassung und auch das Landesrichtergesetz die Einrichtung eines parlamentarischen

Richterwahlausschusses nicht kennen (s. dazu Anm. 4 zu Artikel 72), von der Landesregierung in ihre Ämter berufen werden. Der Landtag wählt nur die vier übrigen Mitglieder des Verfassungsgerichtshofes auf die Dauer von sechs Jahren. Zwei von ihnen müssen die Befähigung zum Richteramt oder zum höheren Verwaltungsdienst haben. Das Gesetz über den Verfassungsgerichtshof bestimmt den jeweiligen Präsidenten des Oberverwaltungsgerichts zum Präsidenten des Verfassungsgerichtshofes.

Der wesentliche Grund für die in Artikel 76 vorgesehene Zusammensetzung des **2** Verfassungsgerichtshofes liegt in dem Bemühen, eine gewisse personelle Kontinuität seiner Besetzung sicherzustellen, die im Hinblick darauf besonders wünschenswert erscheint, dass der Verfassungsgerichtshof wegen seiner begrenzten Zuständigkeiten nicht mit hauptberuflichen Mitgliedern besetzt ist. Eine dem Rang des Gerichtes entsprechende Qualität seiner Rechtsprechung lasse, so ist auch anlässlich der letzten Novellierung des Gesetzes über den Verfassungsgerichtshof im Jahre 1989 argumentiert worden, sich wirksam kaum garantieren, wenn seine Mitglieder im Abstand von sechs Jahren ausgewechselt werden könnten, ohne dass ein stabilisierendes Element eingebaut werde. Dass Erwägungen dieser Art nicht ohne Hintergrund angestellt wurden, zeigte die öffentliche Diskussion über die Entscheidung des Berliner Verfassungsgerichtshofes über die Haftentlassung des ehemaligen Partei- und Regierungschefs der DDR, Erich Honecker, in deren Verlauf Kritiker auf die geringe Spruchpraxis des Berliner Verfassungsgerichts verwiesen und den Wert der Landesverfassungsgerichtsbarkeit insgesamt in Frage gestellt haben. In Bezug auf die nordrhein-westfälische Lösung sind Zweifel an der Professionalität des Gerichts kaum laut geworden. Hingegen ist gelegentlich kritisch auf seine „Justizlastigkeit" hingewiesen worden. Sie hat sich in der Praxis dadurch ergeben, dass nicht nur die drei „geborenen" Mitglieder, sondern vielfach auch ein Teil der Wahlmitglieder aus dem Kreis der Berufsrichter an nordrhein-westfälischen Gerichten berufen worden sind, was das Gesetz über den Verfassungsgerichtshof nicht zwingend vorschreibt.

Sechster Abschnitt
Die Verwaltung

Artikel 77
[Verwaltungsorganisation]

Die Organisation der allgemeinen Landesverwaltung und die Regelung der Zuständigkeiten erfolgt durch Gesetz. Die Einrichtung der Behörden im Einzelnen obliegt der Landesregierung und auf Grund der von ihr erteilten Ermächtigung den einzelnen Landesministern.

1 Artikel 77, der lediglich die *Organisation der Landesverwaltung,* nicht dagegen die von ihr wahrzunehmenden Aufgaben betrifft, schreibt vor, dass die Organisation und die Regelung der Zuständigkeiten der allgemeinen Landesverwaltung durch Gesetz zu erfolgen hat. Das ist durch das Landesorganisationsgesetz vom 10. 7. 1962 geschehen. Weitere wichtige Vorgaben des Gesetzgebers sind in den beiden Modernisierungsgesetzen vom 15. Juni 1999 und vom 9. Mai 2000 enthalten. Sie sehen eine stärkere Konzentration der staatlichen Aufgabenerfüllung auf der mittleren Verwaltungsebene in den Bezirksregierungen vor. Die Einrichtung der Behörden im Einzelnen ist der Exekutive überlassen. Zu den Festpunkten der nordrhein-westfälischen Verwaltungsstruktur gehört deren regelmäßige vertikale Dreistufigkeit, die weitgehende Kommunalisierung der Ortsebene, die Begrenzung der Sonderverwaltungen (das 2. Modernisierungsgesetz reduziert die Zahl der Landesoberbehörden nunmehr von 15 auf 7) und die zusammenfassende Bündelung vieler Landesverwaltungszweige in der staatlichen Mittelinstanz in Gestalt der Bezirksregierungen. Die im 2. Modernisierungsgesetz enthaltene Umwandlung von Verwaltungsbereichen und von drei Landesoberbehörden in Landesbetriebe (Landesamt für Datenverarbeitung und Statistik, Geologisches Landesamt, Landesvermessungsamt, Eichbehörden, Bauämter als Teil eines Liegenschaftsmanagements, Landesbetrieb Straßenbau) bezweckt die Einführung betriebswirtschaftlicher Grundsätze in traditionell hoheitlich organisierte Aufgabenfelder. Der Verfassungsgerichtshof des Landes hat die Überführung der Straßenbauverwaltung mit ihren rund 7 000 Beschäftigten von den Landschaftsverbänden in die Regie des Landes mit Urteil vom 26. 6. 2001 (NWVBl. 2001, 340 ff.) als verfassungsmäßig bestätigt.

2 In der bundesstaatlichen Ordnung des Grundgesetzes nehmen die Länder nicht nur die *Ausführung der Landesgesetze* wahr. Nach Artikel 83 GG führen sie vielmehr *auch die Bundesgesetze* „als eigene Angelegenheit" aus, soweit das Grundgesetz nichts anderes bestimmt oder zulässt. Die verwaltungsmäßige Ausführung der Gesetze beider staatlichen Ebenen, ihre Umsetzung in die Lebenswirklichkeit und die Verwirklichung ihres jeweiligen Regelungsziels obliegt danach prinzipiell der Landesverwaltung. Nachdem sich die Zuständigkeitsverteilung im Gesetzgebungsbereich zunehmend auf die Bundes- und die europäische Ebene verschoben hat, stellt die verwaltende Tätigkeit den tatsächlichen Schwerpunkt der staatlichen Aufgaben des Landes dar. Auf die damit verbundene Verschiebung der Gewichte zwischen Parlament und Regierung zugunsten der Exekutive und den damit verbundenen Problemen ist bereits bei Artikel 3 (Anm. 4) hingewiesen worden.

3 Soweit die Landesverwaltung *Bundesgesetze als eigene Angelegenheit* ausführt, ist sie zur eigenverantwortlichen Ausführung des Bundesrechts nicht nur berechtigt, sondern auch verpflichtet. Das gilt auch, soweit ein Bundesgesetz von den Gemeinden, Gemeindeverbänden oder Planungsverbänden auszuführen ist, denn sie sind in die Länderstaatlichkeit eingebunden. Das Land hat im Wege der Aufsicht die Kompetenz, Verantwortung und Pflicht, sicherzustellen, dass diese Verwaltungsträger ihre Maßnahmen zur Ausführung der Gesetze entsprechend den gesetzlichen Vorgaben treffen (BVerfGE 39, 96, 109). Nach Artikel 84 GG liegt die Zuständigkeit zur Einrichtung der Behörden und für die Regelung des Verwaltungsverfahrens auch zur Ausführung der Bundesgesetze – für die Ausführung der Landesgesetze gilt das von selbst – grundsätzlich bei den Ländern. Durch Bundesgesetze, die der Zustimmung des Bundesrates bedürfen, kann jedoch etwas anderes bestimmt werden; die Bundesregierung kann – gleichfalls mit Zustimmung des Bundesrates – allgemeine Verwaltungsvorschriften erlassen. Hinsichtlich der Rechtmäßigkeit des Gesetzesvollzuges durch das Land steht der Bundesregierung ein Aufsichtsrecht zu (Artikel 84 Abs. 3 GG). Zur Durchsetzung ihrer Aufsicht stehen ihr die Mängelrüge und das Instrument der Einzelweisung (Artikel 84 Abs. 4 und 5 GG) zur Verfügung, bei deren Einsatz sie allerdings an die Mitwirkung des Bundesrates bzw. der beiden Bundesgesetzgebungskörperschaften gebunden ist.

4 Auf einigen im Grundgesetz im Einzelnen bezeichneten Gebieten kann durch Bundesgesetz bestimmt werden, dass die Länder die Gesetze *im Auftrage des Bundes* ausführen *(Bundesauftragsverwaltung,* Artikel 85 GG). Auch hier bleibt die Einrichtung der Behörden Sache der Länder, jedoch stehen dem Bund stärkere Einwirkungsmöglichkeiten auf das Land, insbesondere ein Weisungsrecht, zur Verfügung.

5 Durch das Finanzreformgesetz 1969 ist in den Artikeln 91 a und 91 b GG das Instrument der *Gemeinschaftsaufgaben* geschaffen worden, bei dem der Bund sich an der Wahrnehmung von Länderaufgaben beteiligt und diese mitfinanziert. Das gilt für den Aus- und Neubau von Hochschulen einschließlich der Hochschulkliniken, die Verbesserung der regionalen Wirtschaftsstruktur, die Verbesserung der Agrarstruktur und des Küstenschutzes sowie für die Bildungsplanung und die Forschungsförderung. In diesen Aufgabenbereichen sind durch Verwaltungsvereinbarungen gemeinsame Einrichtungen geschaffen worden, in denen Bund und Länder bestimmte Verwaltungsaufgaben gemeinsam wahrnehmen. Im Zuge der aktuellen Diskussion über eine Verringerung der Verflechtung von Zuständigkeiten zwischen Bund und Ländern wird über den Verzicht auf das Institut der Gemeinschaftsaufgaben nachgedacht.

6 Die grundlegende *Einteilung der Träger der Landesverwaltung* ist im Landesorganisationsgesetz geregelt. Dieses unterscheidet zwischen den Behörden und Einrichtungen des Landes, den Gemeinden und Gemeindeverbänden und den Körperschaften, Anstalten und Stiftungen des öffentlichen Rechts.

7 *Oberste Landesbehörden* sind der Ministerpräsident, die Landesregierung und die Landesministerien. Neben sie tritt der Landesrechnungshof, über den die Landesverfassung in Artikel 87 eine eigene Regelung enthält. Ebenso wie die obersten Landesbehörden sind auch die Landesoberbehörden für das ganze Land zuständig; sie unterstehen jeweils einer obersten Landesbehörde. Durch das 2. Modernisierungsgesetz vom 9. Mai 2000 sind vier der bisher 15 Landesoberbehörden in die staatliche Mittelinstanz integriert und andere in Landesbetriebe umgewandelt worden. Landesoberbehörden sind seither nur noch das Landeskriminalamt, das Landesamt für Besoldung und Versorgung, das Landesumweltamt, das Landesamt für Ernährungswirtschaft und Jagd, das Rechenzentrum der Finanzen, das Landesversicherungsamt sowie der Landesbeauftragte für den Maßregelvollzug.

8 Wichtigste *Landesmittelbehörden* sind die fünf Bezirksregierungen in Arnsberg, Detmold, Düsseldorf, Köln und Münster. Nach § 8 des Landesorganisationsgesetzes ist der Regierungspräsident der allgemeine Vertreter der Landesregierung in seinem Bezirk; er ist für alle Aufgaben der Landesverwaltung zuständig, die nicht ausdrücklich anderen Behörden übertragen sind. Wegen dieser Bündelung der meisten staatlichen Aufgaben bezeichnet man die Regierungspräsidenten oft als „Bündelungsbehörden". Weitere Mittelbehörden sind beispielsweise die Oberfinanzdirektionen, das Justizvollzugsamt und die Schulkollegien bei den Regierungspräsidenten.

9 *Untere Landesbehörden* sind beispielsweise die Finanzämter, die Kreispolizeibehörden, die Schulämter und die Forstämter. Sie unterstehen teilweise den Mittelbehörden, teilweise aber auch den Landesoberbehörden.

10 Neben den Behörden gehören zur Landesverwaltung auch die sog. *Einrichtungen des Landes,* die besondere ihnen zugewiesene Aufgaben wahrnehmen. Zu nennen sind etwa die Landeskriminalschule in Düsseldorf, die Polizei-Führungsakademie Münster, die Fachhochschule für öffentliche Verwaltung in Gelsenkirchen mit Abteilungen in mehreren Städten, die Fachhochschule für Rechtspflege in Bad Münstereifel und die Landesanstalt für Immissionsschutz in Essen.

11 *Kommunale Verwaltungsträger* sind die Gemeinden und die Gemeindeverbände. Sie bestehen aus den Landschaftsverbänden Rheinland und Westfalen-Lippe, dem Kommunalverband Ruhrgebiet und den Kreisen des Landes.

12 Im Grenzbereich zwischen der Verantwortung des Landes und der kommunalen Ebene (Gemeinden, Gemeindeverbände) liegt die *Landesplanung.* Sie dient der Ordnung der städtebaulichen und verkehrlichen Entwicklung über die Grenzen der einzelnen Gemeinden hinaus und vollzieht sich in einem Rahmen, den der Bund durch das Raumordnungsgesetz gesetzt hat. Die Landesplanung legt Grundsätze und Ziele der Raumordnung und Landesplanung für die Gesamtentwicklung des Landes und für alle raumbedeutsamen Maßnahmen einschließlich der dazu notwendigen öffentlichen Investitionen fest. Das geschieht auf der Grundlage des Landesplanungsgesetzes durch Aufstellung des Landesentwicklungsprogramms, von Landesentwicklungsplänen und Gebietsentwicklungsplänen. Eine besondere Form eines Gebietsentwicklungsplanes ist der Braunkohleplan für das Rheinische Braunkohlenplangebiet, das ganz oder zum Teil das Gebiet der Kreise Aachen, Düren, Euskirchen, Erftkreis, Heinsberg, Neuss, Rhein-Sieg-Kreis und der kreisfreien Stadt Mönchengladbach umfasst.

Da die Festlegungen in Gebietsentwicklungsplänen (und auch in Braunkoh- **13**
lenplänen) den Handlungsspielraum einengen, in dem die Gemeinden und
Gemeindeverbände ihre Aufgaben zur Gestaltung der örtlichen Angelegenheiten jeweils in Unabhängigkeit voneinander und vom Land erfüllen (VerfGH
DVBl. 1990, 417; NWVBl. 1991, 371; DVBl. 1995, 465), sieht das Landesplanungsgesetz ihre Beteiligung an der Erstellung derartiger Pläne vor. Das geschah
bislang durch *Bezirksplanungsräte* bei den Regierungspräsidenten und durch den
Braunkohlenausschuss, der als Sonderausschuss des Bezirksplanungsrat beim
Regierungspräsidenten in Köln gebildet worden ist. Mit dem 2. Modernisierungsgesetz vom Mai 2000 sind an die Stelle der Bezirksplanungsräte die *Re-
gionalräte* getreten, deren Mitglieder von den kommunalen Vertretungen ent-
sandt werden. Sie sind gegenüber der Landesplanungsbehörde weisungsfrei. Die
von ihnen in eigener Verantwortung aufgestellten Gebietsentwicklungs- und
Braunkohlenpläne bedürfen jedoch der Genehmigung durch die Landesplanungsbehörde (das ist seit Beginn der 13. Wahlperiode die Staatskanzlei).

Als Träger der *mittelbaren Landesverwaltung* können durch ein Landesgesetz oder **14**
aufgrund eines Landesgesetzes besondere Verwaltungseinheiten mit eigener
Rechtspersönlichkeit errichtet werden, die nicht in die Behörden der Landesverwaltung eingegliedert sind und eigenständig – mit Selbstverwaltungsbefugnis
– bei der Landesverwaltung mitwirken. Solche Einrichtungen sind die Körperschaften des öffentlichen Rechts wie die Universitäten, die Akademie der Wissenschaften, die Industrie- und Handelskammern, die Anwalts- und Notarkammern und die Ärztekammern. Zur mittelbaren Staatsverwaltung gehören
auch die Anstalten des öffentlichen Rechts (z. B. Lebensversicherungsanstalten,
Sparkassen) und die Stiftungen des öffentlichen Rechts (z. B. die NRW-Stiftung
Naturschutz, Heimat- und Kulturpflege).

Die *Verwaltungsstruktur Nordrhein-Westfalens* ist seit der Gründung des Landes **15**
erheblich umgestaltet worden. Im Vollzug des Ersten Programms für die kommunale Neugliederung (1967 bis 1970) wurde die Zahl der kreisfreien Städte
von 38 auf 34 und die Zahl der kreisangehörigen Gemeinden von 2327 auf 1243
verringert. Mit dem Zweiten Neugliederungsprogramm (1970 bis 1975) und
„Reparaturgesetzen" von 1976 verringerte sich die Zahl der kreisfreien Städte
weiter auf 23, die der kreisangehörigen Gemeinden auf 373. Eine weitere
Maßnahme zur Neuorganisation der Landesverwaltung stellte die ab 1976
durchgeführte Funktionalreform dar, die zu einer Konzentration der Verwal-
tungsorganisationen führte. Fortdauernde Aufgaben der Verwaltungsreform
sind Maßnahmen zur Entbürokratisierung, zur Überprüfung der Notwendigkeit staatlicher Verwaltungstätigkeit (Aufgabenkritik), zur Umgestaltung der
Verwaltungsbehörden zu bürgernahen Serviceeinrichtungen und zur technischen Innovation im Verwaltungsbereich. Ein wichtiger Schwerpunkt der Mo-
dernisierungsgesetze aus den Jahren 1999 und 2000 liegt in der Verlagerung von
Aufgaben vom Land und den Landschaftsverbänden auf die kommunalen Auf-
gabenträger. Zudem ist die Zulässigkeit der wirtschaftlichen Betätigung der
Kommunen erweitert worden.

16 Mit dem *Informationsfreiheitsgesetz* vom 27. 11. 2001 (GVBl. NW S. 806) ist für jede Bürgerin und jeden Bürger ein umfassender verfahrensunabhängiger Anspruch auf Informationszugang begründet worden, der als eigenständiger Bürgeranspruch aufgefasst wird. Er richtet sich an alle dem Landesrecht unterliegenden Verwaltungen, also auch an die der Kommunen. Durch die Regelungen des Gesetzes soll nicht nur die Transparenz des behördlichen Handelns, sondern auch die Nachvollziehbarkeit und Akzeptanz behördlicher Entscheidungen und der zugrunde liegenden politischen Entscheidungen erhöht werden. Gerichte und Staatsanwaltschaften sind von den Bestimmungen des Gesetzes ausgenommen, das darüber hinaus Einzelregelungen enthält, die die Funktionsfähigkeit der Verwaltungsbehörden trotz des hohen Maßes an Transparenz erhalten sollen. Ob sie gegenüber systematischen Ausforschungen (z. B. durch Organisationen wie Scientology, die das neue Instrument nutzen) ausreichen, kann bezweifelt werden.

Artikel 77 a
[Datenschutzbeauftragter]

(1) Der Landtag wählt auf Vorschlag der Landesregierung einen Landesbeauftragten für den Datenschutz mit mehr als der Hälfte der gesetzlichen Zahl seiner Mitglieder; Artikel 58 bleibt im übrigen unberührt.

(2) Der Landesbeauftragte für den Datenschutz ist in Ausübung seines Amtes unabhängig und nur dem Gesetz unterworfen. Er kann sich jederzeit an den Landtag wenden.

(3) Das Nähere wird durch Gesetz geregelt.

1 Artikel 77 a ergänzt das Grundrecht des Artikel 4 Abs. 2 auf Schutz personenbezogener Daten durch die Schaffung des Amtes des Datenschutzbeauftragten. Nordrhein-Westfalen war mit der Einführung des Grundrechts auf Datenschutz und der Verankerung der Funktion eines zum Schutz dieses Grundrechts bestellten Landesbeauftragten im Jahre 1978 das erste Land der Bundesrepublik, das die Konsequenzen aus der zunehmenden Gefährdung des allgemeinen Persönlichkeitsrechts durch die informationstechnische Entwicklung gezogen hat. Das bekannte Volkszählungsurteil des Bundesverfassungsgerichts hat das Grundrecht auf informationelle Selbstbestimmung erst im Jahre 1983 näher konkretisiert (BVerfGE 65, 1 ff.; vgl. dazu Anm. 82 ff. zu Artikel 4).

2 Die nähere Ausgestaltung des Amtes des Datenschutzbeauftragten regeln die §§ 21 ff. des Datenschutzgesetzes Nordrhein-Westfalen vom 15. 3. 1988, das am 9. 6. 2000 in geänderter Fassung bekannt gemacht worden ist (aktuelle Fassung: www.lfd.nrw.de). Neben seiner Funktion der Überwachung von Erhebung, Verarbeitung und Nutzung personenbezogener Daten durch die Träger öffentlicher Stellen im Lande hat er die Aufgabe, Empfehlungen zur Verbesserung des Datenschutzes zu geben und die Landesregierung und die öffentlichen Stellen in

Fragen des Datenschutzes zu beraten. Der Landtag und die Landesregierung können ihn mit der Erstattung von Gutachten und Stellungnahmen betrauen.

Nach Absatz 1 wird der Landesbeauftragte für Datenschutz auf Vorschlag der **3** Landesregierung mit der absoluten Mehrheit der Stimmen des Landtags gewählt. Nach § 21 Abs. 2 des Datenschutzgesetzes wird er auf die Dauer von acht Jahren in ein Beamtenverhältnis auf Zeit berufen. Er muss die Befähigung zum Richteramt haben und die zur Erfüllung seiner Aufgaben erforderliche Fachkunde besitzen.

Nach Absatz 2 ist der Landesbeauftragte für Datenschutz in der Ausübung seines **4** Amtes *unabhängig und nur dem Gesetz unterworfen;* seine Rechtsstellung ist damit der eines Richters angenähert. Er kann sich unmittelbar an den Landtag wenden und nach § 24 des Datenschutzgesetzes Stellungnahmen der Landesverwaltung zu von ihm festgestellten Verstößen gegen Datenschutzbestimmungen innerhalb einer von ihm bestimmten Frist verlangen. Nach § 25 Datenschutzgesetz hat jedermann das Recht, sich unmittelbar an den Landesbeauftragten für Datenschutz zu wenden, wenn er der Ansicht ist, bei der Verarbeitung seiner personenbezogenen Daten durch eine (Landes-)Stelle in seinen Rechten verletzt zu sein. Alle öffentlichen Stellen sind verpflichtet, ihn zu unterstützen.

Artikel 78
[Kommunale Selbstverwaltung]

(1) Die Gemeinden und Gemeindeverbände sind Gebietskörperschaften mit dem Recht der Selbstverwaltung durch ihre gewählten Organe.

(2) Die Gemeinden und Gemeindeverbände sind in ihrem Gebiet die alleinigen Träger der öffentlichen Verwaltung, soweit die Gesetze nichts anderes vorschreiben.

(3) Das Land kann die Gemeinden und Gemeindeverbände durch gesetzliche Vorschriften zur Übernahme und Durchführung bestimmter öffentlicher Aufgaben verpflichten, wenn gleichzeitig Bestimmungen über die Deckung der Kosten getroffen werden.

(4) Das Land überwacht die Gesetzmäßigkeit der Verwaltung der Gemeinden und Gemeindeverbände. Das Land kann sich bei Pflichtaufgaben ein Weisungs- und Aufsichtsrecht nach näherer gesetzlicher Vorschrift vorbehalten.

I. Garantie der kommunalen Selbstverwaltung

Artikel 78 enthält eine Garantie der gemeindlichen Selbstverwaltung für die **1** öffentlichen Angelegenheiten der örtlichen Gemeinschaft und trägt damit der bundesverfassungsrechtlichen Vorgabe in Artikel 28 Abs. 2 GG Rechnung. Die kommunale Selbstverwaltung hat in Deutschland eine alte und starke Tradition. Sie ermöglicht die demokratische Mitwirkung der Bürgerinnen und Bürger an der Gestaltung ihres engeren Lebenskreises. Außerdem ist sie ein tragendes Element der vertikalen Gewaltenverteilung auf mehrere staatliche Ebenen.

II. Gemeinden, Gemeindeverbände und kommunale Vereinigungen

2 Die starke bevölkerungsmäßige, räumliche und wirtschaftsstrukturelle Differenzierung Nordrhein-Westfalens – von den dünnbesiedelten, immer noch stark landwirtschaftlich geprägten Gebieten der Eifel, des Münsterlandes oder Ostwestfalens bis zu den industriellen Ballungsräumen an Rhein und Ruhr – bildet sich auf der kommunalen Ebene ab und führt zu einer entsprechenden *Vielfalt der kommunalen Landschaft.* Die gemeinsamen Interessen der nordrheinwestfälischen Gemeinden und Gemeindeverbände – der Kreise, der beiden Landschaftsverbände Rheinland und Westfalen-Lippe und des Kommunalverbandes Ruhrgebiet (1979 aus dem ehemaligen Siedlungsverband Ruhrkohlenbezirk hervorgegangen) – werden von den kommunalen Spitzenverbänden wahrgenommen (Städtetag Nordrhein-Westfalen, nordrhein-westfälischer Städte- und Gemeindebund, Landkreistag Nordrhein-Westfalen), deren politisches Gewicht sowohl auf der Landes- als auch auf der Bundesebene spürbar ist. Mit seinen 16 Städten mit mehr als 200 000 Einwohnern, in denen mehr als ein Drittel der Landesbevölkerung lebt, verfügt Nordrhein-Westfalen über die am meisten verdichtete städtische Region Europas. Fünf Städte (Köln, Essen, Dortmund, Düsseldorf und Duisburg) haben mehr als 500 000 Einwohner. Hier werden die Gefährdungen, die der kommunalen Handlungsfreiheit durch Maßnahmen der staatlichen Ebenen drohen, besonders früh erkennbar. Es ist deshalb kein Wunder, dass sich der Widerstand gegen derartige Entwicklungen in Nordrhein-Westfalen häufig früher regt als in anderen Regionen.

3 Unter den Gemeindeverbänden kommt den *Landschaftsverbänden,* die als überkommunale Ebene zwischen Gemeinden und Land eine Besonderheit Nordrhein-Westfalens darstellen, eine besondere Bedeutung zu. Die Landschaftsverbände Nordrhein und Westfalen-Lippe nehmen Aufgaben im sozialen und kulturpflegerischen Bereich wahr und setzen die Tradition der preußischen Provinzialstände fort, die im vorigen Jahrhundert als Institution der Selbstverwaltung eingerichtet worden waren. Sie bieten regionalen Traditionen Raum zur Entfaltung und haben zugleich wesentlichen Anteil an der Herausbildung eines gemeinsamen Landesbewusstseins. Auch nach dem 2. Modernisierungsgesetz, durch das ihnen Aufgaben entzogen worden sind (der Verfassungsgerichtshof hat die Übertragung der Zuständigkeit für das Straßenwesen von den Landschaftsverbänden auf das Land durch Urteil vom 26. Juni 2001 – NWVBl. 2001, 340 ff. – für verfassungsmäßig erklärt), erfüllen die Landschaftsverbände wichtige Selbstverwaltungsaufgaben auf überörtlicher Ebene.

III. Die kommunalen Verwaltungshoheiten

Das *Prinzip der kommunalen Eigenverantwortung* bedeutet, dass die Gemeinden die **4** ihnen überlassenen Angelegenheiten der örtlichen Gemeinschaft als eigene Angelegenheiten frei von staatlichen Weisungen, insbesondere hinsichtlich des Ermessensgebrauchs und der Zweckmäßigkeit, unter der bloßen Rechtsaufsicht des Staates verwalten. Bestandteil dieser Selbstverwaltungsgarantie sind die Organisationshoheit, die Personalhoheit, die Finanzhoheit, die Planungshoheit, die Satzungshoheit, die Gebietshoheit und die Aufgabenhoheit.

Die *Organisationshoheit* umfasst das Recht der Gemeinde, ihre Organisation nach **5** den Bestimmungen der (landesrechtlichen) Gemeindeordnung selbst zu regeln (s. dazu VerfGH, GVBl. NW 1954, 303 = DÖV 1955, 248). Dazu gehört z. B. die Wahl der Organe (Rat, Bürgermeister), die Organisation der gemeindlichen Verwaltung und die Regelung der „inneren Verfassung" der Gemeinde durch Erlass der Hauptsatzung und der Geschäftsordnung. Die Gemeinden haben das Recht, zur Erfüllung ihrer Aufgaben im Rahmen der Gesetze Beamte, Angestellte und Arbeiter anzustellen, zu befördern und zu entlassen *(Personalhoheit)*. Keinen unzulässigen Eingriff des Staates stellt jedoch die Bindung der Besoldung von Kommunalbeamten an die Landesvorschriften dar (VerfGH, GVBl. NW 1956, 103 = Zeitschr. für Beamtenrecht 1956, 81). Über die *Finanzhoheit* enthält die Landesverfassung in Artikel 79 eine besondere Regelung. Die *Planungshoheit* umfasst das Recht der Gemeinden zur eigenverantwortlichen Ordnung und Gestaltung des Gemeindegebietes, dies allerdings unter Berücksichtigung überörtlicher (bundes- und landesrechtlicher) Planungsgesichtspunkte. Die *Satzungshoheit* ist das Recht der Gemeinde, ihre Angelegenheiten in Form ortsrechtlicher Regelungen eigenverantwortlich zu bestimmen. Jeder Gemeinde ist eine bestimmte Fläche zuzuordnen, auf deren räumlichem Bereich sich ihre Tätigkeit entfaltet und auf der sie ihre staatliche Hoheitsgewalt ausübt *(Gebietshoheit)*. Mit dem Begriff der *Aufgabenhoheit* ist gemeint, dass den Gemeinden das Recht zusteht, die ihnen obliegenden Aufgaben in eigener Verantwortung wahrzunehmen. Nach Artikel 78 Abs. 2 gilt der *Grundsatz der Allzuständigkeit* der Gemeinden. Aus ihm folgt die Garantie eines breit gefächerten Wirkungskreises, aus dem nicht beliebig viele Aufgaben herausgezogen werden dürfen, wodurch der Wirkungskreis ausgehöhlt würde.

IV. Freiwillige und Pflichtaufgaben

Im Rahmen ihres Selbstverwaltungsrechts erfüllen die Gemeinden sowohl frei- **6** willige Aufgaben – Beispiele sind kulturelle Einrichtungen, Versorgungs- und Verkehrsbetriebe, Krankenhäuser, Jugend- und Altenheime – als auch gesetzliche Pflichtaufgaben – z. B. die Sozial- und Jugendhilfe, die Abfallbeseitigung, die Errichtung und Unterhaltung bestimmter Schulformen. Weisungsmöglichkeiten des Staates gibt es in diesem Bereich der eigenen Aufgaben nicht; der Staat übt allein die Aufsicht darüber aus, dass die Gemeinden bei der

Erfüllung dieser Aufgaben nicht gegen die Gesetze verstoßen (Rechtsaufsicht). Eigene Aufgaben sind solche der *örtlichen Gemeinschaft*. Der örtliche Wirkungskreis ist überschritten, wenn eine Gemeinde den Unterhaltspflichtigen anlässlich der Geburt eines dritten oder weiteren Kindes eine kommunale Aufwendungshilfe zum Zweck einer Ergänzung des staatlichen Familienlastenausgleichs zahlt (OVG Münster, NWVBl. 1995, 170 ff.).

7 Soweit den Gemeinden *Pflichtaufgaben* auferlegt werden, müssen nach Absatz 3 gleichzeitig Bestimmungen über die *Deckung der Kosten* getroffen werden. Dazu hatte der Verfassungsgerichtshof mehrfach (s. z.B. in: OVGE 38, 301, 303) festgestellt, dass die Kostenregelung nicht unbedingt in dem die Aufgaben zuweisenden Gesetz, sondern auch im Rahmen des allgemeinen Finanzausgleichs erfolgen könne. Dieser Praxis hat der Landesgesetzgeber bei der Reform der Kommunalverfassung 1994 den Boden entzogen. Nach § 3 Abs. 4 der nordrhein-westfälischen Gemeindeordnung muss die Kostenregelung künftig innerhalb desselben Gesetzes erfolgen. Damit ist es der Landesregierung künftig nicht mehr möglich, die Erstattungsleistungen etwa von der jeweiligen Finanzkraft der Gemeinden abhängig zu machen.

8 Als *unterste Verwaltungsebene* obliegt den Gemeinden auch die Wahrnehmung *übertragener staatlicher Aufgaben.* Hier sind die Einwirkungsmöglichkeiten des Staates erheblich stärker ausgeprägt. Ein umfassendes Weisungsrecht besteht vor allem bei den Auftragsangelegenheiten nach Bundesrecht; hier darf die anweisende Stelle auch Zweckmäßigkeitserwägungen anstellen und die Ermessensausübung an sich ziehen. Soweit den Gemeinden durch Landesrecht Pflichtaufgaben zur Erfüllung nach Weisung übertragen sind, ist das staatliche Weisungsrecht eng begrenzt. Im Gesamtspektrum der gemeindlichen Aufgaben ist der Anteil der sog. freiwilligen Selbstverwaltungsaufgaben in letzter Zeit ständig zurückgegangen. Die unverkennbare Tendenz, staatliche Aufgaben unter dem Postulat der Dezentralisierung auf die Kommunen zu verlagern, hat – verbunden mit einer Verengung des kommunalen Finanzrahmens – dazu geführt, dass es für die Gemeinden immer schwieriger geworden ist, ihren Verpflichtungen in ihrem originären Bereich, in dem sich ihr eigenständiger Gestaltungswille am stärksten verkörpert, nachzukommen. Zudem haben die rechtlichen Vorgaben der Europäischen Gemeinschaft, des Bundes und der Länder unter Berufung auf das Postulat der Schaffung gleichwertiger Lebensverhältnisse ständig zugenommen. Das begründet die Gefahr, dass die Träger des kommunalen Selbstverwaltungsrechts sich unter Verlust ihrer autonomen Gestaltungsmöglichkeiten zunehmend zu unteren Verwaltungskörperschaften mit bloßen Vollzugskompetenzen entwickeln.

V. Grenzen der Selbstverwaltung

9 Die Garantie der kommunalen Selbstverwaltung unterliegt – über die vorgenannte Entwicklung hinaus – vielfältigen Begrenzungen und Bindungen. Das

Grundgesetz und die Landesverfassung gewährleisten nur die Selbstverwaltung als solche, nicht aber den Bestand der Gemeinden gegen Eingemeindungen, Gemeindezusammenschlüsse und Gebietsveränderungen. In den Bestand der Gemeinde darf durch Gesetz eingegriffen werden, wenn dies unter Berücksichtigung des Willens der Bevölkerung aus Gründen des öffentlichen Wohls geschieht. Die zwei großen Neugliederungsprogramme, die in Nordrhein-Westfalen in den Jahren 1967 bis 1970 und 1970 bis 1975 mit insgesamt 55 Gesetzen durchgeführt worden sind (kommunale Gebietsreform) sind vom nordrhein-westfälischen Verfassungsgerichtshof, soweit er zu ihnen von rund 100 Kommunen angerufen worden ist, im Wesentlichen für verfassungskonform erklärt worden. Das Ziel, nach den tiefgreifenden Veränderungen der politischen, wirtschaftlichen und sozialen Verhältnisse den Bürgern unter möglichst geringer Belastung eine möglichst umfassende und in allen Landesteilen gleichwertige Daseinsvorsorge zu gewähren und die Erfüllung der öffentlichen Aufgaben zu sichern und damit auch die kommunale Selbstverwaltung zu stärken, diene dem öffentlichen Wohl (VerfGH, in: OVGE 30, 312 ff.; 31, 303 ff.; 31, 308 ff.; vgl. auch die Rechtsprechung des Bundesverfassungsgerichts, BVerfGE 50, 50 f.; 50, 195, 202 f.). Einige der Neugliederungsgesetze hat der Verfassungsgerichtshof allerdings aufgehoben und dabei die Eingemeindungen der Städte Gladbeck, Heimbach, Meerbusch, Monheim und Wesseling rückgängig gemacht.

Auch die den Gemeinden zur eigenverantwortlichen Erfüllung übertragenen **10** Aufgaben sind vor Veränderungen nicht absolut geschützt. Zum Wesensgehalt der gemeindlichen Selbstverwaltung gehört kein gegenständlich bestimmter oder nach feststehenden Merkmalen bestimmbarer Aufgabenkreis, wohl aber die Befugnis, sich aller Angelegenheiten der örtlichen Gemeinschaft anzunehmen, die nicht durch Gesetz anderen Trägern öffentlicher Verwaltung übertragen sind (BVerfGE 79, 127, 146). Der Verfassungsgerichtshof hat aus dem Grundsatz der Allzuständigkeit der Gemeinden einen Zuständigkeitsvorrang der Gemeinden vor den Gemeindeverbänden abgeleitet (VerfGH, DÖV 1980, 691 ff. m. Anm. Blümel). Aus der Garantie der Selbstverwaltung folgt der Vorrang freiwilliger Lösungen vor Zwangszusammenschlüssen (VerfGH aaO.; betr. Sparkassenverband Düren). Durch die beiden Gesetze zur Funktionalreform der Jahre 1978 und 1979 sind die Aufgabenfelder der nordrhein-westfälischen Gemeinden erheblich erweitert worden, was erst durch die mit der Gebietsreform verbundene Steigerung ihrer Leistungsfähigkeit ermöglicht wurde, andererseits aber zu der bereits oben (Anm. 6) beschriebenen Einengung der autonomen Handlungsmöglichkeiten der Gemeinden beigetragen hat.

VI. Rechtsprechung des Verfassungsgerichtshofs zu Artikel 78

Reichweite und Grenzen der kommunalen Selbstverwaltung haben den nord- **11** rhein-westfälischen Verfassungsgerichtshof vielfach beschäftigt. Rund 80 % der Entscheidungen des Gerichts von 1952 bis 1980 betrafen kommunale Verfassungsbeschwerden. Aus seiner Rechtsprechung seien die folgenden Entscheidungen hervorgehoben:

Die Finanzhoheit der Gemeinden fällt unter die institutionelle Garantie der gemeindlichen Selbstverwaltung. Damit lässt sich der gesetzliche Zwang für die kreisangehörigen Gemeinden, sich Versorgungskassen anschließen zu müssen, nicht vereinbaren (VerfGH, GVBl. NW 1956, 202 = DÖV 1956, 696). Das gemeindliche Selbstverwaltungsrecht ist durch Artikel 140 GG in Verbindung mit Artikel 138 Abs. 2 WRV dahin eingeschränkt, dass Gemeinden auf gewohnheitsrechtlicher Grundlage beruhende *Kirchenbaulasten* nur gegen Entschädigung beseitigen können (VerfGH, DVBl. 1982, 1043). Der Kernbereich der Finanzhoheit eines Kreises ist nicht durch eine landesgesetzliche Regelung tangiert, die die Kosten festsetzt, die einer Gemeinde aufzuerlegen sind, die kein eigenes Jugendamt unterhält (VerfGH, NVwZ 1983, 468 ff.). Eingriffe in die *kommunale Planungshoheit* sind im Bereich der Abwasserbeseitigung, der Ausweisung von Mülldeponien und in der örtlichen Gebietsplanung zulässig, soweit sie sich aus den Anforderungen an eine ordnungsgemäße, der verfassungsrechtlichen Wertung des Artikel 29 a entsprechenden Wasserbewirtschaftung oder aus der Verflechtung der örtlichen Planung mit *raumordnungsrechtlichen Planungsmaßnahmen* des Bundes und des Landes ergeben (VerfGH, NWVBl. 1990, 51; DVBl. 1991, 488; 1992, 710; NWVBl. 1993, 368 ff.; s. zur Landesplanung auch Anm. 12, 13 zu Artikel 77). Der zwangsweise Zusammenschluss mehrerer Gemeinden zu einem *Gebietsrechenzentrum* ist als Eingriff in die kommunale Organisationshoheit unzulässig (VerfGH, DÖV 1979, 637). Die Verengung von Handlungsspielräumen im Bereich des kommunalen Sozialwesens, die sich aus der Kostenerstattungsregelung im *Flüchtlingsaufnahmegesetz* und in der dazu ergangenen *Regelbetragsverordnung* ergibt, verletzt die Gemeinden nicht in ihrem Selbstverwaltungsrecht, weil eine substantielle Gefährdung der Selbstverwaltungsgarantie infolge unzureichender Finanzausstattung nicht erkennbar sei (VerfGH, NWVBl. 1993, 7 ff., 132 ff.). Die den Gemeinden im 2. Änderungsgesetz zum Flüchtlingsänderungsgesetz auferlegten zusätzlichen *Aufnahmeverpflichtungen* mögen sich zwar auf weite Bereiche des kommunalen Lebens auswirken, belassen den Kommunen aber noch einen ausreichenden Aufgabenbestand, den sie eigenverantwortlich wahrnehmen können. Der Grundsatz, dass die kommunalen Gebietskörperschaften bei der Aufgabenzuweisung nicht ungleich behandelt werden dürfen, ist nicht dadurch verletzt, dass bei der Verteilung von Asylbewerbern ein *kombinierter Einwohner/Flächenschlüssel* zugrunde gelegt wird; darin liegt insbesondere keine unzulässige Benachteiligung von ländlichen Gemeinden mit geringerer Einwohnerdichte (VerfGH, NWVBl. 1993, 7 ff.). Zur Sperrklausel bei Kommunalwahlen s. Anm. 13.

VII. Kommunalverfassung

Die Ausgestaltung des Rechts der Gemeinden und Gemeindeverbände ist durch **12**
zahlreiche Landesgesetze geschehen. Maßgebend sind vor allem die Gemeindeordnung, die Kreisordnung, die Landschaftsverbandsordnung, das Gesetz
über den Kommunalverband Ruhrgebiet, das Gesetz über kommunale Ge-
meinschaftsarbeit, das Kommunalwahlgesetz und das Kommunalabgabengesetz.
Hinzu kommen die zahlreichen Fachgesetze, in denen festgelegt ist, dass die
Gemeinden oder Kreise bestimmte Fachaufgaben durchzuführen haben.

Nach Artikel 28 Abs. 1 Satz 2 GG muss das Volk (auch) in den Kreisen und **13**
Gemeinden eine Vertretung haben, die aus *allgemeinen, unmittelbaren, freien,*
gleichen und geheimen Wahlen hervorgegangen ist. Dazu gehört auch das Gebot
einer freien Kandidatenaufstellung (so BVerfGE 47, 253 ff. unter Aufhebung des
früheren § 13 a Abs. 4 der nordrhein-westfälischen Gemeindeordnung für die
Wahl von Bezirksvertretungen; s. ferner VerfGH, DVBl. 1986, 1196 für die
Verwaltungsräte von Sparkassen). Nach der nordrhein-westfälischen Gemeindeordnung ist das oberste Organ der kommunalen Selbstverwaltung der Gemeinderat. Er wird von den Bürgern auf die Dauer von fünf Jahren gewählt.
Erstmals zur Kommunalwahl am 12. September 1999 betrug das Wahlalter 16
Jahre. Wahlberechtigt sind seither alle Deutschen über 16 Jahren, die seit min-
destens drei Monaten ihren ersten Wohnsitz in der Gemeinde haben. Die
Wählbarkeit ist allerdings weiterhin an die Vollendung des 18. Lebensjahres
geknüpft. Erstmals galt bei den Kommunalwahlen 1999 keine 5-Prozent-
Sperrklausel mehr, nachdem der Verfassungsgerichtshof durch Urteil vom 6. Juli
1999 die dafür vom Landtag dargelegten Gründe für nicht ausreichend angesehen hatte (VerfGH, NWVBl. 1999, 383 = NVwZ 2000, 666). Nach dem durch
Gesetz vom 21. 12. 1992 (BGBl. I S. 2086) eingefügten Artikel 28 Absatz 1 Satz
3 GG sind darüber hinaus jetzt auch Ausländer mit der Staatsangehörigkeit eines
Mitgliedsstaates der Europäischen Union nach Maßgabe der Regelungen der
Europäischen Gemeinschaft, das für die Ausgestaltung des Landesrechts maßgebend ist, bei Kommunalwahlen wahlberechtigt und wählbar. Eine allgemeines Kommunalwahlrecht für Ausländer kann demgegenüber nach einer Entscheidung des Bundesverfassungsgerichts durch Landesrecht nicht eingeführt
werden (BVerfGE 83, 37, 53 ff.).

Der *Gemeinderat* ist für alle Angelegenheiten der Gemeindeverwaltung zustän- **14**
dig, soweit die Gemeindeordnung nichts anderes bestimmt (Prinzip der Allzuständigkeit). Die Vermutung spricht also für die Zuständigkeit des Rates. Er hat
aber die Möglichkeit, Entscheidungszuständigkeiten auf Ausschüsse oder die
Gemeindevewaltung zu übertragen.

Hinsichtlich der *Ausgestaltung der Exekutive der Gemeinden* in Nordrhein-West- **15**
falen ist mit der Reform der Kommunalverfassung vom 6. 5. 1994 der Übergang
von der nach britischem Vorbild geschaffenen sog. „Doppelspitze" zur „Bür-
germeisterverfassung" eingeleitet worden. Schon als im Jahre 1952 die Ge-

meindeordnung vom Landtag verabschiedet wurde, war man sich nicht einig gewesen, ob nicht gegenüber der britischen Ratsverfassung doch die preußische Magistratsverfassung das bessere Modell sei. Schon damals wurden vor allem Reibungsverluste zwischen der Spitze des Rates, dem ehrenamtlichen Bürgermeister, und dem hauptamtlichen Gemeindedirektor als Chef der Verwaltung befürchtet. Mit der Kommunalreform von 1994 hat sich der Landtag nunmehr endgültig für eine einzige politische Spitze in den Gemeinden und Gemeindeverbänden entschieden. Mit den Kommunalwahlen 1999 ist in den Gemeinden von den Wählern erstmals ein hauptamtlicher Bürgermeister (in den kreisfreien Städten: Oberbürgermeister) gewählt worden, der zugleich an der Spitze des Rates und der Spitze der Gemeindeverwaltung steht. Entsprechendes gilt für die Kreise, in denen seit 1999 ein unmittelbar gewählter Landrat an die Stelle der Doppelspitze Landrat und Oberkreisdirektor getreten ist. Der hauptamtliche Bürgermeister oder Landrat wird auf die Dauer von fünf Jahren gewählt und ist kommunaler Wahlbeamter.

16 Die neue nordrhein-westfälische Gemeindeordnung von 1994 enthält auch eine Erweiterung der *Möglichkeiten zur direkten Beteiligung der Bürgerinnen und Bürger* am kommunalen Geschehen. Zu dem bereits bisher bestehenden sog. „Bürgerantrag", d. h. dem das Petitionsrecht konkretisierenden Recht, Anregungen und Beschwerden an den Rat zu richten, und der Einwohnerfragestunde ist als neues Element zur aktiven Beteiligung der Bürger der Einwohnerantrag nach § 25 der Gemeindeordnung getreten. Er muss schriftlich eingereicht werden und ein bestimmtes in die Zuständigkeit der Gemeinde fallendes Begehren mit Begründung enthalten. Das Antragsquorum beträgt in kreisangehörigen Gemeinden fünf von Hundert der Einwohner, höchstens jedoch 4 000 Unterschriften, in kreisfreien Städten vier von Hundert und höchstens 8 000 Unterschriften. Antragsberechtigt sind alle Einwohner, die seit mindestens drei Monaten in der Gemeinde wohnen und das 14. Lebensjahr vollendet haben. Auch Ausländer, die diese Voraussetzungen erfüllen, können sich am Einwohnerantrag beteiligen. Der Rat ist bei einem zulässigen Antrag verpflichtet, ihn innerhalb von vier Monaten zu beraten und zu entscheiden. In kreisfreien Städten ist der Antrag auch in Angelegenheiten des Stadtbezirks zulässig.

17 In § 26 sieht die Gemeindeordnung jetzt auch die Möglichkeit zur Durchführung eines *Bürgerbegehrens* und *Bürgerentscheides* vor. Die Regelung ist derjenigen über das Volksbegehren und den Volksentscheid in Artikel 68 LV nachgebildet. Das Bürgerbegehren muss von zehn von Hundert der wahlberechtigten Bürger unterzeichnet sein; bei Gemeinden über 10 000 Einwohner ist die Zehn-Prozent-Hürde herabgesetzt. Wie in Artikel 68 LV für das Volksbegehren ist die Durchführung eines Bürgerbegehrens für eine Reihe von Angelegenheiten ausgeschlossen (z. B. über die Haushaltssatzung und über Bauleitpläne). Entspricht der Rat dem zulässig gestellten Bürgerbegehren nicht, so ist innerhalb von drei Monaten ein Bürgerentscheid durchzuführen, der mit der Mehrheit der gültigen Stimmen angenommen ist, sofern diese Mehrheit mindestens einem Fünftel der wahlberechtigten Bürger entspricht. Der Bürgerentscheid hat die Wirkung eines Ratsbeschlusses. Von 1994 bis Ende 2001 sind in NRW insgesamt 205 Bürgerbegehren bekannt geworden. In 42 Fällen hat der Rat sich das Bürgerbegehren zu Eigen gemacht. In 70 Fällen ist es zu einem Bürgerentscheid gekommen. Insgesamt haben die Bürgerinnen und Bürger ihr Anliegen damit in mehr als der Hälfte der Fälle durchsetzen können.

Die Gemeindeordnung legt jetzt auch die Voraussetzungen zur verpflichtenden **18** Einführung eines *Ausländerbeirates* fest, dem weitgehende Rechte zur Behandlung aller Angelegenheiten der Gemeinde eingeräumt werden. In kreisangehörigen Gemeinden mit mehr als 10 000 Einwohnern sowie in kreisfreien Städten sind grundsätzlich hauptamtlich tätige *Gleichstellungsbeauftragte* zu bestellen. Der Verfassungsgerichtshof NRW hat diese Regelung am 15. 1. 2002 für verfassungskonform erklärt (VerfGH 40/00).

Artikel 79
[Gemeindesteuern]

Die Gemeinden haben zur Erfüllung ihrer Aufgaben das Recht auf Erschließung eigener Steuerquellen. Das Land ist verpflichtet, diesem Anspruch bei der Gesetzgebung Rechnung zu tragen und im Rahmen seiner finanziellen Leistungsfähigkeit einen übergemeindlichen Finanzausgleich zu gewährleisten.

Die Garantie der kommunalen Selbstverwaltung wäre inhaltsleer, wenn den **1** Gemeinden und Gemeindeverbänden die zur Erfüllung ihrer Aufgaben notwendigen Mittel fehlten. Ihre *Finanzhoheit* schließt die Befugnis zu einer eigenverantwortlichen Einnahmen- und Ausgabenwirtschaft im Rahmen eines gesetzlich geordneten Haushaltswesens ein –, ein Gedanke, der im Rahmen der Verfassungsreform 1994 durch Einfügung eines entsprechenden Satzes 3 in Artikel 28 Abs. 2 GG Ausdruck gefunden hat. Artikel 79 LV trägt dem Rechnung, indem er den Gemeinden das Recht einräumt, eigene Steuerquellen zu erschließen, und dem Land die Verpflichtung auferlegt, im Rahmen seiner finanziellen Leistungsfähigkeit einen übergemeindlichen Finanzausgleich zu gewährleisten.

Die Landesverfassung trifft in Artikel 79 eine Aussage, die nur einen kleinen **2** *Ausschnitt aus dem kommunalen Finanzsystem* darstellt, da die Finanzverfassung und der größte Teil des Steuerrechts Gegenstand der Bundesgesetzgebung sind. So bestimmt Artikel 106 GG in Absatz 5, dass die Gemeinden einen Anteil am Aufkommen der Einkommensteuer erhalten. Nach Absatz 6 steht ihnen daneben das Aufkommen der Realsteuern (Grundsteuer, Gewerbesteuer) und der Verbrauch- und Aufwandsteuern (z. B. Vergnügungsteuer, Getränkesteuer, Hundesteuer) zu. Absatz 7 räumt ihnen einen Anspruch auf Beteiligung an dem Länderanteil am Gesamtaufkommen der Gemeinschaftssteuern (Einkommensteuer, Körperschaftssteuer, Umsatzsteuer) ein. Seit dem 1. Januar 1998 erhalten die Gemeinden darüber hinaus als Kompensation für den Wegfall der Gewerbekapitalsteuer (die durch das Unternehmensteuergesetz 1997 abgeschafft wurde) einen Anteil an der Umsatzsteuer (Artikel 106 Abs. 5 a GG). Von dem bundesweiten Gemeindeanteil von 2,2 Prozent am Aufkommen dieser Steuer erhielten die nordrhein-westfälischen Gemeinden im Jahre 2000 rund 28 vom Hundert. Das entsprach einem erwarteten Betrag von rund 1,4 Mrd. DM.

3 Die in Artikel 106 GG verankerte *unmittelbare Beteiligung der Gemeinden am Steueraufkommen* ist erst durch die Finanzreformgesetze von 1956 und 1969 in das Grundgesetz eingefügt und später erweitert worden und hat zur Stärkung der kommunalen Finanzautonomie beigetragen. Die Finanzausstattung der Gemeinden ist, auch wenn die Verantwortung und Einwirkungsmöglichkeiten des Landes im Vordergrund stehen, seither eine Angelegenheit, für die der Bund Mitverantwortung trägt. Sie zeigt sich in seiner Gesetzgebungszuständigkeit für die Bestimmung der Höhe des Einkommen- und des Umsatzsteueranteils, aber auch in den Auswirkungen jeder Änderung der Steuergesetze, an denen die Gemeinden beteiligt sind und die die Leistungsfähigkeit des Landes berühren. Hinzu kommt, dass sich die Auswirkungen der Bundesgesetzgebung und der allgemeinen Bundespolitik vielfach sehr schnell in einer Erhöhung der kommunalen Belastungen niederschlagen (Beispiele: Einräumung eines Anspruchs auf einen Kindergartenplatz durch Bundesgesetz im Rahmen der Reform des Schwangerschaftsabbruchs; arbeitsmarkt- und sozialpolitische Auswirkungen auf die Sozialhilfeleistungen).

4 *Haupteinnahmequelle* der Gemeinden ist die *Einkommensteuer,* von der sie nach Artikel 106 Abs. 5 GG einen durch Bundesgesetz zu bestimmenden Anteil (seit 1980: 15 Prozent) erhalten. Außerdem fließt ihnen über den kommunalen Finanzausgleich nach Artikel 106 Abs. 7 GG und Artikel 79 Satz 2 LV ein weiterer Teil dieser Gemeinschaftssteuer wie auch der Körperschafts- und der Umsatz-(Mehrwert-) Steuer zu.

5 Eine weitere wichtige Einnahmequelle sind die *Realsteuern* (Grundsteuer, Gewerbesteuer; letztere allerdings gekürzt durch die Gewerbesteuerumlage), für die die Gemeinden das Recht zur Festsetzung von Hebesätzen haben. Das Steueraufkommen der Gewerbesteuer ist allerdings durch zahlreiche Eingriffe des Bundesgesetzgebers, die die Wirtschaft entlasten sollten, deutlich zurückgegangen. Seit dem 1. Januar 1998 ist die Gewerbekapitalsteuer entfallen und durch die Beteiligung der Kommunen an der Umsatzsteuer (mit 2,2 vom Hundert) ersetzt worden (vgl. Anm. 2). Für das Jahr 2000 geht der Haushaltsplan des Landes von Einnahmen der Gemeinden aus der Gewerbesteuer von rund 15,5 Mrd. DM aus (nach Abzug der Gewerbesteuerumlage).

6 Weitere Einnahmen erzielen die Gemeinden aus *Gebühren und Beiträgen.* Weniger die Verwaltungsgebühren (z. B. für Baugenehmigungen) als vielmehr die Benutzungsgebühren (z. B. für Abfallbeseitigung, Straßenreinigung, Entwässerung) spielen für den Kommunalhaushalt eine wichtige Rolle. Rechtsgrundlage

für die Erhebung und Gestaltung der Gebühren ist das Kommunalabgabengesetz Nordrhein-Westfalen. Nach diesem Gesetz muss die Gebührenhöhe in einem angemessenen Verhältnis zur Leistung der Gemeinde stehen (sog. Äquivalenzprinzip). Das Gebührenaufkommen soll die Kosten der kommunalen Leistung zwar decken, aber nicht überschreiten (sog. Kostendeckungsprinzip).

Die übrigen Einnahmearten treten – sieht man von den nur punktuell gewähr- **7** ten *Finanzhilfen des Bundes* für einzelne besondere Investitionen nach Artikel 104 a Abs. 4 GG ab – an Bedeutung zurück. Es handelt sich um die örtlichen Verbrauch- und Aufwandsteuern, die wegen ihres verhältnismäßig geringen Ertrags als Bagatellsteuern bezeichnet werden. Sie sind Ausdruck des in Artikel 79 Satz 1 LV verankerten kommunalen Steuerfindungsrechts, das seine Grenzen allerdings in der sehr eingeschränkten Gesetzgebungskompetenz des Landes findet (für die örtlichen Verbrauch- und Aufwandsteuern ist sie in Artikel 105 Abs. 2 a GG begründet). Die aufkommenstärkste Steuer dieser Art ist die Hundesteuer; daneben zu nennen sind Getränke-, Vergnügungs-, Jagd- und Fischereisteuer. Die von einigen Kommunen eingeführte Verpackungsteuer hat das Bundesverfassungsgericht durch Urteil vom 7. Mai 1998 (NJW 1998, 2341) für verfassungswidrig erklärt, weil das Grundgesetz die Regelung dieses Bereichs in Artikel 74 Abs. 1 Nr. 24 GG allein dem Bundesgesetzgeber vorbehalten habe.

Der nach Artikel 79 Satz 2 zwingend vorgesehene *übergemeindliche Finanz- und* **8** *Lastenausgleich* findet in Nordrhein-Westfalen durch ein jedes Jahr neues „Gesetz zur Regelung der Zuweisungen des Landes Nordrhein-Westfalen an die Gemeinden und Gemeindeverbände" (Gemeindefinanzierungsgesetz) statt. Dabei spielt für den Handlungsspielraum der Gemeinden die Einteilung in allgemeine Zuweisungen ohne Zweckbindung (sog. Schlüsselzuweisung) und in zweckgebundene Zuweisungen eine erhebliche Rolle. Da die Zweckzuweisungen als gezielter Anreiz zur Verwirklichung der Landespolitik dienen und für die Gemeinden regelmäßig mit zusätzlichem Verwaltungsaufwand verbunden sind, gelten sie als tendenziell selbstverwaltungsschädlich. Die kommunalen Spitzenverbände fordern deshalb, allgemeine und zweckgebundene Zuwendungen mindestens im Verhältnis 80 : 20 zu verteilen.

Im *allgemeinen Steuerverbund* (einem Teil der im Gemeindefinanzierungsgesetz **9** geregelten Leistungen) erhielten die Gemeinden in Nordrhein-Westfalen im Jahre 2000 wie schon 1990 einen Satz von 23 von Hundert; das entsprach einem Betrag von 15,1 Mrd. DM (Jahr 2000). Die Gesamtleistungen des Landes an die Kommunen betrugen 2000 – einschließlich der Strukturhilfemittel des Bundes nach Artikel 104 a Abs. 4 GG – knapp 23 Mrd. DM (1990: 16,1 Mrd. DM). Jede vierte Mark ging in Nordrhein-Westfalen an die Kommunen.

In mehreren Entscheidungen zu den Gemeindefinanzierungsgesetzen hat der **10** nordrhein-westfälische Verfassungsgerichtshof betont, dass die zum Kernbereich des Selbstverwaltungsrechts gehörende Finanzhoheit der Gemeinden nicht ein bestimmtes Steueraufkommen garantiert, sondern nur einen Anspruch auf eine finanzielle Mindestausstattung zur Erfüllung der Selbstverwaltungsaufgaben einräumt (vgl. z. B. VerfGH, NWVBl. 1989, 85 ff.). Wenn diese gewährleistet ist, hat der Gesetzgeber bei der Regelung der finanziellen Rahmenbedingungen der Kommunen und der Ausgestaltung des kommunalen Finanzausgleichs einen weiten Gestaltungsspielraum (VerfGH, NWVBl. 1993, 381 ff. – Schlüsselzuweisungen 1991, 1992). Er darf den Finanzausgleich aber nicht allein nach Gründen politischer Zweckmäßigkeit gestalten und von Gemeinde zu Gemeinde bestehende Finanzkraftunterschiede nicht ohne weiteres nivellieren (VerfGH, DVBl. 1985, 1306 ff. = DÖV 1985, 916 ff. – „Aufstockung II" auf Klage der Städte Münster, Bonn, Solingen und Krefeld). Die Gemeindefinanzierungsgesetze 1996 und 1997 hat der Verfassungsgerichtshof jeweils für verfassungsgerecht beurteilt (VerfGH 16/96 und 7/97).

Artikel 80
[Beamteneid]

Die Beamten und sonstigen Verwaltungsangehörigen sind Diener des ganzen Volkes, nicht einer Partei oder sonstigen Gruppe. Sie haben ihr Amt und ihre Aufgaben unparteiisch und ohne Rücksicht auf die Person nur nach sachlichen Gesichtspunkten wahrzunehmen.

Jeder Beamte leistet folgenden Amtseid:

„Ich schwöre, dass ich das mir übertragene Amt nach bestem Wissen und Können verwalten, Verfassung und Gesetze befolgen und verteidigen, meine Pflichten gewissenhaft erfüllen und Gerechtigkeit gegen jedermann üben werde. So wahr mir Gott helfe."

Der Eid kann auch ohne religiöse Beteuerung geleistet werden.

1 Die Landesverfassung enthält *keine umfassende Regelung über die Angehörigen des öffentlichen Dienstes* im Land, in den Gemeinden und in den Gemeindeverbänden. Dazu bestand auch kein Anlass, weil bereits das Grundgesetz in Artikel 33 Abs. 5 die hergebrachten Grundsätze des Berufsbeamtentums garantiert und eine Parallelregelung in der Landesverfassung entbehrlich erschien. Die in Artikel 80 genannten Pflichten der Beamten und sonstigen Verwaltungsangehörigen stellen wesentliche Elemente dieser „hergebrachten Grundsätze" dar; die Bestimmung erstreckt sie auf alle Gruppen von öffentlichen Bediensteten. In der Demokratie sind der Staat und alle Personen, derer er sich in seinen Ämtern bedient, um der Bürgerinnen und Bürger willen da; sie haben eine rein dienende Funktion.

2 Kritiker stellen in Zweifel, ob die Verfassungswirklichkeit im Bund, in den Ländern und in den Gemeinden diesem Postulat unter den gewachsenen Bedingungen der modernen Parteiendemokratie noch entspricht. Der Staatsrechtslehrer Hans Herbert von Arnim spitzt diese Kritik in seiner 1993 erschienenen Streitschrift „Staat ohne Diener", bezogen auf den öffentlichen Dienst,

dahin zu, Staat und Verwaltung seien zur „Beute der Parteien" geworden. Trotz aller Polemik dieses Vorwurfs kann nicht geleugnet werden, dass der Erhalt eines allein dem Gemeinwohl verpflichteten, unparteilichen öffentlichen Dienstes ein verfassungsrechtliches Gebot ist, dessen Einlösung angesichts der enger gewordenen Verflechtung staatlicher und politischer Strukturen schwieriger geworden ist.

Der nordrhein-westfälische Ministerpräsident hat die in der politischen Diskussion geäußerten Zweifel, ob die Bediensteten in allen Bereichen der Landesverwaltung die notwendige Distanz zu den politischen Parteien wahren, im September 1991 zum Anlass genommen, Hinweise zur Aufgabenerfüllung im öffentlichen Dienst des Landes zu geben. Sie enthalten eine Konkretisierung des in § 55 Abs. 1 des Landesbeamtengesetzes enthaltenen Grundsatzes, dass die Landesbediensteten „dem ganzen Volk, nicht einer Partei" dienen. Fraglich erscheint, ob neuere Konzepte, die die zeitlich befristete Besetzung von höheren Funktionen unter dem Stichwort „Flexibilisierung der Verwaltung" vorsehen, die Gefahr einer Zunahme sachfremder Erwägungen bei der Stellenbesetzung nicht noch erhöhen. Nordrhein-Westfalen hat der Tendenz zur Ausweitung des Kreises der sog. politischen Beamten, die jederzeit in den einstweiligen Ruhestand versetzt werden können – einer Tendenz, die verbreitet als Einbruchstelle für politische Patronage angesehen wird –, widerstanden und diese Einrichtung in § 38 des Landesbeamtengesetzes auf einen kleinen Kreis von Beamten beschränkt, die nach der Art ihrer Aufgaben in besonderer Weise des politischen Vertrauens der Staatsführung bedürfen. Die Generalstaatsanwälte sind im Jahre 2000 aus diesem Kreis ausgeschieden worden, dies in dem Bemühen, ihre sachliche Eigenverantwortung zu betonen. Zu einem hohen Maß an verwaltungsinterner Kontrolle bei der Personalpolitik im öffentlichen Dienst trägt auch die mitbestimmungsfreundliche Ausgestaltung des Landespersonalvertretungsgesetzes bei.

Die in Artikel 80 geregelte *Eidesleistung* begründet nicht erst das Beamtenverhältnis, sondern soll die ihm eigenen Verpflichtungen bekräftigen. Die Verweigerung der Eidesleistung stellt ein Dienstvergehen dar. § 61 Abs. 3 des Landesbeamtengesetzes lässt es in erweiternder Auslegung des Artikel 80 zu, dass ein Beamter, der die Ablegung eines Eides aus Glaubens- oder Gewissensgründen ablehnt, an Stelle der Worte „Ich schwöre" eine andere Beteuerungsformel verwendet. Für Richter im Landesdienst hat § 2 des Landesrichtergesetzes die Eidesformel nach § 38 des Deutschen Richtergesetzes in das Landesrecht übernommen. **3**

Siebter Abschnitt
Das Finanzwesen

Artikel 81
[Haushaltsplan]

(1) Der Landtag sorgt durch Bewilligung der erforderlichen laufenden Mittel für die Deckung des Landesbedarfs.

(2) Alle Einnahmen und Ausgaben des Landes sind in den Haushaltsplan einzustellen, bei Landesbetrieben und bei Sondervermögen brauchen nur die Zuführungen oder Ablieferungen eingestellt zu werden. Ein Nachtragshaushaltsplan kann sich auf einzelne Einnahmen und Ausgaben beschränken. Der Haushaltsplan und der Nachtragshaushaltsplan sollen in Einnahmen und Ausgaben ausgeglichen sein.

(3) Der Haushaltsplan wird für ein oder mehrere Haushaltsjahre, nach Jahren getrennt, vor Beginn des ersten Haushaltsjahres durch das Haushaltsgesetz festgestellt. Für Teile des Haushaltsplanes kann vorgesehen werden, dass sie für unterschiedliche Zeiträume, nach Haushaltsjahren getrennt, gelten.

I. Das materielle Haushaltsrecht

1 Die Vorschriften über das *Finanzwesen* des Landes sind durch das Haushaltsreformgesetz 1972 neu gestaltet und an das Haushaltsgrundsätzegesetz des Bundes angepasst worden. Die Landesfinanzverfassung unterscheidet sich seither kaum noch von der der meisten anderen Länder und von der Bundesfinanzverfassung der Artikel 104 a bis 115 GG.

2 Der *Haushaltsplan* weist die für das Rechnungsjahr zu erwartenden Einnahmen und die beabsichtigten Ausgaben nach Ressorts (Einzelpläne) und Zwecken (Titel) geordnet im Einzelnen aus. Er enthält die wirtschaftliche Grundentscheidung für die zentralen Bereiche der Politik während des Planungszeitraums (VerfGH, NWVBl. 1994, 292 ff. – Ankauf Thyssen-Grundstück Oberhausen). Er ist verbindliche Grundlage der Ausgabenpolitik der Landesregierung und Maßstab für die Haushaltskontrolle durch das Parlament. Er begründet eine Ermächtigung für die Regierung, Ausgaben zu leisten und finanzielle Verpflichtungen einzugehen, begründet aber für sich genommen keine konkreten Leistungsansprüche von Bürgerinnen und Bürger an das Land. Mit der Ermächtigung der Landesregierung ist das Verbot verbunden, über den Haushaltsplan hinausgehende Ausgaben zu tätigen, insbesondere die Höhe der vorgesehenen Ausgaben zu überschreiten. Auch darf die Landesregierung die Mittel nicht für Zwecke verausgaben, die im Haushaltsplan nicht – oder nur in Form eines unspezifizierten Globaltitels – vorgesehen sind (Grundsatz der Spezialität, VerfGH, NWVBl. 1992, 129 – Abfallvermeidungskampagne –;

NWVBl. 1994, 292 ff.). Ausnahmen hiervon sind nur im Rahmen der Artikel 82 (vorläufige Haushaltsführung) und 85 (über- und außerplanmäßige Ausgaben) zulässig. Bei dem Vollzug des Haushalts handelt die Landesregierung nach dem Gewaltenteilungsprinzip grundsätzlich in eigener Verantwortung, soweit der Landtag sich nicht durch Anbringung sog. qualifizierter Sperrvermerke ein Mitwirkungsrecht ausdrücklich vorbehalten hat (was wegen der damit verbundenen Durchbrechung der Gewaltenteilung nur ausnahmsweise zulässig ist). Der Haushaltsplan kann auch als „Doppelhaushalt" für zwei Jahre aufgestellt werden.

Absatz 2 Satz 1 enthält die traditionellen *Haushaltsgrundsätze* der Vollständigkeit **3** und Einheitlichkeit des Haushaltsplans, die damit Verfassungsrang haben. Andere wichtige Haushaltsgrundsätze sind in der Landeshaushaltsordnung und im (Bundes-) Haushaltsgrundsätzegesetz enthalten. Der Grundsatz der Vollständigkeit (s. dazu VerfGH, NWVBl. 1994, 292 ff.) beinhaltet das Verbot, erwartete Einnahmen und beabsichtigte Ausgaben außer Ansatz zu lassen. Der Grundsatz der Einheitlichkeit bedeutet, dass Sonder- und Nebenhaushalte unzulässig sind. Für Ausgaben künftiger Rechnungsjahre sind Verpflichtungsermächtigungen vorzusehen. Für Landesbetriebe und Sondervermögen enthält Absatz 2 Satz 1 in der 2. Satzhälfte eine Einschränkung der vorgenannten Grundsätze.

Das in Absatz 2 Satz 3 enthaltene *Gebot des Haushaltsausgleichs* bedeutet, dass der **4** Haushalt nicht mehr Ausgaben vorsehen darf, als Einnahmen (einschließlich der Kredite) zur Deckung dieser Ausgaben auf Grund von Schätzungen erwartet werden können und demgemäß veranschlagt sind. Er steht im Zusammenhang mit dem *Grundsatz der Haushaltswahrheit,* nach dem die Einnahmen und Ausgaben in der Höhe zu veranschlagen sind, in der sie aller Voraussicht nach in der kommenden Haushaltsperiode anfallen bzw. zu leisten sein werden. Die Landesregierungen aller Länder bedienen sich für ihre Schätzungen der Unterstützung durch die Zentrale Datenstelle der Landesfinanzminister in Hamburg (ZDL).

Nach Artikel 109 Abs. 2 GG sind die Länder bei ihrer Haushaltswirtschaft **5** verpflichtet, den *Erfordernissen des gesamtwirtschaftlichen Gleichgewichts* Rechnung zu tragen. Damit hat die Haushaltswirtschaft des Landes auch eine wirtschaftssteuernde Funktion. Aus dem Begriff des „gesamtwirtschaftlichen Gleichgewichts" leitet das (Bundes-) Gesetz zur Förderung der Stabilität und des Wachstums der Wirtschaft vom 8. 6. 1967 (BGBl. I S. 582) in § 1 das anzustrebende Ziel ab, „im Rahmen der marktwirtschaftlichen Ordnung gleichzeitig zur Stabilität des Preisniveaus, zu einem hohen Beschäftigungsstand und außenwirtschaftlichem Gleichgewicht bei stetigem und angemessenem Wirtschaftswachstum bei(zu)tragen".

Keine dem Artikel 110 Abs. 4 GG entsprechende Regelung enthält Artikel 81 **6** LV zum sog. *Bepackungsverbot;* gleichwohl wird es auch bei der Aufstellung des Haushaltsplans des Landes regelmäßig beachtet. Es soll verhindern, dass das

Haushaltsgesetz auch solche Vorschriften enthält, die sich nicht auf die Einnahmen und Ausgaben des Landes beziehen oder die über seine zeitlich begrenzte Geltungsdauer hinausreichen. Verstöße gegen das Bepackungsverbot stellen in Nordrhein-Westfalen keinen Verfassungsverstoß dar.

II. Das Verfahren zur Aufstellung des Landeshaushalts

7 Zum *Haushaltsaufstellungsverfahren* enthalten Absatz 1 und Absatz 3 Satz 1 das ausschließliche *Budgetrecht* des Landtags (vgl. VerfGH, NWVBl. 1994, 292 ff.), das sich freilich nicht in der Zuständigkeitsbestimmung des für die Haushaltsaufstellung maßgebenden Verfassungsorgans erschöpft, sondern Grundnorm für die Verantwortlichkeit der Landesregierung gegenüber dem Landtag in allen Haushaltsangelegenheiten ist. Das Budgetrecht umfasst das Recht und die Pflicht des Landtags, den Haushaltsplan durch Gesetz festzustellen, und zwar vor Beginn des Rechnungsjahres, für das der Haushaltsplan gelten soll. Der Grundsatz der Vorherigkeit folgt aus dem Wesen des Plans als Instrument der Zukunftsgestaltung. Die Landesregierung hat deshalb den Haushaltsentwurf so rechtzeitig beim Landtag einzubringen, dass eine Feststellung vor Beginn des Rechnungsjahres möglich ist. In der Praxis kommt es allerdings – bedingt durch die relativ kurze Zeit, die nach der parlamentarischen Sommerpause für die Beratung des Landeshaushalts zur Verfügung steht, und durch die Auswirkungen von Wahlterminen – nicht selten zu Verzögerungen, für deren Behandlung die Landesverfassung in Artikel 82 (vorläufige Haushaltsführung) Vorsorge trifft. Das Budgetrecht des Landtags schließt die Befugnis ein, die Erläuterungen zum Haushaltsplan zu ändern.

8 Das Recht zur *Budgetinitiative* liegt *allein bei der Landesregierung;* anders als bei anderen Landesgesetzen (Artikel 65) kann der Entwurf eines Haushaltsgesetzes nicht aus der Mitte des Landtags eingebracht werden. Das gilt nach allgemeiner Auffassung auch für Nordrhein-Westfalen, obwohl die Landesverfassung eine dahingehende ausdrückliche Aussage, wie sie für den Bund Artikel 110 Abs. 3 GG enthält, nicht trifft; vom Verfassungsgerichtshof Nordrhein-Westfalen ist das in der Entscheidung zum Ankauf des Thyssen-Grundstücks in Oberhausen unter Hinweis auf § 29 Abs. 1 und § 30 der Landeshaushaltsordnung als selbstverständlich vorausgesetzt worden (NWVBl. 1994, 292 ff.). Die Begründung für diese Beschränkung des parlamentarischen Initiativrechts liegt in der der Landesregierung vorbehaltenen Planungshoheit, die in der Landesverfassung nicht eingeschränkt ist. Änderungsanträge zu Vorlagen der Landesregierung sind jedoch unbeschränkt zulässig. Als Änderungsvorlagen der Landesregierung kommen Ergänzungsvorlagen, die den Entwurf während der Beratung im Landtag ändern, und Nachtragsvorlagen in Betracht, die den bereits verabschiedeten Haushaltsplan ändern.

Artikel 82
[Übergangsermächtigung]

Ist bis zum Schluss eines Haushaltsjahres der Haushaltsplan für das folgende Jahr nicht festgestellt, so ist bis zu seinem Inkrafttreten die Landesregierung ermächtigt,

1. alle Ausgaben zu leisten, die nötig sind,

   a) um gesetzlich bestehende Einrichtungen zu erhalten und gesetzlich beschlossene Maßnahmen durchzuführen,

   b) um die rechtlich begründeten Verpflichtungen des Landes zu erfüllen,

   c) um Bauten, Beschaffungen und sonstige Leistungen fortzusetzen, für die durch den Haushaltsplan des Vorjahres bereits Beträge bewilligt worden sind;

2. Schatzanweisungen für je drei Monate auszugeben, soweit nicht Einnahmen aus Steuern und Abgaben und Einnahmen aus sonstigen Quellen die Ausgaben unter Ziffer 1 decken.

Artikel 82 gestattet – im Wesentlichen der in Artikel 111 GG für den Bund **1** getroffenen Regelung entsprechend – der Landesregierung für den Fall, dass zum Schluss eines Rechnungsjahres der Haushaltsplan für das folgende Jahr noch nicht durch Gesetz festgestellt ist, im Rahmen der *vorläufigen Haushaltsführung* Ausgaben zu leisten, die nötig sind, um rechtlich unumgängliche Maßnahmen durchzuführen und im Vorjahr begonnene Maßnahmen, die keine Unterbrechung erlauben, fortzusetzen. Sofern die auf Grund von Gesetzen fließenden Einnahmen, z. B. Steuern, nicht ausreichen, kann die Landesregierung die zur Aufrechterhaltung der Wirtschaftsführung notwendigen Kredite in begrenzter Höhe aufnehmen. Während der vorläufigen Haushaltsführung können nach Maßgabe von Artikel 85 auch über- und außerplanmäßige Ausgaben geleistet werden. Die Ermächtigung des Artikel 82 greift auch dann ein, wenn der Landtag den Entwurf der Landesregierung für den Haushaltsplan und das Haushaltsgesetz abgelehnt hat. Der Landtag kann sie auch durch ein Nothaushaltsgesetz nicht einschränken, sie aber erweitern.

Artikel 83
[Kreditgesetze]

Die Aufnahme von Krediten sowie die Übernahme von Bürgschaften, Garantien oder sonstigen Gewährleistungen, die zu Ausgaben in künftigen Haushaltsjahren führen können, bedürfen einer der Höhe nach bestimmten oder bestimmbaren Ermächtigung durch Gesetz. Die Einnahmen aus Krediten dürfen entsprechend den Erfordernissen des gesamtwirtschaftlichen Gleichgewichts in der Regel nur bis zur Höhe der Summe der im Haushaltsplan veranschlagten Ausgaben für Investitio-

nen in den Haushaltsplan eingestellt werden; das Nähere wird durch Gesetz geregelt.

1 Die *Finanzierung von Staatsaufgaben durch Kreditmittel* ist neben der Finanzierung aus laufenden Einnahmen, insbesondere aus Steuern, ein normaler Finanzierungsvorgang. Sie ist ein zur Verwirklichung einer effektiven staatlichen Konjunkturpolitik im Rahmen der wirtschaftssteuernden Funktion der Haushaltspolitik unentbehrliches Instrument. Der in Artikel 83 vorgesehene Gesetzesvorbehalt für die Aufnahme von Krediten und die Übernahme von Bürgschaften, Garantien oder sonstige Gewährleistungen (der seine Parallele für das Bundesrecht in Artikel 115 GG findet) hat die „Funktion, das parlamentarische Budgetrecht gegenüber der Gefahr faktischer Aushöhlung durch eine weitreichende Bindung künftiger Finanzmittel zu sichern, und stellt sich von daher als Ergänzung der Rechte des Landtags aus Art. 81 LV dar" (VerfGH, NWVBl. 1994, 292 ff. – Ankauf Thyssen-Grundstück Oberhausen).

2 Die Ermächtigung der Landesregierung zur Aufnahme von Krediten wird *regelmäßig im Haushaltsgesetz* ausgesprochen, kann aber auch in anderen Gesetzen erfolgen. Sie muss betragsmäßig bestimmt oder zumindest bestimmbar sein. Kredit bedeutet die Begründung von Verbindlichkeiten zur Beschaffung von Geld, aber auch zur Abgeltung von Ansprüchen. Wesentliches Kriterium staatlicher Gewährleistungen ist, „dass das Land finanzielle Risiken eingeht, die ihrem Gegenstand oder ihrem Umfang nach neu sind und deshalb zusätzliche Belastungen künftiger Haushaltsjahre nach sich ziehen können" (VerfGH, NWVBl. 1994, 292 ff.).

3 Satz 2 unterscheidet hinsichtlich der *Höhe der Kreditaufnahme* zwischen einer Normallage und einer Störung des gesamtwirtschaftlichen Gleichgewichts. Im Normalfall ist die Kreditaufnahme durch die Summe der Ausgaben für Investitionen begrenzt. Auch innerhalb dieser Begrenzung steht die staatliche Kreditpolitik allerdings unter dem das Land bindenden Gebot des Artikel 109 Abs. 2 GG, aus dem sich im Falle einer Hochkonjunktur die Pflicht zur Zurückführung der Kreditaufnahme auf ein weit unterhalb der Grenze des Satzes 2 liegendes Niveau ergeben kann (BVerfGE 79, 311, 324). Der Investitionsbegriff ist in § 10 Abs. 3 Nr. 2 des (Bundes-) Haushaltsgrundsätzegesetzes definiert; er umfasst u. a. Baumaßnahmen, den Erwerb von beweglichen Sachen und Grundstücken und Beteiligungen. Die entsprechenden Ansätze werden im Haushaltsplan besonders ausgewiesen.

4 Bei einer *Störung des gesamtwirtschaftlichen Gleichgewichts* lässt Satz 2 eine Überschreitung der Höchstgrenze für die Kreditaufnahme zu. Die Überschreitung stellt die Ausnahme dar und ist als Notinstrument nur zeitlich begrenzt einsetzbar. Die Störung muss ernsthaft und nachhaltig sein, und die Kreditaufnahme muss das Ziel verfolgen und geeignet sein, sie zu beseitigen. Dabei steht der Landesregierung ein Einschätzungs- und Beurteilungsspielraum zur Verfügung.

Der von der FDP am 29. 11. 1989 im Landtag eingebrachte Entwurf eines **5** Gesetzes zur *Änderung des Artikels 83* verfiel mit dem Ende der 10. Wahlperiode der Diskontinuität des Landtags. Ziel der Initiative war es, eine wirksamere Begrenzung der staatlichen Kreditaufnahme durch Einfügung zahlenmäßig festgelegter Quoten (Einnahmen aus Krediten maximal 3 Prozent der veranschlagten Gesamtausgaben; Investitionsquote von mindestens 15 Prozent der Gesamtausgaben) sicherzustellen. SPD und CDU hielten einen Alleingang Nordrhein-Westfalens in dieser für alle öffentlichen Haushalte bedeutsamen Frage übereinstimmend für wenig sinnvoll.

Artikel 84
[Ausgabendeckung]

Beschlüsse des Landtags, welche Ausgaben mit sich bringen, müssen bestimmen, wie diese Ausgaben gedeckt werden.

Sinn des in Artikel 84 niedergelegten *Deckungsgebotes* ist es, die Landesregierung **1** davor zu bewahren, einen vom Landtag gefassten Beschluss vollziehen zu müssen, der nach ihrer Auffassung zu einem nicht ausgeglichenen Haushalt führt. Die damit verbundene Einschränkung des Budgetrechts geht allerdings nicht so weit wie diejenige des Artikel 113 Abs. 1 Satz 1 GG, der das Zustandekommen ausgabenerhöhender Gesetze von der Zustimmung der Bundesregierung abhängig macht. Der Landesregierung steht vielmehr lediglich das in Artikel 67 enthaltene Recht zu, Bedenken zu erheben, wenn ein Deckungsvorschlag fehlt oder sie mit ihm inhaltlich nicht einverstanden ist. Die Ausfertigung eines ausgabenerhöhenden Gesetzes nach Artikel 71 Abs. 1 kann sie demgegenüber nur verweigern, wenn ein Deckungsvorschlag gänzlich fehlt; sachliche Bedenken gegen die Zweckmäßigkeit der beschlossenen Deckung reichen dazu nicht aus.

Artikel 84 steht im Zusammenhang mit dem in Artikel 81 Abs. 2 Satz 3 enthal- **2** tenen *Grundsatz des Haushaltsausgleichs,* der nicht nur im Haushaltsaufstellungsverfahren gilt. Erfasst werden alle Beschlüsse des Landtags, die infolge ihrer unmittelbaren Rechtswirkungen Ausgaben zu Folge haben, und zwar unabhängig davon, ob es sich um Gesetzesbeschlüsse, Zustimmungsbeschlüsse zu Staatsverträgen nach Artikel 66 Satz 2 oder um schlichte Parlamentsbeschlüsse handelt. Artikel 84 gilt demgegenüber nicht für solche Landtagsbeschlüsse, die die Landesregierung zu einer Handlung auffordern, wenn erst diese zu Ausgaben führen würde; denn in diesem Falle hat es die Landesregierung selbst in der Hand, den Haushaltsausgleich anlässlich der Erfüllung des parlamentarischen Auftrages herbeizuführen. Im Übrigen unterliegt erst der endgültige Beschluss des Landtags dem Deckungsgebot; das Fehlen eines Deckungsvorschlages macht nicht schon den im Landtag eingebrachten Initiativantrag für sich unzulässig. Der gebotene Haushaltsausgleich kann in der Änderung des Haushaltsplans, in der Umwidmung der Ausgabenansätze oder in einem

Nachtragshaushalt bestehen (für den das Initiativrecht allerdings allein bei der Landesregierung liegt, s. Anm. 8 zu Artikel 81; Artikel 84 begründet keine Verschiebung des Initiativrechts). Nach § 10 Abs. 5 der Landeshaushaltsordnung leistet die Landesregierung den Mitgliedern des Landtags, die einen einnahmemindernden oder ausgabenerhöhenden Antrag zu stellen beabsichtigen, Hilfe bei der Ermittlung der finanziellen Auswirkungen.

Artikel 85
[Haushaltsüberschreitungen]

(1) Überplanmäßige und außerplanmäßige Ausgaben bedürfen der Zustimmung des Finanzministers. Sie darf nur im Falle eines unvorhergesehenen und unabweisbaren Bedürfnisses erteilt werden.

(2) Zu überplanmäßigen und außerplanmäßigen Ausgaben hat der Finanzminister die Genehmigung des Landtags einzuholen.

1 Sinn und Bedeutung des Artikels 85 erklären sich aus seinem Verhältnis zu Artikel 81. Danach kann die Exekutive nur Ausgaben leisten, die im Haushaltsplan eingestellt sind, und zwar nur in der dort vorgesehenen Höhe. Artikel 85 durchbricht diesen Grundsatz für bestimmte Fälle. Wenn im Haushaltsplan keine oder nicht genügend Mittel für *unaufschiebbare staatliche Bedürfnisse* vorgesehen sind und diese Mittel auch nicht durch ein Änderungsgesetz zum Haushaltsplan (Nachtragshaushalt) rechtzeitig bereitgestellt werden können, hat der Finanzminister für diese dringenden Notfälle eine Bewilligungskompetenz, die es ermöglicht, die Handlungsfähigkeit der Landesregierung aufrechtzuerhalten.

2 Mit den Begriffen der *überplanmäßigen oder außerplanmäßigen Ausgaben* wird auf die im Haushaltsplan bei den Einzelveranschlagungen ausgebrachten Zweckbestimmungen Bezug genommen: Überplanmäßige Ausgaben sind – wie der nordrhein-westfälische Verfassungsgerichtshof in seiner Thyssen-Grundstück-Entscheidung (NWVBl. 1994, 292 ff.) definiert hat – „solche, mit denen die für eine Zweckbestimmung vorgesehenen Ansätze des Haushaltsplans überschritten werden, außerplanmäßige Ausgaben diejenigen, für die der Haushaltsplan keine Zweckbestimmung und dementsprechend auch keinen Ansatz enthält". Ausgaben, deren Zweckbestimmung im Haushaltsplan keine Deckung hat, verletzen das Budgetrecht des Landtags, wenn nicht die Ausnahmevoraussetzungen des Artikel 85 Abs. 1 erfüllt sind (oder die Übergangsermächtigung des Artikel 82 für eine vorläufige Haushaltsführung greift). Die Deckung kann sich nach den Bestimmungen der Landeshaushaltsordnung auch daraus ergeben, dass die Mittel mehrerer Ansätze mit unterschiedlichen Zweckbestimmungen gegenseitig oder einseitig „deckungsfähig" sind, was im Haushaltsplan ausgewiesen sein muss.

3 Der Finanzminister kann die Zustimmung zu über- und außerplanmäßigen Ausgaben *nur im Falle eines unvorhergesehenen und unabweisbaren Bedürfnisses* erteilen. Unvorhergesehen ist ein Bedürfnis nicht erst dann, wenn es objektiv unvorhersehbar war; es reicht aus, dass es bei der Aufstellung des Haushaltsplans durch die Landesregierung und in der Beratung und Feststellung des Plans im Landtag tatsächlich nicht vorhergesehen wurde. Unabweisbar ist ein Bedürfnis erst dann, wenn die vorgesehene Ausgabe sachlich unbedingt notwendig und zugleich zeitlich unaufschiebbar ist. Dabei muss es um schwerwiegende politische, wirtschaftliche oder soziale Staatsinteressen gehen (BVerfGE 45, 1, 36 f.). Das Bundesverfassungsgericht hat aus dem Grundsatz, dass die Verfassungsorgane bei Inanspruchnahme ihrer verfassungsmäßigen Kompetenzen Rücksicht zu nehmen haben auf die Interessen der anderen Verfassungsorgane, die Pflicht abgeleitet, dass der Finanzminister mit dem Gesetzgeber in Verbindung treten muss, um zu klären, ob dieser noch rechtzeitig eine gesetzliche Bewilligung erteilen kann (BVerfGE 45, 1, 39). Die Zustimmungserklärung liegt bei Vorliegen der Voraussetzungen des Artikel 85 nach Absatz 1 Satz 1 allein beim Finanzminister, der sie ggf. auch nachträglich erteilen kann; sie kann nicht durch einen Kabinettbeschluss ersetzt werden.

Weitergehend als Artikel 112 GG sieht Artikel 85 Abs. 2 vor, dass der Finanzminister zu überplanmäßigen und außerplanmäßigen Ausgaben die *Genehmigung des Landtags* einzuholen hat. Das Budgetrecht des Parlaments ist demnach nach nordrhein-westfälischem Verfassungsrecht stärker vor den Haushaltsplan überschreitenden Maßnahmen der Regierung geschützt als in der Bundesverfassung. Bei Vorliegen der Voraussetzungen ist der Landtag allerdings verpflichtet, die Genehmigung zu erteilen. Nach der Entscheidung des nordrhein-westfälischen Verfassungsgerichtshofs zur Finanzierung der Abfallvermeidungskampagne des Umweltministeriums im Jahre 1990 ist die sich aus Artikel 85 ergebende Kontrollbefugnis des Landtags durch die langjährig unbeanstandete Praxis der Einrichtung eines sog. „globalen Verstärkungstitels" ohne Zweckbestimmung im Einzelplan des Finanzministers verletzt worden, der die in der Höhe nicht bestimmte Verstärkung beliebiger Titel für sächliche Verwaltungsausgaben in den Einzelplänen der Landesregierung ermöglichte und in seinem Umfang allein durch die Höhe der in den Einzelplänen aller Ressorts erwirtschafteten Minderausgaben begrenzt war (VerfGH, NWVBl. 1992, 129 ff.). **4**

Artikel 86
[Rechnungsprüfung]

(1) Der Finanzminister hat dem Landtag über alle Einnahmen und Ausgaben im Laufe des nächsten Haushaltsjahres zur Entlastung der Landesregierung Rechnung zu legen. Der Haushaltsrechnung sind Übersichten über das Vermögen und die Schulden des Landes beizufügen.

(2) Der Landesrechnungshof prüft die Rechnung sowie die Ordnungsmäßigkeit und Wirtschaftlichkeit der Haushalts- und Wirtschaftsfüh-

rung. Er fasst das Ergebnis seiner Prüfung jährlich in einem Bericht für den Landtag zusammen, den er auch der Landesregierung zuleitet.

1 Artikel 86 ist Ausdruck des allgemeinen Grundsatzes, dass jeder, der in Verantwortung für einen anderen Geldmittel bewirtschaftet, diesem darüber *Rechenschaft abzulegen* hat. Die Bestimmung regelt das Verfahren, in dem die Landesregierung, die durch den Landtag ermächtigt ist, nach einem gegliederten und mit Zweckbestimmungen versehenen Haushaltsplan Geldmittel auszugeben, sich der Prüfung zu stellen hat, ob sie sich im Rahmen der Ermächtigung gehalten hat.

2 Der Finanzminister hat in der Rechnungslegung alle tatsächlichen Einnahmen und Ausgaben nach der im Haushaltsplan vorgesehenen Ordnung den Ansätzen des Haushaltsplans gegenüberzustellen. Dabei sind auch über- und außerplanmäßige Ausgaben nachzuweisen. Ferner muss über das Vermögen und die Schulden des Landes Rechnung gelegt werden. Der Landtag beschließt durch einfachen Beschluss über die *Entlastung* der Landesregierung; dem Beschluss kommt nur politische Bedeutung zu. Bei seiner Beschlussfassung ist der Landtag an den Bericht des Landesrechnungshofes nicht gebunden (OVG Münster, DVBl. 1979, 431).

3 Absatz 2 Satz 1 garantiert die *Finanzkontrolle durch den Landesrechnungshof,* dessen verfassungsrechtliche Stellung in Artikel 87 näher bestimmt ist. Seit der Neufassung der Bestimmung durch das Haushaltsreformgesetz 1972 hat der Landesrechnungshof dem Landtag seinen jährlichen Bericht über die Rechnungsprüfung nicht mehr über die Landesregierung, sondern unmittelbar zuzuleiten. Prüfungsgegenstand sind die Rechnung sowie die Haushalts- und Wirtschaftsführung. Erfasst sind damit sowohl die Ausführung des Haushaltsplans einschließlich der Buchführung und der Einzelrechnungen als auch die gesamte finanzwirtschaftliche Betätigung des Landes. Damit ist die gesamte Mittelbewirtschaftung in den Kontrollbereich des Landesrechnungshofs einbezogen.

4 Indem Absatz 2 dem Landesrechnungshof die Prüfung nicht nur der Rechnungslegung, sondern darüber hinaus der gesamten Mittelbewirtschaftung überträgt, stellt er ihn hinsichtlich des *Prüfungszeitpunkts* relativ frei. Die Prüfung der Haushalts- und Wirtschaftsführung kann daher schon vor der Rechnungslegung durch den Finanzminister einsetzen, so dass sie gegenwartsnah durchgeführt werden kann. Allerdings muss der Landesrechnungshof sich auf eine nachgängige Kontrolle abgeschlossener Vorgänge beschränken; eine mitlaufende Kontrolle und Eingriffe in die Handlungskompetenzen der Exekutive sind von Artikel 86 Abs. 2 nicht gedeckt. Sie würden eine Durchbrechung des Gewaltenteilungsprinzips durch eine Instanz bedeuten, die selbst nicht politisch legitimiert ist. Der Landesrechnungshof hat keine Anordnungs-, sondern nur eine nachträgliche Prüfkompetenz.

Prüfmaßstab sind die *rechtstechnische Ordnungsmäßigkeit* und die *Wirtschaftlichkeit* 5
der Haushalts- und Wirtschaftsführung. Bei der Prüfung der Wirtschaftlichkeit,
die die Zweckmäßigkeit der Regierungstätigkeit einbezieht, muss der Landesrechnungshof den Vorrang der politischen Entscheidung respektieren. Er hat
keine politischen, sondern allein ökonomische Erwägungen anzustellen – eine
Anforderung, die zu erfüllen besonders dann schwierig ist, wenn es um die
Bewertung von Vorhaben geht, die im Landtag politisch umstritten sind. Hier ist
der Landesrechnungshof stets in der Gefahr, im politischen Streit zum Kron-
zeugen der Opposition und damit instrumentalisiert zu werden.

Artikel 87
[Landesrechnungshof]

**(1) Der Landesrechnungshof ist eine selbständige, nur dem Gesetz un-
terworfene oberste Landesbehörde. Seine Mitglieder genießen den
Schutz richterlicher Unabhängigkeit.**

**(2) Der Präsident, der Vizepräsident und die anderen Mitglieder des
Landesrechnungshofes werden vom Landtag ohne Aussprache gewählt und sind von der Landesregierung zu ernennen.**

(3) Das Nähere wird durch Gesetz geregelt.

In Artikel 87, der durch das Gesetz vom 14. 12. 1971 neu gefasst worden ist, 1
findet sich eine *institutionelle Verfassungsgarantie des Landesrechnungshofes* und der
richterlichen Unabhängigkeit seiner Mitglieder. Seine Aufgaben sind in Artikel
86 Abs. 2 enthalten (s. dort). Einzelheiten über Organisation und Tätigkeit des
Landesrechnungshofs enthält das nach Absatz 3 ergangene Gesetz über den
Landesrechnungshof Nordrhein-Westfalen vom 14. 12. 1971 (GVBl. S. 410),
das zuletzt durch Gesetz vom 19. Juni 1994 (GV NW S. 428) geändert worden
ist.

Der Landesrechnungshof ist eine *oberste Landesbehörde.* Trotz seiner organisato- 2
rischen Selbständigkeit – er untersteht keiner ministeriellen Instanz – und des
Rechts zu unmittelbaren Vorlagen an den Landtag ist er kein Verfassungsorgan,
da er Entscheidungen der Verfassungsorgane nur vorbereitet, selbst aber nicht
über Entscheidungsbefugnisse verfügt (s. OVG Münster, DVBl. 1979, 431 f.).
Die ausschließliche Bindung an das Gesetz sichert dem Landesrechnungshof die
sachliche Unabhängigkeit; er braucht keine Weisungen entgegenzunehmen
oder sonstige Eingriffe zu dulden. Auch gegenüber dem Landtag ist er unabhängig. Seine Berichte und Feststellungen haben jedoch nicht den Charakter
von richterlichen Entscheidungen und keinen höheren Anspruch auf Richtigkeit als die anderer Staatsorgane.

Nach Absatz 2 werden der Präsident, der Vizepräsident und die übrigen Mit- 3
glieder des Landesrechnungshofs vom Landtag gewählt, sie sind von der Lan-

desregierung zu ernennen, der kein eigenes Vorschlagsrecht zur Verfügung steht. Das Auswahlrecht liegt danach ausschließlich beim Parlament. Die Landesregierung hat lediglich das formelle Ernennungsrecht, in dessen Ausübung sie an die Entscheidung des Landtags gebunden ist. Artikel 87 Abs. 2 gilt nur für die Mitglieder des Landesrechnungshofs selbst, nicht für die übrigen Bediensteten der Behörde. Dem Landesrechnungshof sind sechs staatliche Rechnungsprüfungsämter nachgeordnet.

Artikel 88
[Fiskalische Betriebe]

Das Finanzwesen der ertragswirtschaftlichen Unternehmungen des Landes kann durch Gesetz abweichend von den Vorschriften der Artikel 81 bis 86 geregelt werden.

1 Der Sinn des Artikels 88 besteht darin, die ertragswirtschaftlichen Unternehmungen des Landes – die sog. *Landesbetriebe* im Sinne von Artikel 81 Abs. 2 Satz 1, 2. Halbsatz (z. B. Bau- und Liegenschaftsbetrieb (BLB), Landesbetrieb Straßenbau – von den starren Formen und Beschränkungen freizustellen, die die Vorschriften über das staatliche Finanzwesen enthalten. Wenn der Staat am allgemeinen privatwirtschaftlichen Wettbewerb teilnimmt, muss er seine Betriebe nach kaufmännischen Gesichtspunkten führen können. Die in Artikel 88 vorgesehenen gesetzlichen Abweichungen von den Vorschriften der Artikel 81 bis 86 finden sich an verschiedenen Stellen der Landeshaushaltsordnung und in den Gesetzen über die einzelnen Landesbetriebe.

ÜBERGANGS- UND SCHLUSSBESTIMMUNGEN

Artikel 89
[Schulwesen in Lippe]

Auf dem Gebiete des Schulwesens gelten in dem ehemaligen Lande Lippe die Rechtsvorschriften vom 1. Januar 1933 bis zur endgültigen Entscheidung über die staatsrechtliche Eingliederung Lippes in das Land Nordrhein-Westfalen.

1 Bei Artikel 89 handelt es sich um eine *Übergangsbestimmung* für das im ehemaligen Land Lippe bestehende Schulwesen, die nach einer Entscheidung des Verfassungsgerichtshofs Nordrhein-Westfalen (Justministerialblatt NRW 1954, 52) mit Ablauf des 21. 1. 1952 gegenstandslos geworden ist.

Artikel 90
[Volksentscheid]

(1) Die Verfassung ist dem Volke zur Billigung zu unterbreiten. Die Abstimmung erfolgt nach Maßgabe eines Landtagsbeschlusses. Die Verfassung gilt als angenommen, wenn die Mehrheit der Abstimmenden sie bejaht hat.

(2) Die Verfassung ist nach ihrer Annahme durch das Volk im Gesetz- und Verordnungsblatt zu verkünden. Sie tritt mit dem auf ihre Verkündung folgenden Tage in Kraft.

Anders als das Grundgesetz, das dem Volk der Bundesrepublik Deutschland zu keinem Zeitpunkt zur Abstimmung vorgelegt worden ist, ist die nordrhein-westfälische Landesverfassung vom Landesvolk in einem *Volksentscheid* gebilligt worden und verfügt damit über den denkbar höchsten Grad an demokratischer Legitimation, den sie in einem demokratisch verfassten Staatswesen erlangen kann. Nachdem der Landtag sie am 6. 6. 1950 mit der Mehrheit von 110 gegen 97 Stimmen angenommen hatte, wurde sie am 18. Juni 1950 zum Volksentscheid gestellt. In diesem Volksentscheid wurde die Landesverfassung mit 3 627 054 gegen 2 240 674 Stimmen (bei 496 555 ungültigen Stimmen) gebilligt. Am 10. Juli 1950 wurde sie, nachdem die Landesregierung sie am 28. 6. 1950 ausgefertigt hatte, im Gesetz- und Verordnungsblatt des Landes verkündet. Sie ist demnach am 11. 7. 1950 in Kraft getreten.

Artikel 91
[Übergangsregelung]

(1) Der am 18. Juni 1950 gewählte Landtag gilt als erster Landtag im Sinne dieser Verfassung.

(2) Die bestehenden Organe des Landes nehmen bis zur Bildung der durch diese Verfassung vorgesehenen Organe deren Aufgaben wahr. Eine nach den Bestimmungen dieser Verfassung bereits vor ihrem Inkrafttreten gebildete Landesregierung gilt als Landesregierung im Sinne der Artikel 51 ff.

Durch Artikel 91 wurde der bereits vor dem Inkrafttreten der Landesverfassung (11. 7. 1950) gleichzeitig mit dem Volksentscheid über die Verfassung am 18. 6. 1950 gewählte Landtag als erster Landtag im Sinne der Landesverfassung legitimiert. Absatz 2 begründete eine Übergangskompetenz für die bestehenden Organe des Landes; er ist inzwischen gegenstandslos geworden.

Artikel 92
[Landtag von 1970]

Die Wahlperiode des im Jahre 1970 zu wählenden Landtags beträgt vier Jahre zehn Monate.

Die gegenstandslos gewordene Bestimmung des Artikel 92, durch Gesetz vom 16. 7. 1969 eingefügt, wurde aus Anlass der Verlängerung der Landtagswahlperiode von vier auf fünf Jahre (Artikel 34) geschaffen und ermöglichte – um eine Beeinträchtigung der Landtagswahl durch die Sommerferien zu vermeiden – eine Vorverlegung des Wahltermins für die 8. Wahlperiode vom Juli in den Mai 1975.

Literaturhinweise

I. Grundgesetz und Landesverfassungen

Bericht der Gemeinsamen Verfassungskommission von Bundestag und Bundesrat, Bundesrats-Drucksache 800/93, Bonn, Ausgabedatum 5. 11. 1993

Beutler, Bengt, Das Staatsbild in den Länderverfassungen nach 1945, Berlin 1973

Denzer, Karl Josef (Hrsg.), Nordrhein-Westfalen und die Entstehung des Grundgesetzes, Düsseldorf 1989

Dietlein, Johannes, Das Verhältnis von Bundes- und Landesverfassungsrecht, in: *Präsident des Verfassungsgerichtshofs NRW* (Hrsg.), Verfassungsgerichtsbarkeit in Nordrhein-Westfalen. Festschrift zum 50-jährigen Bestehen des Verfassungsgerichtshofs NRW, Münster 2002, S. 203–224

Hesselberger, Dieter, Das Grundgesetz. Kommentar für die politische Bildung, Neuwied 1999

Isensee, Josef, Chancen und Grenzen der Landesverfassung im Bundesstaat, Sächsische Verwaltungsblätter 1994, 28–35

Jutzi, Siegfried, Landesverfassungsrecht und Bundesrecht, Berlin 1982

Kanther, Wilhelm, Die neuen Landesverfassungen im Lichte der Bundesverfassung, Köln 1993

Pestalozza, Christian, Die Bedeutung gliedstaatlichen Verfassungsrechts in der Gegenwart, in: Neue Zeitschrift für Verwaltungsrecht 1987, 744–751

Sachs, Michael, Das materielle Landesverfassungsrecht, in: *Burmeister, Joachim* (Hrsg.), Festschrift für Klaus Stern, München 1997, S. 476–508

Schmalenbach, Kirsten, Föderalismus und Unitarismus in der Bundesrepublik Deutschland. Die Reform des Grundgesetzes von 1994, Düsseldorf 1998 (Band 10 der Schriften des Landtags Nordrhein-Westfalen)

Seifert, Karl-Heinz und *Dieter Hömig* (Hrsg.), Grundgesetz für die Bundesrepublik Deutschland. Taschenkommentar, 6. Aufl., Baden-Baden 1999

Stiens, Andrea, Chancen und Grenzen der Landesverfassungen im deutschen Bundesstaat der Gegenwart, Berlin 1997

Storr, Stefan, Verfassunggebung in den Ländern, Stuttgart 1995

II. Landesverfassung Nordrhein-Westfalen allgemein

Bierbach, Wolf, Die Landesverfassung nach 30 Jahren, in: Landeszentrale für politische Bildung Nordrhein-Westfalen (Hrsg.), 30 Jahre Verfassung Nordrhein-Westfalen, Düsseldorf o.J. (1980), S. 61 ff.

Boldt, Hans, Landesverfassung im Bundesstaat, in: Landtag Nordrhein-Westfalen (Hrsg.), Kontinuität und Wandel, Düsseldorf 1990, S. 63 ff.

Christ, Hanns-Joachim, Verfassung und Verfassungsentwicklung in Nordrhein-Westfalen 1945–1950, Diss. Köln 1951

Dästner, Christian, Nordrhein-Westfalens Verfassung: Entstehung – Profil – Entwicklung, in: *Landtag Nordrhein-Westfalen* (Hrsg.), Konflikt und Konsens. 50 Jahre Landesverfassung Nordrhein-Westfalen, Düsseldorf 2000, S. 11–56

Först, Walter, Kleine Geschichte Nordrhein-Westfalens, Düsseldorf 1986 (Landeszentrale für politische Bildung Nordrhein-Westfalen)

Först, Walter, Die Entstehung des Landes Nordrhein-Westfalen, in: Landeszentrale für politische Bildung Nordrhein-Westfalen (Hrsg.), Nordrhein-Westfalen. Eine politische Landeskunde, Köln 1984, S. 35–55

Gärtner, Wolfgang, Verfassung im Wandel. Die Verfassung für das Land Nordrhein-Westfalen und ihre Änderungen, in: Landtag Nordrhein-Westfalen (Hrsg.), Kontinuität und Wandel, Düsseldorf 1990, S. 141–188

Geller, Gregor und *Kurt Kleinrahm,* Die Verfassung des Landes Nordrhein-Westfalen. Kommentar, fortgeführt von Kurt Kleinrahm, Alfred Dickersbach und Jörg-Detlef Kühne, 3. Aufl., Göttingen 1977 – (Loseblattausgabe, Stand: Februar 1994)

Grimm, Dieter, Verfassungsrecht, in: Dieter Grimm und Hans-Jürgen Papier (Hrsg.), Nordrhein-westfälisches Staats- und Verwaltungsrecht, Frankfurt 1986, S. 1–62

Halstenberg, Friedrich, Landesverfassung und Staatspraxis, in: Landtag Nordrhein-Westfalen (Hrsg.), Kontinuität und Wandel, Düsseldorf 1990, S. 89–118

Hüttenberger, Peter, Nordrhein-Westfalen und die Entstehung seiner parlamentarischen Demokratie, Siegburg 1973

Kleinrahm, Kurt, Verfassung und Verfassungswirklichkeit in Nordrhein-Westfalen, in: Jahrbuch des öffentlichen Rechts der Gegenwart 1962, 313–354

Kleinrahm, Kurt, Landesverfassung, in: Wilhelm Loschelder und Jürgen Salzwedel (Hrsg.), Verfassungs- und Verwaltungsrecht des Landes Nordrhein-Westfalen, Köln 1964, S. 49–91

Köhler, Wolfram, Die Entstehung der Landesverfassung, in: Landeszentrale für politische Bildung Nordrhein-Westfalen (Hrsg.), 30 Jahre Verfassung Nordrhein-Westfalen, Düsseldorf o.J. (1980), S. 9 ff.

Kringe, Wolfgang, Machtfragen. Die Entstehung der Verfassung für das Land Nordrhein-Westfalen, Frankfurt a.M. 1988

Kringe, Wolfgang, Die Verfassung für das Land Nordrhein-Westfalen. Spielregel der Demokratie, Düsseldorf 1990, Heft 7 der Schriftenreihe Grundinformation Politik der Landeszentrale für politische Bildung Nordrhein-Westfalen

Landeszentrale für politische Bildung Nordrhein-Westfalen (Hrsg.), 30 Jahre Verfassung Nordrhein-Westfalen, Düsseldorf o.J. (1980)

Landtag Nordrhein-Westfalen (Hrsg.), Kontinuität und Wandel. 40 Jahre Landesverfassung Nordrhein-Westfalen, Band 3 der Schriften des Landtags Nordrhein-Westfalen, Düsseldorf 1990

Landtag Nordrhein-Westfalen (Hrsg.), Konflikt und Konsens. 50 Jahre Landesverfassung Nordrhein-Westfalen, Düsseldorf 2000

Löwer, Wolfgang, und Peter Tettinger, Kommentar zur Verfassung des Landes Nordrhein-Westfalen, Stuttgart 2002

Meyer-Heitmann, Anne, Die Entstehung des Landes und der Verfassung von Nordrhein-Westfalen, Dinslaken 1965

Rüdiger Voigt, Die Landesverfassung, in: Landeszentrale für politische Bildung Nordrhein-Westfalen (Hrsg.), Nordrhein-Westfalen. Eine politische Landeskunde, Köln 1984, S. 56 - 84

III. Föderalismus; Länder und Regionen in Europa

von *Alemann, Ulrich, Rolf G. Heinze und Bodo Hombach* (Hrsg.), Die Kraft der Regionen: Nordrhein-Westfalen in Europa, Bonn 1990

Bauer, Joachim (Hrsg.), Europa der Regionen, Berrlin 1991

Bohr, Kurt (Hrsg.), Föderalismus. Demokratische Struktur für Deutschland und Europa, München 1992

Boldt, Hans, Verfassung einer europäischen Region? in: *Wolfram Köhler* (Hrsg.), Nordrhein-Westfalen. Fünfzig Jahre später. 1946–1996, Essen 1996, S. 57–68

Borkenhagen, Franz H. U. (Hrsg.), Die deutschen Länder in Europa, Baden-Baden 1992

Dästner, Christian, Entflechtung der Kompetenzen? Auf der Suche nach einer Verbesserung der politischen Handlungsfähigkeit im Bundesstaat, in: *Karl Eckart / Helmut Jenkis* (Hrsg.), Föderalismus in Deutschland, Berlin 2000, S. 149–173

Dästner, Christian, Zur Entwicklung der Zustimmungsbedürftigkeit von Bundesgesetzen seit 1949, Zeitschrift für Parlamentsfragen 2001, 290–309

Grawert, Rolf, Funktionen der Landesverfassung NRW im gesamtstaatlichen Gefüge der Bundesrepublik Deutschland, in: *Präsident des Verfassungsgerichtshofs NRW* (Hrsg.), Festschrift zum 50-jährigen Bestehen des VerfGH NRW, Münster 2002, S. 153–180

Große-Sender, Heinrich A., Föderalismus und Landesverfassung im Zeichen der europäischen Einigung, in: Landtag Nordrhein-Westfalen (Hrsg.), Kontinuität und Wandel, Düsseldorf 1990, S. 221–234

Landtag Nordrhein-Westfalen (Hrsg.), Die Landtage im europäischen Integrationsprozeß nach Maastricht, Düsseldorf 1992

Laufer, Heinz, und Ursula Münch, Das föderative System der Bundesrepublik Deutschland, 7. Aufl., München 1997

Reuter, Konrad, Föderalismus. Grundlagen und Wirkungen in der Bundesrepublik Deutschland. 4. Aufl., Heidelberg 1991

Wehling, Hans-Georg (Hrsg.), Die deutschen Länder. Geschichte, Politik, Wirtschaft, Opladen 2000

Zellentin, Gerda, Nordrhein-Westfalen und die Europäischen Gemeinschaften, in: Landeszentrale für politische Bildung Nordrhein-Westfalen (Hrsg.), Nordrhein-Westfalen. Eine politische Landeskunde, Köln 1984, S. 320–335

IV. Landeswappen und Landesflagge

Bundeszentrale für politische Bildung, Deutsche Wappen und Flaggen, Bonn 1991

Bundeszentrale für politische Bildung, Wappen und Flaggen der Bundesrepublik Deutschland und ihrer Länder, Bonn, 3. Aufl. 1994

V. Grundrechte

Bethge, Herbert, Die Grundrechtssicherung im föderativen Bereich, in: Archiv des öffentlichen Rechts Bd. 110 (1985), 169–218

Böckenförde, Ernst Wolfgang, und *Rolf Grawert,* Kollisionsfälle und Geltungsprobleme im Verhältnis von Bundesrecht und Landesverfassung, in: Die öffentliche Verwaltung 1971, 119–127

Dietlein, Johannes, Die Rezeption von Bundesgrundrechten durch Landesverfassungsrecht, Archiv des öffentlichen Rechts Bd. 120 (1995), 1–31

Martina, Dietmar, Die Grundrechte der nordrhein-westfälischen Landesverfassung im Verhältnis zu den Grundrechten des Grundgesetzes, München 1999

Sachs, Michael, Die Grundrechte im Grundgesetz und in den Landesverfassungen, in: Die öffentliche Verwaltung 1985, 469–479

Schwarze, Thomas, Das Grundrecht auf Datenschutz in der Verfassung des Landes Nordrhein-Westfalen, Köln 1989

Tjarks, Eric, Zur Bedeutung der Landesgrundrechte, Baden-Baden 1999

Wahl, Rainer, Grundrechte und Staatszielbestimmungen im Bundesstaat, in: Archiv des öffentlichen Rechts Bd. 112 (1987), 26–53

VI. Schule, Kunst, Wissenschaft, Sport

Aufenager, Jörg, Kommunale Kulturpolitik, in: Andersen, Uwe (Hrsg.), Kommunale Selbstverwaltung und Kommunalpolitik in Nordrhein-Westfalen, Köln 1987, S. 204–217

Dietlein, Max, Föderative Schulhoheit und Religionshoheit in der Schule – zur Auslegung des Art. 12 Abs. 6 Landesverfassung NRW, in: *Burmeister, Joachim* (Hrsg.), Festschrift für Klaus Stern, München 1997, S. 443–456

Häberle, Peter, Kulturverfassungsrecht im Bundesstaat, Wien 1980

Häberle, Peter, Sport als Thema neuerer verfassungsstaatlicher Verfassungen, in: *Bernd Becker, Hans Peter Bull, Otfried Seewald* (Hrsg.), Festschrift für Werner Thieme, Köln 1993, S. 25 ff.

Hoebink, Hein, Verfassung und Schule: Grundlegungen auf einem umstrittenen Feld, in: Landtag Nordrhein-Westfalen (Hrsg.), Kontinuität und Wandel, Düsseldorf 1990, S. 189–219

Kirchhoff, H.G., Schulpolitik, in: Vierzig Jahre historische Entwicklungen und Perspektiven des Landes Nordrhein-Westfalen, hrsg. von *Peter Hüttenberger,* Düsseldorf 1986

Kokott, Hartmut, Schulische Bildung, in: *Werner Reh,* Jahrbuch der Politik und Wirtschaft in NRW 1988–1990, Bonn 1992, S. 338 ff.

Kühne, Johannes, Zum Vollzug landesverfassungsrechtlicher Erziehungsziel – am Beispiel Nordrhein-Westfalen, Die öffentliche Verwaltung 1991, 763–770

Pottmeyer, Ernst, Schule und Hochschule in der Rechtsprechung des Verfassungsgerichtshofs, in: *Präsident des Verfassungsgerichtshofs NRW* (Hrsg.), Festschrift zum 50-jährigen Bestehen des Verfassungsgerichtshofs NRW, Münster 2002, S. 245–272

Steiner, Udo, Von den Grundrechten im Sport zur Staatszielbestimmung „Sportförderung", in: *Burmeister, Joachim* (Hrsg.), Festschrift für Klaus Stern, München 1997, S. 509–525

Stern, Klaus, Verfassungsrechtliche und verfassungspolitische Grundfragen zur Aufnahme des Sports in die Verfassung des Landes Nordrhein-Westfalen, in: *Bern*

Becker, Hans Peter Bull, Otfried Seewald (Hrsg.), Festschrift für Werner Thieme, Köln 1993, S. 269 ff.

Reuter, Lutz-Rainer, Bildung und Wissenschaft in Nordrhein-Westfalen, in: Nordrhein-Westfalen. Eine politische Landeskunde, hrsg. von der Landeszentrale für politische Bildung Nordrhein-Westfalen, Köln 1984, S. 239–276

Schatz, Heribert, und *Michael Maas,* Die Bedeutung von Forschung und Entwicklung für die Wirtschaft Nordrhein-Westfalens, in: Bußmann, Ludwig (Hrsg.), Die Wirtschaft des Landes Nordrhein-Westfalen, Köln 1988, S. 244–262

Schwiderowski, Peter, Neue Medien und lokale Öffentlichkeit, in: Andersen, Uwe (Hrsg.), Kommunale Selbstverwaltung und Kommunalpolitik in Nordrhein-Westfalen, Köln 1987, S. 235–250

Surbier, Hartwig, Das Kulturprofil von Nordrhein-Westfalen, in: Landeszentrale für politische Bildung Nordrhein-Westfalen (Hrsg.), Nordrhein-Westfalen. Eine politische Landeskunde, Köln 1984, S. 300–319

VII. Staat und Kirche

Bauer, Joachim, Das Verhältnis von Staat und Kirche im Land Nordrhein-Westfalen, Diss. Münster 1968

Langel, Helmut, Destruktive Kulte und Sekten. Eine kritische Einführung, München 2000

Schewick, Burkhard van, Die katholische Kirche und die Entstehung der Verfassungen in Westdeutschland 1945–1950, Mainz 1980

Winkelmann, Martin, Das Verhältnis der religionsrechtlichen Bestimmungen der nordrhein-westfälischen Landesverfassung zu den Regelungen des Grundgesetzes, Deutsches Verwaltungsblatt 1991, 791–798

VIII. Arbeit, Wirtschaft, Umwelt

Briesen, Detlef, Gerhard Brunn, Rainer S. Elkar, Jürgen Reulecke, Gesellschafts- und Wirtschaftsgeschichte Rheinlands und Westfalens, Köln 1995

Bußmann, Ludwig (Hrsg.), Die Wirtschaft des Landes Nordrhein-Westfalen, Köln 1988

Fichtner, Otto, Kommunale Sozialpolitik, in: Andersen, Uwe (Hrsg.), Kommunale Selbstverwaltung und Kommunalpolitik in Nordrhein-Westfalen, Köln 1987, S. 188–203

Hesse, Joachim Jens, Wirtschaft und Strukturpolitik in Nordrhein-Westfalen, in: Landeszentrale für politische Bildung Nordrhein-Westfalen (Hrsg.), Nordrhein-Westfalen. Eine politische Landeskunde, Köln 1984, S. 210–238

Hoebink, Hein, Das Recht auf Arbeit und seine Verankerung in der nordrhein-westfälischen Verfassung, in: Der Staat, Bd. 27 (1988), S. 290–302

Konegen, Norbert, Das Sozialprofil von Nordrhein-Westfalen, in: Landeszentrale für politische Bildung Nordrhein-Westfalen (Hrsg.), Nordrhein-Westfalen. Eine politische Landeskunde, Köln 1984, S. 277–299

Lehner, Franz, Birgit Geile und *Jürgen Nordhause-Janz,* Wirtschaftsförderung als kommunale Aufgabe, in: Andersen, Uwe (Hrsg.), Kommunale Selbstverwaltung und Kommunalpolitik in Nordrhein-Westfalen, Köln 1987, S. 175–187

Schultz, Reinhard, Kommunale Umweltpolitik in Nordrhein-Westfalen, in: Andersen, Uwe (Hrsg.), Kommunale Selbstverwaltung und Kommunalpolitik in Nordrhein-Westfalen, Köln 1987, S. 218–234

IX. Landtag

Alemann, Ulrich von (Hrsg.), Parteien und Wahlen in Nordrhein-Westfalen, Köln 1985

Birk, Dieter, Das Budgetrecht des Parlaments in der Rechtsprechung des Verfassungsgerichtshofs, in: *Präsident des Verfassungsgerichtshofs NRW* (Hrsg.), Münster 2002, S. 339–354

Brautmeier, Jürgen, Von den Beratenden Provinzialräten zum Ernannten Landtag. Der Beginn des Parlamentarismus in Nordrhein-Westfalen, in: Landtag Nordrhein-Westfalen (Hrsg.), Ernst Gnoß – Widerstand und Wiederaufbau. Der erste Präsident des Landtags Nordrhein-Westfalen, Düsseldorf 1999, S. 55 ff.

Dierl, Brigitte, Reinhard Dierl und *Heinz-Werner Höffken,* Der Landtag von Nordrhein-Westfalen, in: Nordrhein-Westfalen. Eine politische Landeskunde, hrsg. von der Landeszentrale für politische Bildung Nordrhein-Westfalen, Köln 1984, S. 85–106

Kühne, Jörg-Detlef, Die Frage- und Kontrollrechte des Landtags und seiner Abgeordneten in der Rechtsprechung des Verfassungsgerichtshofs, in: *Präsident des Verfassungsgerichtshofs NRW* (Hrsg.), Festschrift zum 50-jährigen Bestehen des Verfassungsgerichtshofs NRW, Münster 2002, S. 355–376

Landtag Nordrhein-Westfalen (Hrsg.), Die Landtage im europäischen Integrationsprozeß nach Maastricht, Düsseldorf 1992

Landtag Nordrhein-Westfalen (Hrsg.), 50 Jahre Landtag Nordrhein-Westfalen. Das Land und seine Abgeordneten, Düsseldorf 1996

Landtag Nordrhein-Westfalen (Hrsg.), Ernst Gnoß – Widerstand und Wiederaufbau. Der erste Präsident des Landtags Nordrhein-Westfalen, Düsseldorf 1999

Landtag Nordrhein-Westfalen, Volkshandbuch, 13. Wahlperiode, Rheinbreitbach 2000

Landtag Nordrhein-Westfalen, Einführung in die parlamentarische Arbeit, 12. Wahlperiode, Düsseldorf 1995

Leisner, Walter, Schwächung der Landesparlamente durch grundgesetzlichen Föderalismus, in: Die öffentliche Verwaltung 1968, 389–396

Vogel, Alois, Der Landtag Nordrhein-Westfalen. Schlaglichter aus fünf Jahrzehnten, in: *Landtag Nordrhein-Westfalen* (Hrsg.), 50 Jahre Landtag Nordrhein-Westfalen. Das Land und seine Abgeordneten, Düsseldorf 1996, S. 9–111

Woyke, Wichard, Landtagswahlen in Nordrhein-Westfalen. Ein Wahlführer, Opladen 1990

X. Landesregierung

Birke, Adolf M., Das konstruktive Mißtrauensvotum in den Verfassungsverhandlungen der Länder und des Bundes, in: Zeitschrift für Parlamentsfragen Bd. 8 (1977), 77–92

Wittkämper, Gerhard W., Die Landesregierung, in: Landeszentrale für politische Bildung Nordrhein-Westfalen (Hrsg.), Nordrhein-Westfalen. Eine politische Landeskunde, Köln 1984, S. 107–138

XI. Rechtspflege

Dästner, Christian, Die Rechtspflege in Nordrhein-Westfalen, in: Landeszentrale für politische Bildung Nordrhein-Westfalen (Hrsg.), Nordrhein-Westfalen. Eine politische Landeskunde, Köln 1984, S. 159–179

Justizministerium des Landes Nordrhein-Westfalen (Hrsg.), Juristische Zeitgeschichte,
Band 1: Justiz und Nationalsozialismus, Düsseldorf 1993
Band 2: Perspektiven und Projekte, Düsseldorf 1994
Band 3: Die Durchsetzung politischer und politisierter Strafjustiz im Dritten Reich. Ihre Entwicklung aufgezeigt am Beispiel des OLG-Bezirks Hamm, Düsseldorf 1995
Band 4: NS-Verbrechen und Justiz, Düsseldorf 1996
Band 5: 50 Jahre Justiz in Nordrhein-Westfalen, Düsseldorf 1996
Band 6: Kriminalbiologie, Düsseldorf 1997
Band 7: Politische Strafjustiz 1951–1968, Düsseldorf 1998
Band 8: Justiz und Judentum, Düsseldorf 1999
Band 9: Die Zentralstellen zur Verfolgung nationalsozialistischer Gewaltverbrechen – Versuch einer Bilanz –, Düsseldorf 2000
Band 10: NS-Täter vor Gericht, Düsseldorf 2001
Band 11: Beiträge zur neueren Justizgeschichte in Essen, Düsseldorf 2002

Wiesen, Heinrich (Hrsg.), 75 Jahre Oberlandesgericht Düsseldorf. Festschrift, Köln 1981

Wolffram, Josef, und *Adolf Klein* (Hrsg.), Recht und Rechtspflege in den Rheinlanden, Köln 1969

XII. Verfassungsgerichtshof

Bachof, Otto, und *Dietrich Jesch,* Die Rechtsprechung der Landesverfassungsgerichte in der Bundesrepublik Deutschland, in: Jahrbuch des öffentlichen Rechts Bd. 6 (1957), 47–108

Bertrams, Michael, Verfassungsgerichtliche Grenzüberschreitungen, in: *Burmeister, Joachim* (Hrsg.), Festschrift für Klaus Stern, München 1997, S. 1027 f..

Bischof, Diether, Der Verfassungsgerichtshof für das Land Nordrhein-Westfalen, in: Landtag Nordrhein-Westfalen (Hrsg.), Vierzig Jahre Parlamentarismus in Nordrhein-Westfalen, Düsseldorf 1986, S. 152–157

Dietlein, Max, Die Landesverfassung und der Verfassungsgerichtshof für das Land Nordrhein-Westfalen, in: Landtag Nordrhein-Westfalen (Hrsg.), Kontinuität und Wandel, Düsseldorf 1990, S. 119–140

Harms-Ziegler, Beate, Verfassungsrichterwahl in Bund und Ländern, in: *Peter Macke* (Hrsg.), Verfassung und Verfassungsgerichtsbarkeit auf Landesebene, Baden-Baden 1998

Heyde, Wolfgang, und *Peter Gielen,* Die Hüter der Verfassung. Verfassungsgerichte im Bund und in den Ländern, Karlsruhe 1973

Leisner, Walter, Landesverfassungsgerichtsbarkeit als Wesenselement des Föderalismus, in: *Josef Isensee* (Hrsg.), Walter Leisner: Staat. Schriften zu Staatslehre und Staatsrecht, Berlin 1994, S. 550–560

Olshausen, Henning von, Landesverfassungsbeschwerde und Bundesrecht, Baden-Baden 1980

Präsident des Verfassungsgerichtshofs NRW (Hrsg.), Verfassungsgerichtsbarkeit in Nordrhein-Westfalen. Festschrift zum 50-jährigen Bestehen des Verfassungsgerichtshofs für das Land NRW, Münster 2002

Starck, Christian, und *Klaus Stern* (Hrsg.), Landesverfassungsgerichtsbarkeit, 3 Bände, Baden-Baden 1983

XIII. Verwaltung

Buß, Hugo, Verfassung und Verwaltungsaufbau von Nordrhein-Westfalen, Herford 1957

Hoppe, Werner; Scheipers, Ansgar, Entsprechen die Ziele der Raumordnung und Landesplanung im Landesentwicklungsplan NRW 1995 der Rechtsprechung des Verfassungsgerichtshofs für das Land NRW? in: *Burmeister, Joachim* (Hrsg.), Festschrift für Klaus Stern, München 1997, S. 1117–1134

Wittkämper, Gerhard W., Die Landesverwaltung, in: Landeszentrale für politische Bildung Nordrhein-Westfalen (Hrsg.), Nordrhein-Westfalen. Eine politische Landeskunde, Köln usw. 1984, S. 139–158

XIV. Kommunale Selbstverwaltung

Andersen, Uwe (Hrsg.), Kommunale Selbstverwaltung und Kommunalpolitik in Nordrhein-Westfalen, Köln 1987

Andersen, Uwe (Hrsg.), Kommunalpolitik in Nordrhein-Westfalen im Umbruch, Köln 1998

Dippel, Martin, Die Kommunen im Recht des Umweltschutzes, dargestellt am nordrhein-westfälischen Recht unter Betonung des Abfallrechts, Köln 1994

Eckhardt, Michael und *Klaus-Viktor Kleerbaum,* Die neue Kommunalverfassung in NW. Text und Erläuterung der neuen Gemeinde- und Kreisordnung, Bonn 1994

Erichsen, Hans-Uwe und *Martin Büdenbender,* Verfassungsrechtliche Probleme staatlich-kommunaler Mischverwaltung, NWVBl. 2001, 161–170

Held, Friedrich Wilhelm und *Reinhard Wilmbusse,* Das neue Kommunalverfassungsrecht Nordrhein-Westfalen. Darstellung für die Praxis, Wiesbaden 1994

Höher-Pfeifer, Christa, Rat und Verwaltung in NRW, Münster 2000

Maurer, Hartmut, Verfassungsrechtliche Grundlagen der kommunalen Selbstverwaltung, Deutsches Verwaltungsblatt 1995, 1037–1046

Pappermann, Ernst, Die kommunale Selbstverwaltung in Nordrhein-Westfalen, in: Landeszentrale für politische Bildung (Hrsg.), Nordrhein-Westfalen. Eine politische Landeskunde (Band 1 der Schriftenreihe zur politischen Landeskunde Nordrhein-Westfalens), Köln 1987, S. 180 ff.

Schoch, Friedrich, Aufgaben und Funktionen der Landkreise – Funktionsgefährdungen im kreisangehörigen Raum und Aufgabenverlust in der Region, Deutsches Verwaltungsblatt 1995, 1047–1056

XV. Finanzverfassung

Färber, Gisela, Länderfinanzausgleich und Gemeindefinanzen – Anmerkungen zu einigen häufig übersehenen Tatsachen, in: Bohr, Kurt (Hrsg.), Föderalismus. Demokratische Struktur für Deutschland und Europa, München 1992, S. 85–122

Kirchhof, Ferdinand, Das Finanzsystem der Landkreise – Grundstruktur, Entwicklungen, Leistungsfähigkeit, Deutsches Verwaltungsblatt 1995, 1057–1063

Reh, Werner, Finanzpolitik, in: Werner Reh (Hrsg.), Jahrbuch der Politik und Wirtschaft in NRW, Bonn 1992, S. 210 ff.

Voigt, Rüdiger, Finanzierung kommunaler Aufgaben, in: Uwe Andersen (Hrsg.), Kommunaler Selbstverwaltung und Kommunalpolitik in Nordrhein-Westfalen (Band 3 der Schriftenreihe zur politischen Landeskunde Nordrhein-Westfalens, hrsg. von der Landeszentrale für politische Bildung Nordrhein-Westfalen), S. 144 ff.

Sachverzeichnis

Fette Zahlen bezeichnen die Artikel der Landesverfassung,
magere Zahlen die Erläuterungen.
E = Einleitung, **P** = Präambel

Ausschuss
des Landtags   **30** 3, **38** 4, **41, 41 a, 42**
1, **45, 66** 2, **70** 4
der Regionen (EU)   **1** 9
Außen-
politik   **57**
vertretung   **57, 66** 3
Außerplanmäßige Ausgaben   **85, 86** 2
Aussiedler   **4** 55
Aussperrung
s. Arbeitskampf
Auswärtiger Dienst   **1** 6
Ausweisung   **5** 4

Baden-Württemberg   **1** 8
Bagatellsteuern   **79** 7
Bannmeile   **4** 47, **39** 1
Bauaufsicht   **1** 5
Bayern   **E** 5, **1** 8
Beamte   **4** 19, 30, **5** 5 ff., **19** 8 ff., **20** 3,
39, 45, 58, 80
s. auch Beauftragte der LReg.
Beauftragte der Landesregierung   **45**
3 ff.
Beamtenrechtsrahmengesetz   **58** 4
Bedenken der Landesregierung   **67, 71**
1, **84** 1
Beförderung   **4** 30, **5** 7
Bekenntnis-
freiheit   **4** 31 ff., **13, 19**
s. auch Religionsfreiheit
schule
s. Schulen
Beratende Versammlung   **E** 2, 6
Bergamt   **1** 15
Berichterstattung   **4** 34 ff.
Berichtigungsverfahren   **71** 3
Beruf   **4** 48 ff., 56 ff., 62
-sausübung   **4** 56 ff., **6** 1
-sbeamtentum   **80**
-swahl   **4** 10, 56 ff.
-szulassung   **4** 56 ff.
Berufung von Hochschullehren   **4** 42,
16 1, **58** 4
Besatzungszone   **E** 1, 3
Beschlagnahme   **41 a** 7
-verbot   **49**
Beschlussfähigkeit   **38** 3, **44**

Betreuung   **4** 17
Betriebsverfassung   **4** 49, **26**
Beweiserhebung   **41**
Bezirks-
planungsrat   **77** 13
regierung   **1** 15
vertretung   **2** 4
Bibliotheken   **18** 8
Bild
Recht am eigenen B.   **4** 24
Bildung   **4** 3, 11, 14, 29, **8, 9, 10** 1, **12,
17**
-splanung   **77** 5
-spolitik   **12** 2, **17**
-surlaub   **4** 58, **17** 5
-swesen   **7 ff.**
Biotechnologie   **28** 2
Bischof   **E** 11
Bleiberecht   **5** 4
Bodenreform   **29**
Braunkohleplan   **77** 12 f.
Brief-
geheimnis   **4** 51 ff., **41**
wahl   **31** 7
Budgetrecht   **3** 4, **30** 1, **52** 8, **81** 7 ff., **83,
85** 2 ff.
Bücherei   **17** 2
s. auch Bibliotheken
Bündelungsbehörden   **77** 1, 8
Bürger-
antrag   **78** 16
begehren   **78** 17
entscheid   **78** 17
meisterverfassung   **78** 15
recht   **4** 17
Bund-Länder-Abkommen   **57** 1
Bundes-
aufsicht   **77** 3
auftragsverwaltung   **1** 6, 10, **77** 4, **78**
8
ausbildungsförderungsgesetz   **9**
freundliches Verhalten   **1** 10
grenzschutz   **1** 6, **4** 62
kanzler   **52** 2
nachrichtendienst   **4** 53
präsident   **31** 1
rat   **1** 8, 9, **3** 3, **30** 2, **31** 1, **38** 8, **51** 1,
54 1, **64** 4, **72** 2, **77** 3